U0076849

甜點與空間處處都可愛！

# 備受喜愛的京都咖啡廳

## CONTENTS

哈日情報誌
人人出版
MAPPLE
まっぷる
京都

在人氣區域祇園的
和風咖啡廳享受京都
四季風情與甜點

話題不斷的當紅店家♡

# 現在備受矚目的京都咖啡廳

總是能搭上流行風潮的京都咖啡廳，
保有優良美好的傳統之餘，也融入時髦精華
淬鍊出獨一無二的空間及甜點。

繼嵐山、祇園新橋之後的第3間祇園八坂店為首間雙層建築

**備受矚目的理由！**
老闆在採購咖啡豆時甚至會親赴農園，可見他對每一杯咖啡的用心。任誰都會對飄著水果香氣的豐富味道感到驚奇。

店名Unir在西班牙文有「連結」、「合而為一」之意

華麗的甜點也很吸睛

高品質的咖啡店

清水寺周邊　**2020年12月OPEN**

## The Unir coffee senses
ザウニールコーヒーセンシズ

☎075-746-6353　**MAP**附錄④P.19 C-4

京都發跡的咖啡品牌The Unir旗艦店。能品嘗到老闆採購自世界各地的咖啡豆，講究烘焙、萃取過程沖泡而成的特製茶咖啡。裝在木盒裡的水果三明治、阿芙佳朵等甜點品項也很豐富。

🕐11:00～18:00(LO17:30)　㊡週三、第3週四
📍京都市東山区桝屋町363-6　🚌市巴士東山安井下車步行5分　Ｐ無

滿是當季美味的木盒水果三明治重 1950円(左)、卡布奇諾 500円(右)
三明治夾的鮮奶油視水果而異，有些還會使用白味噌、濃縮咖啡等

**MENU**
**阿芙佳朵咖啡布丁**
**650円**
口感扎實的咖啡布丁上盛有香草冰淇淋。淋上濃縮咖啡與焦糖醬，品嘗微苦與甘甜一起入口的美味

該建築是歷史超過百年的日本房屋，被指定為京都市傳統建築物

2樓的桌席以藍色為布置重點，和風現代氛圍相當時尚

綠意環繞的風景彷彿金閣寺一般！

**備受矚目的理由！**
位於著名的賞櫻賞楓名勝圓山公園內，能夠從店內眺望美麗的庭園。四季各有特色的美景讓人感動不已！

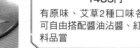

以炭爐烤製的糰子暖呼呼

人氣咖啡廳在祇園登場！

黑圓蛋糕捲
935円
在麵團中揉入竹炭粉製成的蛋糕捲。抹茶鮮奶油使用了來自京都宇治的「播磨園製茶」所產抹茶，味道高雅

**MENU**
**暖呼呼團子套餐**
**1485円**
有原味、艾草2種口味各3串。可自由搭配醬油沾醬、紅豆等佐料品嘗

[祇園] **2021年8月OPEN**

## eXcafe 祇園八坂
イクスカフェぎおんやさか

☎075-525-0077　**MAP** 附錄④P.18 C-2

嵐山人氣咖啡廳在圓山公園內全新開幕。以能按個人喜好調整燒烤程度的「暖呼呼團子套餐」為首，蕨餅、芭菲等和風甜點極受歡迎，在散發沉靜氛圍的店內享受和式風情吧。

⏰10:00～18:00　休無休　京都市東山區圓山町467　京阪・祇園四條站步行10分　P無

可享受池泉迴遊式庭園的特等座，在最棒的位置療癒身心

**MENU**
**抹茶芭菲**
**1320円**
秋有楓葉、春有櫻花羊羹款待。推薦一邊壓碎最中餅皮一邊食用

傳統與創新互相融合
盡是獨具特色的菜單

牆上展示著和菓子的木製模具

配置溫暖木質與和風主題的店內

和風下午茶 3300円（含飲品）
每天更換菜色的菓子綜合拼盤。未事先預約也OK！　※限時90分鐘，照片為2人份

季節多彩極膳 2200円
以「和菓子飯」為主題的多彩豐富餐點也很受歡迎

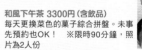

[京都站周邊] **2020年7月OPEN**

## 笹屋伊織 別邸
ささやいおりべってい

☎075-322-8078　**MAP** 附錄④P.7 B-3

1716年創業的老字號和菓子店笹屋伊織經營的咖啡廳。提供像是以白豆沙原料隱元豆製成沙拉等將和菓子食材重新設計的獨特菜單，只有這裡才能享用的料理讓人耳目一新！

⏰10:00～18:00（餐點為LO17:00）　休不定休　京都市下京區朱雀堂ノ口町20-4 ホテルエミオン京都1F　JR梅小路京都西站即到　P無

**備受矚目的理由！**
將櫻餅用的道明寺麵糰用於義大利燉飯等，提供多元的新型態食物。可品嘗進化後的和菓子。

在三星級料亭的咖啡廳
度過寧靜的點心時光

店名代表「不受妨礙、不受任何事物
拘束，或如上所述的模樣」

Salon de Muge

料亭及和洋菓子名店進軍!!

# 老店推出的咖啡廳

作為京都味覺支柱的名店接連開設多間咖啡廳。
現在就來一窺總是為客人獻上誠摯款待的老店
所講究的空間是什麼模樣吧。

清水寺周邊 Produced by 菊乃井

## 無碍山房 Salon de Muge
むげさんぼうサロンドムゲ

075-561-0015 MAP 附錄④P.18 C-3

能夠輕鬆品嘗到料亭「菊乃井」美味的咖啡沙龍，就緊鄰本店。老闆設計出的甜品，為來客獻上最頂級的款待。點餐之後才會開始搓揉本蕨餅麵團，黏稠柔軟的蕨餅也不容錯過。

🕐11:30～18:00（LO17:00）休第1、3週二 所京都市東山区下河原通高台寺北門前鷲尾町524 🚌市巴士祇園下車步行10分 P無

佇立於東山群樹環繞之中的數寄屋造建築

織部燒陶磚光可鑑人的店內。午餐時段亦可享用名產「時雨便當」

飲品除了煎茶、紅茶之外，還有搭配和菓子的焙煎咖啡

**特製葛餅套餐**
**1500円**

本店的招牌菜單，與葛切一樣使用吉野本葛，調整成入口即化的口感

身處洗鍊的空間，放鬆得讓人忘記時光流逝

祇園

*Produced by* **鍵善良房** ZEN CAFE
ゼンカフェ

☎075-533-8686　**MAP** 附錄④ P.17 B-4

江戶時代創業的鍵善良房以「彷彿帶有和菓子般的風景」為概念開幕。能夠在藝術及北歐家具的包圍下，身處沉穩靜謐的空間，配著咖啡享用和菓子。

🕐11:00～18:00
（LO17:30）　休週一
（逢假日則翌日休）
📍京都市東山区祇園
町南側570-210　🚃
京阪祇園四條站步行
3分
🅿無

使用當季水果的水果三明治1200円（水果視季節而異）

市役所周邊　*Produced by* **村上開新堂**

# 村上開新堂
むらかみかいしんどう

☎075-231-1058　**MAP** 附錄④ P.12 D-1

始於1907年，是京都最早開始販售西點的店家。為實現長年以來的期望而大膽翻修，化身成供應樸素烘焙點心及飲品、能在此放鬆休憩的復古時尚咖啡廳。

🕐10:00～17:00(LO16:30，販售為～18:00)
休週日、假日、第3週一　📍京都市中京区
寺町通二条上ル東側　🚃地鐵京都市役所前
站步行4分　🅿無

在住家比鄰而立的街道中相當醒目的店鋪，古典的店鋪自創業以來不曾改變

**咖啡廳限定甜點套餐**
**（熔岩巧克力蛋糕）**
**1200円**

微苦而醇厚的熔岩巧克力蛋糕。除此之外，也有以一保堂焙茶製成的戚風蛋糕套餐

咖啡為特別搭配烘焙點心的開新堂特調。以創作新秀所製的器皿享用

從昭和初期持續製作至今的招牌商品為懷舊俄羅斯餅乾各205円～

殘留著眺望坪庭的和室餘韻，結合北歐意趣的空間

**View Point**

能夠眺望樹林對面的京都街區。從某些座位的角度還可以看見大文字山

從吉田山一覽

京都與翠綠大全景

窗外綠意與京都街區的美景，讓人忘卻時間流逝

銀閣寺周邊

もあん
**茂庵**

☎075-761-2100　**MAP** 附錄④P.20 B-1

建於能眺望京都街道的吉田山山頂，與大正時期茶人有淵源的古民家咖啡廳。在靠窗座位一邊享用每月更換菜單的午餐及甜點，一邊眺望的優美全景，放晴自不用說，雨天會更加翠綠的風景也很精彩。

🕐11:30～18:00(LO17:00)　🈺週一、二(逢假日則營業)、8月17日～8月31日　📍京都市左京区吉田神楽岡町8　🚌市巴士銀閣寺道／浄土寺下車步行15分　Ｐ無

登上綠色小徑後，別有一番風情的招牌乍現

大正浪漫格調的室內裝飾也很惹眼

蓊鬱蒼翠近在眼前的愜意時光

## 森林、庭園咖啡廳

綿延不絕的綠意全景、可感受四季風情的日本庭園等，堪稱視覺享受的美景當前，令人身心備感舒暢。

採用脫鞋入內的形式。在寬敞的空間內好好放鬆吧。

原本在大正時期作為廣闊茶苑而建。

咖啡廳原本位在2樓

季節戚風蛋糕套餐
930円
會隨季節變換的鬆軟戚風蛋糕佐以鮮奶油

**抹茶翡翠餅**
**822円**
以翡翠色保津川為意象製作的葛餅

從綠意環繞的建築中
眺望保津川的片刻

河景露天座位是能讓旅遊興緻更加高昂的特等座

**ViewPoint**
嵐山綠意盎然的景色，再加保津川近在眼前的奢華選址，露天座位令人心曠神怡

在上好的和風空間品嘗抹茶、和菓子以及下午茶
位於「京都翠嵐豪華精選酒店」的腹地內

[嵐山]
## 茶寮 八翠
さりょうはっすい
☎075-872-1222　MAP附錄④P.21 B-3
位於飯店腹地內，非住宿遊客也能入內使用而頗受歡迎的茶寮。鬱鬱蔥蔥的群山、流動的保津川在眼前展開，供人歇息的空間就位於歷史超過百年的「八賞軒」建築中。可以一邊欣賞隨四季更迭的景色，一邊享用和風甜點。

🕐11:00～17:00
休無休
🏠京都市右京区嵯峨天龍寺芒ノ馬場町12
🚃嵐電嵐山站步行6分
🅿有

[上賀茂・下鴨]
インザグリーン
## IN THE GREEN
☎075-706-8740
MAP附錄④P.8 D-2
借景植物園的綠意，有陽光灑落的明亮花園風格咖啡廳。從店內及露天座位全年皆可欣賞美麗的景色。從甜點品項到窯烤披薩，全日菜單一應俱全。

🕐11:00～22:30　休無休
🏠京都市左京区下鴨半木町（府立植物園北山門橫）🚃地鐵北山站即到　🅿有

蜂蜜檸檬與鹽奶油鬆餅
900円

溫煦的陽光照進設有落地窗的店內

**ViewPoint**
稻荷神及江戶時期遺留至今的倉庫，有春櫻、秋楓與各季節草木為其妝點艷色

在露天座位腳邊蕩漾的水面透著一股清涼感

尋覓四季色彩
前往古都的綠洲

[京都御所周邊]
## 虎屋菓寮 京都一条店
とらやかりょうきょうといちじょうてん
☎075-441-3113　MAP附錄④P.9 C-4
曾任皇室御用名店的「虎屋」在自古營業至今之地所經營的咖啡廳。能在由吉野杉構成的弧形廣闊空間，享用精心製作的和菓子。也可以自由閱讀與日本文化有關的書籍。

🕐10:00～17:30　休不定休
🏠京都市上京区一条通烏丸西入广橋殿町400　🚃地鐵今出川站步行7分　🅿有

餡蜜1320円可依喜好選擇要黑蜜還是白蜜

植物園的壯闊綠景映入眼簾
身心皆能恣意放鬆

綠意環繞的開放式露天座位。春季賞花BBQ也很受歡迎

**ViewPoint**
鄰接京都府立植物園的風景令人心曠神怡。春、夏之間盛放的櫻花與新綠美不勝收

每天早上出爐的巨無霸泡芙700円為本店與三條店限定商品

**【烏丸御池】**
# INODA COFFEE本店
イノダコーヒーほんてん
☎075-221-0507　**MAP** 附錄④P.14 D-2

於早晨光臨的常客也很多，代表京都的老字號咖啡廳。招牌特調「阿拉伯的珍珠」加入牛奶與砂糖之後，由配戴領結的外場店員優雅送上餐桌。

🕐7:00～18:00（LO17:30）　休無休
🏠京都市中京区堺町通三条下ル道祐町140　🚇地鐵烏丸御池站步行10分
🅿無

京都如夢方醒
早起之後來一杯

有陽光灑落的露天座位至今不變

細緻的廊道通往設有露台的舊館

掀開沉靜的咖啡色暖簾彎身入內

令人懷念的空間引人矚目

# 復古咖啡廳

在昭和初期咖啡廳文化興盛的京都，
打開店門彷彿穿梭時空回到古早美好的「往昔時光」，
吸引人踏入長年備受愛戴的店內。

明信片上繪有西畫家東鄉青兒的美人畫

復古的雕刻宛如來到異世界

走入幻想之「夜」

藍色光輝映照滿室

**【四條河原町】**
# 喫茶Soiree
きっさソワレ
☎075-221-0351
**MAP** 附錄④P.16 A-3

位於高瀬川畔的昭和名咖啡廳，與法文中意指「黃昏、美好夜晚」的店名十分匹配。藍光照在沒有背景音樂的寧靜室內，據說會讓女性更顯標緻呢。

🕐13:00～19:30（LO18:30）
休週一（逢假日則翌日休）
🏠京都市下京区西木屋町四条上ル真町95　🚇阪急京都河原町站即到　🅿無

說到Soiree的招牌，當屬如寶石般閃耀的果凍潘趣酒750円

裝飾在店門口的遮雨棚也蘊含店家的世界觀

亦可享受與老闆聊天的趣味

走下樓梯後，糖果色的吧檯空間在眼前展開

## 市役所周邊

### 六曜社 地下店
ろくようしゃちかてん

☎075-241-3026
MAP 附錄④ P.16 A-1

點餐之後才會開始磨豆，只要告知自己的喜好，便能請老闆沖泡特別的咖啡。這家咖啡廳有來自日本全國各地的咖啡愛好者造訪，從18時起會轉為酒吧營業。

🕐12:00～18:00（酒吧為18:00～23:00，LO為打烊30分鐘前）
休週三 🏠京都市中京区河原町三条下ル大黒町40 B1F 🚇市巴士河原町三条下車即到 🅿無

特調咖啡500円與老闆娘的手工甜甜圈160円

---

在成熟的隱蔽店家遇見自己喜歡的味道

---

## 四條河原町
### 築地
つきじ

☎075-221-1053　MAP 附錄④ P.16 A-3
用穩重家具妝點的空間，是第一代老闆以歐洲為意象配置而成。維也納咖啡700円也是創業初期的著名菜單。

🕐11:00～17:00　休無休　🏠京都市中京区河原町四条上ル一筋目東入
🚇阪急京都河原町站即到　🅿無

隨機排列的磁磚也是第一代老闆的美感

保留創業時期的模樣
猶如古典名曲的咖啡廳

可感受歲月的穩重空間內，古典的擺設更添華麗

與酸甜莓果醬很搭的濃醇慕斯蛋糕700円

---

大象餅乾超可愛。藍色夏威夷726円（右）、檸檬漂浮726（中）、草莓726円（左）

懷舊之中又帶有新意
色彩繽紛的冰淇淋汽水

---

## 京都御所周邊

### 喫茶ゾウ
きっさゾウ

075-406-0245
MAP 附錄④ P.9 C-4

2019年開幕，以大象為商標的昭和復古咖啡廳，招牌商品為喚起少女心的冰淇淋汽水。點了附可愛大象餅乾的餐點，讓人想多拍幾張美照。

🕐9:00～18:00（LO17:00）
休不定休　🏠京都市上京区三丁目440-3　🚇地鐵今出川站步行10分　🅿無

能直接享受咖啡廳趣味的溫暖與愜意，既新穎又懷舊

分量飽滿的厚切紅豆奶油吐司（附餅乾）583円

---

引領咖啡廳潮流的先驅
老店不變的味道

地板及舒適座椅散發美麗光澤的店內，人潮絡繹不絕

創業約90年，溫馨的招牌也很可愛

## 市役所周邊

### Smart Coffee
スマートこーひーてん

☎075-231-6547　MAP 附錄④ P.14 E-2

以瑞士山中小屋為意象的沉靜咖啡廳。自家焙煎的特調咖啡及2樓洋食午餐不變的美味，自創業以來就備受愛戴。

🕐8:00～19:00（午餐11:00～LO14:30）　休無休（午餐為週二休）　🏠京都市中京区寺町通三条下ル天性寺前町537　🚇地鐵京都市役所前站即到　🅿無

傳承老闆祖母食譜的美式鬆餅
700円

# 町家咖啡廳

反映京都季節
如寶石般閃耀著
琥珀色光輝

在和風情懷洋溢的町家咖啡廳，享受暖人心脾的片刻時光。

邊欣賞庭院、擺設，同時細細感受結合京都生活智慧的傳統建築之美。

左／能欣賞受到悉心照料的坪庭的和風空間
右／融入寧靜街區，有140年歷史的町家

---

**〔烏丸御池〕** 內用 外帶

## 大極殿本舖六角店 甘味処 栖園
だいごくでんほんぽろっかくみせあまみどころせいえん

☎075-221-3311　**MAP** 附錄④ P.14 D-3

以蜂蜜蛋糕聞名的栖園於1885年創業的點心茶房。以刨冰、軟糯的蕨餅為首，還供應能擄獲嗜甜粉絲芳心、每月更換菜單的琥珀流。在能眺望坪庭的町家，搭著季節風情嘗美好滋味吧。

🕐10:00～17:00LO(販售為9:30～18:30)　🈺週三
📍京都市中京区六角通高倉東入南側　🚃地鐵烏丸御池站步行6分　🅿無

琥珀流
各750円
為寒天與蜂蜜添加每月更換、季節感滿溢的配料

| 8月 | 7月 | 5月 | 4月 |
|---|---|---|---|
| 冷飴 | 辣薄荷 | 抹茶 | 櫻花 |
| 2月 | 1月 | 11月 | 10月 |
| 可可 | 白味噌 | 柿子 | 栗子 |

會隨季節更換的暖簾也好美♥

---

光線從面對著馬路的格窗透進來，照亮店內

邊眺望坪庭一邊悠閒品嘗
在南法傳承三代的美味

**〔祇園〕** 內用 外帶

## La maison JOUVAUD 京都祇園店
ラメゾンジュヴォーきょうとぎおんてん

☎075-525-5211
**MAP** 附錄④ P.16 B-2

1948年在普羅旺斯創業的人氣糕點店。開在祇園花街的店面，掀開暖簾，即可看到1樓精品甜點櫃中陳列著在南法傳承三代的蛋糕及巧克力。

🕐10:00～21:00(LO20:45)
🈺無休　📍京都市東山区大和大路新橋上ル元吉町71-5　🚃京阪祇園四條站步行5分　🅿無

巧克力球(附飲品)
2200円
巧克力球內藏有糖煮水果的甜點。淋上熱騰騰的巧克力享用

每一個飾羹都意趣
鮮明、相當可愛

特色豐富的店家聚集
在鞍馬口通

喚醒少女心
日西完美結合的飾羹

飾羹　各350円～
用寒天與蕨粉凝固內餡，打造
滑順的口感。使用水果、香草
等玩心十足的組合，令人期待

2樓的茶房空間。沉靜町家的氛圍中，
柔和的陽光從窗外照進來

#### 西陣　內用　外帶

# うめぞの茶房
うめぞのさぼう

☎075-432-5088　**MAP** 附錄④ P.22 F-2

以甜品聞名的「梅園」姐妹店。招牌甜點為
「飾羹」，以寒天與蕨粉凝固內餡製成。可
可、抹茶、覆盆子等經典再加上季節口味，共
有8種左右可選。

🕐11:00～18:30(LO18:00)　休不定休　所京都
市北区紫野東藤ノ森町11-1　🚌市巴士大德寺前下
車，步行5分　Ｐ無

---

品嘗和栗專賣店
才有的現做蒙布朗

走進京都味十足的入口直達店內
深處，鴨川美景在眼前展開

#### 四条河原町

# 丹波栗、和栗專賣店
# 紗織
たんばくり・わぐりせんもんてんさをり

☎075-365-5559

**MAP** 附錄④ P.17 A-5

稀少的丹波栗風味豐富且
香氣馥郁，以此製成的蒙
布朗蔚為話題。點餐之後
擠出如絲線般的蒙布朗奶
油含有空氣，形成蓬鬆又
柔和的味道。

🕐10:00～18:00(LO17:30)
※9:00～分發號碼牌(可能
提早)　休不定休　所京都市
下京区木屋町通高辻上ル和
泉屋町170-1　🚃阪急京都
河原町站步行5分
Ｐ無

～紗織～紗最高級丹波栗 2860円
堅持使用京丹波產的栗子。以1毫米細的錦絲紡成的蒙布朗

在吧檯座可以近距
離觀賞蒙布朗的製
作過程

和栗與季節水果芭菲
2750円
當季最美味的水果與和栗
的奢華搭配

# 日本茶咖啡廳

雖然抹茶芭菲也很不錯，但也不妨試著進一步品味精心沖泡的茶品。
在茶文化街，能輕鬆品茗的店家急速增加中！
有些店也有銷售茶葉，記得買些當作伴手禮。

以美味沖泡法款待旅客

**MENU**
煎茶套餐(附和菓子) 1100円
搭配每天更換品項的和菓子享用
美味精華，最後一滴都極度享受

市役所周邊

## 一保堂茶舖 喫茶室嘉木
いっぽうどうちゃほきっさしつかぼく
☎075-211-4018
MAP 附錄④P.12 D-1

代表京都的日本茶專賣店。附
設的咖啡廳提供抹茶、玉露、
煎茶等，可與季節和菓子一同
品嚐精心沖泡的茶品。

🕐10:00～17:00(LO16:30) 休無休 所京都市中京区寺町通二
条上ル常盤木町52 交地鐵京都市役所前站步行5分 P有

更顯日本茶風味的配對遊戲

**MENU**
詠茶～五種品茗評比組合
2800円
可享受抹茶、煎茶、焙
茶、日式烏龍茶、日式
紅茶與一口點心

祇園

## 祇園 北川半兵衞
ぎおんきたがわはんべえ
☎075-205-0880
MAP 附錄④P.17 D-4

能品嚐最高品質的特調茶葉、
雞尾酒風味茶等新型態日本
茶，與引出茶品最大魅力的點
心搭配一起享用吧。

🕐11:00～22:00(18:00～夜晚咖啡廳營業) 休不定休 所京都市
東山区祇園町南側570-188 交京阪祇園四條站步行6分 P無

在靜謐的和風空間
度過心靈洗滌的片刻

**MENU**
各種茶點 2500円
祥玉園的深蒸煎茶 900円
品質優良的3種甜品會隨季節更換。
煎茶為茶菓円山原創特調

祇園

## 茶菓円山
さかまるやま
☎075-551-3707 MAP 附錄④P.18 C-2

彷彿隱蔽於圓山公園綠意之中的茶
寮。在茶室般的上等空間，將八坂
神社的御神水以茶釜煮沸，好好品
嚐以此沖泡的知名茶舖茗品。

🕐11:00～18:30 休週二 所京都市
東山区円山町620-1-2 交市巴士祇園
下車步行7分 P無

在町家的茶房
喝杯香氣濃郁的茶

**MENU**
抹茶蛋糕捲套餐 1300円
該套餐有8種茶品可選，搭配口感
滑順、滿溢濃醇抹茶鮮奶油蛋糕

烏丸御池

## 丸久小山園 西洞院店 茶房元庵
まるきゅうこやまえんにしのとういんてんさぼうもとあん
☎075-223-0909
MAP 附錄④P.15 A-2

開設在有120年歷史町家的茶
房。正因為潛心鑽研抹茶才得以
開發出的甜品，與剛點茶的薄茶
一起入口，堪稱無上的幸福。

🕐10:30～17:00 休週三 所京都市中京区西洞院通御池下
ル西側 交地鐵烏丸御池站步行6分 P無

**Q** 在家泡出好喝的茶有什麼祕訣？

**A** 關鍵在於「水」的種類與溫度。通過濾水器的軟水較為理想，煎茶用70℃左右的熱水，焙茶及玄米茶則要使用沸水。

**Q** 推薦何種茶葉作為伴手禮呢？

**A** 考慮到能輕鬆飲用的話，當屬煎茶。若是寒冷季節，焙茶或玄米茶也不錯。還是難以選擇的話，請挑選淺蒸煎茶「松風」（1080円100g）

**Q** 既然來到宇治，首要品嘗的茶品是？

**A** 抹茶。宇治的茶師將味道、香氣相異的茶互相混合，創造出了美味深奧的茶品。想要品嘗各家茶屋的獨門味道，抹茶是首要選項。

由我來解說！

通圓第24代
**通圓祐介 先生**

創業至今850餘年。過去曾為秀吉、家康等歷史人物奉茶的「通圓」年輕當家。

---

**守護千年時間長河的古老茶店**

MENU
**上抹茶與點心 860円**
使用宇治川沿岸栽培的抹茶「滿天」。點心有7種可選

宇治

## 通圓
つうえん

☎0774-21-2243
MAP 附錄④P.28 B-4

起源可追溯自平安時代，該店以茶招待宇治橋上熙來攘往的旅人。務必要品嘗茶師沖泡的宇治茶以及用現磨抹茶製成的和風甜點。

⏱10:30～17:30（LO17:00）　休無休　所宇治市宇治東內1
🚃京阪宇治站即到　🅿無

---

©平等院

**用玻璃杯品嘗甘甜的涼茶**

MENU
**宇治玉露（冷茶）900円**
映著秀麗景色的玻璃杯，聽說是種能充分享受香氣的器皿

宇治

## 茶房藤花
さぼうとうか

☎0774-21-2861（平等院）　MAP 附錄④P.28 B-4

位於平等院內的宇治茶專賣茶寮。從挑選茶葉到萃取精華皆有日本茶指導老師把關，精心製作的茶品在入口瞬間便能感受到美味在齒頰擴散開來。

©平等院

⏱10:00～16:30（LO16:00）　休週二
（逢假日則營業）※可能變更。營業狀況需確認官網　所宇治市宇治蓮華116　🚃JR／京阪宇治站步行10分　🅿無

---

**想要享受單一田區的煎茶等多種茶葉**

MENU
**煎茶（附小點心）1000円**
附三味豆腐白玉等小點心。除了煎茶之外，也有玉露及冠茶

京都站周邊

## aotake
アオタケ

☎070-2287-6866　MAP 附錄④P.24 D-2

可以在面對高倉通的古民家品嘗日本茶。能享用高雅且風味清爽的單一田區煎茶、配合春摘等時期挑選的紅茶等。

⏱11:00～17:30　休週二、三　所京都市下京區材木町485
🚃各線京都站步行8分　🅿無

---

**在茶道聖地品嘗自家茶園的茗品**

MENU
**濃茶 夕霧 2240円**
鮮美與甘甜滋味豐富的濃茶與3種點心套餐。附門前名產大德寺納豆

大德寺

## 皐盧庵茶舖
こうろあんちゃほ

☎075-494-0677　MAP 附錄④P.22 E-1

這家茶房位於與茶道集大成者千利休有淵源的大德寺境內。由老闆親自栽培、採摘、以石臼研磨而成的茶品風味豐富。也推薦購買有機栽培茶葉當作伴手禮。

⏱9:00～日落左右　休週二、三（5月10日前後到6月中旬為採茶期，故休業）
所京都市北區紫野大德寺町17-1　🚃市巴士建勳神社前下車步行3分　🅿無

# 宅邸咖啡廳

## 充滿時代感的美麗空間

正因為是相當重視傳統的街區，才有如此眾多活用古老美好建築、打造出絕妙空間的咖啡廳。試著感受一下懷舊的浪漫氛圍吧。

**在格調高尚的寬廣大廳**
**度過優美的品茶時光**

### 歷史故事

有菸草王之稱的企業家村井吉兵衛的別墅，於1909年落成。其後，伊藤博文將此命名為「長樂館」。

【祇園】

## Dessert Cafe CHOURAKUKAN

デザートカフェちょうらくかん

☎075-561-0001　**MAP** 附錄④P.18 B-2

佇立於圓山公園旁，過去是招待日本國內外貴賓的華麗迎賓館。在某些時段，可以一邊聆聽鋼琴的現場演奏，邊在各異其趣的7個房間享受優雅的咖啡時光。

⏰11:00~18:30（LO18:00）
休不定休　所京都市東山区八坂鳥居前東入ル円山町604
🚃京阪祇園四條站步行10分　P有

1迎賓廳採用高雅無比的洛可可風格，專門用來招待下午茶　2客人們喜歡在這裡打撞球的撞球室　3光是在古宅裡漫步就讓人感到雀躍不已　4外觀承襲文藝復興時期的建築風格　5正統英式下午茶每人4950円~，需預約（2人~）

# GOSPEL
ゴスベル

☎075-751-9380

MAP 附錄④P.20 C-1

在這家咖啡廳能夠眺望與大文字山相連的東山風景。供應剛出爐的司康等向英國採購的手工甜點及餐點。在老唱片的音色環繞之下，享受放鬆的午茶時光。

🕐12:00～18:00
休週二，有不定休
所京都市左京区浄土寺上南田町36
🚌市巴士銀閣寺前下車步行3分 P無

歷史故事
建於1982年的洋館，由Vories建築事務所設計。家族成員各自留有美好回憶的客廳，如今變成了咖啡廳

常春藤攀爬其上的洋館
童話故事似乎即將展開

六角形的日光室為特等座。可在此享受午茶時光

❶以懷舊的圓錐形屋頂高塔為路標 ❷從樓梯上往下看，會發現讀書空間 ❸身處在這樣的空間，就是要品嘗司康套餐1404円

---

# 日本住家咖啡廳也很討喜♡

# STARBUCKS

## 京都二寧坂ヤサカ茶屋店
スターバックスコーヒーきょうとにねんざかヤサカちゃやてん

☎075-532-0601　MAP 附錄④P.19 C-4

星巴克首創，穿過暖簾，抱著走通庭的心情深入店內，便會來到能眺望後庭的吧檯。設有和式座位、架高地板等，具有榻榻米座位也是一大特徵，能夠脫鞋入內放鬆休憩。

🕐8:00～20:00　休不定休　所京都市東山区高台寺南門通下河原東入桝屋町349　🚌市巴士清水道下車步行6分
P無

大正時代的浪漫餘韻
在日本住家品味咖啡

❶將留存至今的拉門、天花板、窗戶等建築部件活用到極致
❷京都玻璃隨行杯（355ml）2200円、京都馬克杯（355ml）1980円
❸考量到與歷史悠久的街區在外觀上的協調性，並未使用商標的招牌綠色等

# 美酒咖啡廳

## 以偏大人的享樂方式品嘗甜點

京都有伏見以產酒聞名，香醇的美酒琳瑯滿目。把握難得機會與甜點一同品嘗！

1樓的商店也有販售伴手禮用的大理石丹麥吐司

設有光滑曲面木吧檯的和風時髦空間

搭配丹麥吐司
飲用香檳

▶ 推薦這個組合 ◀

| 甜點 | × | 酒類 |
| --- | --- | --- |
| 原味 法式吐司 900円 | | Veuve Clicquot Rich 2000円 |

以Grand Marble香甜丹麥吐司製成的法式吐司與加了水果的香檳，兩者構成華麗組合

### 祇園
## Cafe & Champagne Gion Chikara
カフェ&シャンパーニュぎおんちから
☎075-533-7600　MAP 附錄④P.17 C-4

位於以大理石丹麥吐司聞名的Grand Marble祇園店2樓，中午過後可以來此小酌一杯的咖啡沙龍。能在銳不可當的創作者們用藝術妝點的空間，度過一段寧靜的大人時間。

⌚11:00～18:30(LO18:00;週六為～19:30、LO19:00)　休無休　所京都市東山區祇園町南側　市巴士祇園下車步行3分　P無

---

## 也別錯過 酒類甜點

甜酒附軟糯蕨餅的京好 935円

清酒冰淇淋650円，淋在冰淇淋上的日本酒有2種可選

甜酒620円及自製酒粕冰淇淋580円也很受歡迎

### 清水寺周邊
## 文の助茶屋 本店
ぶんのすけちゃやほんてん
☎075-561-1972　MAP 附錄④P.19 B-4

落語家於明治末年開設的甜品店。從創業以來延續至今、以傳統製法生產的100%米麴甜酒，不僅留有米粒口感還很營養。

⌚10:30～17:30　休不定休　所京都市東山區下河原通東入ル八坂上町373　市巴士清水道下車行6分　P無

### 伏見
## 伏見夢百衆
ふしみゆめひゃくしゅう
☎075-623-1360　MAP 附錄④P.28 B-2

以月桂冠舊辦公室改裝而成的咖啡廳，可品嘗正統品酒套餐及酒類甜點。附設商店提供出自伏見15座釀酒廠的眾多知名品牌。

⌚10:30～16:30　休週一(逢假日則營業)　所京都市伏見區南浜町247　京阪中書島站步行10分　P無

### 伏見
## 酒蔵Bar えん
さかぐらバーえん
☎075-611-4666　MAP 附錄④P.28 B-1

這家日本酒酒吧可以隔著玻璃眺望發酵倉庫，一邊喝著藤岡酒造的招牌商品「蒼空」比較味道。如果遇到中意的酒也可以購買。

⌚11:30～18:00　休週三　所京都市伏見區今町672-1　京阪伏見桃山站步行7分／近鐵桃山御陵前站步行8分　P無

特別附錄❸

最佳首選大集錦♥ 伴手禮手帖

最佳首選大集錦♡

# 伴手禮手帖

歡迎來到京都了，不妨挑些好東西帶回去吧？

BEST BUY

## CONTENTS

哈日情報誌京都
● 未經許可不得轉載、複製。
ⒸShobunsha Publications,Inc.2022.2

# ◢京都老店的經典＆進化型◣
## 名店伴手禮

代表京都的超有名經典不敗伴手禮，是一定要買的品項。
不過，名店推出的進化型商品不但添加設計巧思，
還在口味上多下了功夫，也請考慮看看。

---

硬爽脆的口感
微澀的甜味
人一吃就上癮

**化型**

巧克力牛軋糖
10円（5個入）
杏仁灑在片狀的八橋上，再裹上糖及焦糖的點心。有肉桂與焦糖咖啡種口味
`保存期限7天`

持續不斷守護
傳統美味
滑順又彈牙的
生八橋

**經典**

**聖**
594円（10個入）
以肉桂製作香氣四溢的柔軟餅皮，包裹著甜度適中的紅豆粒內餡。也有搭配抹茶餅皮的綜合商品
`保存期限12天`

聖護院八ッ橋總本店四条店
☎075-223-8221 ⏰10:00～19:00 🏠京都市下京区真町四条通小橋西入ル91

造型可愛
療癒人心的
生八橋甜點

**進化型**

le gâteau de la saison
季節生菓子 各324円
宛如藝術品，色彩繽紛又可愛的生八橋，內餡飽滿而緊實。設計會隨季節改變也是樂趣之一
`保存期限當天`

## nikiniki
ニキニキ

☎075-254-8284
🗺 附錄④P.16 A-3

聖護院八橋總本店開設的品牌。不受傳統造型侷限，以四季為主題販售可愛設計的八橋及肉桂點心。

⏰10:30～19:00 🈺不定休 🏠京都市下京区四条通木屋町北西角 🚇阪急京都河原町站即到 🅿無

這裡也能買到唷！ A B C D E F G H I J

---

描繪風物詩的包裝
季節及味道各不相同

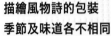

**進化型**

KOTABE（こたべ）
378円（5個入）
生八橋包紅豆粒餡、抹茶生八橋包紅豆粒餡、未使用肉桂的生八橋包芋頭等，會隨季節改變內容物及包裝的迷你尺寸OTABE（おたべ）
`保存期限10天`

職人細心烘烤而成的
美麗雙色蛋糕

**經典**

京年輪蛋糕（京ばあむ）
1166円（3.5cm厚）
使用宇治抹茶與京都出產的豆漿製成的溫潤鬆軟年輪蛋糕。周圍灑有抹茶砂糖做成糖衣
`保存期限4～6天`

## おたべ 八条口店
おたべはちじょうぐちてん

☎075-662-0405
🗺 附錄④P.25 C-3

以舞妓娃娃OTABE-chan聞名的生八橋「OTABE」、作為新招牌伴手禮的熱門「京年輪蛋糕」系列為中心，供應多種京點心。

⏰10:00～20:00 🈺不定休 🏠京都市下京区東塩小路釜殿町31-1 みやこみち內 🚇各線京都站即到 🅿無

這裡也能買到唷！ A B C D E F G H I J

---

Q彈有勁的生八橋內
填滿了紅豆粒餡

**經典**

生八橋 夕子
1188円（20個入）
軟綿綿的生八橋內塞滿了紅豆粒餡。除了肉桂、抹茶之外，也有提供季節餡料。品名源自於水上勉小說中的女主角
`保存期限7～10天`

一口最中
紅豆之花
421円（3個入）

**進化型**

惹人喜愛的6色最中餅皮夾入在京都嵯峨野發跡的「小倉紅豆」
`保存期限10天`

五顏六色如花朵般的
一口大小超可愛

## 井筒八ッ橋本舖 祇園町南側店
いづつやつはしほんぽぎおんみなみがわてん

☎075-525-3203
🗺 附錄④P.16 B-3

祇園茶店推出的煎餅是八橋最初的原型。如今有生八橋、三笠燒、蕨餅等招牌京都伴手禮一應俱全。

⏰12:00～17:00 🈺週二、三 🏠京都市東山區祇園町南側 🚇京阪祇園四條站即到 🅿無

這裡也能買到唷！ A B C D E F G H I J

---

## 四條烏丸

### 亀屋良長
かめやよしなが

☎075-221-2005
MAP 附錄④ P.15 A-4

1803年，初代店主在優質好水的發源地四條醒之井創業。活用傳統的同時，也研發出豐富多樣的新商品或與其他品牌聯名合作。

🕐9:30～18:00 　休無休　📍京都市下京区四条通油小路西入ル柏屋町17-19　🚌市巴士四条堀川下車即到　Ｐ無

這裡也能買到唷！ Ａ Ｂ Ｃ Ｄ Ｅ Ｆ Ｇ Ｈ Ｉ Ｊ

**樸素卻味道醇厚的名點**
**光澤烏黑亮麗**

烏羽玉
486円（6個入）

創業時期誕生的鎮店點心。使用波照間產黑糖製成的紅豆餡上，裹著一層寒天。香醇的甜味讓人一飽口福
保存期限14天

**裝滿四季的小盒子**
**以華麗的紡織圖案妝點**

暦
918円
經典

塞滿使用和三盆糖且會隨季節變化的乾菓子，以及以糯米米果為主、如金平糖般的蝦餅。照片為秋菊組合
保存期限60天

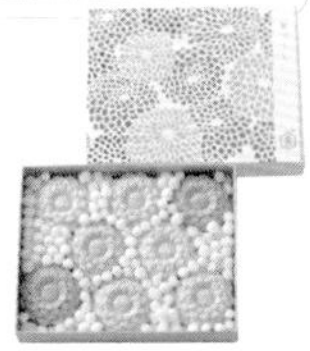

**把羊羹切成薄片**
**做成簡單的紅豆奶油吐司**

切片羊羹
540円（2片入）
進化型

把羊羹切成薄片，以融化的奶油塊點綴。放在麵包上烘焙的話，就像紅豆麵包剛出爐的味道
保存期限14天

---

## 上賀茂・下鴨

### MALEBRANCHE京都 北山本店
マールブランシュきょうときたやまほんてん

☎075-722-3399
MAP 附錄④ P.8 D-1

在京都北山誕生的西點製造商。開發出各式各樣的人氣菜單，例如抹茶甜點、巧克力、原創蛋糕等。

🕐9:00～18:00・沙龍為10:00～17:30　休無休　📍京都市北区北山通植物園北山門前　🚇地鐵北山站即到　Ｐ有

這裡也能買到唷！ Ａ Ｂ Ｃ Ｄ Ｅ Ｆ Ｇ Ｈ Ｉ Ｊ

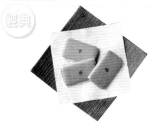

**奢侈使用大量馥郁手摘新茶**
**製成的蘭朵夏餅乾**

濃茶蘭朵夏 茶菓
751円（5片入）

使用大量講究的濃茶，在甜點師巧手之下誕生。牛奶白巧克力能特別突顯出濃茶的甘甜
保存期限15天

**能窺見細緻的製作工序**
**如花田般惹人憐愛的餅乾**

手工果醬甜點餅乾
1944円
進化型

以俄羅斯餅乾包夾覆盆子果醬，清爽的酸甜滋味讓人讚不絕口的餅乾。需留意此為北山本店限定商品
保存期限7天

---

## 宇治

### 中村藤吉本店 宇治本店
なかむらとうきちほんてんうじほんてん

☎0774-22-7800
MAP 附錄④ P.28 A-4

本店位於宇治的老字號茶處。無損茶的美味與芬芳，甜點完成度也很高的甜點，是京都伴手禮的熱門選擇。

🕐10:00～17:00（LO16:30）、視季節而異　休不定休　📍宇治市宇治壹番十番地　🚃JR宇治站步行3分　Ｐ有

這裡也能買到唷！ Ａ Ｂ Ｃ Ｄ Ｅ Ｆ Ｇ Ｈ Ｉ

**鎖住現點的抹茶**
**使用現點的抹茶**
**細緻味道與香氣的絕品**

生茶果凍［抹茶］
390円（1個）

使用大量優質抹茶，打造直接以鮮綠色呈現的滑順口感。可突顯抹茶風味的減糖配方也很美味
保存期限冷藏4天

**可愛的兔子輕輕躍入口中**
**入口即化的柔和味道**

兔菓子
1404円
進化型

使用大量抹茶的淡綠色可愛乾菓子。和三盆糖柔和的甜味也很適合作為招待茶點
保存期限90天

---

## 京都站周邊

### 酵房西利 京店
こうぼうにしりみやこみせ

☎075-344-0008
MAP 附錄④ P.25 C-2

京都漬物老店「西利」活用發酵技術，提倡健康飲食生活的品牌「酵房西利」以及「發酵生活」。供應多種健康的發酵食品。

🕐8:30～21:00　休無休　📍京都市下京区烏丸塩小路下ル東塩小路町901 京都站大樓2F 京名菓・名菜處京內　🚃JR京都站即到　Ｐ有

這裡也能買到唷！ Ａ Ｂ Ｃ Ｄ Ｅ Ｆ Ｇ Ｈ Ｉ Ｊ

**能攝取到LABRE乳酸菌**
**活用食材風味的湯品**

乳酸發酵LABRE湯
各324円
進化型

以透過LABRE乳酸菌發酵的蔬菜製成的湯品。有洋蔥、玉米、番茄、毛豆、南瓜等，種類也很豐富
保存期限約2個月

**説到京都漬物就是這個！**
**味道新鮮高雅的千枚漬**

千枚漬
691円（100g）
經典

將傳統京都蔬菜「聖護院蕪菁」削成薄片，仔細醃漬而成的千枚漬，可謂京都的冬季風物詩。是延續傳統、精心製作的招牌商品
保存期限7天

這裡也能買到唷！圖示説明　Ａ JR京都伊勢丹　Ｂ京名菓・名菜處 京（JR西口）　Ｃ ASTY京都 京都站新幹線剪票口內　Ｄ ASTY京都 ASTY SQUARE

比擬為素描本 描繪季節風情的琥珀羹

最佳首選 2

可愛造型讓人雀躍不已♡

# 色彩繽紛點心

無比倫比的可愛外觀，喚起少女心的諸多上鏡甜點。
試著感受蘊藏在小巧點心中的京都特有美感吧。

必買的理由！
手掌大小的玲瓏尺寸、能在社群媒體分享可愛美照的優點自不用說，可感受職人技術的細緻美味也是一大魅力。

**4**
十代目 伊兵衛菓舖的
**琥珀調色盤**
4入1盒1080円
保存期限14天

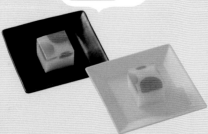

傳統色與點心結合成
滋味令人期待的琥珀糖

組合值得玩味、宛如花束的銅鑼燒

**3**
鶴屋吉信IRODORI的
**琥珀糖**
1080円（10條入）
保存期限25天

藉著巧克力 暢遊京都街區

展現如童話故事般的世界觀

梅園 oyatsu的
**紅豆花束**
1盒（3入）756円
保存期限10天

**5**
MALEBRANCHE
加加阿365祇園店的
**京之宙**
各350円〜
保存期限5天〜

**2**
吉廼家的
**御伽草子**
1188円（9入）
保存期限6天

這裡也能買到唷！圖示說明
A JR京都伊勢丹
B 京名菓、名菜處 京（JR西口）
C ASTY京都 京都站新幹線剪票口內
D ASTY京都 ASTY SQUARE
E ASTY京都 ASTY ROAD
F 特產小路 京小町（京都站 JR中央口）
  （京都駅 JR中央口）
G 京都站前地下街Porta
H 京都塔SANDO
I 大丸京都店
J 京都高島屋

---

京都站周邊

**4 十代目 伊兵衛菓舖**
じゅうだいめいへえかほ
☎075-352-1111（JR京都伊勢丹大代表）　MAP附錄④P.25 C-2
和菓子老店「笹屋伊織」的姐妹品牌。透過傳統與當代的結合，呈現風格新穎的京都點心。
🕙10:00〜20:00　🈳不定休　📍京都市下京區塩小路下ル東塩小路町JR京都伊勢丹 B1　🚉各線京都站即到　🅿有
這裡也能買到唷！A B C D E F G H I J

大德寺

**2 吉廼家**
よしのや
☎075-441-5561　MAP附錄④P.9 C-2
源自於和手掌差不多大的短篇小說「掌編」，一口大小的上生菓子組合。可愛到讓人一見傾心。
🕙9:00〜18:00　🈳不定休　📍京都市北區北大路室町西入ル　🚉地鐵北大路站即到　🅿無
這裡也能買到唷！A B C D E F G H I J

祇園

**5 MALEBRANCHE 加加阿365 祇園店**
マールブランシュかかおサンロクゴぎおんてん
☎075-551-6060　MAP附錄④P.17 C-4
將京都名勝轉化成花紋，充滿魅力的巧克力甜點。以巡遊京都街區般的心情，從30種口味中挑選想吃的品項吧。
🕙11:00〜17:00　🈳無休　📍京都市東山區祇園町南側570-150　🚉京阪祇園四條站步行5分　🅿無
這裡也能買到唷！A B C D E F G H I J

京都站周邊

**3 鶴屋吉信IRODORI**
つるやよしのぶイロドリ
☎075-574-7627　MAP附錄④P.25 C-3
有茉莉、德國洋甘菊等，每種顏色各有不同口味的5種乾菓子。形似粉彩的時髦條狀點心。
🕙9:00〜21:00　🈳無休　📍京都市下京區東塩小路町8-3 JR京都站八條口1F ASTY ROAD內　🚉各線京都站即到　🅿無
這裡也能買到唷！A B C D E F G H I J

京都站周邊

**| 梅園 oyatsu**
うめぞのおやつ
☎075-352-1111（JR京都伊勢丹大代表）　MAP附錄④P.25 C-2
以糯軟餅皮包裹格雷伯爵茶或焦糖內餡的新感覺銅鑼燒，與頂部配料的組合充滿趣味。
🕙10:00〜20:00　🈳不定休　📍京都市下京區塩小路下ル東塩小路町JR京都伊勢丹 B1　🚉各線京都站即到　🅿有
這裡也能買到唷！A B C D E F G H I J

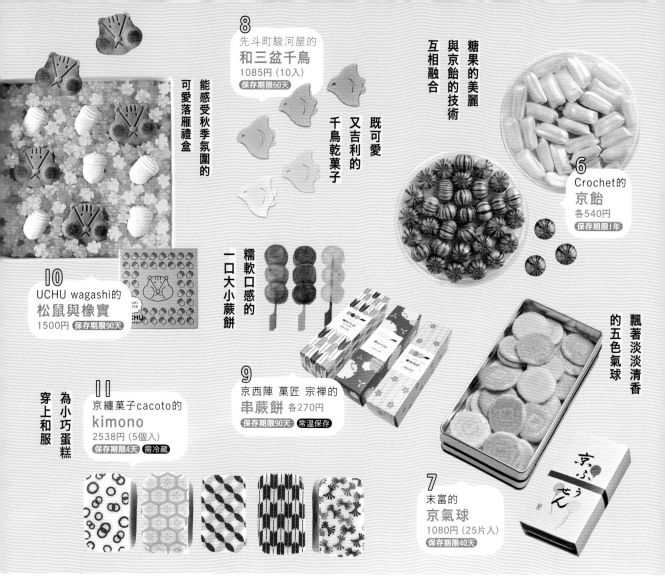

糖果的美麗
與京飴的技術
互相融合

**8**
先斗町駿河屋的
**和三盆千鳥**
1085円（10入）
保存期限60天

既可愛
又吉利的
千鳥乾菓子

**6**
Crochet的
**京飴**
各540円
保存期限1年

**10**
UCHU wagashi的
**松鼠與橡實**
1500円 保存期限90天

糯軟口感的
一口大小蕨餅

飄著淡淡清香
的五色氣球

**11**
京纏菓子cacoto的
**kimono**
2538円（5個入）
保存期限4天 需冷藏

穿上和服
為小巧蛋糕

**9**
京西陣 菓匠 宗禅的
**串蕨餅** 各270円
保存期限90天 常溫保存

**7**
末富的
**京氣球**
1080円（25片入）
保存期限40天

能感受秋季氛圍的
可愛落雁禮盒

---

京都御所周邊

**10** UCHU wagashi 寺町本店
ウチュウワガシてらまちほんてん
☎075-754-8538　MAP 附錄④P.12 D-1
「松鼠與橡實」裝滿了使用嚴選和三盆糖製成的可愛落雁與金平糖，是9月～11月底左右的期間限定商品。
⏰10:00～17:00　休週二、三
所京都市上京区寺町通丸太町上ル信富町307
🚃京阪神宮丸太町站步行7分　P無
這裡也能買到唷！ A B C D E F G H I J

木屋町・先斗町

**8** 先斗町駿河屋
ぼんとちょうするがや
☎075-221-5210　MAP 附錄④P.16 B-2
將代表先斗町的千鳥，用5種繽紛顏色妝點的乾菓子。和三盆糖特有的高雅甜味在舌上迅速融化的口感相當出眾。
⏰10:00～18:00　休週二、隔週週三　所京都市中京区先斗町三条下ル材木町187　🚃地鐵三條京阪站／京阪三條站步行6分　P無
這裡也能買到唷！ A B C D E F G H I J

四條河原町

**6** Crochet 京都本店
クロッシェきょうとほんてん
☎075-744-0840　MAP 附錄④P.14 D-4
以京飴的技術來展現亦用於十二單的傳統色及西洋色彩。色彩繽紛自不用說，優美的品名也很引人矚目。
⏰12:00～18:00　休不定休　所京都市下京区綾小路富小路東入ル塩屋町69　🚃阪急京都河原町站步行7分　P無
這裡也能買到唷！ A B C D E F G H

四條烏丸

**11** 京纏菓子cacoto
きょうまといかしカコト
☎075-351-2946　MAP 附錄④P.13 C-4
在海綿蛋糕中夾入水果及紅豆等，再以使人聯想到和服的吉祥紋白色巧克力妝點而成。「矢絣（箭羽紋）」、「束熨斗」等命名也很棒。
⏰10:00～18:00　休週日、不定休　所京都市下京区東洞院通松原下ル大江町553-5　🚃地鐵五條站步行4分　P有
這裡也能買到唷！ A B C D E F G H I J

西陣

**9** 京西陣 菓匠 宗禅
きょうにしじん かしょう そうぜん
☎075-417-6670　MAP 附錄④P.22 E-3
以可愛包裝搭配糯軟口感的蕨餅，是連舞妓的櫻桃小嘴也能食用的一口大小。口味有和束抹茶、京都水尾柚子等共7種。
⏰10:00～18:00　休週一、二（逢假日則營業）　所京都市上京区寺之内通浄福寺東角中猪熊町310-2　🚃市巴士乾隆校前下車步行6分　P有
這裡也能買到唷！ A B C D E F G H I J

四條烏丸

**7** 末富
すえとみ
☎075-351-0808　MAP 附錄④P.13 B-4
小巧華麗的烤麩煎餅就像氣球一樣輕盈。利用砂糖為餅乾穿上平安時代的女官正裝襲色目，製成輕巧又柔和的點心。
⏰9:00～16:00　休週日、假日　所京都市下京区松原通室町東入ル　🚃地鐵五條站步行5分　P無
這裡也能買到唷！ A B C D E F G H I J

**千錘百鍊的**
**技術所孕育的**
**醇厚甜點**

**伊藤久右衛門的**
**宇治抹茶大福**
1360円（6入）
保存期限3天 需冷藏

JR宇治站前店 ☎0774-22-0475
MAP 附錄④P.28 A-4
從江戶後期經營至今的茶商研發的抹茶甜點。將剛點好的抹茶、和三盆糖及鮮奶油混合而成的抹茶餡，與柔軟的餅皮十分搭配。
🕙10:30～18:30（茶房為LO18:00）休元旦 所宇治市宇治宇文字16-1 JR宇治站步行即到 P無（京都站前也有店鋪）
這裡也能買到唷! A B C D E F G H I J

草莓味與抹茶的
平衡恰到好處

**KYOTO VENETO的**
**巧莓茶**
6入896円 保存期限30天以上

京都Porta店 ☎075-343-3221
MAP 附錄④P.25 C-2
以使用宇治抹茶的抹茶餅乾包夾草莓白巧克力。抹茶的微苦與草莓香氣在口中輕柔地擴散開來。
🕙10:00～20:30（週五、六為21:00）休不定休 所京都市下京區烏丸通塩小路下ル東塩小路町902 JR京都站步行即到 P無
這裡也能買到唷! A B C D E F G H I J

濃厚抹茶的美味
在口中蔓延開來

**CHEZ HAGATA的現點**
**抹茶奢華法式凍派**
1條 4230円 保存期限14天 需冷藏

☎0774-20-6025 MAP 附錄④P.28 B-3
由於簡單而能孕育出細緻甜點的宇治名店。為了突顯抹茶味道而下了一番功夫製成的法式凍派，堪稱代表該店的傑作。
🕙10:00～17:00 休週三、四 所宇治市莵道谷下り44-11 京阪三室戶寺站步行3分 P有
這裡也能買到唷! A B C D E F G H I J

最佳首選3

備受京都人愛戴

# 抹茶與紅豆餡

說到京都，絕不能錯過抹茶與紅豆甜點！
從經典和菓子到設計成西點的商品，
從中找出自己屬意的伴手禮吧。

必買的理由！
在亦為茶之聖地的京都，抹茶口味的點心不出所料地豐富多樣。由於和菓子名店也很多，務必要品嘗看看講究的紅豆餡。

古早的柔和風味
說到京都萩餅就是這家！

**今西軒的萩餅**
**紅豆泥 紅豆粒** 1個200円
保存期限僅當天

☎075-351-5825
MAP 附錄④P.25 C-1
銷售狀況好到有如神助的萩餅有紅豆泥、紅豆粒、黃豆粉3種口味。讓和菓子愛好者讚不絕口的紅豆餡製程簡樸，未加任何鹽或水飴糖漿。
🕙9:30～售完為止 休週二、第1、3、5週一（6～8月為週一、二公休）所京都市下京區五条通烏丸西入ル一筋目下ル橫諏訪町312 地鐵五條站即到 P
這裡也能買到唷! A B C D E F G H I J

微微滲入的竹葉香氣十分清爽

**麩嘉的麩饅頭**
1200円（5入）
保存期限含販售日3天 需冷藏

錦店 ☎075-221-4533
MAP 附錄④P.14 D-4
用揉入青海苔的生麩包裹紅豆沙餡，再以水嫩青竹葉捲起的點心。兼具滑順與彈牙的口感。
🕙10:00～17:30 休週一 所京都市中京區錦小路通堺町角 地鐵四條站／阪急烏丸站步行7分 P無
這裡也能買到唷! A B C D E F G H I J

在酥脆餅皮中
自行放入紅豆粒餡的
手工最中餅

**都松庵的**
MIYAKO MONAKA
320円
保存期限180天

☎075-811-9288
MAP 附錄④P.13 A-3
享受最中的新型態吃法。在宛如塔點的最中容器中，放入滿滿的70g特製紅豆粒餡、軟糯的求肥，享受自製的樂趣。
🕙10:00～18:30 休第1或第2週三 所京都市中京區下八文字町709都壱番舘三条堀川1階 市巴士堀川三条下車即到 P有
這裡也能買到唷! A B C D E F G H I J

### 上賀茂・下鴨

**MALEBRANCHE京都北山本店**的
濃茶翻糖巧克力
「生茶之菓」5入1251円
保存期限15天

京都北山本店 ☎075-722-3399
MAP 附錄④P.8 D-1
將大量濃茶與麵糊混合，以小火烘烤而
成的翻糖巧克力。務必要品嘗看看這追
求「新鮮」的風味與口感。
🕐9:00～18:00，沙龍為10:00～17:30(LO)
🚫無休 📍京都市北區北山通植物園北山門
前 🚃地鐵北山站即到 🅿有
這裡也能買到唷! A B C D E F G H I J

追求溫潤柔滑
的新鮮口感

### 一乘寺

**一乘寺中谷**の
絲綢綠茶提拉米蘇
1840円 保存期限僅當天

☎075-781-5504
MAP 附錄④P.8 F-2
在摻有綠茶糖漿的海綿蛋糕上，以
白豆沙、豆漿、鮮奶油、白乳酪、
抹茶層層相疊而成的提拉米蘇。
🕐9:00～17:00 🚫週三(逢假日則營
業) 📍京都市左京區一乘寺花ノ木町5
🚃市巴士一乘寺下り松町下車即到 🅿
有
這裡也能買到唷! A B C D E F G H I J

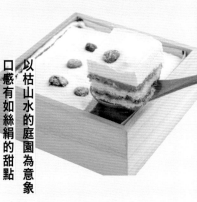

以枯山水的庭園為意象
口感有如絲綢的甜點

### 京都站周邊

味道香濃的
溫潤沙布列

**京都鶴屋 鶴寿庵**的
京茶布列餅乾
551円(3片入) 保存期限3週

☎075-841-0751
MAP 附錄④P.7 B-2
與新選組頗有淵源的八木家所經營的
店鋪。一口吃下使用宇治抹茶製成的
沙布列餅乾，輕爽的香氣盈滿口腔。
🕐8:00～18:00 🚫無休 📍京都市中
京區壬生梛ノ宮町24 🚃阪急大宮站步
行10分 🅿有
這裡也能買到唷! A B C D E F G H I J

---

## 紅豆餡

### 京都站周邊

**半兵衛麩**的 竹葉捲麩 (5入)1242円
保存期限含製造日3日

☎075-352-1111
(JR京都伊勢丹大代表)
MAP 附錄④P.25 C-2
以生麩包裹紅豆沙餡，再用竹
葉包捲而成。遵循古早一直起
來的工法，以職人之手打造的
糯軟生麩堪稱絕品。
🕐10:00～20:00 🚫不定休 📍京
都市下京區烏丸通塩小路下ル東塩小
路町 JR京都伊勢丹地下B1
🚃各線京都站即到 🅿有
這裡也能買到唷! A B C D E F G H I J

盡情享用
滑順細緻的
生麩特有風味

### 上賀茂・下鴨

**出町ふたば**的
名代豆餅 1個220円
保存期限僅當天

☎075-231-1658
MAP 附錄④P.8 D-3
在延展性佳、剛搗好的麻糬皮中填
入滿滿紅豆沙餡。揉進麵團的紅豌
豆那恰到好處的鹹味是一大特色。
🕐8:30～17:30 🚫週二、第4週三(逢
假日則翌日休) 📍京都市上京區出町通
今出川上ル青龍町236 🚃市巴士河原
町今出川下車即到 🅿無
這裡也能買到唷! A B C D E F G H I J

---

以口感酥脆的餅皮
包夾飽滿的內餡

### 北野天滿宮

**中村製餡所**的紅豆餡老闆的
最中套餐 1300円 保存期限10天
(餡料500g、最中餅皮10組) 需冷藏

☎075-461-4481 MAP 附錄④P.22 D-4
在手工烤製的餅皮中，夾入以傳統工法炊煮
北海道十勝產紅豆製成的上等豆餡。餡料可
從紅豆粒餡、紅豆沙餡、白豆沙餡中挑選。
🕐8:00～17:00 🚫週三、日 📍京都市上京
區一條通御前西入ル大東町88 🚃市巴士北
野天滿宮前下車步行5分 🅿無
這裡也能買到唷! A B C D E F G H I J

大排長龍的
出町柳超人氣麻糬

## 味噌

下酒味噌
540円（110g）
加在白飯或涼拌豆腐上就變成一道料理了
保存期限30天

一碗味噌湯
各195円
只要以熱水沖泡即可在短時間內上桌
保存期限6個月

以西京白味噌為首，還陳列著柚子味噌、醋味噌等五花八門的味噌

前往具上等風味與醇厚味道的西京白味噌釀造廠

**京都御所周邊**
### 本田味噌本店 ほんだみそほんてん
☎075-441-1131
MAP 附錄④P.9 C-4

京都皇室御用的老字號味噌店。「一碗味噌湯」的季節限定圖案及附贈小語也很受歡迎。適合配酒的「下酒味噌」種類也很多，像是以西京白味噌為基底的紫蘇、季節限定的蜂斗菜等。

🕐10:00～18:00 休週日 所京都市上京区室町通一条上ル小島町558 🚉地鐵今出川站步行6分 P無

這裡也能買到唷！ A B C D E F G H **I** J

---

必買的理由！
受惠於氣候及地形，京都擁有名水與豐富食材。使用京都食材逐一手工製作的商品也不少，最適合來此尋覓為老饕準備的伴手禮了！

### 前往京都的餐桌

**最佳首選 4**

# 專賣店的美味

從傳統家常料理到料亭的懷石料理，撐起京都美食的調味料以及下飯小菜。造訪持續受到喜愛的名店，把老店的味道帶回家吧。

---

## 醬油

二次熟成醬油
（醬油瓶型）
500円（100mℓ）
馬上就能使用的醬油瓶型相當方便
保存期限1年半（未開封）

耗時費工只為打造出更高級的醇厚味道

**京都御所周邊**
### 澤井醬油本店 さわいしょうゆほんてん
☎075-441-2204 MAP 附錄④P.9 C-4

1879年創業的醬油店。「二次熟成醬油」是將經過一次工序的醬油，再加入大豆與小麥進行二次發酵而成。

🕐9:00～17:00（週日、假日為10:30～15:30）休不定休 所京都市上京区中長者町通新町西入ル仲之町292 🚌市巴士烏丸下長者町下車步行7分 P無

保存期限1年半（未開封）

這裡也能買到唷！ A B C D E F G H I J

---

味道、香味皆溫和
淋在料理上好健康

**市役所周邊**
### 村山造酢 むらやまぞうす
☎075-761-3151 MAP 附錄④P.16 D-1

老字號料亭也愛用的千鳥醋釀造廠。這家的醋不會刺鼻且味道溫和，能賦予料理高雅的味道。

🕐8:30～17:00 休週日、假日 所京都市東山区三条大橋東3-2 🚉地鐵東山站／京阪三條站步行5分 P無

這裡也能買到唷！ A B C D E F G H I J

## 醋

CoChidori
518円（100mℓ）
方便帶走的時髦桌上型尺寸
保存期限365天

---

味道細緻的
軟嫩山椒絲

冬季漬物的代表
試試發源地的美味

令人愛不釋手的
萬能香料

## 山椒絲

山椒絲 1188円
（80g）

咬下的每一口
都美味多汁，
十分下飯

保存期限20天

**祇園**

### やよい

☎075-561-8413　**MAP** 附錄④P.17 D-4

炊煮至鬆軟的山椒絲是該店最熱門的商品，拌入義大利麵也很好吃。葫蘆包裝為京都限定。

🕙10:00～17:00　**休**無休（咖啡廳為週三不定休）　**所**京都市東山区祇園下河原清井町481　**電**京阪祇園四條站步行10分　**P**無

這裡也能買到唷！**A** B C D E F G H I J

---

## 漬物

千枚漬（紙罐）
1188円

享受季節限定
的冬季滋味

保存期限6天
需冷藏

**四條河原町**

### 大藤
だいとう

☎0120-02-5975　**MAP** 附錄④P.14 D-4

1865年第一家發明千枚漬的店鋪。昆布的鮮美與聖護院蕪菁的溫和酸甜味堪稱絕妙搭配。

🕙9:00～18:00　**休**週四（10～2月為無休）　**所**京都市中京区麩屋町通錦小路下ル桝屋町510　**電**阪急京都河原町站步行4分　**P**無

這裡也能買到唷！**A** B C **D** E F G H I J
（視銷售店鋪可能以袋裝販賣）

---

## 七味粉

黑七味粉（四角）
1210円（5g）

別有意趣的木筒容
器也讓人喜愛

保存期限90天

**祇園**

### 原了郭
はらりょうかく

☎075-561-2732　**MAP** 附錄④P.16 C-3

以一脈相承的技術製成，特徵是撲鼻的山椒輕爽香氣。只加少少的量，就能讓任何料理的風味變得更加豐富。

🕙10:00～18:00　**休**無休　**所**京都市東山区祇園町北側267　**電**京阪祇園四條站步行3分　**P**無

這裡也能買到唷！**A** B C D E F **G** H **I J**

---

輕鬆烹調以天然食材
製成的正統高湯

## 高湯

高湯包裝JIN
（綠／黃／紅／金）
金1404円

鮪魚柴魚片與羅臼
昆布的濃醇高湯

保存期限6個月

**京都站周邊**

### うね乃
うねの

☎075-671-2121　**MAP** 附錄④P.7 A-4

傳承四代的高湯專賣店。「高湯包裝JIN」系列可謂京都料理的好幫手，作為可輕鬆調理的高湯而大受好評。

🕙10:00～18:00（週六為～17:00）　**休**週日、假日、第2週六　**所**京都市南区唐橋門脇町4-3　**電**JR西大路站步行5分　**P**有

這裡也能買到唷！**A** B C **D** E F **G** H **I J**

---

不論白飯還是菜餚
都能提升視覺效果

## 昆布

五色昆布
800円（30g）

用形狀可愛的昆
布與五色霰餅妝
點白飯

保存期限90天

**西陣**

### 五辻の昆布
いつつじのこんぶ

☎075-431-0719　**MAP** 附錄④P.22 E-3

內含形狀可愛的汐吹昆布及細絲昆布、五色霰餅等，濃縮美味精華的香鬆，與白飯、沙拉很搭。

🕙9:00～18:00　**休**無休　**所**京都市上京区五辻通千本東入西五辻東町74-2　**電**市巴士千本今出川下車步行5分　**P**有

這裡也能買到唷！**A** B C D E F G H I J

---

獨特的酸味十分可口
大原傳統的美味

## 漬物

志ば漬絲
692円（170g）

也使用了大原栽培
的紅紫蘇

保存期限125天
（含製造日）

**祇園**

### 土井志ば漬本舗
どいしばづけほんぽ

☎075-525-6116　**MAP** 附錄④P.16 C-3

1901年在大原創業。招牌「志ば漬絲」是以紅紫蘇及鹽巴醃漬茄子，打造純樸的風味。

🕙10:00～21:00　**休**週三　**所**京都市東山区四条通東大路東入祇園町南側572-1　**電**京阪祇園四條站步行5分　**P**無

這裡也能買到唷！**A** B C D **E** F **G** H **I J**

這裡也能買到唷！圖示說明　**A**JR京都伊勢丹　**B**京名菓、名菜處 京（JR西口）　**C**CASTY京都 京都站新幹線剪票口內　**D**ASTY京都 ASTY SQUARE

必買的理由！
京都發跡的紡織品牌及職人工藝比比皆是。以日本傳統為基礎所設計的現代風小物也很多，輕輕鬆鬆就能擁有喔。

## 最佳首選 5

### 時尚的設計最棒了！

# 珍藏和風雜貨

這裡介紹充滿玩心的設計，可愛與實用性兼具的和風雜貨。
就來尋找自己專屬的中意商品，
盡情運用於日常生活中吧。

**5** 戴上就會瞬間
變華麗的髮夾

**3** 渾圓的造型
散發出優美芳香

日常使用樂趣多多
職人技術的紡織品

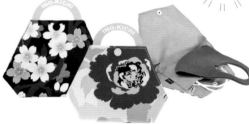

**1**

五彩繽紛又可愛
和菓子圖案的手巾

**6** 色彩斑斕可愛的
市松花紋

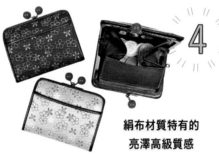

**4** 絹布材質特有的
亮澤高級質感

五彩繽紛又可愛
和菓子圖案的手巾

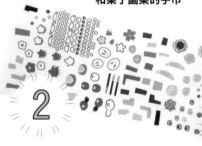

**2**

---

### 大德寺
**5** 京都 おはりばこ的
**金光閃閃髮夾** 各3300円

☎075-495-0119　MAP 附錄④P.22 F-1
販售職人手作髮飾及小物的店鋪。在2樓工房製作的精美手捏花髮飾會在1樓販售，也可以在別棟的京町家體驗自製精美手捏花。
🕙10:00～17:00　休週三　所京都市北區紫野下門前町25　市巴士大德寺前下車步行3分　P無
這裡也能買到喔！ A B C D E F G H I J

### 祇園
**3** 尾張屋的
**香球** 2個396円

☎075-561-5027　MAP 附錄④P.16 B-2
位於祇園的擴香物專賣店。渾圓且鮮豔的雙色樣式，看是要直接擺在玄關裝飾，或是收納在櫃子裡散發香氣都很適合。
🕙8:00～19:00　休不定休　所京都市東山区新門前通大和大路東入ル西之町201　地鐵三條京阪站／京阪三條站步行7分　P無
這裡也能買到喔！ A B C D E F G H I J

### 四條烏丸
**1** ino-kichi的口罩收納夾
**櫻花、牡丹** 各1760円

☎075-256-7077　MAP 附錄④P.15 C-3
染色公司所經營的和風圖案雜貨品牌，供應許多將日本傳統圖案設計得更時髦的提包及化妝包。職人的技術也值得細細欣賞。
🕙11:00～19:00　休週二、三　所京都市中京区中魚屋町510-3　地鐵四條站／阪急烏丸站步行4分　P無
這裡也能買到喔！ A B C D E F G H I J

### 四條河原町
**6** カランコロン京都的
**面紙盒化妝包** 1650円

☎075-253-5535　MAP 附錄④P.16 A-3
將化妝包與面紙盒合而為一。兼具實用性與華麗的色調，每次從包包裡拿出來都令人感到開心。
🕙10:30～20:30　休無休　所京都市下京区四条通小橋西入真町83-1　阪急京都河原町站即到　P無
這裡也能買到喔！ A B C D E F G H I J

### 四條河原町
**4** 京極井和井的絹單色
**BOX零錢包** 各5720円

☎075-221-0314　MAP 附錄④P.14 E-4
從擴香物到西陣織，多種小物一應俱全的店鋪。方便使用的開放式零錢包，高雅的絲絹光澤帶有些許成熟韻味。
🕙10:30～21:00（週六、假日為10:00～）休無休　所京都市中京区新京極市場上　阪急京都河原町站步行3分　P無
這裡也能買到喔！ A B C D E F G H I J

### 市役所周邊
**2** にじゆら 京都三条店的
**手巾** 1760円

☎075-253-0606　MAP 附錄④P.14 D-2
特色為「滲色」及「暈染」的注染技法上色的手巾專賣店。流行又值得玩味的設計讓人心情愉快。
🕙11:00～18:00　休不定休　所京都市中京区麩屋町通三条上ル弁慶石町38-1　地鐵京都市役所前站步行5分　P無
這裡也能買到喔！ A B C D E F G H I J

---

多種繽紛圖案
流行的分趾襪

11

U

7

大膽地改造
京都圖案

9

將季節和菓子化為
別緻的刺繡徽章

8

12

只有在京都才買得到的
和服布料拭鏡布

您喜歡哪一個呢？
圖案繽紛的口金零錢包

10

將多彩的手巾
設計成扇子

---

### 四條河原町

**11 SOU・SOU足袋的**
**分趾襪** 各605円

☎075-212-8005　MAP附錄④P.14 E-4

設計性自不用說，舒適度也頗受好評，穿起來就像一般的分趾襪。從和服到洋服，都可以享受自由搭配的樂趣。

🕐11:00～20:00　休無休　所京都市中京區新京極通四条上ル中之町583-3　交阪急京都河原町站步行5分　P無

這裡也能買到喲！ A B C D E F G H I J

### 烏丸御池

**12 永楽屋 細辻伊兵衛商店的**
**手巾MINI扇（花與蝶、鳥居）** 各4400円

☎075-256-7881　MAP附錄④P.15 B-2

這家老店圖案繽紛多彩的手巾一應俱全，獨特且大膽的設計很受歡迎。以這些手巾製成的扇子讓人感覺既涼爽又開心。

🕐10:00～18:00　休無休　所京都市中京區室町通三条上ル役者町368　交地鐵烏丸御池站步行3分　P無

這裡也能買到喲！ A B C D E F G H I J

### 清水寺周邊

**9 京東都 本店的和片和菓子系列**
玉椿／栗子茶巾絞 各330円
櫻餅／花見糰子 各440円

☎075-531-3155　MAP附錄④P.17 D-6

刺繡工房經營的品牌。以「傳統」與「現今」為題，供應和風圖案繡章、適合搭配洋服的手帕等，拓展嶄新刺繡的可能性。

🕐11:00～18:00　休不定休　所京都市東山區星野町93-28　交市巴士清水道下車步行5分　P無

這裡也能買到喲！ A B C D E F G H I J

### 四條烏丸

**10 SOO的**
**擦拭布** 各1650円

☎075-254-3109　MAP附錄④P.15 C-4

具有和服布料染色技術的京友禪品牌把觸角伸向雜貨，以在京都染色的和服布料製成的拭鏡布，特徵是上等絹material質，各種京都風圖案一應俱全。

🕐10:00～20:30　休準同東急手創館 京都店　所京都市下京區四条烏丸東入長刀鉾町27 4F　交阪急烏丸站即到　P無

這裡也能買到喲！ A B C D E F G H I J

### 市役所周邊

**7 青衣 京都店的環保袋**
燕子花／九條蔥 各3300円

☎075-354-5223　MAP附錄④P.16 D-1

京都發跡的紡織品牌。加入了舞妓、雞蛋三明治等京都圖案的獨特設計，蔚為話題。

🕐11:00～18:00　休週三　所京都市東山區東山三条西入ル七軒町19　交地鐵東山站即到　P無

這裡也能買到喲！ A B C D E F G H I J

### 市役所周邊

**8 まつひろ商店 三条本店的**
**3.3寸圓形口金零錢包** 各990円

☎075-761-5469　MAP附錄④P.16 C-1

光是彩色花紋就多達1000種以上，金屬蓋清脆悅耳的聲音就是職人技術的證明。也可以把飾品等小物放進零錢包。

🕐10:30～20:00　休無休　所京都市東山區三条通大橋東入三町目12　交地鐵三條／京阪三條站步行5分　P無

這裡也能買到喲！ A B C D E F G H I J

---

## 3 KIRA KARACHO 四条店
キラカラチョウしじょうてん

☎075-353-5885　**MAP** 附錄④ P.15 B-4

1624年創業起，以代代相傳的花紋製作裝飾品及明信片、便箋、餐具等，供應許多具有美麗花紋與配色的原創商品。

🕚11:00～19:00　🈺週二（逢假日則翌日休）
📍京都市下京区水銀屋町620 ココン烏丸1F
🚇地鐵四條站、阪急烏丸站即到　🅿無

這裡也能買到唷! A B C D E F G H I J

## 2 十八番屋 花花
おはこやそうか

☎075-251-8585　**MAP** 附錄④ P.12 D-1

販售版畫紙盒的店鋪。有超過300種圖案是以觀光名勝、舞妓等京都風人事物為主，五花八門的尺寸一應俱全。

🕚11:00～17:00（週日、假日為～18:00）　🈺週二、三　📍京都市中京区寺町通夷川上ル東側町常盤町46　🚇地鐵京都市役所站步行6分　🅿無

這裡也能買到唷! A B C D E F G H I J

## 1 りてん堂
りてんどう

☎075-202-9701　**MAP** 附錄④ P.8 E-2

活版印刷文字有種懷舊溫暖的魅力，「傳遞吧」是能讓收禮者會心一笑的便箋。

🕚10:00～18:00　🈺週日、假日、不定休
📍京都市左京区一乗寺里ノ西町95
🚇叡電一乗寺站步行3分　🅿無

這裡也能買到唷! A B C D E F G H I J

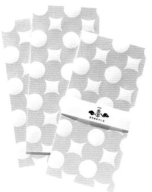

從色彩與花紋交織的奧妙
感受傳統之美

京都風小盒子的藝術令人陶醉

**2 盒子 各462円～**
金平糖及糖果、摺紙等，能夠依喜好來搭配盒蓋與內容物

把心情寄託在活版印刷的溫暖中

**傳遞吧**
390円（12張入）
12張成套的繽紛便箋

**3 唐長花紋雲母紅包袋 南蠻七寶**
3入組 770円
盡情欣賞外觀會隨光線改變的美麗花紋

### 最佳首選 6

想收集自用伴手禮

# 和風紙物

將自古以來的傳統與時髦的圖案結合，設計成獨特又可愛的京都紙物。可以用來書寫、包裝，有好多不禁想買來送人的品項！

**必買的理由！**
以和紙、手工印刷技法等來呈現日本傳統的文具，獨特質感為其魅力。把時髦美麗的信封文香、紅包袋等買起來備著，等到實際要送禮時應該會更顯別緻。

用木刻版畫來妝點喜愛的書本

**5 手工印刷木版畫書衣 各1320円**
讓耐用且熟悉的和紙帶來美好閱讀時光

**4 硬幣談兔子**
550円（3種1入）
七福神990円（3入）
也有許多適用於喜慶場合及四季活動的品項

將各異其趣的紅包袋致贈給重要的人

## 6 鳩居堂
きゅうきょどう

☎075-231-0510　**MAP** 附錄④ P.14 E-2

販售薰香物及文具的老店。散發清香的「花文香」以季節花卉為造型，相當可愛。拿在手裡就會不可思議萌生想要寫信給誰的渴望。

🕚10:00～18:00　🈺無休　📍京都市中京区寺町通姉小路上ル下本能寺前町520　🚇地鐵京都市役所前站步行3分　🅿無

這裡也能買到唷! A B C D E F G H I J

## 5 竹笹堂
たけざさどう

☎075-353-8585　**MAP** 附錄④ P.15 A-4

手工印刷的木版畫衍生出豐富多樣的商品。書衣柔軟的觸感也很吸引人，故一揉到起皺紋再使用也很可愛。

🕚11:00～18:00　🈺週三　📍京都市下京区綾小路通西洞院東入ル新釜座町737　🚇地鐵四條站／阪急烏丸站步行8分　🅿無

這裡也能買到唷! A B C D E F G H I J

## 4 嵩山堂はし本
すうざんどうはしもと

☎075-223-0347　**MAP** 附錄④ P.14 D-3

供應活用和紙製成的原創紙製品的店鋪。重視可感受人情溫暖的商品製作工序，例如手寫的文字及設計等。

🕚10:00～18:00　🈺無休　📍京都市中京区六角通麩屋町東入八百屋町110　🚇阪急京都河原町站步行10分　🅿無

這裡也能買到唷! A B C D E F G H I J

## 8 cozyca products shop HIRAETH
コジカプロダクツショップヒライス

☎075-253-0640　MAP 附錄④P.12 D-1

京都老字號紙文具製造商以獨到眼光選材、活用加工技術製成的雜貨應有盡有。能在此找到作家產品等藝術性十足的品項。

🕐12:30～19:00　休週一（逢假日則翌日休，連休時有變更）　所京都市中京区河原町夷川上ル指物町322　交京阪神宮丸太町站步行5分　P無

這裡也能買到唷！ A B C D E F G H I J

## 7 京都活版印刷所
きょうとかっぱんいんさつしょ

☎075-645-8881　MAP 附錄④P.27 B-2

創業超過60年的印刷所活版印刷工作室。除了能夠買到善加利用活版特有凹凸製成的設計文具之外，也能委託訂製名片。

🕐15:00～19:00　休週二、四、日　所京都市伏見区深草稻荷中之町38-2　交JR稻荷站步行6分　P無

這裡也能買到唷！ A B C D E F G H I J

所設計的封面

創作者以古都為意象

傳達心意

才更想附上怡人香氣

正因為是重要的信件

7 假名筆記本 各847円

具獨特質感的封面印有活版印刷圖案

6 花文香 各550円(3入)

也很推薦放一個在鉛筆盒內

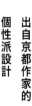

出自京都作家的個性派設計

8 描圖紙便利貼 495円

作家分別為：左上／Subikiawa、右上／西淑、右下／高旗將雄、左下／今井キラ＆多屋來夢

優美地拼貼蒔繪圖案

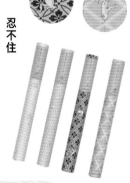

忍不住莞爾一笑

可愛動物一籮筐

以琳派為主題的時尚設計

11 紅包袋 各330円(3入)

很適合放入禮金及小件的禮物

10 Okime 便箋 550円

用時髦的顏色來表現應用於漆器的蒔繪圖案

9 多用途紙 (國寶 鳥獸人物戲畫) 各330円

以鳥獸戲畫中登場的動物們為主題

## 11 芸艸堂
うんそうどう

☎075-231-3613　MAP 附錄④P.14 E-1

將日本唯一手工印刷木版和裝本出版社保管的圖案製成紅包袋。在明治至昭和時期活躍的設計師作品，如今看來依舊優雅美麗。

🕐9:00～17:30　休週六日、假日　所京都市中京区寺町通二条南入妙滿寺前町459　交地鐵京都市役所前站步行5分　P無

這裡也能買到唷！ A B C D E F G H I J

## 10 象彦 京都寺町本店
ぞうひこきょうとてらまちほんてん

☎075-229-6625　MAP 附錄④P.12 D-1

漆器老店。從碗筷等日常使用的器具，到採用代代相傳蒔繪圖案的文具品牌「一六六一」也在拓展中。

🕐10:00～18:00　休不定休　所京都市中京区寺町通二条上ル西側要法寺前町719-1　交地鐵京都市役所前站步行5分　P無

這裡也能買到唷！ A B C D E F G H I J

## 9 京都 便利堂 本店
きょうとべんりどうほんてん

☎075-231-4351　MAP 附錄④P.13 B-1

把日本人熟悉的國寶繪卷動物貼在筆記本或文件上。彷彿要起舞的滑稽動作，也有助於緩和工作或讀書時的心情。

🕐10:00～18:00　休週六日、假日　所京都市中京区新町通竹屋町下ル弁財天町302番地　交地鐵丸太町站步行5分　P有

這裡也能買到唷！ A B C D E F G H I J

**最佳首選 7**

\\ 目標是成為出色美人 //

# 優質京都美妝

京都美人常保美麗的祕訣在於美妝嗎!? 馬上來盤點
幾個特別受美女偏愛，既優秀又外觀可愛的美妝用品吧。

必買的理由！
在坐擁5條花街、自古以來
即發展傳統技藝的京都，販售
高品質美妝的商店散布其
中。不論尺寸還是價格都經
濟實惠的品項琳瑯滿目，可
謂送禮自用兩相宜。

---

媲美舞妓的亮澤秀髮與肌膚
利用山茶花油打造

**祇園**

**かづら清老舖的**
### 特製山茶花油 香椿
3630円

☎075-561-0672　**MAP** 附錄④ P.16 D-3

販售滋潤頭髮與肌膚的山茶花油、護膚產
品的店鋪。在天然山茶花油中加入5種有
機香草精油的萬能油「香椿」很受歡迎。

🕐10:00～19:00　休週三　所京都市東山
區四条通祇園町北側285　🚌市巴士祇園
下車即到　P無

這裡也能買到唷! A B C D E F G H I J

---

使用著名旅店的商品
讓入浴時光變優雅

**市役所周邊**

**Gallery Yukei的**
### 肥皂
1430円（6個入）

☎075-257-6880　**MAP** 附錄④ P.14 D-2

「俵屋旅館」的官方商店。肥皂內含天然
香料，以超過200種材料混合而成。香味
芬芳，浴後也有保濕效果。

🕐10:00～18:00　休不定休　所京都市中
京区姉小路通麩屋町東入　🚇地鐵京都市役
所前站步行5分　P無

這裡也能買到唷! A B C D E F G H I J

---

在美麗的指尖上
塗抹和風傳統色

**四條烏丸**

**上羽絵惣的**
### 胡粉指甲油
各1324円～

☎075-351-0693　**MAP** 附錄④ P.13 C-4

以日本畫的白色顏料胡粉調配而成的指甲
油，可讓指甲輕易散發鮮豔色澤。速乾、
用消毒用酒精即可卸除也是一大魅力。

🕐9:00～17:00　休週六日、假日　所京都市
下京区東洞院通高辻上ル燈籠町579　🚇地
鐵四條站／阪急烏丸站步行7分　P無

這裡也能買到唷! **A** B C D E **F** G **H** I **J**

---

活用職人絕技
打造優秀美妝紙

**祇園**

**加美屋的**
### 化妝棉　503円（50張入）

祇園店　☎075-561-8878
**MAP** 附錄④ P.16 C-3

從明治時期經營至今的紙屋，販售對女性
肌膚也很柔和的護膚產品。使用滲透性高
的「化妝棉」來潤澤肌膚吧。

🕐11:00～19:00　休不定休　所京都市東
山区祇園町北側270 やまおカビル B1F　🚇京
阪祇園四條站步行5分　P無

這裡也能買到唷! A B C D E F G H I J

---

竹製容器也很時髦
獨一無二的護唇膏

**京都御所周邊**

**京都しゃぼんや的**
### 京都散步唇膏
各1650円

☎075-257-7774　**MAP** 附錄④ P.12 D-1

與咖啡、抹茶、巧克力、芝麻油的各家名
店合作推出聯名商品。將天然植物油與材
料原有香味牢牢鎖進無添加護唇膏中。

🕐11:00～17:00　休週四　所京都市中京
区御幸町通夷川上ル松本町567-2　🚇地鐵
丸太町站步行10分　P無

這裡也能買到唷! A B C D E F G **H** I J

---

隨時隨地
常保美麗

**祇園**

**YOJIYA的**
### 吸油面紙　400円（1盒20張入）

祇園本店　☎075-541-0177　**MAP** 附錄④ P.16 C-3

京都美妝的長銷商品。用起來舒適柔和、能
確實吸除多餘皮脂，為補妝時不可或缺的用
品。秋季還會有柚子等季節限定圖案。

🕐11:00～19:00（視季節而異）　休無休
所京都市東山区祇園四条見小路東北角
🚇京阪祇園四條站步行5分　P無

這裡也能買到唷! A B C D **E** F G H **I** J

---

**E**ASTY京都 ASTY ROAD　**F**特產小路 京小町（京都站 JR中央口）　**G**京都站前地下街Porta　**H**京都塔SANDO　**I**大丸京都店　**J**京都高島屋

# 想珍惜地長久使用 名店的器具

老字號專賣店裡，由傳統技術孕育而生的逸品比比皆是。
使用優質器具，想必能讓日常生活變得更加豐富有趣。

必買的理由！
在料理及工藝等各行各業職人切磋琢磨、歷史悠久的街區，才能造就出眾多販售逸品的老店。也受到專業人士肯定的傳統技術所精心打造的器具，可以用上一輩子。

---

**四條河原町**

### 有次的
黃銅製開瓶器 (千鳥) 6600円
模具 各1210円～

☎075-221-1091　**MAP** 附錄④ P.14 D-4

以菜刀聞名的店家也有許多可愛的調理用具。其中又以開瓶器、模具最為豐富，會讓人煩惱不知該如何選擇。該店商品亦備受廚師喜愛，修理等售後保養服務也很完善。

🕙10:00～17:00　休無休　所京都市中京區錦小路通御幸町西入ル　阪急京都河原町站步行8分　P無

這裡也能買到唷！ A B C D E F G H J

---

每次拿在手中欣賞
都會沉醉於那精緻的工藝

**市役所周邊**

### 清課堂的
銀立香座 紅葉
7150円 (小)、9570円 (大)

☎075-231-3661　**MAP** 附錄④ P.14 E-1

江戶後期以錫藝師身分創業，製作神佛具為開端，如今則以錫製品為首，販售多種金屬工藝產品，提供酒杯及西式餐具等。

🕙10:00～18:00　休週日、一　所京都市中京區寺町通二条下ル妙満寺前町462 ※2022年2月起店鋪整修，改至臨時店鋪營業　地鐵京都市役所前站步行5分　P無

這裡也能買到唷！ A B C D E F G H

---

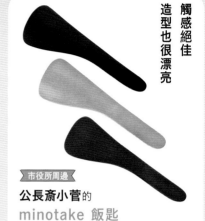

觸感絕佳
造型也很漂亮

**市役所周邊**

### 公長斎小菅的
minotake 飯匙
各1980円

京都本店 ☎075-221-8687　**MAP** 附錄④ P.16 A-1

出自知名設計師之手、活用竹子特性製成的飯匙。利用竹子內側的曲面，打造出方便握持的弧形造型。

🕙10:00～20:00　休無休　所京都市中京區三条通河原町東入ル中島町74 ザ ロイヤルパークホテル 京都三条1F　地鐵京都市役所前站／京阪三条站步行3分　P無

這裡也能買到唷！ A B C D E F G H I

---

顏色及觸感
會隨著使用逐漸變化

**三十三間堂周邊**

### 鍛金工房 WEST SIDE 33的
黃銅杯子
5390円 (中)、4070円 (小)

☎075-561-5294　**MAP** 附錄④ P.24 E-2

專業人士也會光顧的調理器具工房。黃銅會隨著歲月留下時間的痕跡，是值得使用一輩子的產品。經年累月地養護，可享受獨特的變化趣味。

🕙10:00～17:00　休週二　所京都市東山區大和大路通七条下ル七軒町578　京阪七條站步行5分　P無

這裡也能買到唷！ A B C D E F G H I J

---

撈起軟嫩的豆腐
也不會碎掉

**京都御所周邊**

### 辻和金網的 湯豆腐勺
(六角 大) 2420円

☎075-231-7368　**MAP** 附錄④ P.13 C-1

京都廚師專用推薦的鐵網製品店。稍微帶點弧度的「湯豆腐勺」方便用來撈豆腐，瀝水效果也很棒。

🕙9:00～18:00　休週日、假日　所京都市中京區堺町通夷川下ル龜屋町175　地鐵丸太町站步行6分　P無

這裡也能買到唷！ A B C D E F G H I J

---

以日本的手工金箔
完成散發高級感的作品

**京都站周邊**

### 五明金箔工芸的
黃金杯
1個7700円

☎075-371-1880　**MAP** 附錄④ P.25 C-1

登錄於聯列國教科文組織文化遺產，製作、販售緣付金箔製品的專賣店。也有陳列山中漆器的酒杯、與京組紐合作推出的墜飾等商品。

🕙9:00～18:00　休週日、假日　所京都市下京區新町通下る平野町784　各線京都站步行10分　P無

這裡也能買到唷！ A B C D E F G H I J

---

這裡也能買到唷！圖示說明　**A** JR京都伊勢丹　**B** 京名菓、名菜處 京 (JR西口)　**C** ASTY京都 京都站新幹線剪票口內　**D** ASTY京都 ASTY SQUARE

## Q. 要分送同事或同學，買什麼伴手禮比較好？

### A. 既討喜又能分送的經典伴手禮就是這個！

【銀閣寺周邊】

**阿闍梨餅本舖 滿月**的
**阿闍梨餅** 1個119円 保存期限55天

☎0120-24-7373 MAP 附錄④P.8 E-3

以在比叡山修行的僧侶所戴斗笠為造型的餅菓子。是以餅粉為基底製成的溫潤外皮，再加入丹波大納言紅豆粒餡完美調配而成的招牌商品。單包裝能夠單買，這點也很貼心。

🕘9:00～18:00 休週三不定休 所京都市左京区鞍小路通今出川上ル 京阪出町柳站步行8分 P有

這裡也能買到唷！ A B C D E F G H I J

## Q. 什麼京都伴手禮適合送給不愛甜食的老饕呢？

### A. 贈送包裝也很漂亮的老店美味吧。

【市役所周邊】

**一保堂茶舖**的**煎茶 薰風** 小罐盒
2700円（90g入） 保存期限180天

☎075-211-4018 MAP 附錄④P.12 D-1

也有附設咖啡廳的日本茶專賣店。甜味與澀味平衡恰到好處的煎茶很受歡迎，「煎茶 薰風」溫和的甘甜為其特徵。此外，華麗的標籤設計與伴手禮很相稱。

🕘10:00～17:00（咖啡廳10:00～LO16:30）休無休 所京都市中京区寺町通二条上ル 地鐵京都市役所前站步行5分 P有

這裡也能買到唷！ A B C D E F G H I J

## Q. 想知道送給上司或長輩不會失禮數的伴手禮！

### A. 推薦經過皇室認證的西點名店招牌點心。

【市役所周邊】

**村上開新堂**的
**俄羅斯餅乾** 各205円
保存期限製造日起14天

☎075-231-1058
MAP 附錄④P.12 D-1

於明治時期創業，懷舊店面令人印象深刻的西點店。「俄羅斯餅乾」是比一般餅乾稍軟的烘焙點心，有杏桃、葡萄乾等5種口味可享用，高雅的包裝也討喜。

🕘10:00～18:00（咖啡廳為～LO16:30）休週日、假日、第3週一 所京都市中京区寺町通二条上ル東側 地鐵京都市役所前站步行5分 P無

這裡也能買到唷！ A B C D E F G H I J （A I 為僅每週六，J 為僅每週日販售）

## Q. 推薦送什麼給注重美容保養的朋友？

### A. 推薦可感受和風魅力的京都美妝中，使用抹茶製成的產品！

【祇園】

**祇園辻利 祇園本店**的
**抹茶護膚膏**
2200円

☎075-551-1122
MAP 附錄④P.16 C-3

販售抹茶甜點及茶葉等種類廣泛的商品。「抹茶護膚膏」為使用最高級御濃茶「建都之昔」的超級水潤護膚霜。

🕘10:00～21:00 休不定休 所京都市東山区四条通祇園町南側573-3 京阪祇園四條站步行3分 P無

這裡也能買到唷！ A B C D E F G H I J

## Q. 想透過季節限定設計來表現特別感！

### A. 展現四季風情的和菓子是不二選擇！

【京都站周邊】

**俵屋吉富**的
**糖蜜小糖果**
972円 保存期限30天

☎075-352-6335
MAP 附錄④P.25 C-2

以砂糖結晶包裹糖蜜的小糖果，由職人一個個親手繪製季節情景。不含酒精，孩童也能安心食用。

🕘10:00～20:00 休不定休 所京都市下京区烏丸通塩小路下ル東塩小路町JR京都伊勢丹 B1 各線京都站即到 P有

※圖案會視季節變換

這裡也能買到唷！ A B C D E F G H I J

這裡也能買到唷！ 圖示說明 A JR京都伊勢丹 B京名菓、名菜處 京（JR 西口） C CASTY京都 京都站新幹線剪票口內 D ASTY京都 ASTY SQUARE E ASTY京都 ASTY ROAD F特產小路 京小町（京都站 JR中央口） G京都站前地下街Porta H京都塔SANDO I大丸京都店 J京都高島屋

16 附錄③

哈日情報誌
人人出版
MAPPLE
まっぷる
京都

附京都站
站內導覽！

京都
散步
Map

## Contents

範例

| ＜介紹內容＞ | ＜其他＞ | | ＜便利商店＞ | ＜餐廳、速食店＞ | ＜加油站＞ | ＜花卉、樹木＞ | |
|---|---|---|---|---|---|---|---|
| ● 景點 | ◎ 府廳 | 紅綠燈 | 7-ELEVEN | 麥當勞 | ENEOS | 櫻花 | 油菜花 |
| ● 玩樂 | ◎ 市公所 | 公車站 | LAWSON | 摩斯漢堡 | 出光興產 | 梅花 | 鳶尾花 |
| ● 美食 | ○ 區公所 | P 停車場 | Family Mart | 肯德基 | COSMO | 紅葉 | 竹 |
| ● 咖啡廳 | ⊗ 醫察局 | 高速公路 | Daily Yamazaki | Mister Donut | 昭和Shell | 銀杏 | 蓮花 |
| ● 購物 | ⊗ 消防局 | 1 國道 | MINI STOP | 儂特利 | KYGNUS | 繡球花 | 菊花 |
| ● 住宿 | ⊗ 學校 | 32 府縣道 | 其他 | 其他速食店 | 其他加油站 | 鬱金香 | 紫藤花 |
| | ⊕ 醫院 | 一般道路 | | 其他餐廳 | | 玫瑰、山茶花 | 桔梗 |
| | 百貨公司 | 新幹線 | | | | 波斯菊 | 石蒜 |
| | 超級市場 | JR線 | | | | 杜鵑 | 其他花卉 |
| | 銀行 | 私鐵 | | | | | |
| | 神社 | | | | | | |
| | 寺廟 | | | | | | |

**哈日情報誌京都**
●測量法に基づく国土地理院長承認（使用）R 3JHs 23-295668　R 3JHs 24-295668　R 3JHs 25-295668
●未經許可不得轉載、複製。
©Shobunsha Publications,Inc.2022.2

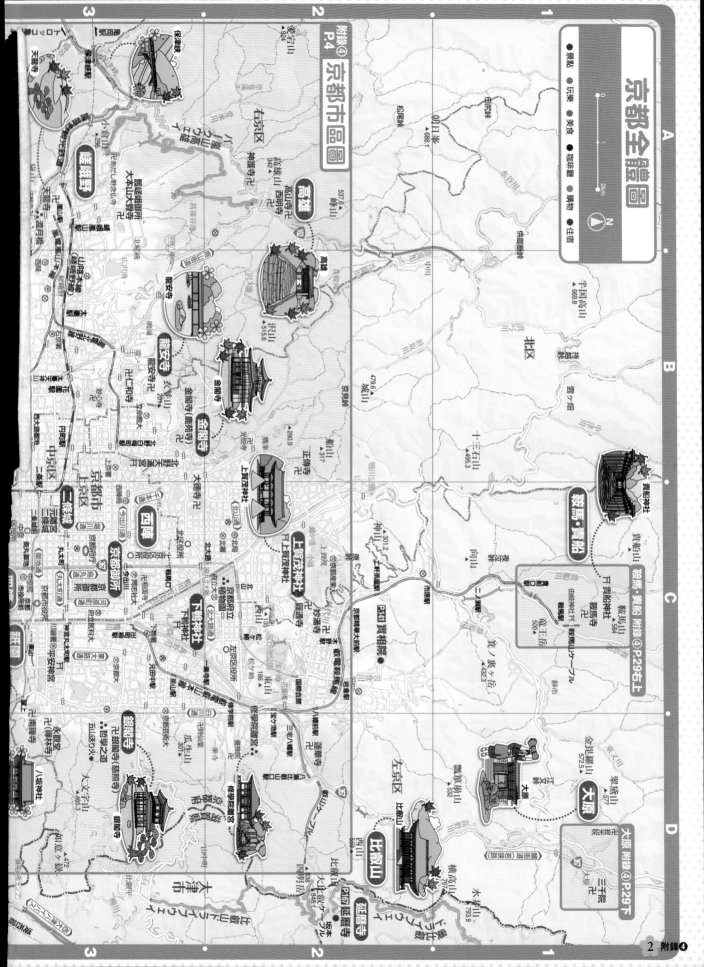

# 京都全體圖

- ●景點
- ●玩樂
- ●美食
- ●咖啡廳
- ●購物
- ●住宿

N

0 1 2km

附錄④ P.4
## 京都市區圖

庭瀨野

高雄

龍安寺

金閣寺

西陣

上賀茂神社

下鴨神社

京都御所

銀閣寺

修學院離宮

鞍馬·貴船
鞍馬·貴船 附錄④P.29右上

大原
大原 附錄④P.29下

P.167 貴相院

P.167 比叡山
延曆寺

北區

左京區

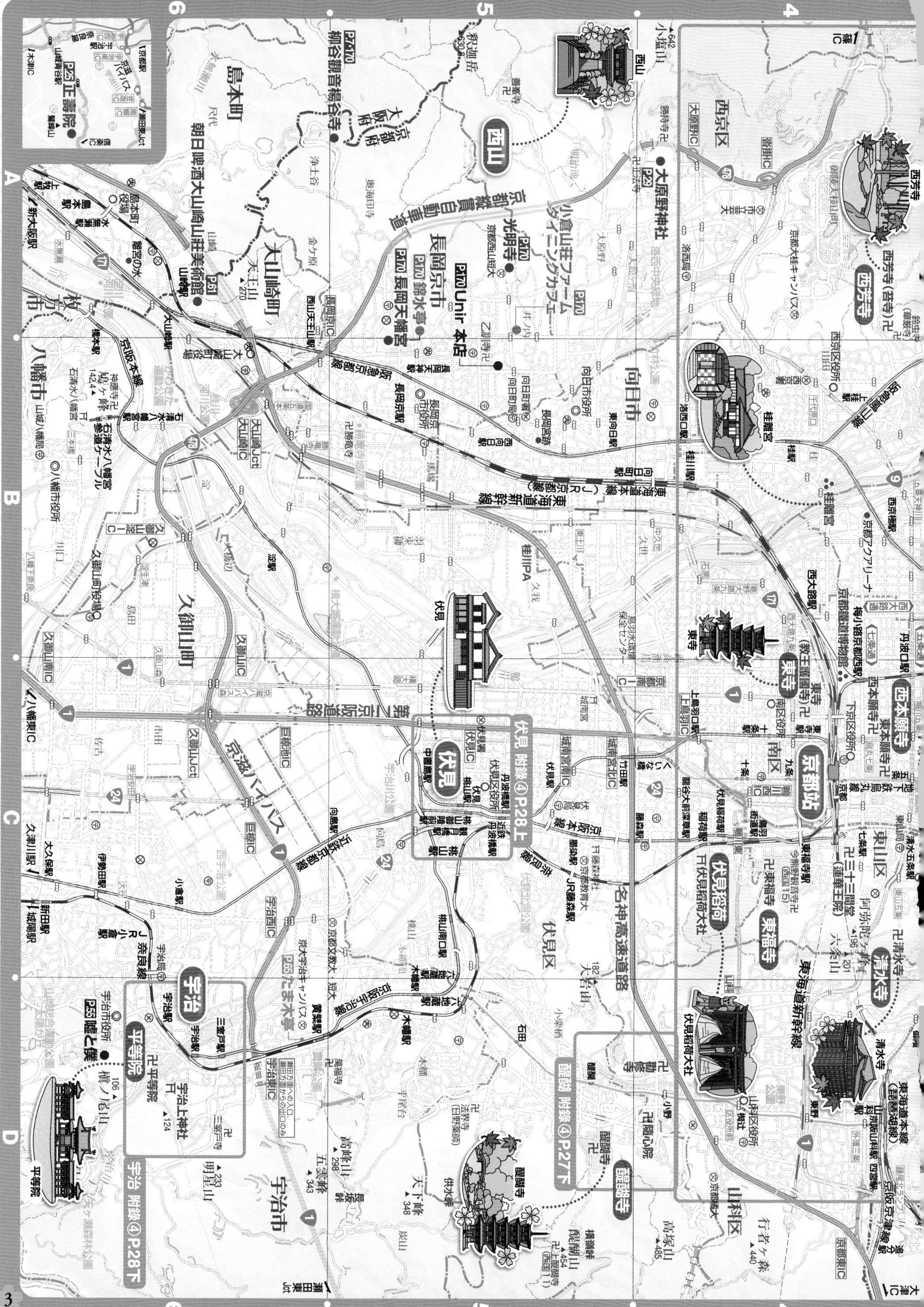

西山
大原野神社
小倉山荘ファーム ダイニングカフェ
光明寺
長岡京市
錦水亭
長岡天満宮
Unir 本店
柳谷観音楊谷寺
大阪府
京都府
島本町
朝日啤酒大山崎山莊美術館
大山崎町
京都縦貫自動車道
向日市
西京区
西芳寺
西芳寺（苔寺）
桂離宮
東寺
東寺（教王護國寺）
西本願寺
東本願寺
京都站
南区
梅小路京都西駅
京都鐵道博物館
京都アクアリーナ
伏見 附錄④P.28上
伏見
伏見区
伏見稻荷
伏見稲荷大社
東福寺
東山区
三十三間堂（蓮華王院）
清水寺
東海道新幹線
名神高速道路
京滋バイパス
第二京阪道路
久御山町
八幡市
枚方市
宇治 附錄④P.28下
宇治
平等院
宇治市
宇治上神社
醍醐 附錄④P.27下
醍醐寺
随心院
勧修寺
山科区
たま木亭
P.25 正壽院
P.55 喜撰山
JR奈良線
京阪本線
京阪宇治線
近鉄京都線
東海道本線

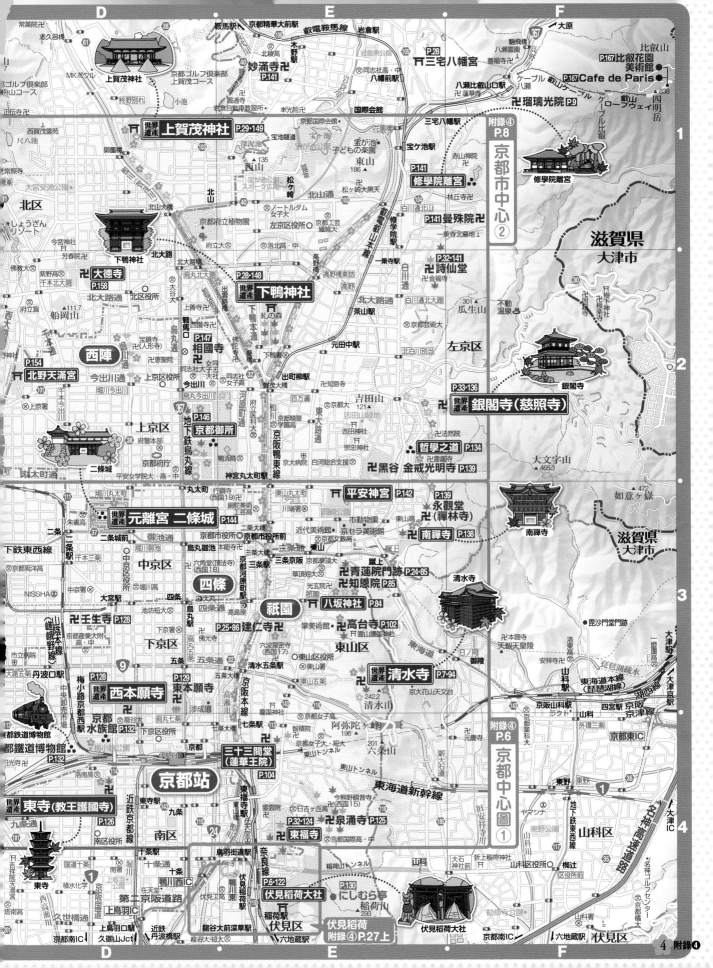

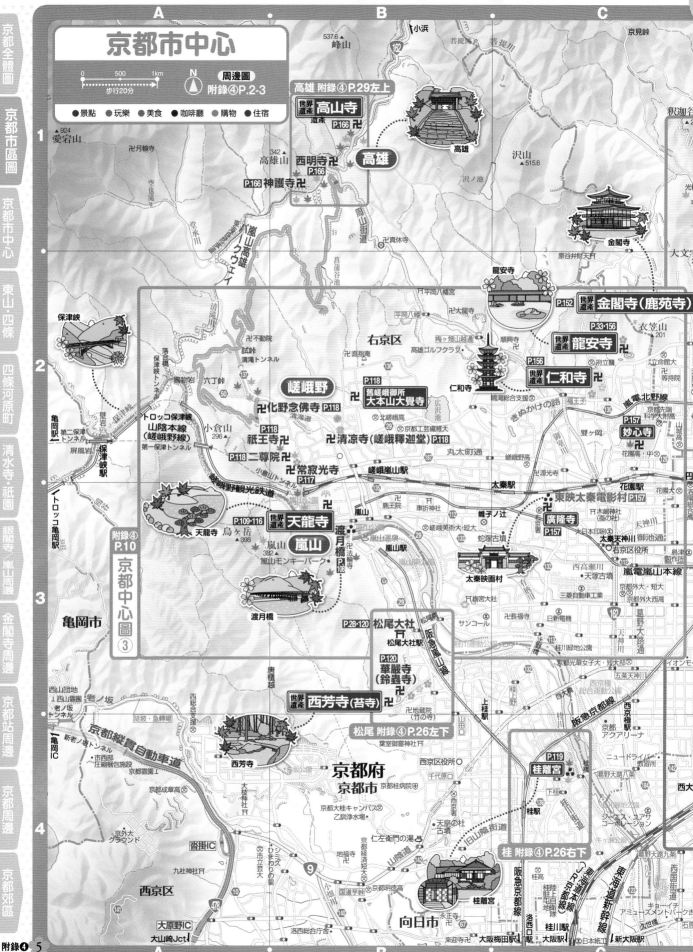

出町柳駅
丸太町駅

御所東小

丸太町橋

京都熊野神社

平安神宮

水道局

**平安神宮**

二条通

岡崎公園

京都市動物園

左京区

熊野若王子神社

智福院

南禅寺・永觀堂

**永觀堂（禪林寺）**

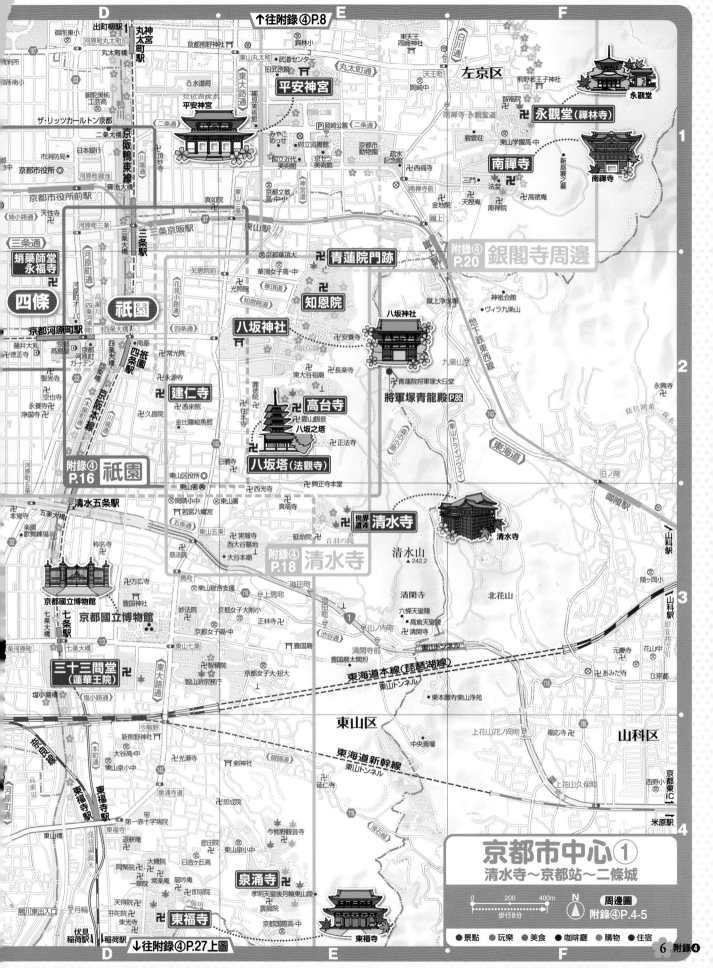

永觀堂

南禪寺

**南禪寺**

ザ・リッツ・カールトン京都

二条大橋

京都市役所

京都市役所前駅

御池大橋

真如院

蹴上

南禅寺前

三門

法堂

金地院

天授庵

南禅院

高徳庵

附録④
P.20 **銀閣寺周邊**

蛸藥師堂
永福寺

**四條**

**祇園**

京都河原町駅

四条大橋

**青蓮院門跡**

知恩院前

華頂女子高・中

知恩院道

**知恩院**

**八坂神社**

安養寺

地下鉄東西線

**八坂神社**

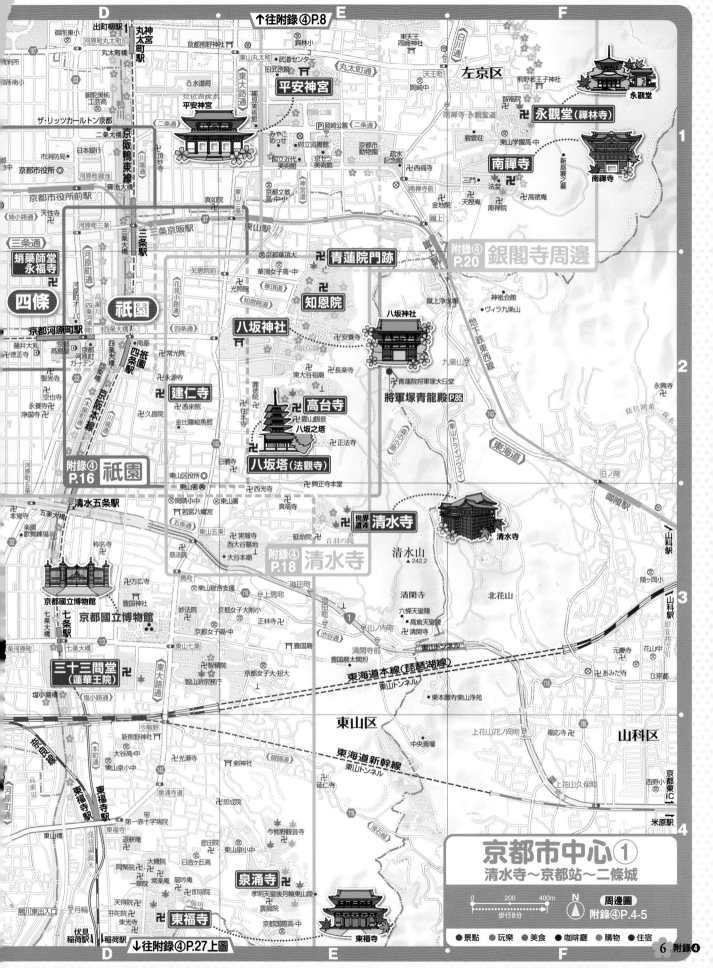

圓徳院

**建仁寺**

來迎院

金比羅絵馬館

花見小路通

東大谷祖廟

長樂寺

**高台寺**

靈山觀音

**高台寺**

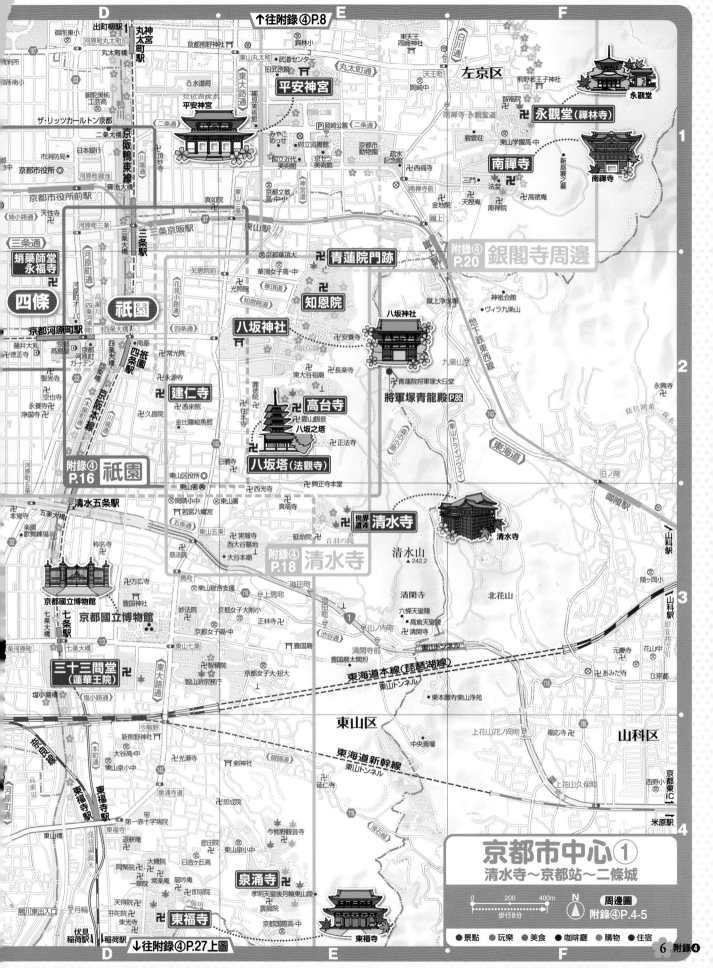

八坂之塔

正法寺

**將軍塚青龍殿** P.85

青蓮院将軍塚大日堂

附録④
P.16 **祇園**

**八坂塔（法觀寺）**

日體寺

東山区役所

東山駅

興正寺本堂

清水五条駅

若宮八幡宮

五条通

東山五条

**世界遺產 清水寺**

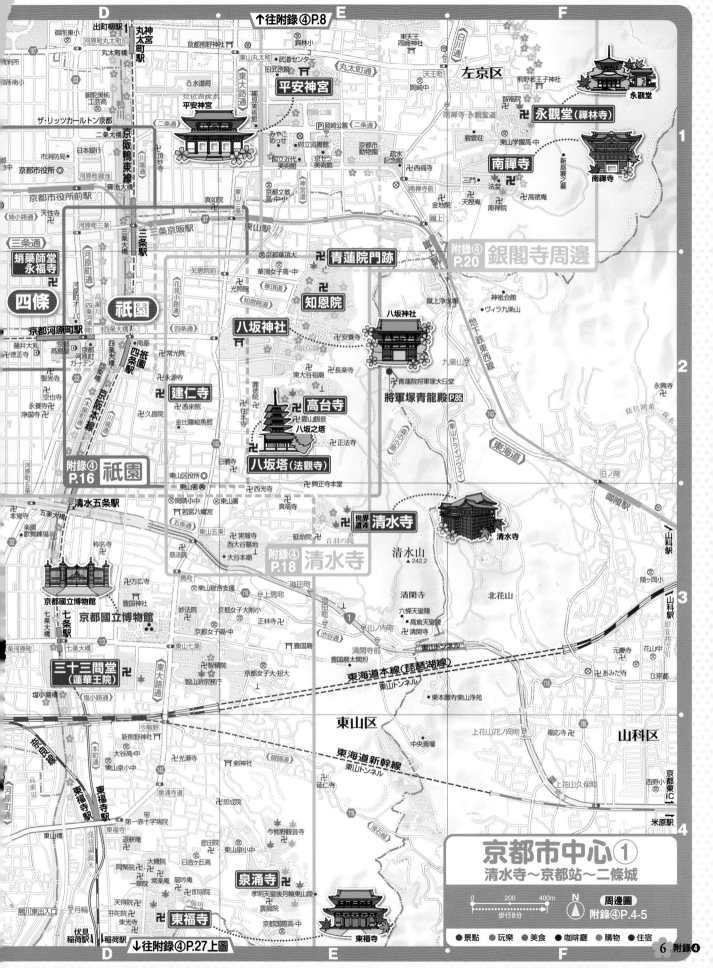

清水寺

清水山
▲242.2

京都國立博物館

七条駅

**京都國立博物館**

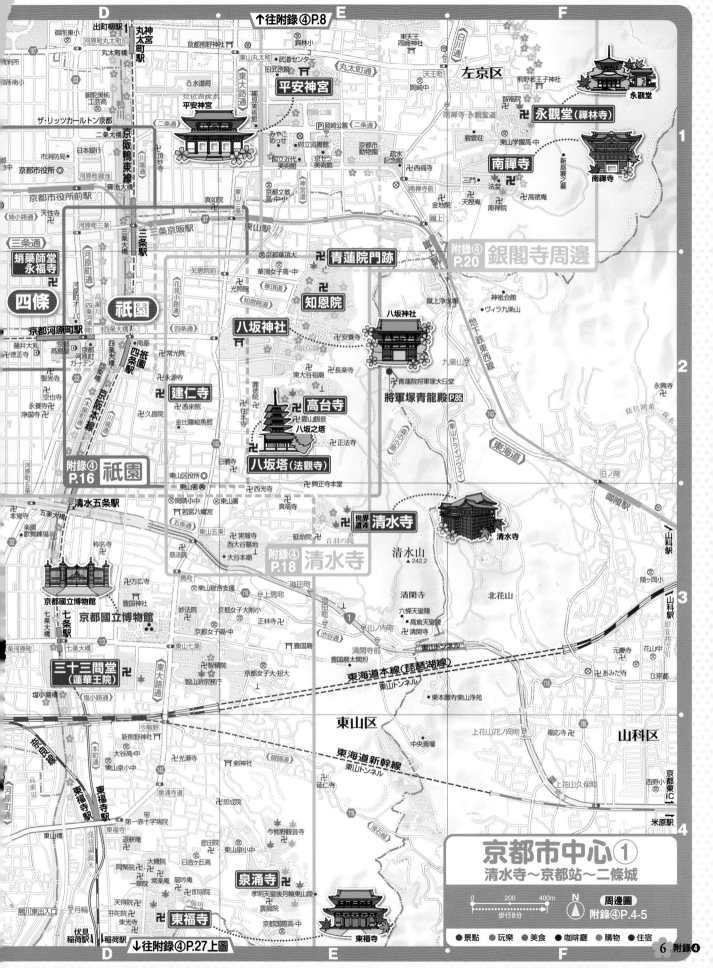

豊国神社

方廣寺

妙法院

正林寺

京都女子大附小

東山総合支援

上馬町

池田町

清閑寺

六條天皇陵
高倉天皇陵
清閑寺

北花山

**三十三間堂**
**（蓮華王院）**

智積院

京都女子大・短大

豊国廟

東山七条

渋谷通

東山トンネル

**東海道本線（琵琶湖線）**
東山トンネル

東本願寺東山浄苑

東山区

上花山花ノ岡町

福応寺

山科区

今熊野

新熊野神社

本町通

大谷高中

光瀬寺

**東海道新幹線**
東山トンネル

剣神社

延仁寺

中央斎場

上花山久保町

東福寺駅

第一・赤十字病院

東福寺

同聚院

悲田院

東山小中

日吉ヶ丘高

**泉涌寺**

孝明天皇後月輪東山陵
雲龍院

京都国際高・中

京都東IC

西野小

米原駅

**東福寺**

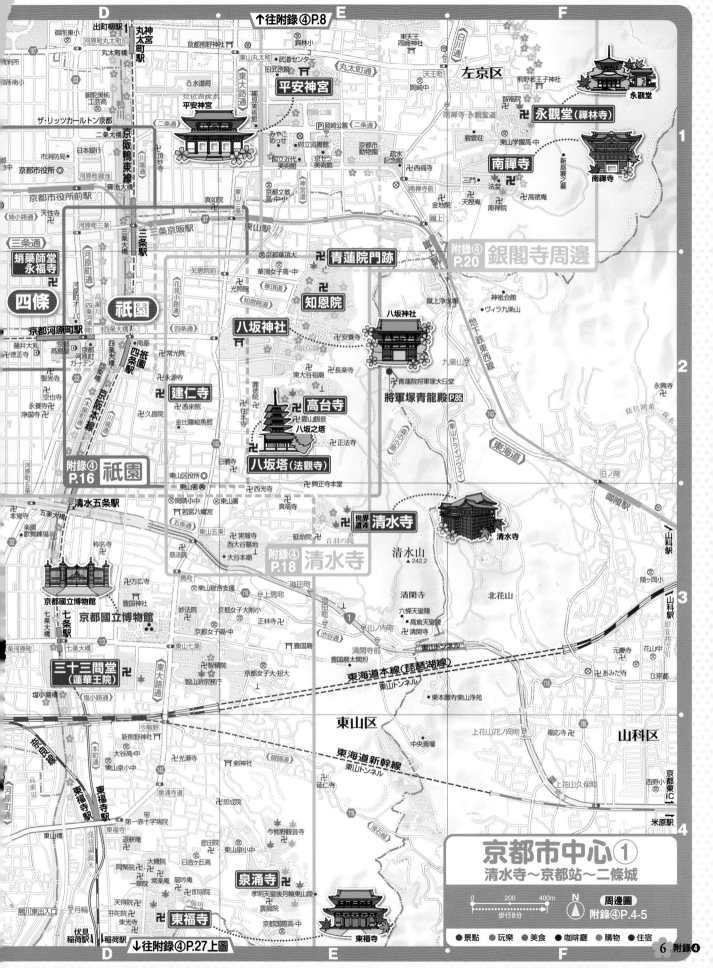

東福寺

↓往附錄④P.27上圖

# 京都市中心①

清水寺〜京都站〜二條城

0　　200　　400m
步行8分

N

周邊圖
附錄④P.4-5

●景點 ●玩樂 ●美食 ●咖啡廳 ●購物 ●住宿

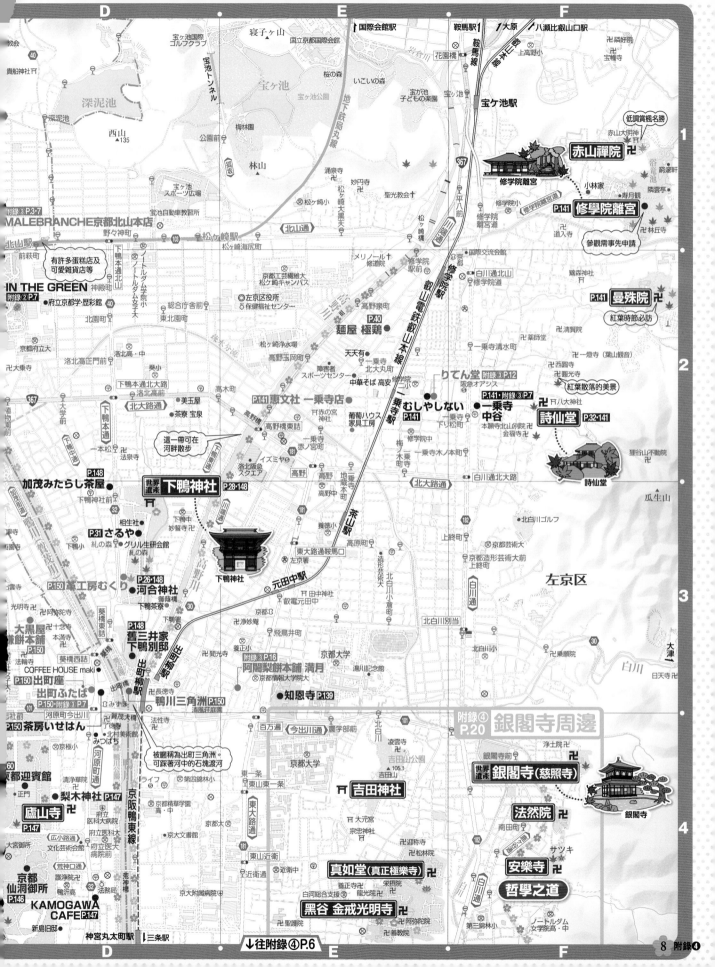

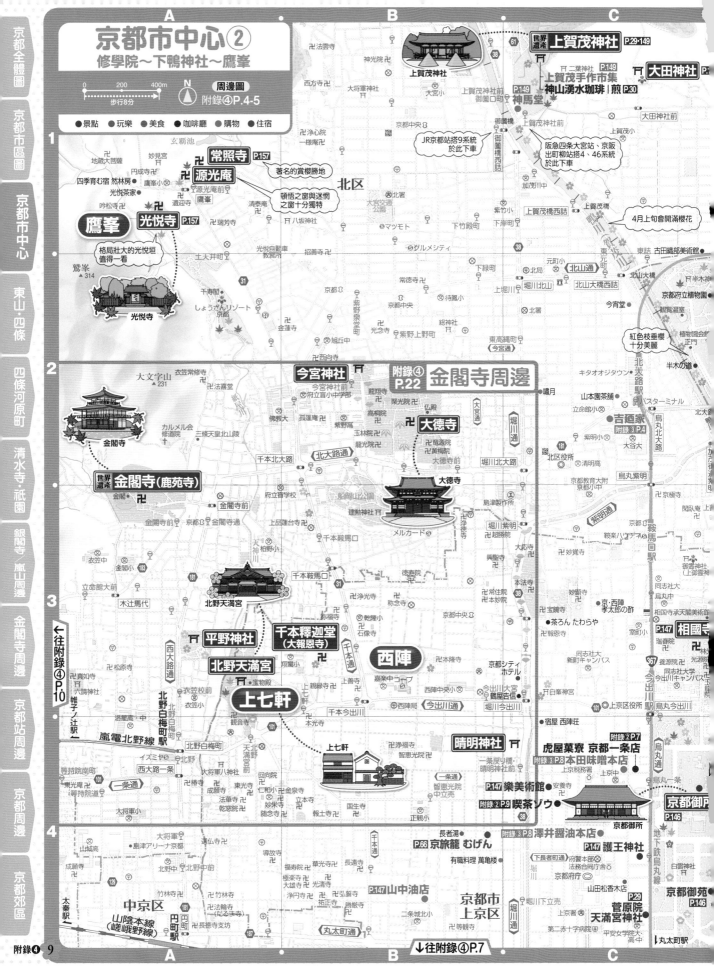

附錄④
P.22 **金閣寺周邊**

普門軒卍
不思議不動院卍

宇多天皇大内山陵
円融天皇火葬塚
立命館西園寺記念館・

朱山古墳
衣笠山
▲201

北区

堂本印象美術館・

世界遺産 **龍安寺**
卍

龍安寺
鏡容池

竜安寺前

立命館大

世界遺産 **仁和寺**

卍

仙翁院卍

**等持院**

卍

北野白梅町駅

**→往附録④ P.9**

白雲院　霊宝館　蓮華寺

御室

御影

妙心寺
北門前

101

等持院・立命館大学
衣笠キャンパス前駅

御室仁和寺駅

妙心寺駅

龍安寺駅

隣華院卍

京都先端科学大附
高・中

卍

**妙心寺**

卍

退蔵院 P.157

**東林院** P.157

花園高

城高

卍成願寺

**妙心寺**

卍西光庵

卍 ● **阿じろ** P.155

木辻南町

**法金剛院**
卍

花園駅

双ヶ丘

花園大

卍
二条駅

中京区

山陰本線（嵯峨野線）

**太秦電影村**

マツモト

184

**太秦映画村前**

太秦駅

**太秦電影村**

**廣隆寺**
卍

撮影所前駅

太秦広隆寺前

131

木嶋神社（蚕の社）

ライフ

安井小

西小路通

→往附録④ P.7

車折神社駅

嵐電嵐山本線　帷子ノ辻駅

有栖川駅

広隆寺

本瑞寺卍

**車折神社**
P.157

蛇塚古墳

嵯峨美術大・短大

嵯峨野小

太秦広隆寺駅

嵐電嵐山本線

蚕ノ社駅　嵐電天神川駅

112

蚕ノ社

太秦
天神川御池

右京区役所

地下鉄東西線

西大路御池駅

マツモト

附録④
P.26上 **太秦**

嵐電天神川駅

天神川三条

猿田彦橋

山ノ内駅

112

四条大宮駅

京都市
右京区
[丸太町通]

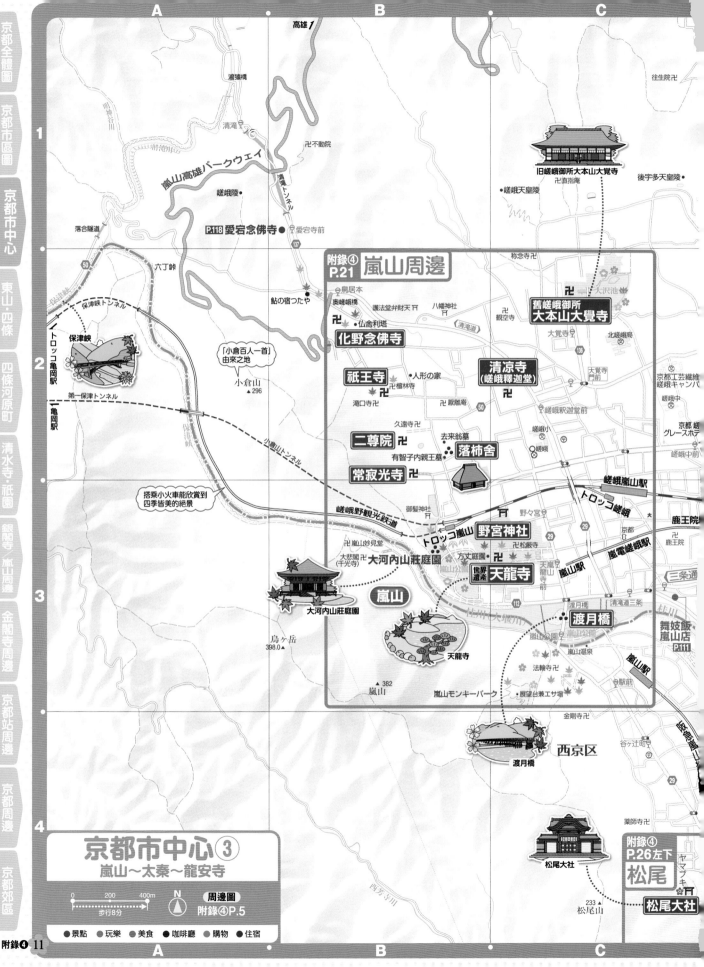

京都全體圖
京都市區圖
京都市中心
東山・四條
四條河原町
清水寺・祇園
銀閣寺/嵐山周邊
金閣寺周邊
京都站周邊
京都周邊
京都郊區

高雄1

渡猿橋

卍不動院

嵐山高雄パークウェイ

嵯峨陵●

清滝トンネル

六丁峠

**P.118** 愛宕念佛寺●
●愛宕寺前
137

落合隧道

50

トロッコ亀岡駅

保津峡トンネル

**保津峡**

第一保津トンネル

亀岡駅

鮎の宿つたや

鳥居本
奥嵯峨橋

「小倉百人一首」
由來之地

小倉山
▲296

搭乘小火車能欣賞到
四季皆美的絕景

嵯峨野觀光鐵道

小倉山トンネル

鳥ヶ岳
398.0▲

大河內山莊庭園

大河內山莊庭園

**嵐山**

嵐山妙見堂卍

大悲閣
(千光寺)卍

▲382
嵐山

旧嵯峨御所大本山大覚寺

●嵯峨天皇陵
卍直指庵

後宇多天皇陵

往生院卍

称念寺卍

卍 大沢池

**附錄④**
**P.21** 嵐山周邊

護法堂弁財天 卍
八幡神社 卍

観空寺卍
観音寺卍

卍 仏舎利塔

**化野念佛寺**

●人形の家

**祇王寺**

卍檀林寺

滝口寺卍

**二尊院** 卍

久遠寺卍 卍脱離庵

去来鈴墓

有智子内親王墓

**落柿舎**

**常寂光寺** 卍

御髪神社 卍

**嵯峨野觀光鐵道**

野々宮卍

トロッコ嵐山

**野宮神社**
卍松厳寺

方丈庭園 卍

**世界遺產 天龍寺**

**嵐山**

天龍寺

嵐山モンキーパーク

●展望台兼エサ場

金剛寺卍

**渡月橋**

嵐山温泉

法輪寺卍

**西京区**

谷ヶ辻町
〒

**渡月橋**

旧嵯峨御所
**大本山大覺寺**

**清凉寺**
**(嵯峨釋迦堂)**

北嵯峨高

大覚寺
大覚寺
門前

京都工芸繊維
嵯峨キャンパ

嵯峨中

嵯峨駅前

嵯峨小

嵯峨

嵯峨中前

**嵯峨嵐山駅**

**トロッコ嵯峨**

29

29

嵐電嵯峨駅

鹿王院

鹿王院

嵐山駅

京都嵯峨
グレースホテ

天龍寺
前

嵐山駅

三条通

112

清滝道三条

**渡月橋**

**嵐山駅**

舞妓飯
嵐山店
**P.111**

駅前

29

**附錄④**
**P.26左下**

**松尾**

薬師寺卍

**松尾大社**

松尾大社

233▲
松尾山

ヤマブキ

松尾大社 〒

**京都市中心③**
嵐山～太秦～龍安寺

0　　200　　400m
步行8分

N
**周邊圖**
附錄④P.5

●景點 ●玩樂 ■美食 ●咖啡廳 ■購物 ●住宿

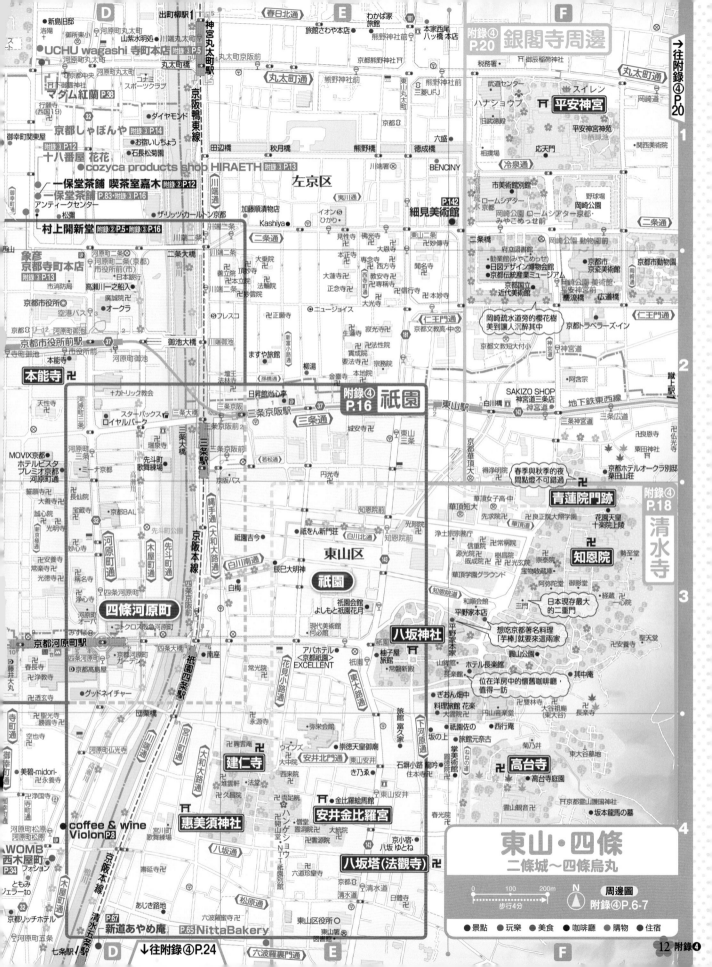

**D** 出町柳駅 1 **E** わかば家旅館 181 **F** →往附錄④P.20

新島旧邸
洛陽
御所東小
御苑

UCHU wagashi 寺町本店 附錄③ P.5

神宮丸太町駅

京阪鴨東線

京都丸太町駅

丸太町橋

春日北通
旅館さわや本店
熊野神社前
本家西尾八ッ橋 本店
丸太町通

武道センター
スイレン
ハナショウブ
平安神宮
平安神宮神苑

マダム紅蘭 P.33
行願寺(西国19)
京都しゃぼんや 附錄③ P.14
お宿いしちょう
御幸町関東屋
十八番屋 花花 附錄③ P.12
石長松菊園
cozyca products shop HIRAETH 附錄③ P.13

丸太町通
熊野神社前
三菱UFJ
京都

旧武徳殿
相撲場
応天門
関西美術院

一保堂茶舗 喫茶室嘉木 附錄②・P.12
一保堂茶舗 P.83・附錄③ P.16
アンティークセンター
松濤

田辺橋
秋月橋
熊野橋
徳成橋

冷泉通
市美術館別館
日図デザイン博物館
京都国立
近代美術館

岡崎公園
ロームシアター京都・
みやこめっせ前
野球場
岡崎公園
二条通

村上開新堂 附錄②P.5・附錄③ P.16

左京区
加藤順漬物店
Kashiya
イオンひかり
見性寺
佛光寺
東山二条
妙傳寺
本正寺
専念寺 西方寺

府立図書館
勧業館(みやこめっせ)
京都市
京都伝統産業ミュージアム
京都市美術館・
平安神宮前
驚流橋 広道橋

象彦
京都寺町本店 附錄③ P.13
京都市役所前
空港バス
本能寺
京都市役所

川端二条
川端二条(京都)市役所前(市)
日本銀行
高瀬川一之船入
廣知院
オークラ
京都
フレスコ

二条大橋
大栗院
頂妙寺
善立寺
川端二条
立本寺
正念寺
瑞雲庵

専修寺 教安寺
大蓮寺
教安寺
聞名寺
京都文教高・中
生蓮寺
寂光寺
法性院
要法寺
貫成院
本地院

京都国立
近代美術館

岡崎疏水道旁的櫻花樹
美到讓人沉醉其中

二条通
仁王門通

京都トラベラーズ・イン

御池大橋
御池通
本能寺

京都市役所前
市役所前
フレスコ
正順寺
ニュージョイス

川端御池
柳湯
金嘉堂
孫橋通
京都文教短大付小

仁王門通

平安神宮道
神宮道

蹴上駅

SAKIZO SHOP
神宮道三条口
地下鉄東西線

三条大橋
ロイヤルパーク
スターバックス
三条京阪駅
三条通
三条京阪前
三条京阪前2

城安寺
東山三条
東山三条

東山駅
京都華頂大
得浄明院

SAKIZO SHOP

附錄④ P.16 **祇園**

MOVIX京都
ホテルビスタプレミオ京都
河原町通

ミーナ京都
先斗町歌舞練場
瑞泉寺

若松通
円光寺

三条神宮道
三条広道

栗田神社
仏光寺
京都ホテルオークラ別邸
粟田山荘

附錄④ P.18 **清水寺**

蛸薬師堂
京都BAL
蔵寺
長円院
浄国寺

本要寺
新京極
光明寺
光徳寺
浄土寺
常敬寺
誓願寺
安養寺

河原町通
木屋町通
先斗町通
京阪本線
縄手通(大和大路通)
四条京阪前
白川南通
白川南通

祇をん新門荘
祇園吉今
白梅

光照院
知恩院前
知恩院前
143

華頂女子高・中
華頂短大
先求院
良正院大照学園
浄土宗務所
常稱院
源光庵 光玄院
樹昌院
霊宝収蔵庫

花園天皇
十楽院上陵

青蓮院門跡

知恩院

勢至堂

四條河原町

河原町通
高島屋

コトクロス阪急河原町
京都河原町駅
四条河原町駅

東山区

祇園

白梅
祇園会館
よしもと祇園花月
現代美術館
何必館

辰巳大明神

知恩院通
和順会館
平野家本店

日本現存最大的二重門

阿弥陀堂
影向堂
経蔵
三門
一心院

想吃京都著名料理
「芋棒」就要來這兩家

藤井大丸
春長寺
浄教寺
透玄寺

みずほ
京都河原町ガーデン
四条河原町
南座

四条京阪駅
祇園四条駅
祇園四条通

アパホテル
〈京都祇園〉
EXCELLENT
柚子屋旅館
常光院
常盤新殿

八坂神社

平野家本家
山鉾館
長楽館
祇園佐の
西行庵

園山公園
ホテル長楽館

位在洋房中的懷舊咖啡廳，
值得一訪

其中庵
豊林寺

祇おん畑中
料理旅館 花楽
旅館丹宗古

円山音楽堂

大谷祖廟
菊乃井

グッドネイチャー

団栗橋

崇徳天皇御廟

花見小路通
大和大路通
宮川町通
川原町通

雲龍庵
弥栄会館
崇徳天皇御廟

ウインズ
大博堂
安井北門通
東山安井

河原町仏光寺

建仁寺

堆雲軒
法堂
久昌院

両足院
禅居庵
霊源院

石塀小路
住本寺町

霊山観音
京都靈山護国神社
坂本龍馬の墓

高台寺
高台寺庭園

coffee & wine
Violon P.8

WOMB
西木屋町 P.34
フォション

惠美須神社

ハンゲショウ NTT祇園別館
開山堂
禅宗寺

金刀羅絵馬堂
東山安井

安井金比羅宮

京小宿
八坂ゆとね
143

善光院

業務資料館
翠鳳
松龍院

ともみ
ジェラート

清水五条駅

附錄④P.8

新道あやめ庵 P.65 NittaBakery

八坂塔(法観寺)

八坂通

六波羅蜜寺

清水道
東山区役所
東山署

# 東山・四條
## 二條城～四條烏丸

0 | 100 | 200m
步行4分

N 周邊圖
附錄④P.6-7

● 景點　● 玩樂　● 美食　● 咖啡廳　● 購物　● 住宿

↓往附錄④P.24

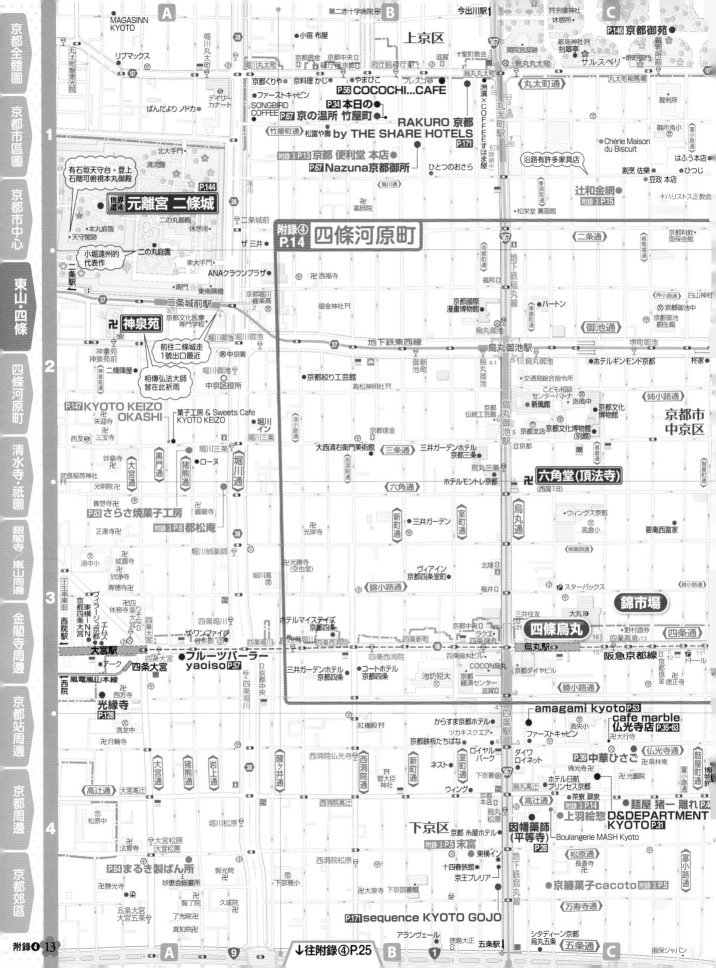

↓往附錄④P.25

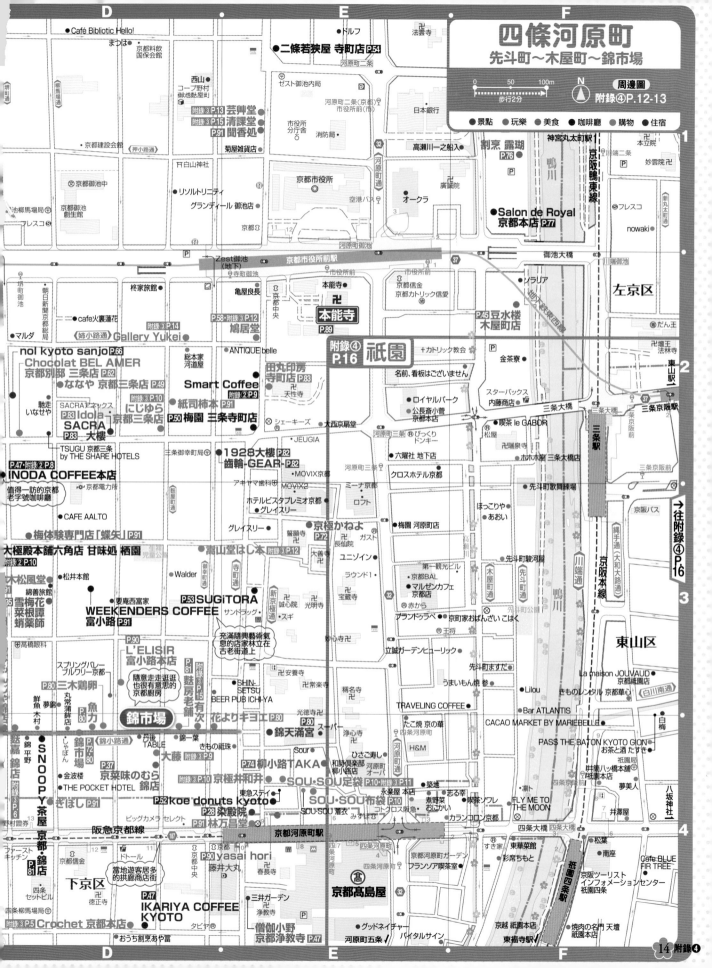

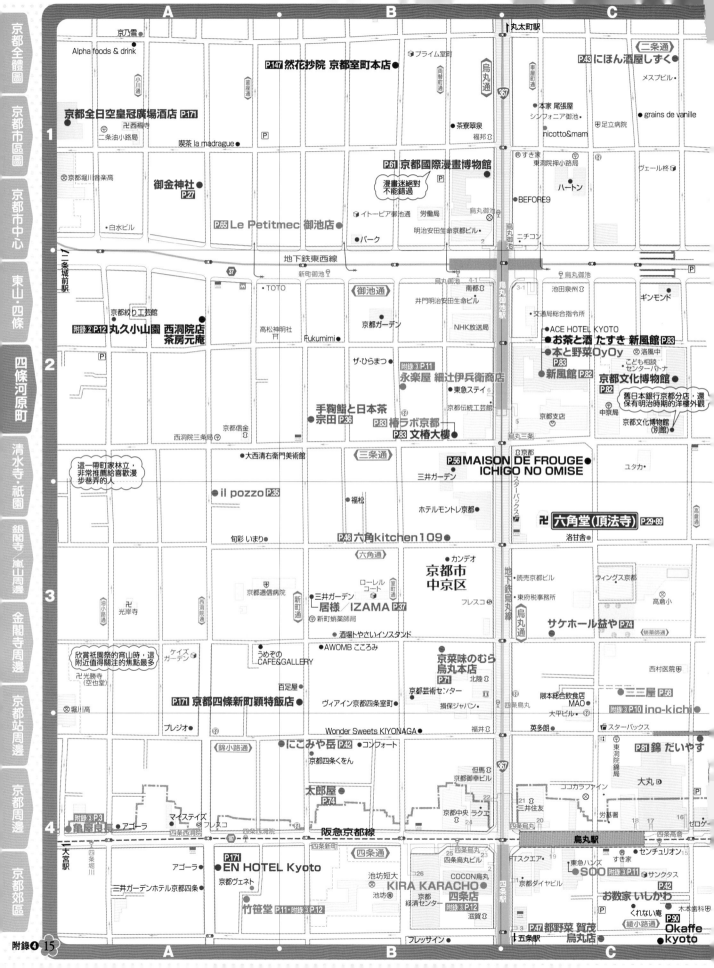

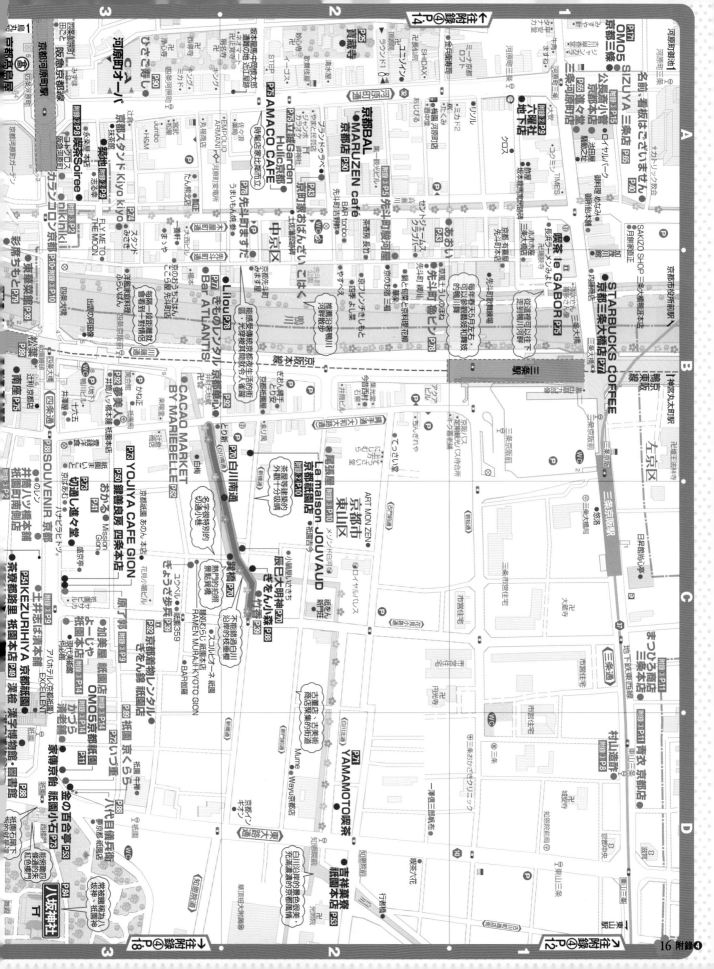

京都全體圖

京都市區圖

京都市中心

東山・四條

四條河原町

清水寺・祇園

銀閣寺／嵐山周邊

金閣寺周邊

京都站周邊

京都周邊

京都郊區

A

B

C

D

4

5

6

下京區

GOOD NATURE STATION P20
グッドネイチャー

RAU

●R&B

●京都鴨川倶楽部

バイタルサイン P29
高瀬川 くりお P29

みす屋 MONAMI·

丹波栗・和菓専賣店 秒織 附錄②P.11

佛沙羅館 P26

和歌カフェ ろじうさぎ P33

●安養路地

Kewa Cafe

●evo-see

六波羅蜜寺 P30

惠美須神社 P35

建仁寺 P25·86

祇園をん萬屋 P41
朝良喜心 Kyoto P23

まんざら四條橋

●SCORPONE四条

●村上重本店

焼肉の名門 天壇 P31 ZEN CAFE

祇園をん萬屋 P23

祇園 P29 方治カフェ P33
祇園をん萬屋 P23

この一帶的茶来茶等名家林立·很有祇園的風情

蓮宗院

兩足院 P27·86

花見小路 P20
加加阿365 祇園店 附錄②P21
MALEBRANCHE

きをん德屋 P23

這一帶很有祇園的風情

在花見小路通有很多能見到舞妓·

必看天井的雙龍圖

安井金比羅宮 P27·87

祇園 北川 半兵衛 附錄②P.12

P89 祇園くらした

京洋菓子司 Jouvencelle 祇園店 P33

京都祇園茶寮 P26

三軒茶屋 P30

連結現世與冥界的神秘氣氛·

六道珍皇寺 P37

Kyoto Higashiyama

% ARABICA
Kyoto

COHAKU KAIRASHI

前田珈琲

菊しんコーヒー

お子とかき氷茶寮 和甘菜 P55

祇園 下河原page one
Madame Deluc
京都祇園店 P33

京東都 本店 P21·103
京都プリン

八坂庚申堂 P27·28·101·103

Kyoto Higashiyama

祇園

白川南通〜花見小路〜建仁寺

周邊圖
附錄④P.6·12

N 步行2分
0 50 100m

●景點 ●玩樂 ●美食 ●咖啡廳 ●購物 ●住宿

→附錄④ 19 P

→附錄④ 18 P

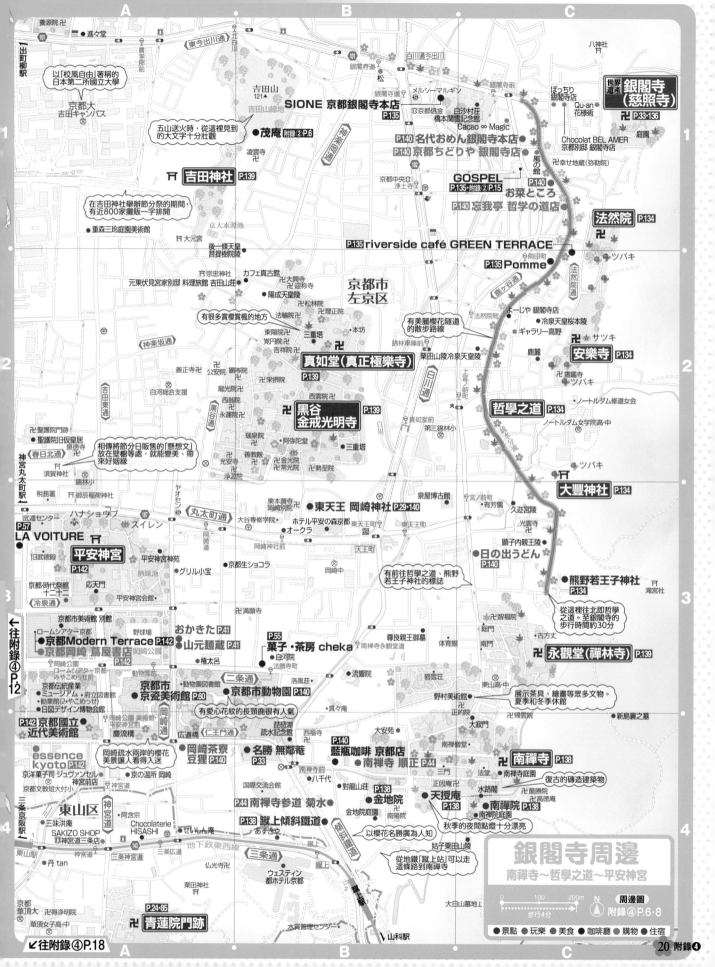

出町柳駅

養源院卍
●進々堂

以「校風自由」著稱的
日本第二所國立大學

京都大
吉田キャンパス

東今出川通

吉田山
121▲
吉田山緑地

五山送火時，從這裡見到
的大文字十分壯觀

●茂庵 附錄②P.6

凌雲寺卍

SIONE 京都銀閣寺本店 P.135

白川通今出川

銀閣寺道
松

メルシーマルギン

京都信金
白沙村荘
橋本関雪記念館
Cacao ∞ Magic

銀閣寺前
ぼっちり
銀閣寺店
Qu-an
花様術

世界
遺産　銀閣寺
（慈照寺）
卍 P.33·36

庭園

P.140 名代おめん銀閣寺本店
P.140 京都ちどりや 銀閣寺店

Chocolat BEL AMER
京都別邸 銀閣寺店

卍幸せ地蔵（弥勒院）

GOSPEL
P.135·附錄②P.15
お菜ところ

法然院 P.134
卍

吉田神社 P.139

在吉田神社舉辦分祭的期間，
有近800家攤販一字排開

●重森三玲庭園美術館

京大永源池

卍大元宮

後一条天皇
菩提樹院陵

卍宗忠神社
卍大興寺
卍迎称寺

P.140
忘我亭 哲学の道店

riverside café GREEN TERRACE P.135

Pomme P.135

卍南田町

ツバキ

法然院町

カフェ真古堂
元東伏見宮家別邸 料理旅館 吉田山荘
卍

有很多賞櫻賞楓的地方

卍陽成天皇陵
卍法輪寺

京都市
左京区

よーじや 銀閣寺店
●冷泉天皇桜本陵
●ギャラリー高野

法然院通

神楽坂通

卍松林院

東陽院卍
卍覚円院
卍吉祥院

●本坊
三重塔

粟田山陵冷泉天皇陵

鹿麓

卍霊鑑寺

安樂寺 P.134

善正寺卍

卍公安院
卍顕寿院

真如堂（真正極樂寺）
P.139

錦林車庫前●

卍ツバキ

吉田東通

卍栄摂院

卍善正寺

白河総合支援

龍光院卍
卍西翁院
卍永運院

西雲院卍

白川通

ノートルダム修道女会

哲學之道 P.134

ノートルダム女学院高·中

卍聖護院門跡
●聖護院旧仮皇居
徳川慶喜

春日北通

黑谷
金戒光明寺 P.139

瑞泉院卍
卍阿弥陀堂

真如堂前

第三錦林小

相傳將節分日販售的「懸想文」
放在壁櫥等處，就能變美、帶
來好姻緣

須賀神社卍

錦林小
卍御辰稲荷神社

税務署

光安寺卍
光明寺卍

卍金光院
善教院卍
卍常光院

卍勢至院

三重塔

泉屋博古館

ツバキ

大豊神社 P.134

久迩宮陵

●有芳園

神宮丸太町駅

ヤオセン

丸太町通

東本願寺
岡崎別院卍

東天王 岡崎神社 P.29·140

光雲寺●

顕子内親王陵

武道センター
P.57
ハナショウブ
スイレン

LA VOITURE
P.57

大谷専修学院
ホテル平安の森京都
●オークラ

東天王町

平安神宮 P.142

旧武徳殿

平安神宮神苑

岡崎神社道

東天王町

有前往哲學之道、熊野
若王子神社的標誌

日の出うどん P.140

熊野若王子神社 P.134

卍滝宮社

応天門

京都生ショコラ

卍満願寺

京都·時代祭館
十二十二
冷泉通

グリル小宝

岡崎中

平安神宮会館

京都市美術館 別館

京都Modern Terrace P.142
京都岡崎 蔦屋書店 P.142

野球場

おかきた P.41

山元麺蔵 P.41

菓子·茶房 cheka P.55

尊良親王御墓

従這裡往北即哲學
之道。至銀閣寺的
步行時間約30分

永觀堂（禅林寺） P.139

ロームシアター京都
みやこめっせ（京都市勧業館）

京都伝統産業
ミュージアム·府立図書館
●勧業館（みやこめっせ）
●日図デザイン博物館

ロームシアター京都
みやこめっせ（京都市勧業館）

動物園
●動物園図書館

京都市
京瓷美術館 P.60

白河院
法勝寺町

二条通

権太呂

●洛風荘

京都市動物園 P.140

野村美術館

展示茶具、繪畫等眾多文物。
夏季和冬季休館

卍碧雲荘

卍真々庵

卍新島襄之墓

P.142 京都國立
近代美術館

essence
kyoto P.142

京洋菓子司 ジュヴァンセル
神宮前店

京都文教短大付小

岡崎公園 美術館·
平安神宮前

慶流橋

岡崎疏水両岸的櫻花
美景讓人看得入迷

岡崎茶寮
豆狸 P.140

岡崎通

京の温所 岡崎

名勝 無鄰菴 P.33

南禅寺前

八千代

藍瓶咖啡 京都店 P.140
南禅寺 順正 P.44

卍大安苑

南禅僧堂

正因庵卍

南禅寺 P.138

卍寂門

南禅寺庭園

法堂

復古的磚造建築物

水路閣
卍最勝院
卍高徳院

東山区

神宮道

三条京阪駅

三味洪庵

Chocolaterie
HISASHI

SAKIZO SHOP
神宮道三条店

せいしん庵

阿含宗

P.44 南禅寺参道 菊水

對龍山荘

金地院 P.138

天授庵 P.138

南禅院 P.138

地下鉄東西線

三条通

P.138 蹴上傾斜鉄道●

あずきや

金地院庭園
卍南陽院

秋季的夜間點燈十分漂亮

姑母粟田山陵

以櫻花名勝廣為人知

従地鐵「蹴上站」可以走
這條路到南禅寺

東山駅

丹 tan

粟田神社卍

仏光寺卍

ウェスティン
都ホテル京都

京都
華頂大

卍得浄明院

華頂女子高·中

青蓮院門跡 P.24·85
卍

水質管理センター

山科駅

銀閣寺周邊
南禪寺～哲學之道～平安神宮

0　　100　　200m
歩行4分　　N

周邊圖
附錄④P.6·8

●景點　●玩樂　●美食　●咖啡廳　●購物　●住宿

↖往附錄④P.18

←往附錄④P.12

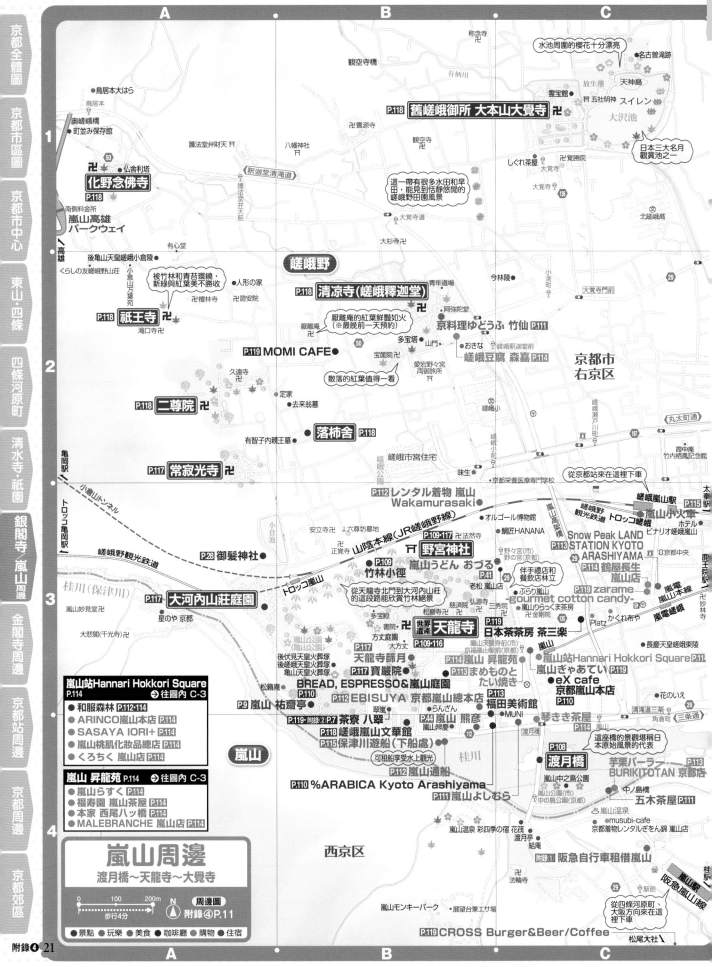

京都全體圖

京都市區圖

京都市中心

東山・四條

四條河原町

清水寺・祇園

銀閣寺／嵐山周邊

金閣寺周邊

京都站周邊

京都周邊

京都郊區

A　　B　　C

1

2

3

4

水池周圍的櫻花十分漂亮

名古曽滝跡

P.118 舊嵯峨御所 大本山大覺寺 卍

五社明神

スイレン

大沢池

日本三大名月
觀賞池之一

化野念佛寺 P.118

嵯峨野

這一帶有很多水田和早田，能見到恬靜悠閒的嵯峨野田園風景

嵐山高雄
パークウェイ

清凉寺(嵯峨釋迦堂) P.118

被竹林和青苔環繞，新綠與紅葉美不勝收

京料理ゆどうふ 竹仙 P.111

京都市
右京区

祇王寺 P.118 卍

厭離庵的紅葉鮮豔如火
（※最晚前一天預約）

嵯峨豆腐 森嘉 P.114

P.119 MOMI CAFE

散落的紅葉值得一看

二尊院 P.118 卍

落柿舍 P.118

常寂光寺 P.117 卍

亀岡駅

P.28 御髪神社

レンタル着物 嵐山 P.112
Wakamurasaki

從京都站來在這裡下車

嵯峨嵐山駅 P.115

小倉山トンネル

野宮神社 P.109・117

Snow Peak LAND P.113
STATION KYOTO
ARASHIYAMA

嵐山小火車 トロッコ嵯峨

トロッコ亀岡駅

嵯峨野観光鉄道

大河内山莊庭園 P.117

嵐山うどん おづる P.109

P.41

鶴屋長生 P.114

從天龍寺北門到大河內山莊的這段路能欣賞竹林絕景

伴手禮店和餐飲店林立

zarame P.119
-gourmet cotton candy-

桂川(保津川)

世界遺産 天龍寺 P.109・116

日本茶茶房 茶三樂 P.119

かくれ布や

嵐山站Hannari Hokkori Square P.11

天龍寺篩月 P.117

嵐山 昇龍苑 P.114

寶嚴院 P.117

BREAD, ESPRESSO& 嵐山庭園 P.110

まめものとたい焼き P.113

嵐山ぎゃあてい P.119

eX cafe
京都嵐山本店 P.110

嵐山站Hannari Hokkori Square
P.114 ➔往圖內 C-3
● 和服森林 P.112・114
● ARINCO嵐山本店 P.114
● SASAYA IORI+ P.114
● 嵐山桃肌化妆品總店 P.114
● くろちく 嵐山店 P.114

嵐山 昇龍苑 P.114 ➔往圖內 C-3
● 嵐山らすく P.114
● 福寿園 嵐山茶店 P.114
● 本家 西尾八ッ橋 P.114
● MALEBRANCHE 嵐山店 P.114

P.112 EBISUYA 京都嵐山總本店 P.113

福田美術館

MUNI

夢きき茶屋 P.114

P.9 嵐山 祐齋亭

P.110

P.119・附錄② P.7 茶寮 八翠

嵐山辨慶

嵐山 熊彦

翠嵐

渡月橋 P.108

這座橋的景觀堪稱日本原始風景的代表

嵯峨嵐山文華館 P.115

保津川遊船(下船處) P.115

可船享受水上觀光

渡月橋

芋栗パーラー P.113
BURIKITOTAN 京都店

P.112 嵐山通船

嵐山

嵐山中之島公園

P.110 %ARABICA Kyoto Arashiyama

五木茶屋 P.111

P.111 嵐山よしむら

musubi-cafe

京都着物レンタルぎをん錦 嵐山店

嵐山温泉 彩四季の宿 花筏

附錄⑥ 阪急自行車租借嵐山

嵐山駅

阪急嵐山線

從四條河原町、大阪方向來在這裡下車

### 嵐山周邊
渡月橋～天龍寺～大覺寺

0　100　200m

步行4分

N

周邊圖
附錄④P.11

● 景點　● 玩樂　● 美食　● 咖啡廳　● 購物　● 住宿

西京区

嵐山モンキーパーク

P.119 CROSS Burger&Beer/Coffee

松尾大社

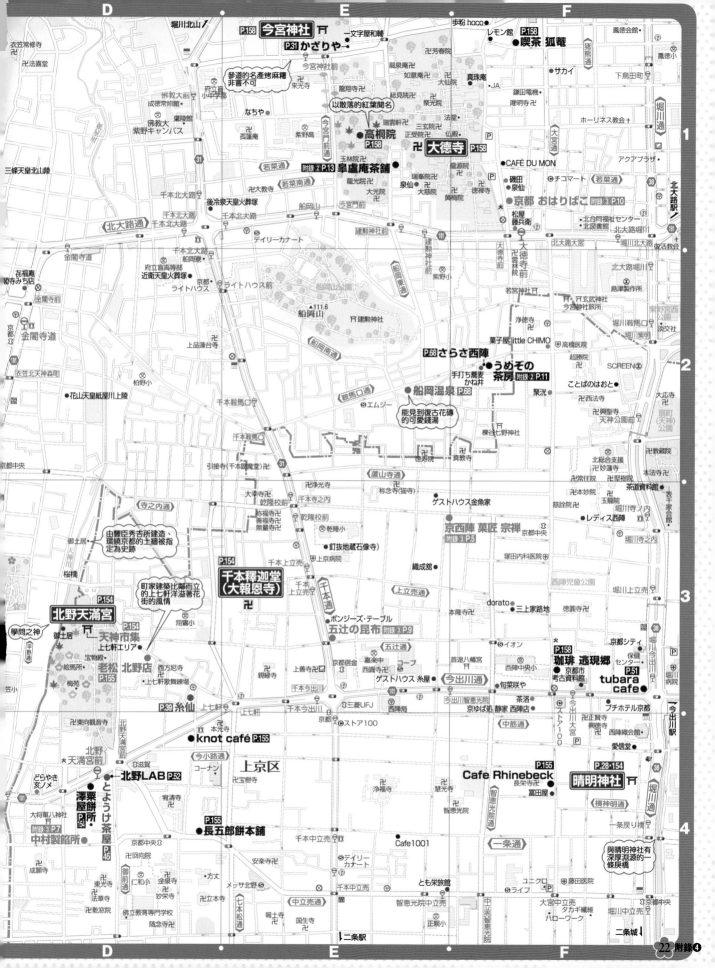

堀川北山↗

P.158 今宮神社 ⛩

一文字屋和輔

歩粉 hoco

P.31 かざりや

レモン館 P.158

●喫茶 狐菴

鳳徳会館

今宮神社前

卍芳春院

猪熊通

鳳徳小

参道的名産烤麻糬
非當不可

卍来光寺

卍龍泉庵

如意庵卍

真珠庵●

●サカイ

下鳥田町

仏教大前

龍翔寺卍

大仙院卍

●JA

鎌田電機●

成徳常照館

以散落的紅葉聞名

瑞雲庵卍

三玄院卍

法堂卍

唯明院卍

ホーリネス教会✝

蘭陵館

●高桐院
P.158

卍受雲院

仏殿卍

佛教大 紫野キャンパス

P.158

卍大德寺 P.158

P

三條天皇北山陵

附錄② P.13 皐盧庵茶舗

玉林院卍

龍源院卍

アクアプラザ●

1

卍龍泉院

徳禅寺卍

●CAFÉ DU MON

チコマート●

若菜通

千本北大路

卍大慈院

泉仙

P

磯田

北大路駅↗

後冷泉天皇火葬塚

卍大光院

黄梅院卍

泉仙

京都 おはりばこ 附錄③ P.10

北合同福祉センター

北大路通 千本北大路

今門前

松屋藤兵衛

●北図書館

北大路堀川

千本北大路

デイリーカナート

建勲神社前

紫野小

北大路大宮

北大路堀川

復活教会

金閣寺道

船岡山

181

大徳寺前

島津製作所

府立高等学部

近衛天皇火葬塚

ライトハウス前

船岡東通

紫野小

玄武神社卍

今宮神社旅所

堀川鞍口

北大路紫野

淡交社

京都ライトハウス

船岡山公園

若宮神社 ⛩

浄徳寺卍

菓子屋 little CHIMO

高橋医院卍

2

▲111.6 船岡山

⛩ 建勲神社

P.68 さらさ西陣

超勝院卍

SCREEN①

上品蓮台寺卍

船岡南通

手打ち蕎麦 かね井

うめぞの
茶房 附錄② P.11

卍常称寺

大応寺卍

柏野小

鞍馬口通

●船岡温泉 P.68

卍西法寺

ことばのはおと●

扇町(天神)公園

●花山天皇紙屋川上陵

エムジー

楼谷七野神社

北総合支援

卍教蔵院

卍西方尼寺

卍徳寿院

真教寺卍

卍興願寺

天神公園前

本法寺卍

京都中央

千本鞍馬口

蘆山寺通

引接寺(千本閻魔堂)卍

称念寺(猫寺)卍

茶道資料館

大幸寺卍

卍浄光寺

ゲストハウス金魚家

慈詮院卍

玉龍院

表千家会館

寺之内通

乾隆校前

千本寺之内

レディス西陣

堀川寺ノ内

由豊臣秀吉所建造、
環繞京都的土牆被指
定為史跡

稱福寺卍
善福寺卍
無量寺卍

乾隆小

京西陣 菓匠 宗禅

附錄③ P.5

京都中央

御土居

釘抜地蔵石像寺)卍

P.154

千本上立売

織成館

塚田内科医院卍

天神市集

卍上京病院

西陣児童公園

上七軒エリア●

千本釋迦堂
(大報恩寺)

西陣中央小

堀川上立売

北野天満宮 P.154

町家建築比鄰而立
的上七軒洋溢著花
街的風情

上立売通

dorato

園現寺卍

●三上家路地

3

學問之神

御土居

卍本隆寺

千本

P.158

京都シティ

桜橋

翔鸞小

立売通

●ポンジーズ・テーブル

五辻通

イオン

珈琲 逃現郷

京都市
考古資料館

P.51

老松 北野店
P.155

西方尼寺卍

五辻の昆布 附錄③ P.9

嘉楽中

西圓寺卍

コープ

今出川通

tubara cafe

上七軒歌舞練場

上善寺卍

京都信金

ゲストハウス 糸屋

旬菜咲々

今出川大宮

卍東向観音寺

P.39 糸仙

上七軒

親縁寺卍

千本今出川

今出川智恵光院

茶洛

プチホテル京都

三菱UFJ

西陣局

京ゆば処 静家 西陣店

今出川駅↗

本光寺卍

京都

●ストア100

中筋通

北野天満宮前

●knot café P.155

上京区

浄福寺卍

慈光寺卍

Cafe Rhinebeck P.155

晴明神社 ⛩ P.28・154

どらやき亥ノメ

北野LAB P.52

コーナン

宝樹寺卍

智恵光院

長栄寺卍

冨田屋●

横神明通

天満宮前

滋賀

小路通

卍正珠寺

澤屋餅所

とようけ茶屋 附錄② P.7

大将軍八神社卍

京都中央

智恵光院通

堀川通

中村製餡所 P.45

P.155 長五郎餅本舗

千本中立売

一条通

Cafe1001

與晴明神社有
深厚淵源的一
條戻橋

一条戻り橋

成願寺卍

卍東光寺

卍方丈

デイリーカナート

ユニクロ

藤田医院卍

4

法華寺卍

卍妙栄寺

とも栄旅館

中立売通

メッサ北野

千本中立売

智恵光院中立売

大宮中立売

タカギ繊維

ハローワーク

卍乾恵院

京都中央

国生寺卍

ライフ

堀川中立売

佛立教育専門学校

随心院卍

七本松通

中立売通

正親小

二条駅↓

二条城↙

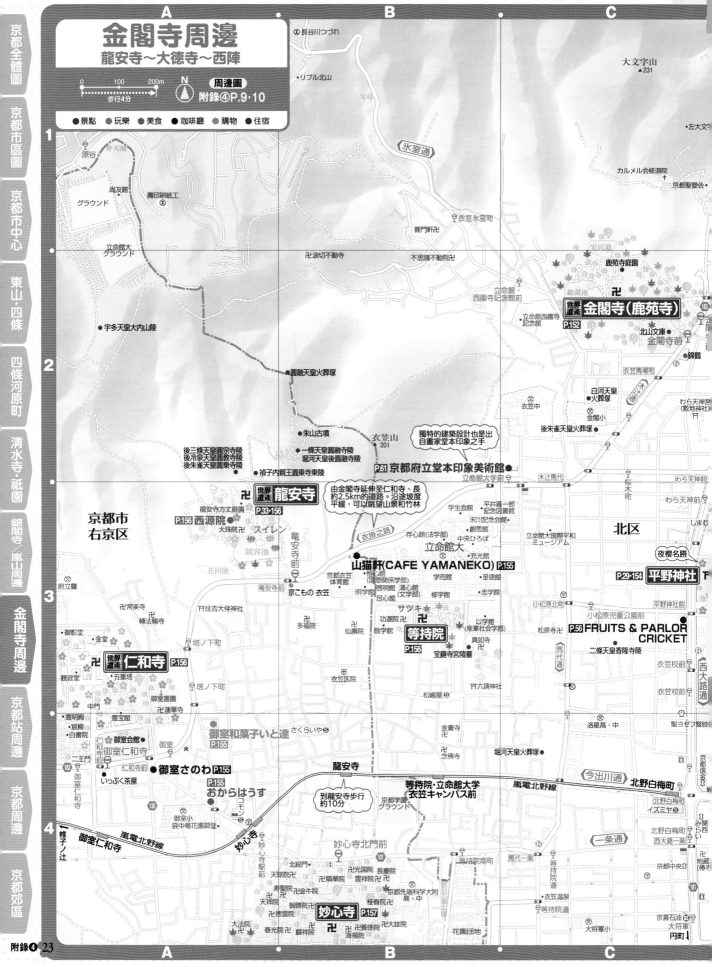

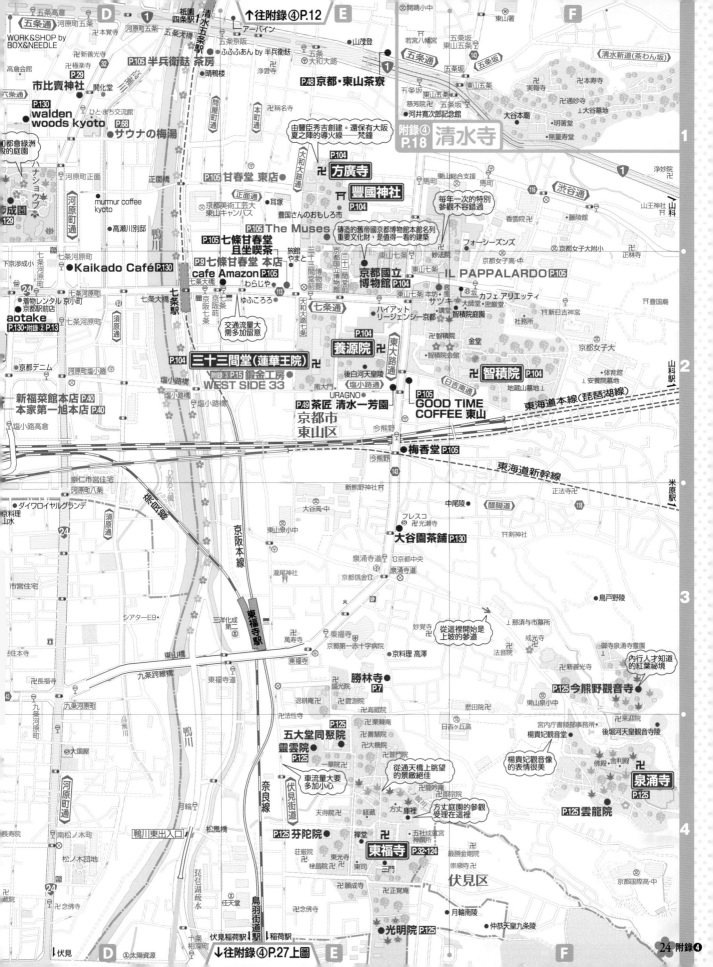

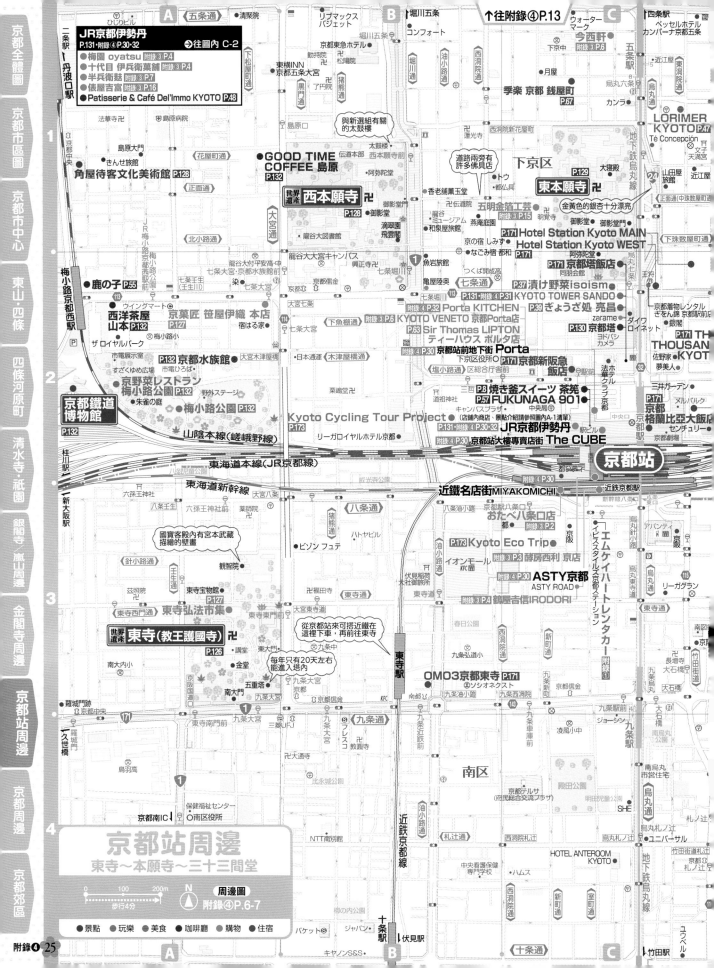

京都站周邊
東寺～本願寺～三十三間堂

0　100　200m
步行4分

N 周邊圖
附錄④P.6-7

●景點　●玩樂　●美食　●咖啡廳　■購物　■住宿

JR京都伊勢丹　P.131・附錄④P.30·32　→往圖內 C-2
●梅園 oyatsu 附錄③P.4
●十代目 伊兵衛菓舖 附錄③P.4
●半兵衛麩 附錄③P.7
●俵屋吉富 附錄③P.16
■Patisserie & Café Dell'Immo KYOTO P.48

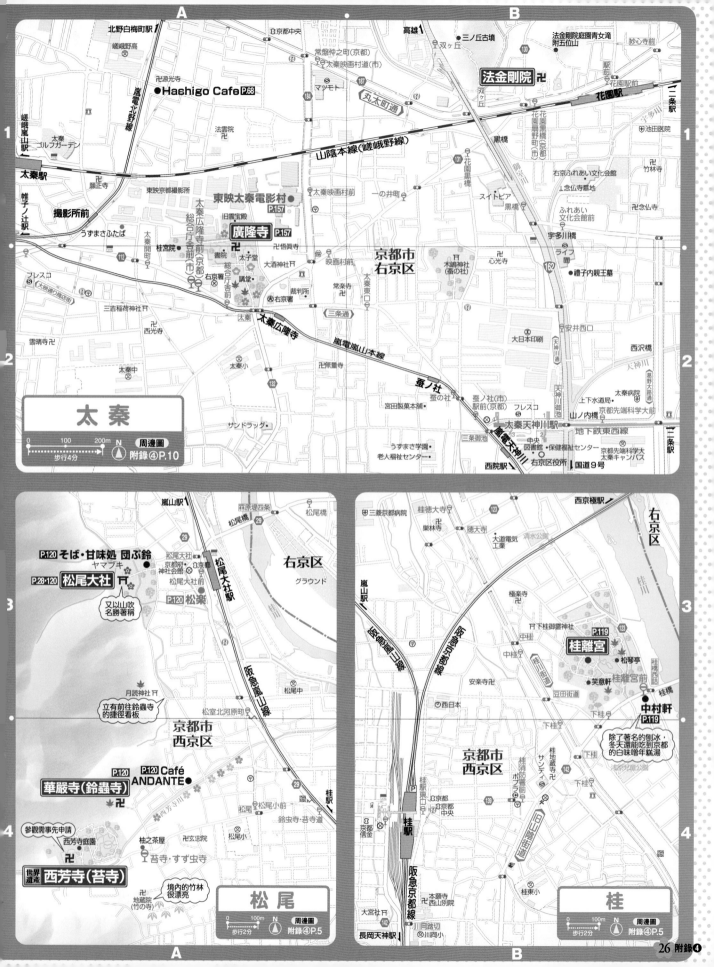

A

B

1

北野白梅町駅
嵯峨野高
卍源光寺
●Hachigo Cafe P.68
法雲院卍
願正寺卍

京都中央
常盤仲之町(京都)
太秦映画村道(市)
マツモト
丸太町通

高雄1
三ノ丘古墳
双ヶ丘
法金剛院庭園青女滝
附五位山
妙心寺前

法金剛院 卍
駅前
花園駅前
花園駅
三条川
三条駅

嵐電北野線

山陰本線(嵯峨野線)

黒橋
花園黒橋
花園扇野町(京都)
花園扇野橋(市)

右京ふれあい文化会館
念仏寺墓地
池田医院
竹林寺
卍念仏寺

嵯峨嵐山駅
太秦駅
帷子ノ辻駅
太秦ゴルフガーデン

撮影所前
うずまさふたば

東映京都撮影所
東映太秦電影村 ● P.157

太秦映画村前
一の井町
映画村前

宇多川橋
ライフ
園

京都市
右京区

木嶋神社
(香の社)
心光寺
卍

禮子内親王墓

2

112
三吉稲荷神社 卍
西光寺卍
雲晴寺卍

太秦開町
桂宮院卍

旧霊宝殿
廣隆寺 P.157
卍
太子堂
講堂

太秦
右京署
裁判所
右京署
卍

三条通

大酒神社 卍
常楽寺

太秦東口

安井西口
大日本印刷
西沢橋

天神川

太秦

0 100 200m
歩行4分
周邊圖
附錄④P.10

太秦中
132
太秦小
卍無量寺

嵐電嵐山本線
太秦広隆寺

蚕ノ社
蚕の社 卍

蚕ノ社(市)
駅前(京都)

上下水道局・
京都先端科学大
山ノ内橋

大日印刷
太秦病院
右京
太秦大路通

サンドラッグ

宮田製菓本舗 ●
フレスコ

太秦天神川駅

三条御池
嵐電天神川

地下鉄東西線

うずまさ学園・
老人福祉センター

三条御池

図書館・保健福祉センター
右京区役所

京都先端科学大
太秦キャンパス

西院駅
西院川

国道9号

3

嵐山駅
鞍原堤四条
松尾橋

松尾橋
29

西京極駅

右京区
桂徳寺
123

桂川

P.120 そば・甘味処 団ぶ鈴
ヤマブキ ●
松尾大社駅

三菱京都病院
巣林寺
卍
隨林寺

清水公園
大道電気
工業

P.28・120 松尾大社 卍

京都府
神社会館

松尾大社前

右京区
グラウンド

嵐山駅

極楽寺
卍
下桂御霊神社
中桂

桂離宮 P.119
松琴亭

又以山吹
名勝著稱

P.120 松楽

京都市
西京区

中桂
街道桂街道

笑意軒
桂離宮前

月読神社 卍
立有前往鈴蟲寺
的捷徑看板

松室北河原町

嵐電嵐山本線

安楽寺 卍
西日本

豆田街逗

中村軒 P.119

4

P.120 Café
ANDANTE ●

京都市
西京区

桂
中央

除了著名的刨冰，
冬天還能吃到京都
的白味噌年糕湯

華嚴寺(鈴蟲寺)
卍

西芳寺川

29

桂
中央

下桂地藏寺
卍
桂地藏町

142
下桂

サンディ
下桂

浅都児童公園

鈴虫寺・苔寺道
松尾小前
松尾小

桂駅東口
京都
中央

街道桂街道

參觀需事先申請
西芳寺庭園

柚之茶屋

鈴虫寺・苔寺道
松尾小

桂
駅
京都
信金

桂消防署前
ポプラ
139

世界遺産 西芳寺(苔寺)

地蔵寺
(竹の寺)

苔寺・すず虫寺

境内的竹林
很漂亮

松尾

0 100m
歩行2分
周邊圖
附錄④P.5

阪急京都線

桂東小

本願寺
西山別院

大宮社卍

142

川岡踏切
川岡小

桂

0 100m
歩行2分
周邊圖
附錄④P.5

長岡天神駅

A

B

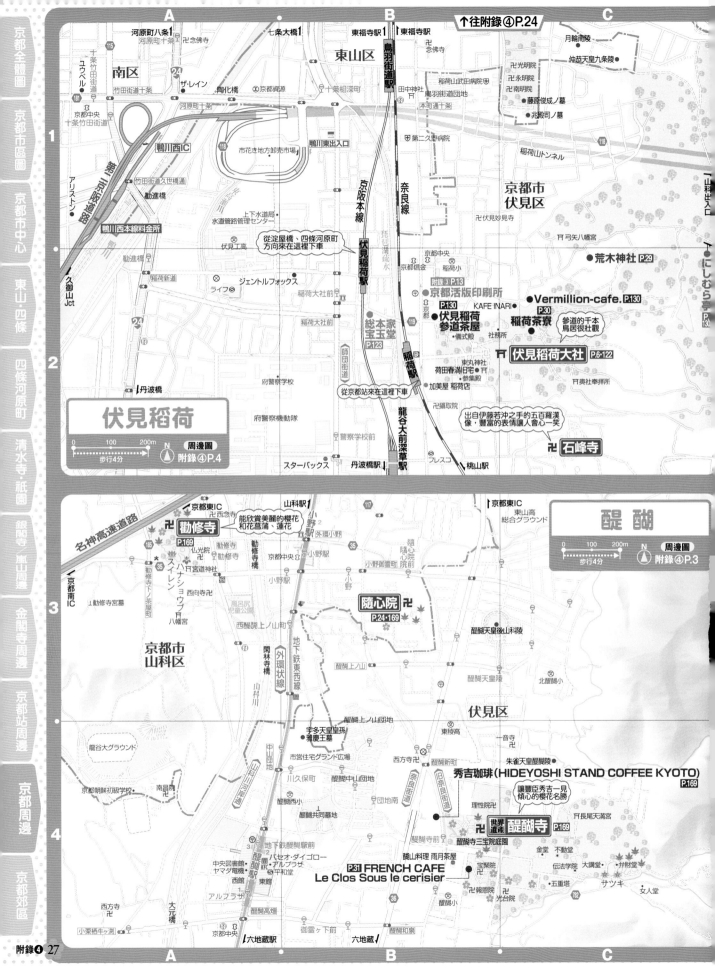

左側標籤（由上至下）：
京都全體圖
京都市區圖
京都市中心
東山・四條
四條河原町
清水寺・祇園
銀閣寺／嵐山周邊
金閣寺周邊
京都站周邊
京都周邊
京都郊區

## 伏見稻荷

南區
東山區
京都市伏見區

河原町八条1
河原町十条
七条大橋1
東福寺駅1
東福寺駅
卍念佛寺
卍念佛寺
月輪陵
仲恭天皇九条陵
卍光明院
卍永明院
稲荷山武田病院田
卍南明院
藤原俊成ノ墓
兆殿司ノ墓
115
十条竹田街道
ユウベル
ザ・レイン
24
京都資源
稲荷山トンネル
118
116
アリストン
161
竹田街道十条
陶化橋
十条相深町
田中神社
鳥羽街道団地
本町通十条
鴨川西IC
市花き地方卸売市場
鴨川東出入口
第二久野病院
卍伏見妙見寺
京都中央
十条竹田街道
竹田街道久世橋通
河原町十条
久御山Jct
勧進橋
鴨川西本線料金所
上下水道局・
水道管路管理センター
伏見工高
奈良線
京阪本線
琵琶湖疏水
弓矢八幡宮
從淀屋橋、四條河原町
方向來在這裡下車
伏見稲荷駅
京都中央
稲荷小
荒木神社 P.29
附録③ P.13
京都活版印刷所
勧進橋
稲荷新道
ジェントルフォックス
ライフS
稲荷大社前
P.130
KAFE INARI
Vermillion-cafe. P.130
伏見稲荷
参道茶屋 P.30
稲荷茶寮
参道的千本
鳥居很壯觀
24
稲荷大社前
総本家
宝玉堂 P.123
稲荷駅
儀式殿
社務所
伏見稲荷大社 P.6・122
丹波橋
師団街道
東丸神社
荷田春満旧宅田
参集殿
卍奥社奉拝所
府警察学校
從京都站來在這裡下車
加美屋 稲荷店
府警察機動隊
龍谷大前深草駅
卍攝取院
出自伊藤若冲之手的五百羅漢
像，豐富的表情讓人會心一笑
警察学校前
スターバックス
丹波橋駅
フレスコ
桃山駅
卍 石峰寺

0 100 200m
步行4分
周邊圖
附録④P.4

## 醍醐

京都市山科区
伏見区

名神高速道路
京都東IC
京都西念寺卍
卍 勧修寺 P.169
能欣賞美麗的櫻花
和花菖蒲、蓮花
小野駅
外環小野
117
京都東IC
東山高
総合グラウンド
京都南IC
185
仏光寺卍
勧修寺橋
京都中央
小野御霊町
随心院前
35
勧修寺ノ下ノ茶屋町
ハナショウブ田
スイレン
八幡宮
西醍醐上ノ山町
日吉道神社
小野駅
随心院前
随心院 P.24・169
小野
醍醐天皇後山科陵
0 100 200m
步行4分
周邊圖
附録④P.3
閑寺橋
山科川
地下鉄東西線
外環状線
醍醐上ノ山
醍醐天皇陵
北醍醐小
龍谷大グラウンド
宇多天皇孫
雅慶王墓
醍醐上ノ山団地
東棱高
伏見区
一音寺
市営住宅グラント広場
西方寺卍
川久保町
醍醐中山団地
醍醐新町
朱雀天皇醍醐陵卍
秀吉珈琲(HIDEYOSHI STAND COFFEE KYOTO)
P.169
讓豐臣秀吉一見
傾心的櫻花名勝
京都朝鮮初級学校
昌明院
地下鉄醍醐駅前
醍醐共同墓地
奈良街道
旧奈良街道
理性院卍
卍長尾天満宮
卍 醍醐寺 P.169
世界
遺産
中央図書館・
ヤマダ電機
西館
パセオ・ダイゴロー・
アルプラザ
醍醐前
醍醐寺三宝院庭園
金堂 不動堂
P.31 FRENCH CAFE
Le Clos Sous le cerisier
醍山料理 雨月茶屋
宝聚院
伝法院
大講堂
弁財堂
西方寺
アルプラザ
東館
平和堂
36
醍醐小
卍報恩院
五重塔
卍光台院
サツキ
女人堂
782
大元橋
醍醐高畑
小栗栖牛ヶ渕
御霊ヶ前
←六地蔵駅
六地蔵
醍醐和泉
京都中央

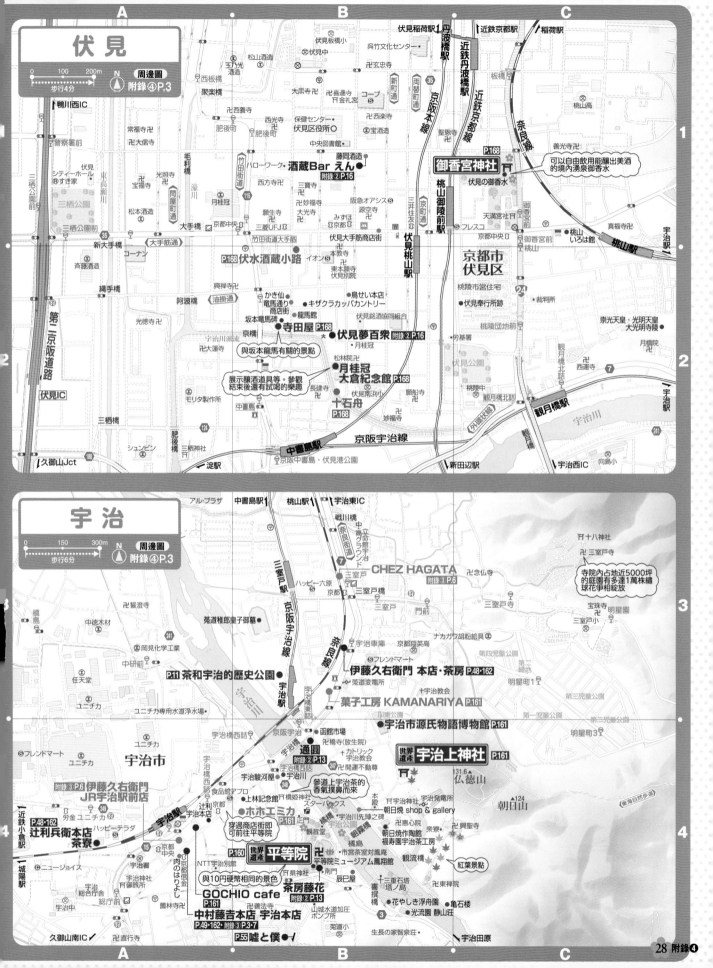

# 伏見

周邊圖 附錄④P.3

0 100 200m
步行4分

御香宮神社

可以自由飲用能釀出美酒的境內湧泉御香水

P.168 伏水酒蔵小路

京都市伏見区

P.168 伏見桃山商店街

與坂本龍馬有關的景點

寺田屋 P.168

伏見夢百衆 附錄②P.16

展示釀酒道具等。參觀結束後還有試喝的樂趣

月桂冠大倉紀念館 P.168

十石舟 P.168

中書島駅 京阪宇治線

# 宇治

周邊圖 附錄④P.3

0 150 300m
步行6分

CHEZ HAGATA 附錄③P.6

寺院內占地近5000坪的庭園有多達1萬株繡球花爭相綻放

P.11 茶和宇治的歷史公園

伊藤久右衛門 本店・茶房 P.48・162

菓子工房 KAMANARIYA P.161

宇治市源氏物語博物館 P.161

宇治上神社 P.161

附錄③P.6 伊藤久右衛門 JR宇治駅前店

辻利兵衛本店 茶寮 P.48・162

通園 附錄②P.13

參道上宇治茶的香氣撲鼻而來

ホホエミカ P.161

平等院 P.160

穿過商店街即可前往平等院

與10円硬幣相同的景色

GOCHIO cafe P.161

中村藤吉本店 宇治本店 P.49・162・附錄③P.7

茶房藤花 附錄②P.13

P.55 嘘と僕

第四代的車站大樓 散發出猶如佛教現代藝術品的存在感

當京都塔映入眼簾，有種「來到京都了」的實感

## 旅途的起點和終點在這裡！

# 京都站導覽

人氣＆話題美食及店家齊聚的京都車站，也設有能協助旅客的觀光諮詢處，不妨善加利用以提升旅遊的滿意度！

MAP 附錄④ P.25 C-2·3

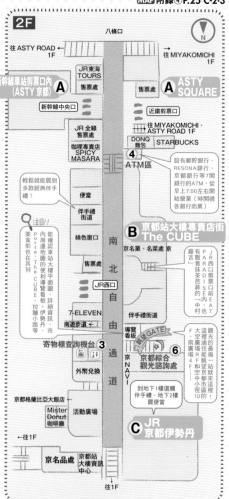

# 京都站 5大購物景點

### 利用新幹線時的好去處

## A ASTY 京都

●アスティきょうと　MAP 附錄④ P.25 C-3

由ASTY ROAD、ASTY SQUARE、新幹線剪票口內構成的購物大街。

☎075-662-0741（JR東海關西開發／平日9:00～17:00）休無休 ◎視店鋪而異

**2F 新幹線剪票口內**

知名店家的和菓子、漬物、便當等應有盡有。就算有東西漏買，也能在此買齊。

### 1F ASTY ROAD

位於新幹線八條口左右兩側的區域。和風雜貨、老店的京都伴手禮等多元商品。「京都おもてなし小路」有很多好吃的美食。

↑「永楽屋細辻伊兵衛商店」的手巾1760円

↑「カランコロン京都」陳列著各種尺寸的口金包

### 2F ASTY SQUARE

能買到以京都人氣商品為中心的關西伴手禮。也有販售便當和三明治等，方便旅客在搭車前購買。

↑位於新幹線中央口和近鐵剪票口之間

### 甜點＆老字號名店大集合

## B 京都站大樓專賣店街 The CUBE

●きょうとえきビルせんもんてんがいザキューブ

供應真正在地的嚴選京都伴手禮，與以當令食材製作而成的豐富美食，多走多逛保證絕對不會吃虧！

☎075-371-2134 休不定休 MAP 附錄④ P.25 C-2
◎1F伴手禮小路 京小町 8:30～20:00 ◎2F京名菓、名菜處 京8:30～21:00 ◎11F餐廳11:00～22:00（LO21:30）◎B2流行服飾10:00～20:00
※詳情請參照官網

### 2F 京名菓、名菜處 京

位於JR西口附近。有人氣甜點、老店名品、便當、熟食、麵包等美食，也提供外帶服務。對於利用京都車站的旅客來說相當方便。

↑能品嘗豐富多樣的京都時令美味

↓「京都ことこと」的丹波黑雞京都風味噌漬燒定食1760円

### 1F 伴手禮小路 京小町

出JR中央口即到。以「輕鬆買到道地京都好物」為概念，網羅了和菓子、西點、漬物、和風雜貨等商品。

### 11F 餐廳

整個樓層共有9家店，從傳統的和食到什錦燒、豬排都有。可以在宛如「京都宅邸」的空間內享用以當季食材做成的料理。

### 想買老店逸品的話就來這裡

## C JR 京都伊勢丹

●ジェイアールきょうといせたん　MAP 附錄④ P.25 C-2

購買經典伴手禮的第一首選。地下1樓有許多京都菓子、漬物之類的「精選好物」。

☎075-352-1111 休不定休 ◎B2～10F10:00～20:00 ◎7～10F餐廳11:00～23:00 ◎11F餐廳11:00～22:00 ※視店鋪而異

↑離JR剪票口和觀光諮詢處很近，十分方便

多食 款便 料當 亭區 的提 便供 當 地 下 2 樓 的 熟

### 東區以「美食」為主題

## D 京都站前地下街 Porta

●きょうとえきまえちかがいポルタ　MAP 附錄④ P.25 C-2

與京都車站相連的地下街。東區有多家伴手禮和餐飲店進駐；西區的「Yorimichi-Square」還設有充電插座。

☎075-365-7528 休不定休 ◎10:00～20:30（週五六為～21:00）◎餐廳、咖啡廳11:00～22:00（早餐為7:30～）

↑Yorimichi-Square設有長椅和充電插座，是小憩片刻的好地方

↑東區由25家餐廳、甜點店等所組成，方便快速之餘口味也很講究

### 車站內的和風時尚商店街

## E 近鐵名店街 MIYAKOMICHI

●キンテツモールみやこみち　MAP 附錄④ P.25 C-3

能在時尚古都風格的雅緻氛圍中，享受悠閒購物與用餐的樂趣。

☎075-691-8384 休無休 ◎咖啡廳、輕食7:00～20:00 ◎餐廳11:00～22:00 ◎販售店9:00～20:00 ※視店鋪而較早開店或營業至深夜

↑以京町家的格子窗為主題的空間設計

不想提著大包小包去觀光，但投幣式寄物櫃已經沒有空位了……

**Answer** 👍
車站內有2個行李寄放處可以利用。也能指定直接運送到住宿地點，輕鬆就能實現空手觀光！

① 新幹線京都站行李寄送服務

📞 070-3333-7875
休 無休 🕐 9:00～20:00 ¥ 1000円（也可以暫時寄放）

② Crosta京都手提行李寄物處

📞 075-352-5437
休 無休 🕐 9:00～20:00（受理為～14:00）¥ 1000円（也可以暫時寄放）

**尋找空的寄物櫃！**
這是寄放行李時的最強幫手「ICOCA空寄物櫃查詢服務」，可透過機台或智慧型手機查找空寄物櫃。（站內MAP內 ③）
➡ 車站內有3處設有空寄物櫃查詢機台

哪裡有ATM呢？

**Answer** 👍
從新幹線中央口往南北自由通道的方向走，在手扶梯的左手邊就有車站內最大的ATM區。

④ ATM區

---

車站內有推薦的會面地點嗎？

**Answer** 👍
與人相約時，JR西口（2樓）正面的「時之燈」、中央口剪票口、西口剪票口是常用的會面地點。

⑤ JR中央口

想在觀光前先掌握最新的資訊

**Answer** 👍
南北自由通道上「京NAVI」有多位工作人員，旅遊傳單的資料也很豐富，不妨順道去看看。

⑥ 京都綜合觀光諮詢處「京NAVI」

📞 075-343-0548
休 無休 🕐 8:30～19:00

想隨心所欲地搭乘巴士或電車……

**Answer** 👍
烏丸口1樓的諮詢處分別設有市巴士、地鐵和JR的諮詢處，也能買到一日乘車券及索取巴士路線圖。

⑦ 市巴士、地鐵諮詢處
休 無休 🕐 7:30～19:30

⑧ 鐵道諮詢處
休 無休 🕐 8:00～20:00

---

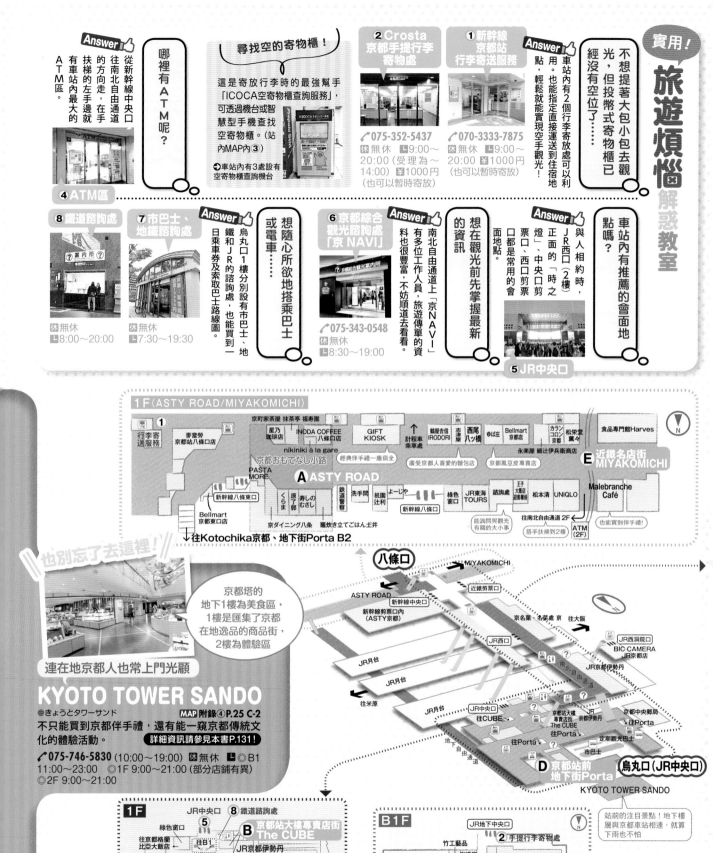

**1F（ASTY ROAD/MIYAKOMICHI）**

① 行李寄送服務｜麥當勞京都站八條口店
京町家茶屋 抹茶亭 福寿園
星乃珈琲屋｜INODA COFFEE 八條口店｜GIFT KIOSK｜↑計程車乘車處｜鶴屋吉信 志津屋｜西尾八ッ橋｜ゆば庄｜Bellmart京都店｜カランコロン｜松栄堂 薫々｜食品専門館Harves

京都おもてなし小路
nikiniki à la gare｜經典伴手禮一應俱全｜廣受京都人喜愛的蛋包店｜京都風豆皮專賣店｜E 近鐵名店街 MIYAKOMICHI

PASTA MORE
新幹線八條口票
Bellmart京都東口店
京ダイニング八条｜竈炊き立てごはん土井｜くらま｜原丁子｜寿しのむさし｜鉄道警察｜洗手間｜祇園辻利｜よーじや｜新幹線八條口票｜綠色窗口｜JR東海TOURS｜諮詢處｜玉屋大黑屋遊樂場｜松本清｜UNIQLO｜Malebranche Café

A ASTY ROAD
⬅ 往Kotochika京都、地下街Porta B2
能諮問與觀光有關的大小事｜往南北自由通道2F｜搭手扶梯到2樓｜ATM（2F）｜也能買到伴手禮

---

**也別忘了去這裡！**

連在地京都人也常上門光顧

**KYOTO TOWER SANDO**

⬤ きょうとタワーサンド
**MAP** 附錄④ P.25 C-2
不只能買到京都伴手禮，還能一窺京都傳統文化的體驗活動。 詳細資訊請參見本書P.131！

📞 075-746-5830（10:00～19:00）休 無休 🕐 ◎ B1 11:00～23:00 ◎ 1F 9:00～21:00（部分店鋪有異）◎ 2F 9:00～21:00

京都塔的地下1樓為美食區，1樓是匯集了京都在地逸品的商品街，2樓為體驗區

---

八條口｜MIYAKOMICHI｜ASTY ROAD｜新幹線中央口｜近鐵剪票口
新幹線剪票口內（ASTY京都）｜JR西口｜京名菓・名菜處京 往大阪
JR月台｜JR西洞院口｜BIC CAMERA JR京都店｜JR京都伊勢丹
JR月台｜JR中央口 往CUBE｜京都站大樓專賣店街 The CUBE｜京都中央郵局｜往Porta
JR月台｜JR中央口 往Porta｜往Porta｜定期觀光巴士｜市巴士
⬅ 往米原｜地下自由通道｜D 京都站前地下街Porta｜烏丸口（JR中央口）｜KYOTO TOWER SANDO

站前的注目景點！地下樓層與京都車站相連，就算下雨也不怕

---

**1F**
JR中央口｜⑧ 鐵道諮詢處
⑤ 綠色窗口｜往B1｜B 京都站大樓專賣店街 The CUBE
往京都祇園比亞大阪店｜往2F｜JR京都伊勢丹
日本旅行｜JR巴士｜JR高速巴士 A B C D｜京都中央郵局｜P
計程車乘車處｜市巴士、地鐵諮詢處 ⑦

**B1F**
JR地下中央口
竹工藝品｜② 手提行李寄物處｜往1F
京信ATM｜咖啡廳
包裹郵寄櫃檯｜伴手禮街道｜C JR京都伊勢丹

🧳 投幣式寄物櫃｜🚕 計程車乘車處
🛗 電梯｜🚻 洗手間
❓ 諮詢處｜☰ 剪票口
🏛 石材博物館｜🔺 手扶梯
🚌 巴士乘車處｜🔺 樓梯

## 堅守傳統風味的老店
## 使用伏見名水烹調的料理

### 在回程的新幹線上享用！

能在京都站買到的

# 京都便當

道地的京都料理也能以便當的形式輕鬆享用。機會難得，就在京都車站買個名店的高級便當，在新幹線上慢慢品嘗，讓最後的最後也能沉浸於京都的氛圍中。

### 行樂便當 2970円

堅持選用以鮮魚、京都蔬菜為首的當地食材，而且包括米飯、高湯等所有料理都是使用伏見名水來烹調

**魚三樓** うおさぶろう
1764年創業，曾經擔任過大名屋敷的廚師。為伏見的代表性京都料理名店

### 這裡買得到

**JR京都伊勢丹** ●ジェイアールきょうといせたん
由於數量有限，事先到店面或以電話預訂會比較保險。部分商品也能在線上店購買。
※線上商店最晚8天前預約
**MAP** 附錄④P.25C-2
☎075-342-5630(地下2樓 老店、名店便當櫃檯)
休 不定休 ⏰10:00～20:00(地下2樓)

### 季節盒裝便當 2916円
集結了季節壽司、散壽司、燉煮料理、燒烤等，顏色繽紛的時令佳餚

**下鴨福助** しもがもふくすけ

創業於下鴨神社附近。是一家以壽司和外送為主的料亭，特別擅長使用新鮮魚貝烹調京都料理

## 裝滿可愛季節壽司
## 的京都便當

## 分量滿滿的
## 薄切鯛魚生魚片

### 鯛魚散壽司 2916円
以鯛魚散壽司為主角，搭配烤魚、蔬菜等由廚師精心製作的季節菜色

**紫野和久傳** ●むらさきのわくでん
本店位於京都東山，150年前創業之初為料理旅館，現在是提供料亭風味的特產專賣店

---

縱：將顏色、口感多樣的漬物做成握壽司

### 京漬物壽司 864円
以季節京都漬物製成的握壽司，最適合出遊、觀光時享用。另外也有乳酸菌系列等商品

**京つけもの 西利** ●きょうつけものにしり
☎075-343-2685

縱：加了名產紫蘇漬熟食別有一番風味

### 一口豆皮壽司 1000円(8個入)
對米很講究的「八代目儀兵衛」推出的新店鋪。使用「金之息吹」糙米製成的豆皮壽司，有芝麻、柚子、山葵、山椒、紫蘇漬、牛肉牛蒡、起司7種口味

**玄米 京都ぎへえ** ●げんまいきょうとぎへえ
☎075-365-8181

### 志ば漬炸雞 400円(100g)
### 志ば漬可樂餅 216円(1個)
販售以紫蘇漬來提味的可樂餅、多層次風味的炸雞等，加了漬物烹調的各種熟食

**土井志ば漬本舗** ●どいしばづけほんぽ
☎075-343-2686

---

**2021年 7月 OPEN**

### 想要輕鬆外帶的話

# Porta KITCHEN
●ポルタキッチン

位於京都站前地下街Porta的東區，供應許多適合外帶的特別菜單。能輕鬆愉快地享用名店風味。
**MAP** 附錄④P.25 C-2
☎075-365-7528
休 不定休 ⏰10:00～20:30

縱：使用有益健康的糙米製成一口大小豆皮壽司

滿是由水果專家精心挑選的食材！

### 水果三明治 626円～
以豆漿為原料製作鬆軟麵包，再包夾嚴選當季水果製成的奢華水果三明治。利用水果截面呈現花卉模樣的花三明治也很有人氣

**京都 古都果** ●きょうとことか
☎070-7565-5826

**MAPPLE まっぷる** 哈日情報誌 **京都**

# Contents ❶

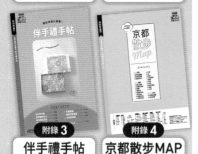

# MAPPLE まっぷる 哈日情報誌 京都
## Contents ❷

---

# 令人心動不已的超推薦！

# 就該這樣玩 ♡

從人氣名勝到絕美甜點、
極致和風體驗等，
京都獨有的魅力讓人深深著迷♡
趕快來看看京都有哪些
絕不可錯過的超級推薦景點！

超推薦！

處處都有驚喜及樂趣！

## 必訪神社寺院巡禮

留些時間探訪寺院、神社的參道及周邊區域，絕對能為旅行留下深刻的回憶。各式伴手禮及知名美食更是讓人瘋狂！

連綿不絕的紅色鳥居
彷彿進到異次元空間

**伏見稻荷周邊**
## 伏見稻荷大社
● ふしみいなりたいしゃ

參拜完本殿後，一定要走連綿不絕的千本鳥居，也別忘了到奧社奉拜所向重輕石及狐狸造型繪馬許願。好好走訪神社內的各處，順便吸收能量提升自己的運勢吧。

LINK → P.122

### 心動不已的亮點 ♡

表參道和裏參道都有商店街，販賣稻荷壽司、烤麻雀、豆皮烏龍麵等著名美食的店家林立。

# 京都

## 超推薦!

### 繽紛絢麗美不勝收 超療癒花手水♡

在用來潔淨雙手、漱口的水中放入妝點四季的鮮豔花朵,就是所謂的花手水。

美麗討喜的花朵彷彿連內心都能洗滌乾淨♪

---

**五顏六色的花朵 多到像是要滿出來 無比華麗**

東福寺周邊

## 勝林寺
●しょうりんじ

創建於戰國時代,被暱稱為「東福寺的毘沙門」。五彩繽紛又有立體感的花手水吸引了許多粉絲,另外還提供坐禪、抄經等修行體驗。

**MAP** 附錄④P.24 E-3
☎075-561-4311(9:00〜16:00)
◪一般不開放,於官網確認 所京都市東山区本町15-795 ◫JR、京阪東福寺站步行8分 P無

**心動不已的亮點♡**

花朵每週會更換2次(12〜3月為每週1次),無論何時造訪,都能受到不同樣式的新鮮花卉迎接。

---

**整修之後風采不減! 飽覽清水舞台眺望的景色**

清水寺周邊

## 清水寺
●きよみずでら

清水寺在京都眾多寺院之中擁有不同凡響的人氣,2020年完成大整修後,本堂的屋頂及舞台地板變得更加美輪美奐。寺內有許多可參拜的景點,想求取姻緣與福氣的話千萬別錯過。

**心動不已的亮點♡**

清水坂、產寧坂、二年坂、八坂通等參道上林立著伴手禮店、時髦的咖啡廳。眾多好玩有趣的店鋪讓人眼花撩亂,每間都想逛!

LINK → P.94

---

**總共有6處! 以季節為主題別具巧思**

長岡京

## 柳谷觀音楊谷寺
●やなぎだにかんのんようこくじ

這裡不僅以繡球花及紅葉之寺著稱,還率先定期在手水中放入花卉,打造出撫慰人心的花手水。

LINK → P.170

**心動不已的亮點♡**

楊谷寺佔地廣闊,共有6處花手水,而且還會依季節使用不同花卉等,充滿巧思,種類豐富多變。

草莓與煉乳堪稱美味的極致組合

**草莓饗宴刨冰（春季限定）1350円**
輕盈軟綿的刨冰上淋滿了糖蜜與煉乳。草莓的酸味帶來絕妙清爽感！

**心動不已的亮點 ♡**
這間位於祇園花見小路的甜品店散發出滿滿京都風情。古早味刨冰有種懷舊溫馨感。

刨冰

### 祇園
## ぎおん徳屋
● ぎおんとくや

使用新鮮草莓點綴，打造出經典款刨冰。刨成極薄的冰入口即化，可依個人喜好搭配濃郁的草莓牛乳與自製煉乳享用。對於食材品質的堅持造就了獨一無二的美味。

**LINK → P.51**

抹茶甜點盤

**抹茶甜點珠寶盒 1650円**
集結了迷你芭菲、提拉米蘇、茶凍、松露巧克力、生麩、磅蛋糕等各式抹茶甜點。

**心動不已的亮點 ♡**
每道甜點都將濃郁的抹茶風味與香氣發揮到極致，味道也沒話說。可以一次吃到許多種類，很划算的感覺。

在白霧繚繞中現身
抹茶甜點珠寶盒

### 京都站周邊
## 焼き釜スイーツ 茶筅
● やきがまスイーツちゃせん

打開桐木盒的蓋子，抹茶甜點便會在乾冰的裊裊白煙中登場！擺盤有如京都懷石料理般美麗，讓人不知該從何吃起。

**MAP** 附錄④P.25 C-2
☎ 075-352-3401
🕐 11:00～22:00（LO21:30）　休 不定休　所 京都市下京区烏丸通塩小路下ル東塩小路町901 京都駅ビル10F
🚉 各線京都站即到　P 無

---

### 超推薦！
**休息片刻**
**享用絕美打卡甜點**

景點逛累了，就去咖啡廳坐坐吧！超上相的甜點不但好吃又能拍出美照，放上社群網站絕對超吸睛♪

---

### 清水寺周邊
お団子とかき氷
## 茶寮 和香菜
● おだんごとかきごおりさりょうわかな

打開木盒後，出現在眼前的是用綿柔生奶油裝飾的彩色糰子。每一種都是不同口味，可愛到讓人捨不得吃掉。

**LINK → P.51**

**心動不已的亮點 ♡**
糰子＆刨冰是這裡的招牌美食，可在充滿京都風情的店內享用懷舊甜點。

五彩繽紛的華麗糰子
可愛魅力無法擋

可愛糰子

**IRO-MOCHI- 1628円**
有紅豆奶油、抹茶、焙茶、每月替換的新口味等6種可挑選，附1杯飲料。完全預約制（透過IG私訊或電話）

---

### 清水寺周邊
## DORUMIRU. yasakanotou
● ドルミールヤサカノトウ

不論從哪個角度看都相當完美，造型品味出眾的甜點絕對讓女生無法抗拒。除了提供3種芭菲外，還有季節限定的不同商品。

**LINK → P.52**

**甘王草莓與提拉米蘇芭菲 2300円**
提拉米蘇加上酸甜滋味與微微苦味呈現出完美的大人味（季節限定）

有如藝術品般精美的甜點

芭菲

**心動不已的亮點 ♡**
不論是味道、溫度、口感全都經過精心設計，雖然美到捨不得吃，卻又讓人忍不住想三兩下掃光。

---

### 四條河原町
## coffee & wine Violon
● コーヒーアンドワインヴィオロン

在可以喝咖啡的酒吧，享用引發熱烈討論的玫瑰造型冰淇淋蘇打。玫瑰花的花瓣是老闆一層層精心製作而成，美到讓人捨不得吃掉

**MAP** 附錄④P.12 D-4　🚗 無
🕐 17:00～翌1:00（週四為18:00～）
休 週日　所 京都市下京区清水町297-1 すえひろビル 1F　🚉 阪急京都河原町站步行5分　P 無

在夜間咖啡廳來杯白玫瑰造型冰淇淋蘇打

**心動不已的亮點 ♡**
冰淇淋蘇打雖然給人老派的感覺，但做成如此華麗的造型，絕對不用擔心拍不出美照！

冰淇淋蘇打

**冰淇淋蘇打 1300円**
做成玫瑰造型的冰淇淋相當有分量，是數量有限的人氣美食。

## 倒映美景
### 倒映在黑暗中的景色 深深觸動心弦

**心動不已的亮點♡**
美麗又夢幻的景色令每個人都沉醉其中。不同時期展現出的各種風貌也深具魅力，春夏秋冬四季皆美麗動人。

➡走過高瀨川上的吊橋便會來到山門

感受道地京都氣息
夢幻和風體驗

相當重視傳統的京都，提供了許多機會體驗道地的日本風情。在精心打造的和風空間中，留下獨一無二的回憶吧。

（八瀬）

## 瑠璃光院
●るりこういん

「瑠璃之庭」的美麗景色映照在書院2樓的地板及桌上，交織出各種色彩。近在眼前的真實景色與倒影所形成的另一幅夢幻景色美到令人屏息。

**MAP** 附錄④P.4 F-1
☎075-781-4001
🕙10:00～16:30，17:00結束營業，僅春與秋開放（完全預約制，需於官網確認）
¥2000円 休春（4月中旬～6月下旬）與秋（10月上旬～12月上旬）之開放期間無休 所京都市左京区上高野東山55 叡電八瀬比叡山口站步行5分 P無

---

（嵐山）

## 嵐山 祐齋亭
●あらしやまゆうさいてい

這棟屋齡長達150年的建築興建於明治時代，過去是料理旅館，文豪川端康成也曾在此寫稿。目前則是染色藝術家奧田祐齋的藝廊，前來參觀夢黃櫨染的作品之餘，還能於室內欣賞美麗的景色。

**MAP** 附錄④P.21 B-3
☎075-881-2331 🕙10:00～18:00（11月13日～12月10日為8:00～21:00）¥2000円（視時期附抹茶、茶點）休不定期，需於官網確認 所京都市右京区嵯峨亀ノ尾町六 嵐電嵐山站步行10分，或JR嵯峨嵐山站步行20分 P無

### 對稱的夢幻景色 打造出洗滌心靈的空間

## 倒映美景

**心動不已的亮點♡**
從圓形窗口望出去能看到閃耀碧綠光芒的桂川，建築物及庭院讓人感覺像是穿越了時空般。

➡秋天可看到一片火紅的景色。參觀時間約30分鐘
ⓒjunichiro.takikawa

---

## 甜點的相遇
## 日本茶與

（祇園）

## 祇園 北川半兵衛
●ぎおんきたがわはんべえ

一面試喝比較抹茶、煎茶、焙茶、日式烏龍茶、日式紅茶，邊找到最適合搭配的一口甜點。同時品嘗不同種類的茶，能夠清楚感受到每種茶不同的香氣及味道。

**MAP** 附錄④P.17 D-4
☎075-205-0880
🕙11:00～22:00（18:00～為夜間咖啡廳）休不定休 所京都市東山区祇園町南側570-188 京阪祇園四條站步行6分 P無

⬆抹茶變奏曲2600円。可挑選要搭配哪種茶享用

**心動不已的亮點♡**
能夠一次品嘗到最高品質的特調茶葉、雞尾酒風抹茶等多種頂級奢華口味。

➡宇治茶批發商所經營的日本茶咖啡廳

### 進入深奧的日本茶世界 細細品味箇中差異♪

附一口茶點

茶詠～五種茶品評比較2800円。

---

三十三間堂周邊

## 七條甘春堂 本店
●しちじょうかんしゅんどうほんてん

這間1865年創業的老字號和菓子店提供了在京都町家自己動手做和菓子的體驗活動。近距離欣賞職人精湛手藝的同時，或許還能學上幾招，讓自己的作品更賞心悅目。親自動手做相信能帶給你前所未有的感受。

**MAP** 附錄④P.24 E-2
☎075-541-3771
🕙9:00～18:00（喫茶為10:00～17:30LO），體驗為10:00～、13:00～、15:00～（各約60～90分，為2人起的預約制）¥和菓子體驗2530円（附抹茶）休無休 所京都市東山区七条通本町東入西之門町551 京阪七條站步行5分 P無

⬆由職人親自示範，並指導製作和菓子的重點

⬆小心地將成品裝到盤子上便大功告成

**心動不已的亮點♡**
可以在茶室中自己泡的抹茶，搭配剛做好的和菓子享用。也可以外帶回飯店細細品嘗。

➡若想當成伴手禮，店家會幫忙裝進盒子

## 製作和菓子
典雅華麗的和菓子
表現出四季風情

使用獨家紡織紋樣打造出
現代風分趾足袋鞋

↑讓雙腳在夏天展現活潑
氣息的布草鞋 各3025円

↑分趾襪605円～將腳趾分2部分包
覆，穿起來很舒適

# 超推薦！

入手京都限定的質感雜貨！

完美融合古都傳統與最新時尚元素的質感雜貨是伴手禮的首選。來看看有哪些只有這裡買得到的好東西吧！

## 四條河原町
### SOU·SOU足袋
●ソウソウたび

能買到運用原創紡織紋樣設計的分趾襪，也有款式豐富的分趾足袋鞋、草鞋等。

**MAP** 附錄④P.14 E-4
☎075-212-8005
🕚11:00～20:00　休無休　所京都市中京区新京極通四条上ル中之町583-3　🚉阪急京都河原町站步行5分　P無

**心動不已的亮點♡**
唯一販賣摩登又可愛，而且是日本製分趾足袋鞋的商店！

↑輕盈又合腳的分趾足袋鞋很適合在市區外出時穿著

↑分趾足袋鞋7480円

---

日常使用的最佳選擇
繽紛風呂敷及袋子

## 四條河原町
### SOU·SOU布袋
●ソウソウほてい

時尚的風呂敷不論搭配和服或一般衣服都很完美。所販售實用的口金包、方便上班或上學使用的托特包等，都鮮豔活潑又具有設計感。迷你尺寸的口金包及束口袋很適合當伴手禮。

**MAP** 附錄④P.14 E-4
☎075-212-9595
🕚11:00～20:00　休無休　所京都市中京区新京極通四条上ル中之町569-10　🚉阪急京都河原町站步行5分　P無

↑這一帶有許多SOU·SOU相關的商店
↑小巾折可以折疊起來，十分便利，也可以當購物袋。各1760円

**心動不已的亮點♡**
走進店裡的瞬間，就被繽紛絢麗的設計吸引。每樣商品在日常生活中都很實用，逛起來樂趣十足！

↑帆布單肩包·側背包6490円～

↑親子雙層口金包，鈔票和零錢可以分開來放。各3740円

---

## 四條河原町
### カランコロン京都
●カランコロンきょうと

不論在什麼時代都受人喜愛的京都雜貨增添了現代元素。以布製品做成的可愛小物很受女生喜愛♪

**MAP** 附錄④P.16 A-3
☎075-253-5535
🕚10:30～20:30　休無休　所京都市下京区四条通小橋西入真町83-1　🚉阪急京都河原町站即到　P無

↑千鳥形狀金屬扣為設計重點的口金包。淺色系很可愛。各1760円

包3080円
●彩色人氣格紋口金

↑彩色格紋口金包是人氣商品。

↑五彩繽紛的格紋帆布包，堅固耐用，還會隨時間呈現出不同質感。9240円

↓總店限定的藝妓散步刺繡手帕 770円

**心動不已的亮點♡**
有許多優雅又可愛的設計布製品。帶有藝妓圖案的雜貨很適合當作伴手禮

典雅別緻的各式雜貨充滿和風魅力

京都及和風元素刺繡的包布鈕扣髮圈。各990円

❀ 還想獲得更多京都的最新資訊！❀

# NEWS & TOPICS

從嶄新設施到當紅話題甜點，現在有哪些引人矚目的京都最新資訊呢？

## 茶和宇治的歷史公園
● おちゃとうじのまちれきしこうえん

能夠學習宇治茶知識的博物館及重現茶園景色的公園

↑「茶ZUNA」介紹了宇治最有看頭的地方
↗ 2021年10月啟用的宇治新地標

這座美麗的公園中有重現了江戶時代末期茶園的史蹟區、充滿綠意的庭園及廣場。交流館「茶ZUNA」則有宇治茶博物館、體驗課程、餐廳，能夠快樂地認識歷史與文化。

MAP 附錄④P.28 B-3
☎0774-24-2700
⏰9:00～17:00（博物館最終入場為16:30）休週三 所宇治市菟道丸山203-1 🚃京阪宇治站步行4分 P有

---

由星野集團打造的都市觀光飯店陸續開幕！

↑公共空間「OMO Base」集結了各種讓旅客更能體驗城市魅力的設計

區內附茶之間廚房及雙床房

都有燈籠裝飾

從入口至OMO Base一路上

## OMO5京都祇園
● おもふぁいぶきょうとぎおん

星野集團在京都推出的3間OMO（祇園、三條、東寺）為了讓旅客盡情感受城市魅力，皆提供了Go-KINJO當地導覽服務。透過將整座城市視為一座度假村的概念，帶領旅客深入挖掘其中魅力。

MAP 附錄④P.16 D-3
☎0570-073-022
（星野集團預約中心）
⏰IN15:00 OUT11:00 ¥1晚1人9000円～（2人1房時）休無休 所京都市東山區四条通大和大路東入祇園町北側288 🚃京阪祇園四條站步行6分
OMO3京都東寺、OMO5京都三條→P.171

---

名店聯名打造色彩鮮艷又可愛的和風甜點

↑以數字為主題的外帶甜點。SO-SU-U小饅頭霜淇淋 500円
↗人氣No.1的和菓子串，最適合拿在手上吃！各500円

## 伊藤軒/SOU·SOU 清水店
● いとうけんソウソウきよみずみせ

京都老字號糕點店「伊藤軒」與京都布織品牌「SOU·SOU」攜手聯名合作，以鮮艷活潑的紡織圖樣為概念，設計出好吃、超級上相的美味甜點♪

LINK → P.100

---

懷舊又可愛的木版和紙文具及雜貨

### 心動不已的亮點♡

懷舊可愛的和紙極具質感，各種充滿少女心的雜貨也很討喜。另外還有許多只有這裡找得到的商品，文具控一定要來逛。

↑色彩繽紛可愛的木版畫卡片。小卡各440円

↑小巧的木版畫可以裝在相框裡當作家中擺飾。1650円～

↑竹笹堂的木版畫作品琳瑯滿目！

### 四條烏丸
## 竹笹堂
● たけざさどう

➡剛好放得下名片的盒子。葛籠（小）1650円

販賣使用京都傳統木版工房的木版手刷和紙製成的雜貨。從木版和紙、和紙文具、家飾品到木版畫、浮世繪都買得到。書衣、御朱印帳、小袋、便箋紙等展現了和紙魅力的雜貨十分可愛。

MAP 附錄④P.15 A-4
☎075-353-8585
⏰11:00～18:00 休週三 所京都市下京區綾小路通西洞院東入ル新釜座町737 🚃地鐵四條站／阪急烏丸站步行8分 P無

# 認識京都各區域

你最想去哪個地方呢？

造訪前先做好功課

## 京都超入門

京都著名的觀光景點遍布於市區各處，因此建議先找出自己想去的地方，接著確認該景點位在哪個區域，以便安排行程。

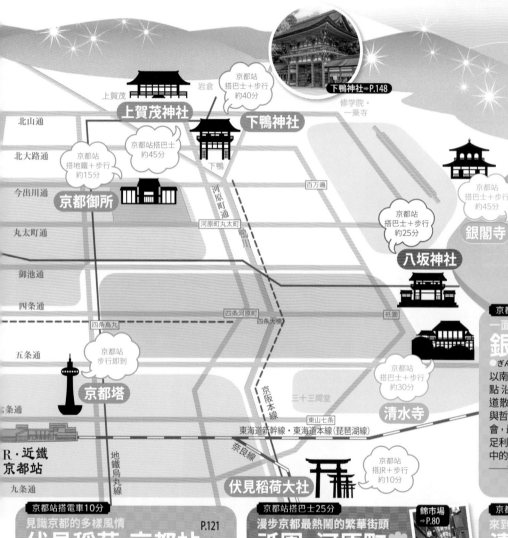

**實用旅遊小建議！**

## 遊逛景點小知識

**1天可以玩幾個區域？**

大約上午1個區域、2個景點，下午1～2個區域、2個景點。在相鄰的區域間往來，避免橫跨東西或南北的大範圍移動，行程才會順。

**第一次來京都該去哪些區域？**

先去市區內的清水寺與祇園‧河原町區域，再來則是必訪的金閣寺、景色優美的嵐山，伏見稻荷大社也是人氣景點，去這些地方準沒錯。（➡P.18）

**如果不是第一次來呢？**

可以依自己喜歡的主題玩京都。對歷史有興趣的話，可以去京都御所及二條城，跟隨導覽深入探索；喜歡攝影的話，就選擇可以拍出美照的景點吧。

（地圖標示）
- 上賀茂
- 岩倉
- 上賀茂神社
- 京都站搭巴士＋步行約40分
- 下鴨神社➡P.148
- 修學院‧一乘寺
- 北山通
- 下鴨神社
- 京都站搭巴士約45分
- 北大路通
- 下鴨
- 京都站搭地鐵＋步行約15分
- 今出川通
- 京都御所
- 河原町通
- 百万遍
- 鴨川
- 丸太町通
- 河原町丸太町
- 京都站搭巴士＋步行約45分
- 銀閣寺
- 京都站搭巴士＋步行約25分
- 御池通
- 八坂神社
- 四条通
- 四条河原町
- 四条大橋
- 四条烏丸
- 祇園
- 京都站步行即到
- 京都塔
- 京阪本線
- 三十三間堂
- 京都站搭巴士＋步行約30分
- 清水寺
- 五条通
- 東山七条
- 東海道新幹線‧東海道本線（琵琶湖線）
- R‧近鐵京都站
- 地鐵烏丸線
- 奈良線
- 九条通
- 伏見稻荷大社
- 京都站搭JR＋步行約10分

**京都站搭巴士45分**

一面欣賞自然風光，邊悠閒散步

## 銀閣寺 周邊
●ぎんかくじ

哲學之道➡P.134

P.133

以南禪寺為起點沿著疏水道散步，途中與哲學之道交會，最後通往足利義政心目中的理想國度——銀閣寺。

銀閣寺➡P.136

**京都站搭電車10分**

見識京都的多樣風情

## 伏見稻荷‧京都站 周邊
●ふしみいなり‧きょうとえき

P.121

東寺的五重塔及伏見稻荷的千本鳥居等京都最具代表性的景色都在這一區。

伏見稻荷大社➡P.122

KYOTO TOWER SANDO ➡P.131

**京都站搭巴士25分**

漫步京都最熱鬧的繁華街頭

## 祇園‧河原町
●ぎおん‧かわらまち

P.69

錦市場➡P.80

錦市場及河原町是逛街購物的好所在。參觀完八坂神社可順便前往茶屋林立的祇園一帶。

京都甜點➡P.48～57 附錄②

花街散步➡P.70‧92

**京都站搭巴士30分**

來到京都不可錯過的景點

## 清水寺 周邊
●きよみずでら

二年坂、產寧坂➡P.100

P.93

連接清水寺與高台寺的二年坂、產寧坂是別具風情的石板路。周邊氣氛熱鬧，值得前去感受。

清水寺➡P.94

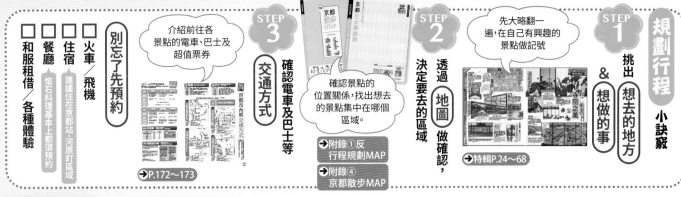

規劃行程 小訣竅

**STEP 1**
挑出 想去的地方 & 想做的事

先大略翻一遍，在自己有興趣的景點做記號

→特輯P.24～68

**STEP 2**
透過 地圖 做確認，決定要去的區域

確認景點的位置關係，找出想去的景點集中在哪個區域。

→附錄①反 行程規劃MAP
→附錄④ 京都散步MAP

**STEP 3**
確認電車及巴士等 交通方式

介紹前往各景點的電車、巴士及超值票券

→P.172～173

別忘了先預約

□火車／飛機

□住宿
建議住在京都站、河原町區域

□餐廳
懷石料理基本上都須預約

□和服租借／各種體驗

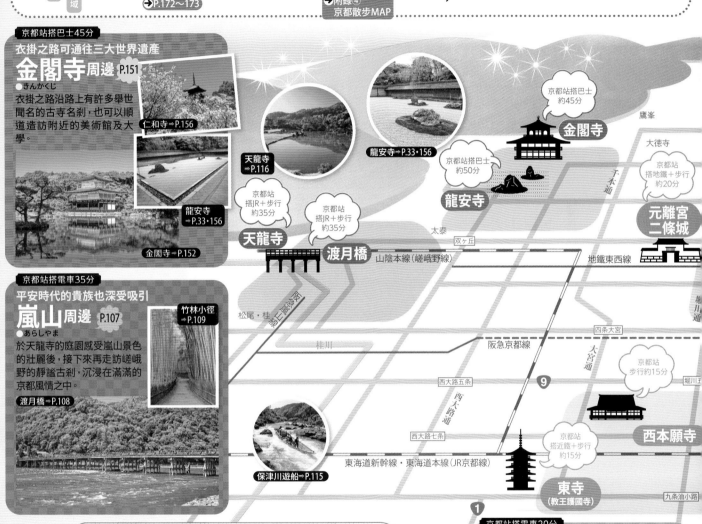

京都站搭巴士45分

**衣掛之路可通往三大世界遺產**
# 金閣寺周邊 P.151
●きんかくじ
衣掛之路沿路上有許多舉世聞名的古寺名剎，也可以順道造訪附近的美術館及大學。

仁和寺➡P.156

龍安寺➡P.33・156

金閣寺P.152

天龍寺➡P.116

龍安寺➡P.33・156

京都站搭JR＋步行約35分
天龍寺

京都站搭JR＋步行約35分
渡月橋

京都站搭巴士約45分
金閣寺

京都站搭巴士約50分
龍安寺

京都站搭地鐵＋步行約20分
元離宮二條城

鷹峯

大德寺

千本通

京都站搭電車35分

**平安時代的貴族也深受吸引**
# 嵐山周邊 P.107
●あらしやま
於天龍寺的庭園感受嵐山景色的壯麗後，接下來再走訪嵯峨野的靜謐古剎，沉浸在滿滿的京都風情之中。

竹林小徑➡P.109

渡月橋➡P.108

保津川遊船➡P.115

山陰本線（嵯峨野線）

太秦

雙ヶ丘

松尾・桂

桂川

阪急京都線

西大路五条

西大路七条

西大路通

大宮通

四条大宮

堀川王

堀川通

京都站步行約15分

京都站搭地鐵＋步行約15分
西本願寺

東海道新幹線・東海道本線（JR京都線）

東寺（教王護國寺）

九条油小路

京都站搭電車20分

**歷史動盪舞台所在的區域** P.143
# 二條城・京都御所周邊
●にじょうじょう・きょうとごしょ
見證了德川幕府興衰的二條城，以及象徵過去帝王之都的京都御所等重要史蹟皆位於這一區。

元離宮・二條城➡P.144

京都御所➡P.146

\ 稍微走遠一點 / 前往**郊區景點**

## 往南

京都站搭電車約15分
紅葉及花卉美不勝收
長岡京 ➡P.170

京都站搭電車約25分
接觸源氏物語的優雅與抹茶
宇治 ➡P.160

京都站搭電車約15分
在坂本龍馬鍾愛之地進行酒廠巡禮
伏見 ➡P.168

## 往西

京都站搭巴士約50分
紅葉令人沉醉的賞楓名勝
高雄 ➡P.166

京都站搭電車約25分
絢爛櫻花與國寶建築令豐臣秀吉也讚嘆不已
醍醐 ➡P.169

## 往北

京都站搭電車與巴士約1小時10分
京都首屈一指的神聖能量景點
鞍馬・貴船 ➡P.163

京都站搭巴士約1小時10分
自然景色與古寺無比療癒
大原 ➡P.164

京都站搭巴士約1小時
登上自古以來守護京都的靈山
比叡山 ➡P.167

# 都旅遊月曆

京都的一年四季都充滿了各樣魅力。掌握每個季節的活動、祭典、最具風情的人事物，能為旅行帶來更多樂趣！一起來認識京都的各種風貌吧

每個季節各有不同風情是京都最大的魅力！

## 夏 必看重點

梅雨時節可以放慢步調細細觀賞鮮嫩綠意及花朵。出梅後天氣將真正熱起來，就用祭典和美食迎接夏天吧。

### 川床 5月1日～9月30日

當夏天來臨時，鴨川及貴船會搭設起川床，供遊客一面賞景、一邊納涼用餐。由於非常熱門，建議及早預約。

| 推薦景點 |
|---|
| 鴨川 ➡ P.76 |
| 貴船 ➡ P.163 |
| 高雄 ➡ P.166 |

## 春 必看重點

由櫻花揭開序幕，迎來盎然綠意的春天，是京都最有朝氣的季節。但也要注意早晚有時還是偏冷。安排悠閒一點的行程好好感受春天風情吧。

### 櫻花 3月下旬～4月中旬

從最早開的枝垂櫻到染井吉野櫻、晚開的御室櫻等，接力綻放的粉嫩花朵將整座城市染成了櫻花的顏色。

| 推薦景點 |
|---|
| 平安神宮 ➡ P.142 |
| 醍醐寺 ➡ P.169 |
| 仁和寺 ➡ P.156 |

## 8月

### 刨冰 ➡ P.54

京都風格的刨冰是以優質好水製作出冰塊，再刨成細緻鬆軟的碎冰

### 8月16日 五山送火

在五座山上點火照亮夜空，恭送盂蘭盆節時迎回的祖先上路

## 7月

### 狼牙鱔 6月上旬～7月下旬

食用極富生命力的狼牙鱔驅除暑氣。祇園祭也被稱為「狼牙鱔祭」

## 6月

### 7月1日～31日 祇園祭 八坂神社 ➡ P.84

由平安時代延續至今的八坂神社祭典。16日、23日的宵山與17日、24日的山鉾巡行更是最具人氣的重頭戲。

**京都三大祭**

## 5月

### 5月15日 葵祭 （雨天順延）
上賀茂神社 ➡ P.149
下鴨神社 ➡ P.148

上賀茂神社、下鴨神社的祭典。齋王代乘坐的轎子、牛車及身穿平安時代服裝的隊伍將現身街頭遊行（有收費觀眾席）

**京都三大祭**

## 4月

## 3月

### 3月最後週日 朱華舞 隨心院 ➡ P.24・169

「朱華」指的是梅花的淡紅色。少女會戴上以梅花裝飾的斗笠在隨心院內翩翩起舞

**重要活動**

## 當季亮點

### 狼牙鱔料理

狼牙鱔在過去是唯一能送到不靠海的京都的活魚，因此京都人希望得到相同的旺盛生命力

### 繡球花 6月中旬～7月上旬 三室戶寺

可欣賞到1萬株繡球花盛開美景的三室戶寺別名繡球花寺

### 水無月 6月30日

模擬冰塊意象製成的和菓子上身。據說吃了能讓疾病不

### 新茶 5月下旬～7月

宇治茶享譽全國。滋味清爽的新茶最適合當作伴手禮

### 山茶花 4月上旬 法然院 ➡ P.134

靠近哲學之道的法然院是山茶花名勝。手水鉢中也會放入山茶花

### 竹筍 4月～5月

西山名產，早晨挖掘的京都竹筍吃起來沒有苦味，生吃也很可口

### 春意芭菲

抹茶與櫻花打造的繽紛芭菲讓人少女心大爆發

邂逅京都最美麗的時節

每個季節的魅力都不容錯過！

京

## 🌸🍁 春、秋夜間點燈 人氣BEST 👑

| 春 3月上旬～5月上旬 | | 秋 10月中旬～12月下旬 | |
|---|---|---|---|
| ❶ 高台寺 3月中旬～5月上旬 | P.102 | ❶ 永觀堂 11月上旬～12月上旬 | P.139 |
| ❷ 青蓮院門跡 3月中旬～5月上旬 | P.85 | ❷ 清水寺 11月中旬～12月上旬 | P.94 |
| ❸ 圓山公園 3月中旬～4月中旬 | P.84 | ❸ 東寺 11月初旬～12月上旬 | P.126 |
| ❹ 元離宮 二條城 3月下旬～4月中旬 | P.144 | ❹ 高台寺 10月下旬～12月上旬 | P.102 |
| | | ❺ 寶嚴院 11月中旬～12月上旬 | P.117 |

### 冬 必看重點

京都的冬天冷到骨子裡，這時就要靠美味的料理溫暖身心，等待春天到來。運氣好的話，還有機會獨佔美景。

#### 雪景

京都市內會在過了元旦之後降雪，若能看到雪化妝的金閣寺可說是非常幸運。另外，等持院的庭園滿是白雪覆蓋的景色也十分夢幻。

| 推薦景點 | |
|---|---|
| 金閣寺 | P.152 |
| 等持院 | P.156 |
| 嵐山 | P.108 |

### 秋 必看重點

秋天是收穫的季節，也是藝術、文化的季節，再加上紅葉美景，讓秋天的京都熱鬧非凡，因此建議提早預訂住宿及餐廳。巴士也容易因塞車而延遲，最好盡量搭乘電車。

#### 楓葉 10月下旬～12月上旬

日夜溫差越大的話，紅葉的顏色會越鮮豔。從初秋有淺的漸層色彩，到後期紅葉散落地面的景象很有看頭。夜間點燈也熱鬧不已。

| 推薦景點 | |
|---|---|
| 永觀堂 | P.139 |
| 東福寺 | P.124 |
| 高雄 | P.166 |

## 2月 | 1月 | 12月 | 11月 | 10月 | 9月

**紅豆麻糬湯**
使用丹波大納言紅豆，甜味高雅，而且吃起來又暖呼呼的

**2月中旬～3月下旬**
**冬季特別開放**
可以看到平時不開放參觀的神社寺院、祕寶、祕佛等，機會難得！

**2月3日前後**
**節分祭**
平安神宮·市內各所 ➡ P.142
源自於平安時代宮廷內的消災儀式。平安神宮會上演大藏流的狂言獻給神明

**12月初**
**懸掛新看板**
南座劇場的正面會在此時懸掛上以勘亭流書法書寫的歌舞伎演員姓名看板，是京都著名的冬季風情畫。

2020年「吉例顏見世公演」一景

**10月下旬～12月上旬**
**秋季特別開放**
有些神社、寺院的庭園會有夜間點燈並開放參觀。詳情請事先確認

**11月8日**
**火焚祭**
伏見稻荷大社 ➡ P.122
在秋天收成後，焚燒稻草及寫有心願的火焚串祈求五穀豐收、消災解厄

**10月22日**
**時代祭**（雨天順延）
京都三大祭
京都御苑 ➡ P.146
平安神宮 ➡ P.142
遊行隊伍會穿從明治維新到平安時代的服裝，從京都御苑經御池通遊行至平安神宮（有收費觀眾席）

**中秋（9月）前後**
**觀月之夕**
舊嵯峨御所 大本山大覺寺 ➡ P.118
大澤池是著名的賞月名勝。中秋前後會有龍頭船在水面上演奏樂器

**千枚漬、酸莖**
用京都特產的聖護院蕪菁與酸莖菜做成的醃漬物。吃起來爽脆可口

**梅花** 2月中旬～3月下旬
**北野天滿宮** ➡ P.154
在徹骨嚴寒中散發幽香的梅花讓人感覺心馳神往

**湯豆腐** ➡ P.48
京都豆腐的美味關鍵在於優質地下水。邊欣賞庭園美景邊享用吧

**嵯峨菊** 11月上旬～下旬
舊嵯峨御所 大本山大覺寺 ➡ P.118
大澤池野生的野菊經年累月生長而成，據說深受嵯峨天皇喜愛

**栗子甜點**
整杯芭菲大量使用了秋天盛產的栗子，堪稱極品

**胡枝花** 9月中旬～下旬
**梨木神社** ➡ P.147
梨木神社的萩祭除了祭神儀式，還有獻給神明的狂言及舞樂表演

※以上刊載的是2021年11月時預計舉行之活動、日期，目前可能已有變更，請事先確認。

# 神社寺院清單

❸二條城見證了江戶時代德川幕府的始末興衰

既然來到了京都，一定要去各大神社及寺院走走。
精心整理的關鍵字可以幫助你找出最想造訪的景點！
※參觀費、開放時間可能會隨地區及季節有變動。詳情請至本書各頁確認

---

P.87 祇園·河原町
**安井金比羅宮**（やすいこんぴらぐう）
¥免費 ⏰自由參觀
世界遺產 櫻花 紅葉 夜間點燈
#斬斷惡緣、締結良緣 #櫛祭

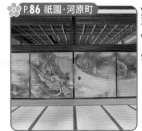
P.86 祇園·河原町
**建仁寺**（けんにんじ）
¥600円 ⏰10:00～17:00
世界遺產 櫻花 紅葉 夜間點燈
#風神雷神圖 #禪 #枯山水

P.85 祇園·河原町
**青蓮院門跡**（しょうれんいんもんぜき）
¥500円 ⏰9:00～17:00
世界遺產 櫻花 紅葉 夜間點燈
#青蓮襖繪 #苔庭的夜間點燈

P.84 祇園·河原町
**八坂神社**（やさかじんじゃ）
¥免費 ⏰24小時開放
世界遺產 櫻花 紅葉 夜間點燈
#新年參拜 #祇園祭 #希望能變漂亮

---

P.103 清水寺周邊
**八坂庚申堂**（やさかこうしんどう）
¥免費 ⏰9:00～17:00
世界遺產 櫻花 紅葉 夜間點燈
#繽紛的束猿 #著名打卡景點

P.102 清水寺周邊
**高台寺**（こうだいじ）
¥600円 ⏰9:00～17:30（視季節而異）
世界遺產 櫻花 紅葉 夜間點燈
#豐臣秀吉與寧寧 #美麗夜間點燈

P.97 清水寺周邊
**地主神社**（じしゅじんじゃ）
¥免費（需另購清水寺門票）
⏰9:00～17:00
世界遺產 櫻花 紅葉 夜間點燈
#戀愛占卜石 #各種願望

P.94 清水寺周邊
**清水寺**（きよみずでら）
¥本堂400円 ⏰6:00～18:00（視季節而異）
世界遺產 櫻花 紅葉 夜間點燈
#清水舞台 #音羽瀑布 #環遊胎內

---

P.120 嵐山周邊
**松尾大社**（まつのおたいしゃ）
¥免費參觀 ⏰5:00～18:00
世界遺產 櫻花 紅葉 夜間點燈
#名水 #釀酒之神

P.118 嵐山周邊
**舊嵯峨御所 大本山大覺寺**（きゅうさがごしょ だいほんざんだいかくじ）
¥御堂500円 ⏰9:00～17:00
世界遺產 櫻花 紅葉 夜間點燈
#大澤池 #賞月 #嵯峨菊展

P.116 嵐山周邊
**天龍寺**（てんりゅうじ）
¥庭園500円 ⏰8:30～17:30（視季節而異）
世界遺產 櫻花 紅葉 夜間點燈
#借景庭園 #精進料理 #雲龍圖

P.104 清水寺周邊
**三十三間堂**（さんじゅうさんげんどう）
¥600円 ⏰8:30～17:00（視季節而異）
世界遺產 櫻花 紅葉 夜間點燈
#1001尊佛像 #通矢

---

P.128 伏見稻荷·京都站周邊
**西本願寺**（にしほんがんじ）
¥免費 ⏰5:30～17:00
世界遺產 櫻花 紅葉 夜間點燈
#晨間觀光 #銀杏 #唐門修復完工

P.126 伏見稻荷·京都站周邊
**東寺**（とうじ）
¥免費參觀，金堂、講堂500円 ⏰8:00～17:00
世界遺產 櫻花 紅葉 夜間點燈
#立體曼荼羅 #弘法市 #五重塔

P.124 伏見稻荷·京都站周邊
**東福寺**（とうふくじ）
¥免費參觀，本坊庭園500円等
⏰9:00～16:30（視季節而異）
世界遺產 櫻花 紅葉 夜間點燈
#通天橋 #摩登庭園 #重森三玲

P.122 伏見稻荷·京都站周邊
**伏見稻荷大社**（ふしみいなりたいしゃ）
¥免費 ⏰自由參觀
世界遺產 櫻花 紅葉 夜間點燈
#千本鳥居 #狐狸 #御山巡禮

P.139 銀閣寺周邊
永觀堂
●えいかんどう

¥600円～ 9:00～17:00（視季節而異）
世界遺産 櫻花 紅葉 夜間點燈
#紅葉永觀堂 #回首阿彌陀

P.138 銀閣寺周邊
南禪寺
●なんぜんじ

¥免費 8:40～17:00（視季節而異）
世界遺產 櫻花 紅葉 夜間點燈
#三門 #絕景 #水路閣

P.136 銀閣寺周邊
銀閣寺
●ぎんかくじ

¥500円 8:30～17:00（視季節而異）
世界遺産 櫻花 紅葉 夜間點燈
#侘寂 #白砂藝術 #足利義政

P.129 伏見稻荷·京都站周邊
東本願寺
●ひがしほんがんじ

¥免費 5:50～17:30（視季節而異）
世界遺産 櫻花 紅葉 夜間點燈
#晨間觀光 #噴泉與銀杏

P.152 金閣寺周邊
金閣寺
●きんかくじ

¥400円 9:00～17:00
世界遺産 櫻花 紅葉 夜間點燈
#黃金 #鏡湖池 #足利義滿

P.149 二條城·京都御所周邊
上賀茂神社
●かみがもじんじゃ

¥免費 5:30～17:00
世界遺産 櫻花 紅葉 夜間點燈
#晨間觀光 #手作市集 #葵祭

P.148 二條城·京都御所周邊
下鴨神社
●しもがもじんじゃ

¥免費 5:30～18:00（視季節而異）
世界遺産 櫻花 紅葉 夜間點燈
#晨間觀光 #糺之森 #希望能變漂亮

P.142 銀閣寺周邊
平安神宮
●へいあんじんぐう

¥免費 6:00～17:00（視季節而異）
世界遺産 櫻花 紅葉 夜間點燈
#晨間觀光 #大鳥居 #神苑

P.156 金閣寺周邊
仁和寺
●にんなじ

¥免費參觀（視季節而異） 自由參觀
世界遺産 櫻花 紅葉 夜間點燈
#御室櫻 #五重塔 #御殿

P.156 金閣寺周邊
龍安寺
●りょうあんじ

¥500円 8:00～17:00（視季節而異）
世界遺産 櫻花 紅葉 夜間點燈
#石庭 #吾唯足知 #湯豆腐

P.154 金閣寺周邊
晴明神社
●せいめいじんじゃ

¥免費 9:00～17:00
世界遺産 櫻花 紅葉 夜間點燈
#安倍晴明 #五芒星 #消災解厄

P.154 金閣寺周邊
北野天滿宮
●きたのてんまんぐう

¥免費 9:00～17:00
世界遺産 櫻花 紅葉 夜間點燈
#學問之神 #梅花 #天神市集

P.163 鞍馬·貴船
貴船神社
●きふねじんじゃ

¥免費
授與所9:00～17:00（視季節而異）
世界遺産 櫻花 紅葉 夜間點燈
#龍神 #締結良緣 #水占卜

P.163 鞍馬·貴船
鞍馬寺
●くらまでら

¥愛山費300円，靈寶殿200円
9:00～16:15（靈寶殿為～16:00）
世界遺産 櫻花 紅葉 夜間點燈
#能量景點 #天狗 #牛若丸

P.161 宇治
宇治上神社
●うじかみじんじゃ

¥免費 9:00～16:30
世界遺産 櫻花 紅葉 夜間點燈
#兔子 #日本最古老的神社建築

P.160 宇治
平等院
●びょうどういん

¥庭園·鳳翔館600円 8:30～17:30
世界遺産 櫻花 紅葉 夜間點燈
#鳳凰堂 #極樂淨土 #寺院咖啡廳

P.169 醍醐
醍醐寺
●だいごじ

¥三寶院庭園·伽藍1000円（視季節而異）
9:00～17:00（視季節而異）
世界遺産 櫻花 紅葉 夜間點燈
#醍醐賞花 #五重塔 #三寶院

P.167 比叡山
延曆寺
●えんりゃくじ

¥三塔巡禮參拜共通券1000円
8:30～16:30（視季節而異）
世界遺産 櫻花 紅葉 夜間點燈
#封住鬼門 #避暑 #宿坊

P.166 高雄
高山寺
●こうさんじ

¥石水院800円 8:30～17:00
世界遺産 櫻花 紅葉 夜間點燈
#鳥獸人物戲畫 #日本最古老的茶園

P.164 大原
三千院
●さんぜんいん

¥700円 9:00～17:00（視季節而異）
世界遺産 櫻花 紅葉 夜間點燈
#童地藏 #苔庭 #繡球花

# 第1天 隨處皆有美照可拍的
# 清水寺&祇園

以最具人氣的清水寺，以及能夠認識道地京都之美的祇園為中心，是能感受滿滿日本風情的經典行程

逛完參道可順便前往「八坂庚申堂」
➡P.103

## 2天1夜
## 王道經典行程

來到京都有好多不可不去的景點、必做的事、必吃美食……。最經典的2天1夜行程規劃讓你一個也不錯過！

\START/
**10:00 京都站**

**10:30**

從重新整修過的舞台眺望絕美景色

## 造訪清水寺

前往時隔約50年重新鋪設屋頂的茅草，舞台也完成翻新的清水寺參拜吧
➡P.94

想體驗京都的魅力，跟著行程走就對了

**12:00**

在滿溢風情的參道

## 品嘗上等京都午餐

位在參道附近，位置絕佳的「つぶら乃」提供使用當令食材製作，精緻細膩的京都料理
➡P.36

**13:00**

商店林立超好逛

## 參道散步

清水坂、產寧坂、二年坂、八坂通等通往清水寺的參道上有各種販賣伴手禮及外帶美食的店家
➡P.98

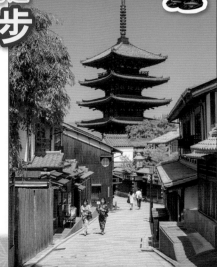

「八坂通」是熱門的拍照景點

從祇園到河原町這帶一路上都很熱鬧！

**14:30**

親身感受花街別具魅力的風情

# 漫步祇園街頭

洋溢京都風情的「花見小路」除了茶屋以外，還有許多甜品店及餐廳

➡P.70

**15:00**

下午茶時間首選

# 日式甜品&抹茶甜點

前往位在花見小路正中間的「ぎおん徳屋」享用柔軟滑嫩的蕨餅與本葛切

➡P.51

**16:00**

祈求神明庇佑

# 走訪最熱門的能量景點

前往安井金比羅宮，鑽過貼滿形代的石碑，得到斬斷惡緣、締結良緣的庇佑

➡P.27・87

**17:00**

在祇園～河原町

# 選購超可愛和風雜貨

挑幾件京都人氣布織品牌「SOU·SOU」的商品帶回家吧

➡P.10

**19:00**

沉浸於迷人的夜晚風情中

# 京都家常菜晚餐

在「京町屋おばんざい こはく」大啖京都人平時在家裡會吃的家常美食

➡P.42

**20:30**

住宿於河原町周邊

氣勢不同凡響！
黃金的
世界遺產

## 第2天

### 不想錯過任何美景！
### 只要1天就能逛完
## 金閣寺&嵐山

這個行程不僅走訪絢爛奢華的金閣寺，還會去到嵐山風光明媚的各大景點，能夠一次滿足你的願望

＼START／
**8:00**
住在河原町附近

**9:00**

### 金光閃閃璀璨炫目
### 沉醉著迷於 金閣寺

如此金碧輝煌的建築豈能錯過！倒映在池中的「逆金閣」也是不可錯過的美景
➡ P.152

好看、好吃、好玩的全都濃縮在這一天！

搭乘懷舊又可愛的
**嵐電**，
移動過程也
別有樂趣

**10:30**

### 在龍安寺
### 靜心觀賞
## 枯山水庭園

透過白砂與15塊石頭表現出禪的世界，細細品味其中蘊含的禪意吧　➡ P.156

搭乘**嵐電**
去**嵐山**

櫻花、紅葉、夜間點燈都是令人讚嘆的美景

**12:00**

### 可少量品嘗到各種美食
## 京都精緻美饌

「五木茶屋」提供的特色套餐能夠一次吃到五種京都風丼飯，是正當紅的人氣美食！
➡ P.111

**13:10**

### 嵐山代表性的
### 絕美景點！
### 四季皆美的
## 渡月橋

橫跨大堰川的渡月橋與四季的不同風貌，交織出嵐山最具代表性的風景
➡ P.108

還能聽到竹葉婆娑交織出的樂曲♡

**13:45**

## 彷彿無限綿延的綠色隧道
## 竹林小徑的夢幻美景！

高聳的竹林幾乎連天空也要遮蔽住，在這夢幻景色中拍照留下紀錄吧
➡ P.109

**13:20**

還提供導覽解說！

## 搭人力車逛觀光景點

在渡月橋旁搭上「EBISUYA 京都嵐山總本店」的人力車出發吧！
➡ P.112

**14:00**

## 在因源氏物語聞名的神社
## 祈求良緣

在位於竹林內的「野宮神社」獻上繪馬，再去撫摸龜石，希望能覓得良緣
➡ P.109・117

**15:45**

## 非常適合搭配和服的
## 最佳拍照景點

\ GOAL /
**17:00** 京都站

以繽紛友禪藝術裝置打造成的「和服森林」是拍照打卡的絕佳選擇
➡ P.112・114

**14:45**

## 一定要去！
## 絕讚美景
## 和風咖啡廳

前往京都府指定文化財的老宅整修而成的「BREAD,ESPRESSO&嵐山庭園」
➡ P.110

外帶美食也超熱門！

\ START /

第2天

| 17:00 | 15:45 | | 14:45 | | 14:00 | | 13:45 | | 13:20 | | 13:10 | | 12:00 | | 10:30 | | 9:00 | | 8:00 |
|---|---|---|---|---|---|---|---|---|---|---|---|---|---|---|---|---|---|---|---|

京都站 ← 嵯峨嵐山 JR嵯峨野線 京都（17分・240円）← 步行10分 和服森林 停留20分 ← 步行5分 嵐山庭園 BREAD,ESPRESSO& 停留45分 ← 步行10分 野宮神社 停留30分 ← 步行即到 竹林小徑 停留15分 ← 人力車15分 EBISUYA 京都嵐山總本店 ← 步行即到 渡月橋 停留10分 ← 步行即到 五木茶屋 停留60分 ← 步行5分 龍安寺 嵐電北野線／嵐山本線 嵐山（30分・220円）← 步行7分 龍安寺 停留60分 ← 市巴士59 竜安寺前（6分・230円）← 金閣寺 停留60分 ← 市巴士205 金閣寺道（37分・230円）← 四条河原町 從河原町附近出發

走到山頂
大約要2小時

## 這些地方也值得一看！
# 超精華半日行程

京都還有許多錯過可惜的景點等你來探索！
善加利用空檔時間也可以規劃出豐富的半日行程。

**京都必訪的超人氣景點**
**伏見稲荷大社 & 京都站周邊**

**10:00**

放眼望去盡是
**朱紅色絕景的**
**千本鳥居**

「伏見稲荷大社」是日本全國稲荷神社的總本宮。現在流行帶著狐狸面具與鳥居合照
➡ P.122

利用旅行頭尾的空檔走一趟吧

**11:30**

走上通天橋飽覽溪谷之美
**景色傲人的東福寺**

從京都著名的賞楓勝地——通天橋眺望的景色，以及4座各具特色的庭園都很有看頭
➡ P.124

伏見稲荷大社以連綿的鳥居及被視為神明使者的狐狸著稱，與四通八達的京都站之間只有數站距離，排在一起逛很方便。

**13:00**

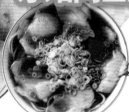

在創始名店品嘗
**京都拉麵**

「新福菜館本店」與「本家第一旭本店」是濃郁醬油系京都拉麵的代表
➡ P.40

**14:00**

在京都站將
**名店美味 &**
**伴手禮**
**一網打盡**

京都站大樓及周邊的地下街、京都塔等區域，有老店、人氣熱門店各種名店進駐，可滿足用餐、買伴手禮等需求
➡ P.131、附錄③、等

| 15:00 | ← | 14:00 | ← | 13:00 | ← | 11:30 | ← | 10:00 | ← | 9:45 |
|---|---|---|---|---|---|---|---|---|---|---|
| 京都站 | 步行即到 | 京都站大樓 | 步行5分 | 新福菜館本店 or 本家第一旭本店 | 步行5分 | 東福寺 | 東福寺 JR・奈良線 京都（2分150円） | 東福寺 | 稲荷 JR・奈良線 東福寺（2分150円） | 伏見稲荷大社 |

（停留60分）

（停留50分）

（停留60分）

稲荷 JR・奈良線 稲荷（5分150円）

（停留60分）

京都站 JR・奈良線 稲荷（5分150円）

START

おたべ
➡ 附錄③P.2

\ GOAL /
**15:00** 京都站

伊藤軒／
SOU・SOU
➡ P.131

FUKUNAGA901
➡ P.57

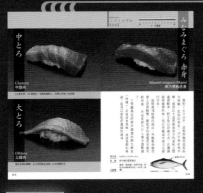

# 近距離接觸京都的大自然

# 銀閣寺‧哲學之道＆下鴨神社

**10:00**

## 在銀閣寺認識
## 日本的侘寂之美 ➡ P.136

「銀閣寺」代表了東山文化的美學意識，典雅氣氛令人沉醉

**11:00**

## 沿著美麗水岸漫步
## 哲學之道

沿路上除了神社寺院，
還有位在古色古香西
式建築內的咖啡廳、懷
舊氣氛的甜品店等
➡ P.134

哲學之道
全長約2公里

這個行程會前往氣氛閒適的哲學
之道，還有在地人推薦適合約會
散心的糺之森、鴨川三角洲等地，
適合喜愛散步的人。

**13:00**

## 隱身於糺之森中的
## 下鴨神社

前往以葵祭聞名的下鴨神社時，可以順道造
訪自繩文時代存續至今的「糺之森」
➡ P.148

**14:15**

悠閒探訪出町一帶 ➡ P.150

在賀茂川與高野川交會
的「鴨川三角洲」放鬆一
下。排隊名店「出町ふた
ば」（P.150）的名代豆餅
堪稱極品

**╲ GOAL ╱**

**15:00** 京都站

**╲ START ╱**

| 15:00 | 14:15 | 13:00 | 11:00 | 10:00 | 9:30 |
|---|---|---|---|---|---|
| 京都站 | 出町周邊 | 下鴨神社 | 哲學之道 | 銀閣寺 | 京都站 |
| | 京都站前（25分‧230円）河原町今出川 市巴士4‧205 | 步行8分 停留60分 | 下鴨神社前（40分‧460円）京都市役所前 市巴士205 步行即到 | 京都站（40分‧230円）銀閣寺道 市巴士32 停留50分 | 17:100 銀閣寺道 市巴士5‧ 停留60分 |

23

於60面紙門描繪出鮮明且充滿生命力的蓮花

鮮豔華麗的用色讓人一眼就愛上

# 寺院之美

日本的寺院自古以來就是先進技術的匯集之地，孕育出眾多文化、藝術。國寶與現代藝術齊聚一堂打造出的極致視覺饗宴，讓人大開眼界。

### 《極樂淨土》

紙門畫作的主題即為寺名「青蓮院」。以淺藍色描繪蓮花的《青之幻想》、青蛙等動物在紫色蓮花旁嬉戲的《生命禮讚》、群青色鮮豔奪目的《極樂淨土》等3幅作品運用了不同色調的藍色作畫。

**─作者是誰？─**
出自以挑戰性及大膽畫風見長，被譽為現代俵屋宗達的木村英輝之手

◆祇園◆
## 青蓮院門跡 ●しょうれんいんもんぜき
青蓮院門跡與皇室有深厚淵源，又被稱為粟田御所。大廣間可欣賞到相阿彌在室町時代打造的美麗庭園，令人印象深刻的三幅蓮花紙門畫作生動綻放於此。
➡P.85　MAP附錄④P.18 D-1

生命禮讚
↑描繪在蓮池畔嬉戲的青蛙、烏龜等小動物

↑玄關處可看到平安時代繪卷屏風

◆醍醐◆
## 隨心院 ●ずいしんいん
隨心院曾是以絕世美女著稱的歌人——小野小町的宅邸，並保留了埋有情書的文塚與化妝井。以鮮豔的粉紅色為基調，描繪在4面紙門上的畫作訴說了小町的一生
➡P.169　MAP附錄④P.27 B-3

↑紙門畫作所在的能之間。庭園景色也有如一幅畫

### 《極彩色梅匂小町繪圖》
透過電腦繪圖以4部曲的方式在紙門上表現小野小町的一生。創作者運用了日本傳統的鮮豔色彩，經過獨自的詮釋打造出這幅作品。

**─作者是誰？─**
以京都為根據地進行創作的藝術家二人組「達摩商店」

以華麗璀璨的色彩描繪小野小町的一生

Kyoto

2023年

療癒身心靈！

寺院神社

貼心提示

到京都市動物園門（→P.140）、フルーツパーラーyaoiso（→P.57）也能看到青蓮院門跡紙門畫作的創作者，別名KY.Yan的木村英輝作品！

## 宇治田原

### 正壽院 ●しょうじゅいん

座落於茶鄉宇治田原，四周空氣澄澈，約有800年歷史的古剎。透過豬目窗望見的四季風情令人印象深刻。豬目窗也被視為能帶來健康、良緣等各種幸福，是著名的人氣景點。

**MAP** 附錄④P.3 A-6
☎0774-88-3601 ⏰9:00～16:30(12月～3月為10:00～16:00) ¥600円（附茶、和菓子） 休視年度例行活動而異（參照官網）所綴喜郡宇治田原町奥山田川上149 交京阪宇治站搭到京阪巴士維中前巴士站，再搭計程車10分，3月中旬～12月中旬的週六、日、假日可從京阪／JR宇治站搭到京阪巴士正寿院口巴士站，下車步行10分 P有

豬目窗 いのめどく

○以心形的「豬目」為意象，據說蘊含消災解厄、祈求幸福之意

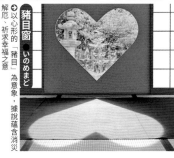

### 天井畫

客殿的天花板上描繪了各種花卉與日本的景物、風情。出自約90位日本畫家之手的這160幅天井畫，也可以視為體現佛教世界的曼荼羅來欣賞。

#### 作者是誰？

約90位書法家及日本畫家等畫出這160幅充滿特色的藝術作品。春夏秋冬的藝妓更是其中亮點

天花板上別有洞天
百花齊放的景象美不勝收

運用傳統的型染技法描繪出壯麗的水面風景

凪 ○鳥羽美花的作品。以黑白兩色呈現的風景與《舟出》形成強烈對比，彷彿可以聽到畫中傳來清風掠過水面的聲音

#### 作者是誰？

在京都進行創作的染色藝術家鳥羽美花，透過日本的傳統素材與型染技巧開創出一片新境界

### 紙門畫《舟出》

以越南的風景為靈感，使用風格強烈的藍色描繪水面的浪花，讓人感受到吹拂過海面的風。畫中空間彷彿無止盡延伸的表現手法隱約透露出禪意。

## 祇園

### 建仁寺 ●けんにんじ

創建於1202年，是京都最古老的禪寺。收藏了國寶風神雷神圖屏風、雲龍圖等歷史名作一直到平成年間的作品都有，擁有眾多稀世珍寶。為枯山水庭園的大雄苑、潮音庭等處也很值得前來觀賞。

➡P.86 **MAP** 附錄④P.17 C-4

○潮音庭的紅葉、青苔及穿插其間的綠意形成美麗構圖

風神雷神圖屏風
○俵屋宗達的傑作。彷彿要躍出畫面般的生動筆觸完美表現了空間感

映入眼簾的庭園如同一幅繪畫傑作

### 額緣庭園

## 大原

### 寶泉院 ●ほうせんいん

以不捨離去之意命名的盤桓園即為代表性的額緣庭園，窗框就像是將美麗景色裱起來的畫框。竹林、五葉松以及借景大原山林所呈現的格局令人讚嘆。

➡P.165 **MAP** 附錄④P.29 B-3

不僅具有紀念價值
藝術性也沒話說

### 御朱印

#### 四條河原町

### 寶藏寺 ●ほうぞうじ

祭祀江戶時代的畫師伊藤若沖及代代伊藤家的寺院。御朱印獨樹一格的骷髏圖案來自於若沖的作品《髑髏圖》，顏色也會隨季節而變，有粉紅色、淺藍色等不同顏色可挑選。

**MAP** 附錄④P.16 A-2
☎075-221-2076 ⏰10:00～16:00(僅御朱印) ¥御朱印費300～500円 休週一（逢假日則翌日休，有臨時公休）通常不開放參觀 所京都市中京区裏寺町通蛸薬師上ル裏寺町587 交阪急京都河原町站步行5分 P無

其他值得一看的美景美物

# 開運景點

測試看看你的運氣如何！

來京都旅行的樂趣之一，就是前往神社寺院參拜。在各個有名的開運景點誠心祈求神明保佑自己能買得良緣，或是提升戀愛運、工作運、財運等各種運勢，為自己充滿幸福能量，相信一定很快就能達成心願！

## ◇清水寺周邊◇
### 地主神社 ●じしゅじんじゃ

位於清水寺內，供奉著名的戀愛之神大國主命為守護神，吸引日本國內外渴望戀愛的女性前來參拜。參拜完本殿後，去占卜一下自己的戀情是否會順利吧。

➡P.97　MAP附錄④P.19 D-5

⬆擁有千年以上的歷史，參拜民眾絡繹不絕的著名神社

戀愛運勢

HOW TO 祈願
閉上眼睛從兩顆石頭的其中一顆出發，若能順利走到另一顆石頭，戀情就能開花結果。占卜一下自己的戀情究竟會如何發展吧

### 參拜行程開始

先前往戀愛占卜石，看看戀情會不會順利吧。據說若能閉眼從其中一顆石頭順利走到10公尺外的另一顆，戀愛方面的心願就會實現

戀愛之神拜託請保佑我！請告訴我戀情是否會順利

往銅鑼中央敲3下後許願。據說餘韻越長越好

位於神社深處的小巧地藏菩薩。許願方式是用水勺舀水淋在佛像上

摸神像不同的部位，得到的福報也不同。摸槌子可得良緣，摸袋可提升財運

最後一站來參拜女性的守護神「托福明神」，據說會幫忙實現任何心願

---

透過神水的加持讓身心都變美

HOW TO 祈願
據說用手沾取幾滴「美容水」擦在皮膚上，身、心都會變美

繪馬 500円
繪馬上畫出了神明的樣貌。獻上繪馬祈求自己變成京都美人吧

希望變美

## ◇祇園◇
### 美御前社 ●うつくしごぜんしゃ

位在八坂神社內，供奉以美麗著稱的女神，庇佑前來參拜的信眾擁有美貌。祇園的藝妓也會造訪此處，有機會近距離看到京都美女。

➡P.84（八坂神社）　MAP附錄④P.18 B-2

用自己喜歡的化妝品幫鏡繪馬畫美美的妝

HOW TO 祈願
用自己的化妝品幫繪馬上的臉化妝，並在背面寫下心願後獻給神明

鏡繪馬 800円
特色十足的繪馬，可用自己的化妝品幫繪馬上的臉化妝

花梨美人水 430円
將據說有美容效果的花梨做成飲料。另外也販售花梨糖

## ◇下鴨◇
### 河合神社 ●かわいじんじゃ

附屬於下鴨神社，相傳為守護女性的神社。用化妝品畫出理想的容貌後獻給神明的鏡繪馬十分熱門。現場也備有蠟筆及色鉛筆，但使用自己的化妝品更能得到加持。

➡P.148　MAP附錄④P.8 D-3

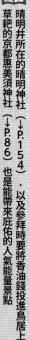

療癒身心靈！

寺院神社

心靈貼示推選

草稏的京都惠美須神社（→P.154）以及參拜時要將香油錢投進鳥居上就能帶來庇佑的人氣能量景點晴明井所在的晴明神社（→P.86）也是能帶來庇佑的人氣能量景點

## 將心中的願望託付給五彩繽紛的束猿

尋求良緣

希望束猿能幫助自己實現願望

還有各種猴子造型的御守

可愛的開運招福三猿（500円）可裝飾在家中

**HOW TO 祈願**
挑選自己喜歡顏色的束猿寫上心願，然後吊掛起來

束猿（500円）的顏色可隨自己的喜好挑選，也可以帶回家

在門上發現三猿

勿言　　勿視
勿聽

### ◇ 清水寺周邊 ◇

## 八坂庚申堂 ●やさかこうしんどう

不僅是能量景點，近來更是女生拍照打卡的熱門地點。創建於平安時代，歷史悠久，是京都人自古以來便相當熟悉的神社。據說能克制住一個願望的話，心願便會實現。
➡ P.103　　**MAP** 附錄④P.17 D-6

### 從頭講解正確參拜方式

❸ 參拜神明
後，依左手、右手的順序手取水漱口。最後再深深一鞠躬。投入香油錢後，以鞠躬兩次、搖鈴、拍鈴

❷ 以手水淨身
將手洗乾淨後，以左手兩次向神明祈禱，

❶ 穿過鳥居
在代表神明領域入口的鳥居前一鞠躬，走在正中間。參道要走在兩側，不要

### ◇ 祇園 ◇

## 安井金比羅宮 ●やすいこんぴらぐう

能夠幫人斬斷惡緣、帶來良緣的神社。除了人際關係以外，也對於戒菸、戒酒等斷絕與物品的關係有效。「緣切緣結石碑」上滿是寫有心願的紙片（形代），十分壯觀。
➡ P.87　　**MAP** 附錄④P.17 C-5

想得到良緣的話，就要先斬斷惡緣！

**斬斷惡緣・締結良緣御守**
800円（2個一組）
斷惡緣與結良緣的2個御守為一對

斬惡緣・結良緣

**HOW TO 祈願**
拿著寫有心願的紙片，從正面鑽過切緣結石碑中間的洞，便能斬斷惡緣，從相反方向鑽的話則能結良緣

黃色福包御守能夠提升財運及運勢

**HOW TO 祈願**
將彩券或新鈔裝進黃色的福包御守（1000円）後，放在高處，就能夠提升財運?!

財運UP

➥閃亮亮的金色鳥居很顯眼

### ◇ 二條城周邊 ◇

## 御金神社 ●みかねじんじゃ

以金光閃閃的黃金鳥居著稱。自古以來被視為保佑礦坑、礦物的神社受到崇敬，由於錢幣也是礦物的一種，因此成為了著名的「財神」，前來祈求提升財運的信徒絡繹不絕。

**MAP** 附錄④P.15 A-1
☎ 075-222-2062　⏰ 自由參觀（授與所為10:00～16:00）　¥ 免費　休 無休　所 京都市中京区西洞院通御池上ル押西洞院町614　🚇 地鐵烏丸御池站步行7分　P 無

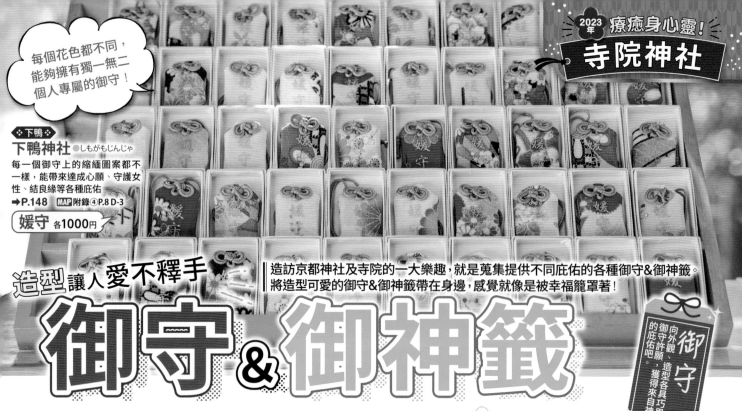

每個花色都不同，能夠擁有獨一無二個人專屬的御守！

**◇下鴨◇**
**下鴨神社** ●しもがもじんじゃ
每一個御守上的縮緬圖案都不一樣，能帶來達成心願、守護女性、結良緣等各種庇佑
➡P.148 MAP附錄④P.8 D-3

**媛守** 各1000円

造型讓人愛不釋手
# 御守 & 御神籤

造訪京都神社及寺院的一大樂趣，就是蒐集提供不同庇佑的各種御守&御神籤。
將造型可愛的御守&御神籤帶在身邊，感覺就像是被幸福籠罩著！

御守
向外觀造型各具巧思的御守許願，獲得來自神明的庇佑吧。

---

**◇清水寺周邊◇**
**八坂庚申堂** ●やさかこうしんどう
每一個都是手工繪製而成，表情形狀各異，挑出自己喜歡的帶回家吧。
➡P.103 MAP附錄④P.17 D-6

保佑雙手能像猴子一般靈巧

**指猿** 各200円

想要一頭美麗的秀髮！

**◇嵐山◇**
**御髮神社** ●みかみじんじゃ
日本唯一一座祈求頭髮健康的神社，也吸引了眾多理髮、美髮師前來參拜。
MAP附錄④P.21 A-3
☎075-882-9771 ⏰自由參觀（社務所10:00～15:00）💴免費 🈺不定休 📍京都市右京区嵯峨小倉山田淵山町10 🚉嵐電嵐山站步行8分 🅿無

**御櫛守** 700円

---

**◇八幡◇**
**三宅八幡宮** ●みやけはちまんぐう
以配色時尚的素燒土偶做為御守。2隻一組，有金色頸圈的是雄鳥。
MAP附錄④P.4 E-1
☎075-781-5003 ⏰自由參觀（社務所9:00～16:00，繪馬展示資料館為9:30～15:00）💴免費（繪馬展示資料館為300円）🈺無休 📍京都市左京区上高野三宅町22 🚉叡電八幡前站步行3分 🅿有

**神鳩** 1700円

以神明使者身分守護兒童的鴿子

希望學業和業績都能蒸蒸日上！

**◇西陣◇**
**晴明神社** ●せいめいじんじゃ
透過結合陰陽與男女的陰陽守，以及提升學業、工作表現的向上守獲得陰陽師的法力加持吧。
➡P.154 MAP附錄④P.22 F-4

**陰陽守、向上守** 各800円

---

**◇四條烏丸◇**
**因幡藥師**（平等寺）●いなばやくし（びょうどうじ）
可愛的鸚鵡（日文音同「in幸」）與文鳥御守象徵疾病會如同小鳥般飛去，保佑無病無災。
MAP附錄④P.13 C-4
☎075-351-7724 ⏰6:00～17:00（御守販賣為9:00～）📍京都市下京区因幡堂町728 🚉地鐵五條站步行5分 🅿無

**無病息災御守**
虎皮鸚鵡（左）、肉桂文鳥文鳥（右）
各500円

在旁溫柔守護，圓滾滾的眼睛可愛極了

造型以金黃色的棣棠花為靈感

**◇松尾◇**
**松尾大社** ●まつのおたいしゃ
以縮緬工藝做出立體造型，鮮豔的金黃色讓人眼睛為之一亮。
➡P.120 MAP附錄④P.26 A-3

**山吹花守** 800円

---

**◇四條河原町◇**
**染殿院** ●そめどのいん
御守上可愛的狗狗圖案十分討喜，能夠帶來幸運及保佑安產。
MAP附錄④P.14 E-4
☎075-221-3648 ⏰10:00～18:00 💴免費 🈺無休 📍京都市中京区新京極通四条上ル中之町562 🚉阪急京都河原町站步行5分 🅿無

**安產子寶御守** 800円

向可愛的狗狗許下心願吧

細膩的蕾絲與透明感讓少女心大爆發♡

**◇下鴨◇**
**下鴨神社** ●しもがもじんじゃ
造型可愛又帶有透明感，能夠增添女性魅力的御守。銀色刺繡會隨著光線變化閃閃發亮。
➡P.148 MAP附錄④P.8 D-3

**蕾絲御守** 2000円

療癒身心靈！

寺院神社

### ◆上賀茂
上賀茂神社 ●かみがもじんじゃ

這裡是日本賽馬的發源地，與馬有深厚的淵源，寫有神諭的御神籤也是牢牢啣在馬兒口中。
➡P.149　**MAP**附錄④P.9 C-1

**馬御神籤 500円**

在賀茂競馬祭典中奔馳的馬匹

### ◆烏丸御池
六角堂（頂法寺）●ろっかくどう（ちょうほうじ）

鴿子帶著御神籤的模樣十分討喜。據說用御神籤將境內的2條六角柳枝綁在一起，便能獲得良緣。
➡P.89　**MAP**附錄④P.15 C-3

**幸福鴿御神籤 500円**

可愛的鴿子為你帶來好運

### ◆祇園
禪居庵 ●ぜんきょあん

供奉保佑開運勝利的摩利支天，同時也因和山豬之間的淵源而著稱。
**MAP**附錄④P.17 B-5
☎075-561-5556　🕒9:00〜17:00　¥免費
休無休　所京都市東山區大和大路通四條下ル4丁目小松町146　🚉京阪祇園四條站步行7分　P無

**山豬御神籤 500円**

圓滾滾的山豬相傳是摩利支天的使者

### ◆金閣寺
平野神社 ●ひらのじんじゃ

平野神社將松鼠視為神明的使者。松鼠用尾巴捲起御神籤的模樣超可愛♡
➡P.154　**MAP**附錄④P.23 C-3

**松鼠的神諭 800円**

松鼠被視為神明的使者

### ◆京都站周邊
市比賣神社 ●いちひめじんじゃ

以守護女性聞名，造型討喜的姬御神籤也表現出了這裡的特色。
**MAP**附錄④P.24 D-1
☎075-361-2775　🕒9:00〜16:30　¥免費
休無休　所京都市下京區河原町通五條下ル一筋目西入本塩竈町593　🚉市巴士河原町五條下車即到　P無

**姬御神籤 900円**

有守護女性的女神加持

### ◆伏見稻荷周邊
荒木神社 ●あらきじんじゃ

狐狸御神籤的狐狸笑咪咪的模樣討喜極了♡身上還描繪與神社有深厚關聯的稻穗圖案。籤文也有英文和中文版。
**MAP**附錄④P.27 C-2
☎075-643-0651　🕒自由參觀（授與所為9:00〜17:00）　¥免費　休無休　所京都市伏見區深草開土口町12-3　🚉JR稻荷站步行10分　P無

**狐狸御神籤 500円**

笑咪咪的狐狸看起來很療癒

### ◆京都御所周邊
菅原院天滿宮神社 ●すがわらいんてんまんぐうじんじゃ

牛被視為菅原道真的使者，因此這裡將御神籤做成了渾圓可愛的神牛造型。
**MAP**附錄④P.9 C-4
☎075-211-4769　🕒7:00〜18:00　¥免費　休無休　所京都市上京區烏丸通下立売下る堀松町408　🚉地鐵丸太町站步行4分　P無

**牛御神籤 500円**

牛與菅原道真有深厚的淵源

### ◆西山
大原野神社 ●おおはらのじんじゃ

供奉奈良春日大社的分靈，將鹿視為神明的使者，也因此是神鹿坐鎮於此，而非狛犬。
**MAP**附錄④P.3 A-4
☎075-331-0014　🕒自由參觀（社務所、授與8:30〜17:00）　¥免費　休無休　所京都市西京區大原野南春日町1152　🚉阪急巴士南春日町下車步行10分　P有（收費）

**神鹿御神籤 700円**

負責傳達神明訊息的神鹿

**貼心提示**

六角堂（頂法寺）及北野天滿宮（→P.154）等京都的神社寺院也有推出文具、小物等各種獨家商品，不妨留意一下。

**兔子御神籤御守 各500円**

御神籤

動物造型的御神籤等各種別具特色的御神籤，讓人看了不禁會心一笑

希望可愛的兔子能夠帶來寶寶！

### ◆岡崎
東天王 岡崎神社 ●ひがしてんのうおかざきじんじゃ

由於兔子是多產的動物，因此被視為安產之神。取出御神籤後可以將兔子留下來帶在身邊當作御守。
➡P.140　**MAP**附錄④P.20 B-3

↑柔和的光線打造出舒適空間

**夏季限定 草莓刨冰**
**1000円**
大量使用向合作農家採購的草莓，可視喜好淋上煉乳調整甜度

**淡抹茶 850円**
淡抹茶搭配季節和菓子是小歇片刻的好選擇

↑靠近入口的一隅擺放著過去使用至今的茶釜。也有販售伴手禮

**鯛魚茶泡飯 1350円**
鯛魚與高湯的好滋味讓人一口接一口。附小菜

造訪位於八坂神社的茶屋
品嘗京都風甜品＆輕食

↑將與老字號料理茶屋「中村樓」相鄰的倉庫改裝成茶屋

**這裡最吸引人**
起源於室町時代起便在表參道上營業，是為人熟知的兩間茶屋之一。室內空間別有洞天，可暫時遠離觀光地的喧囂

**@八坂神社**
**祇園**
## 二軒茶屋 ●にけんちゃや
位於八坂神社正門——南樓門旁，據說過去前往八坂神社參拜的旅人會聚集在此觀看快刀切豆腐的表演。由倉庫改裝而成的空間散發懷舊摩登氣氛，提供各式季節甜品。
**MAP 附錄④P.17 D-4**
☎075-561-0016 ⏰11:00～19:00 休週三
所京都市東山區祇園町 八坂神社鳥居內
市巴士祇園下車步行3分 P無

參拜完畢後順道來坐坐

# 社寺咖啡廳

│參拜完神社或寺院後，就去旁邊的茶屋坐坐，休息一下吧！
│近來還出現了許多現代風的咖啡廳，值得一探究竟♪

---

使用流經神社的神山湧水沖泡出美味咖啡

**這裡最吸引人**
配合神山湧水水質特調的咖啡，都是點餐之後才現場磨豆

↑氣氛完美融入周遭環境的咖啡小鋪

**@上賀茂神社**
**上賀茂**
## 神山湧水珈琲│煎
●こうやまゆうすいこーひーせん
擁有2600多年歷史的上賀茂神社內第一間常設咖啡小鋪。AFG配合流經神社內的御神水「神山湧水」調配咖啡豆，開發出了「神山湧水咖啡」。不妨在參拜完後來杯咖啡休息一下，品嘗現磨咖啡豆的口味與香氣。
**MAP 附錄④P.9 C-1**

**和菓子與咖啡套餐 650円**
附2顆上賀茂神社外的「葵屋やきもち総本鋪」烤麻糬

☎075-781-0011 ⏰10:00～16:00 休無休
所京都市北区上賀茂本山339上賀茂神社內
市巴士上賀茂神社前下車即到 P有

---

**@伏見稻荷大社**
**伏見稻荷周邊**
## 稻荷茶寮 ●いなりさりょう
位在八島池畔，由向伏見稻荷大社進獻茶葉的椿堂所經營。在社群媒體上爆紅的稻荷芭菲中使用了炸稻穗及爆米香，以表現五穀豐饒之意。
**MAP 附錄④P.27 C-2**
☎075-286-3631 ⏰11:00～16:00（LO 15:30）休週三（逢假日則營業）
所京都市伏見区深草藪之内町68 啼鳥菴內 JR稻荷站步行5分 P無

**這裡最吸引人**
彷彿圍繞著八島池的露臺座能欣賞到四季各異的美景

---

在稻荷山下享用超可愛甜點

**稻荷芭菲 1300円**
裝飾在冰淇淋上的紅色小鳥居可愛極了！

品嘗簡單樸實的好味道
白味噌風味令人難忘

**這裡最吸引人**
每一份炙餅都是點餐之後現烤，能吃到熱騰騰的美味！

**炙餅 一人份500円**
白味噌獨特的甜味會讓人上癮。伴手禮為3人份起

@今宮神社
◆大德寺◆
## かざりや
位在今宮神社東門前南側的炙餅店。炙餅是用炭火炙烤過的小麻糬，據說吃了能消災解厄。職人烤麻糬的手法也很值得一看。

MAP附錄④P.22 E-1 ☎075-491-9402 ⏰10:00～17:00 休週三（週三逢1、15日及假日則營業，翌日休，12月16日～12月31日）所京都市北區紫野今宮町96 🚌市巴士今宮神社前下車即到 🅿利用今宮神社計時收費停車場

↑參道兩側有2家炙餅店

@下鴨神社
◆下鴨◆
## さるや
由京都和菓子名店「あずき処・宝泉堂」所經營，在相隔約140年後根據傳說及文獻等重現的申餅是這裡的知名美食。據說申餅從平安時代起就會在祭典時獻給神明。

MAP附錄④P.8 D-3 ☎090-6914-4300 ⏰10:00～16:30 休無休 所京都市左京區下鴨泉川町59 下鴨神社境內 🚌市巴士下鴨神社前下車步行3分 🅿有

在糺之森的綠意當中
享用象徵好兆頭的甜點

**這裡最吸引人**
天氣好時建議坐在室外的座位，糺之森彷彿就圍繞在自己身邊

**申餅（搭配黑豆茶套餐）760円**
製作過程中使用了煮紅豆的水，呈現出被稱為「朱華色」的淺粉紅色

@醍醐寺
◆醍醐◆
## FRENCH CAFE
## Le Clos Sous le cerisier
●フレンチカフェルクロスゥルスリジェ
醍醐寺與IKEA聯手打造的咖啡廳。店內空間開闊，望向窗外可看到靈寶館與枝垂櫻。店名即其所在位置，為法文的「櫻花樹下」之意。

MAP附錄④P.27 B-4 ☎075-571-1321（雨月茶屋）⏰10:00～17:00（LO16:30，有季節性變動）休不定休 所京都市伏見區醍醐東大路町22 醍醐寺靈寶館 🚇地鐵醍醐站步行10分 🅿有

在世界遺產的空間
邂逅北歐文化

**醍醐的石板 770円**
以醍醐寺特製馬卡龍搭配巧克力蛋糕

**這裡最吸引人**
用色活潑的北歐風裝潢讓人心情愉悅，周遭的景色也因此看起來更美麗鮮明

@佛光寺
◆四條烏丸◆
## D&DEPARTMENT
## KYOTO
●ディアンドデパートメントキョウト
提供使用京都產食材製作的午餐及甜品。附設以「LONG LIFE DESIGN」為主題，販售各種日用品的選貨店。

MAP附錄④P.13 C-4 ☎075-343-3215 ⏰11:00～18:00（LO17:00）休週二、三（逢假日則翌日休）所京都市下京區高倉通仏光寺下ル新開町397 本山仏光寺內 🚇地鐵四條站步行8分 🅿無

●佛壇和竹簾等讓人感受到佛寺的氛圍

**京都定食 1500円～**
使用嚴選京都食材製作，每月更換菜色

**雙淇淋餡蜜 900円**
使用了「麩嘉」的生麩、「中村製餡所」的紅豆餡、當令水果及霜淇淋

**這裡最吸引人**
可以看見寺內著名的大銀杏樹。晚秋時節一片金黃的景象美極了！

寺院的茶屋搖身一變成為咖啡廳

青蓮院門跡（→P.85）及三千院（→P.164）等寺院同樣能邊欣賞庭院景色，邊享用和菓子與抹茶，讓心靈沉澱片刻。
貼心提示

## 跟隨庭園導覽員一同探訪
## 明治時期代表性的近代庭園

**如何欣賞**

- 重點 1 找出造景石、顯眼的樹木、背景的山、水池等吸引自己目光的元素
- 重點 2 若從室內欣賞，可將紙門、窗框看作畫框
- 重點 3 燈籠、踏腳石、手水鉢等石頭擺飾具有點綴的作用

# 庭園散步

了解箇中學問 更能體會意境

京都的枯山水、池泉式等各種庭園皆體現了日本特有的美學意識。透過以下介紹認識其中的歷史、美學意識及庭園師的創作理念，更能深刻了解庭園之美。

後方的借景呈現出彷彿自東山綿延相連的空間感

**不可不知 重要關鍵字**

**借景**
將背景的山景化作庭園景觀的一部分

**比擬**
以砂紋表現河水流動、石塊及岩石表現山等，用其他物品模擬出想表現的對象，使呈現方式更具變化

**枯山水庭園**
不使用水，僅以石頭及砂礫表現河川及水流，蘊含了禪宗的哲理與精神

**池泉迴遊式庭園**
庭園以水池為中心，處處展現自然之美，以繞著水池周圍的方式進行觀賞

**重點特色整理**
出自第七代小川治兵衛之手，開闊的空間讓人感受到新時代的序幕。建於1896年。是出於非實用目的而自水路引水至個人宅邸的首例

**近代日本庭園**

| | |
|---|---|
| 形式 | 自然風景式庭園 |
| 時間 | 明治時代 |
| 作庭家 | 第七代小川治兵衛 |

---

靜下心來從書院細細觀賞 如詩如畫的額緣庭園

**唐樣庭園**

| | |
|---|---|
| 形式 | 迴遊式庭園 |
| 時間 | 1641年 |
| 作庭家 | 石川丈山 |

**重點特色整理**
由石川丈山親自打造，巧妙運用了山勢。白砂與修剪成圓形的皋月杜鵑為一大特色

◎書院
精心修剪過的房間欣賞
◎從面向南庭的房間欣賞精心修剪過的皋月杜鵑

**◇◇銀閣寺周邊◇◇**

## 詩仙堂 ●しせんどう

江戶時代的文人石川丈山的草庵，其親自設計的唐樣庭園享有盛名，皋月杜鵑花開的初夏及能欣賞美麗紅葉的秋天更是吸引眾多遊客造訪。
→P.141　MAP附錄④P.8 F-2

---

苔蘚與石板交織出獨樹一格的幾何造型

**方丈庭園**

| | |
|---|---|
| 形式 | 枯山水庭園 |
| 時間 | 1939年 |
| 作庭家 | 重森三玲 |

**重點特色整理**
昭和時代的代表性作庭家重森三玲所打造的北庭。石板與苔蘚呈格子狀排列

◎西庭
月杜鵑
◎修剪成立體格子狀的皋月杜鵑

**◇◇東福寺周邊◇◇**

## 東福寺 ●とうふくじ

創建於室町時代的禪寺，於方丈的四方配置了不同意境的庭園。庭園中可見到現代藝術的創作概念。
→P.124　MAP附錄④P.24 E-4

**療癒身心靈！**

**寺院神社**

在庭園小歇片刻咖啡廳

**飲料與甜點套餐**
各1000円

↑→可從銅鑼燒、俄羅斯餅乾等數種精心製作的甜點中做挑選

**水鏡**
天空及樹木倒映於水面的景象極富情調。高低差的設計表現出了水的流動及聲響

**主屋**
主屋為主人的活動空間。從此處欣賞到的庭園景觀最為優美

❖ 銀閣寺周邊 ❖

## 名勝 無鄰菴 ●めいしょうむりんあん

明治、大正時代的政治人物山縣有朋的別墅。充滿自然之美的庭園以聳立於背後的東山做為主山，並自琵琶湖水路引水，是近代日本庭園的傑作。90分鐘的庭園之旅為週末限定。

MAP 附錄④P.20 B-4
☎075-771-3909 ⏰9:00～18:00(視季節而異，受理至結束前15分鐘，為每小時入場一次的事前預約制)，咖啡廳9:00～17:45 ¥600円 休無休（12月29日～31日）所京都市左京區南禪寺草川町31 地鐵蹴上站步行7分 P無

**週末庭園參觀** 由庭園導覽員介紹如何觀賞庭園
| | |
|---|---|
| 日期 | 每週六、日 |
| 舉辦時間 | 1日1次 11:30～13:00 |
| 費用 | 3300円（含門票、抹茶） |
| 人數 | 1次4人（需預約，依先後順序為準） |

**景石**
擺放在庭園邊緣的大石塊讓庭園更顯寬闊

**三層瀑布**
位於庭園深處，周邊種植了蕨類植物等，充滿自然之美

享譽全球的岩石庭園
伊莉莎白女王也曾讚賞

**石庭**
| | |
|---|---|
| 形式 | 枯山水庭園 |
| 時間 | 不明 |
| 作庭家 | 不明 |

**重點特色整理**
庭園內的15塊石頭無法同時看到，代表追求不可見的頓悟，精益求精的禪心

❖ 金閣寺周邊 ❖

## 龍安寺 ●りょうあんじ

細川勝元於室町時代所創建。方丈南庭僅以15顆石頭搭配白砂，極為簡約，深富禪意。創作者、年代至今仍然成謎。

➡P.156 MAP 附錄④P.23 A-3

**池泉迴遊式庭園**
◐「鏡容池」完成於平安時代，夏季有睡蓮綻放，秋季可賞紅葉，四季皆美

❖ 銀閣寺周邊 ❖

## 銀閣寺 ●ぎんかくじ

由室町幕府第八代將軍足利義政親自下令興建的廣闊庭園。後來打造的銀沙灘及向月台風格有如現代藝術

➡P.136 MAP 附錄④P.20 C-1

**花頭窗**
◐從方丈造型獨特的「花頭窗」望向銀沙灘構成絕美景色

簡直就像當代藝術作品！
令人印象深刻的
**枯山水庭園**

**向月台·銀沙灘**
| | |
|---|---|
| 形式 | 枯山水庭園 |
| 時間 | 室町時代 |
| 作庭家 | 不明 |

**重點特色整理**
方丈前堆疊成條狀及圓錐形的白砂是最著名的景觀。銀沙灘讓人聯想到月光灑落海面的景象

**手織壽司 養…3267円**
擺盤無比華麗。
還搭配了豐富佐料！

在屋齡約80年的町家享用
藝術品般的手織壽司

和食 | Lunch Time 12:00~15:00

在古色古香空間愜意放鬆的京都風用餐體驗

# 町家料理

無論是小庭院裡的花草，或是能夠感受到木頭暖意的室內陳設等，京都的町家處處散發迷人韻味。翻新之後融合現代風，展現出全新美學的店家也值得一訪。

木屋町・先斗町

## AWOMB西木屋町
●アウームにしきやまち　**MAP**附錄④P.12D-4

五彩繽紛的京都家常菜、天麩羅、水果、香草等經過精心擺盤，呈現出藝術品般的美感。食用方式是以香氣撲鼻的海苔，將丹波產越光米與藜麥混合成的醋飯及餡料包起來。「手織壽司 養」可以自由搭配全部都是蔬菜的餡料，吃到獨一無二的原創口味。

☎050-3177-5277　🕐12:00~15:00，17:00~20:00（僅接受網路訂位）
🏠不定休　📍京都市下京区難波町405
🚉京阪清水五條站步行5分　🅿無

↑位於綠意圍繞的巷弄深處。玄關的小徑別具風情

←小庭院很有京都町家的風格，木質裝潢營造出了暖意。有1樓與2樓

---

咖啡廳 | 京都御所

## 本日の
●ほんじつの

由「BREAD,ESPRESSO&」所經營，以現代風翻新町家打造而成的烘焙咖啡廳。從法式火腿三明治早餐到炸牛排三明治、湯品、沙拉午餐等各種餐點都能品嘗到麵包的美味。

☎075-746-2995　🕐9:00~18:00　🏠無休
📍京都市中京区指物屋町371　🚉地鐵丸太町站步行5分　🅿無　**MAP**附錄④P.13B-1

Lunch Time 10:00~17:00

↑位於縱長型的町家建築內。前方為販售麵包的空間
↓吧檯座可以看到店員在眼前調理食物的現場感♪

運用當令食材打造美味餐點
人氣直升的烘焙咖啡廳

悠閒和欣賞座位圈可
景色→ 庭園

**布里歐布蕾芭菲…1400円**
大量使用了當令水果，非常適合拍照打卡

**炸牛排三明治…2400円**
豪邁使用菲力部位做成的招牌美食

---

京都町家 的特色！

**蟲籠窗** むしこまど
為了採光及換氣做在2樓的格子窗，造型有如昆蟲箱

**出格子** でごうし
發揮通風及採光功能的同時，也兼具保護隱私的作用

**鍾馗** しょうき
在中國皇帝夢中現身的辟邪之神。註冊商標是鬍鬚及劍

在町家外觀的義式餐館也能享用
手工義大利麵與葡萄酒

↑店內也設有下嵌式座位

（Lunch Time）
11:30～14:30

義式料理

緻白色門簾+紅色牆壁堅配十分優雅 →

### il pozzo ●イルポッツォ

一條城周邊

使用新鮮海產、來自丹波龜岡的當令蔬菜、嚴選肉類製作的正統義式料理相當受歡迎。推薦午餐共有3種套餐（1000円～），並可選擇深受好評的手工義大利麵。

☎075-257-8282　⏰11:30～14:30、17:30～22:00　休週一（逢假日則翌日休）　所京都市中京區西洞院通三條下ル柳水町77-2　🚌市巴士堀川三條下車步行4分　P無
MAP附錄④P.15A-3

推薦午餐
pranzoB… 2200円

包括9道開胃菜、義大利麵、佛卡夏、甜點拼盤、咖啡的套餐

造訪花街的町家
品嘗手作家常菜定食

↑1樓與2樓有和式座位，可在此吃早餐、午餐、喝咖啡

咖啡廳

（Lunch Time）
12:00～14:30

祇園

### 町家カフェろじうさぎ

●まちやカフェろじうさぎ

店面位於宮川町屋齡約100年的町家建築內，可欣賞庭園景色並享用手作餐點。每天變換菜色的「ろじう膳」午餐主菜為魚或肉，並附大量使用蔬菜的京都風家常菜。京都早餐（950円）十分熱門，建議事先預約。

☎075-551-0463　⏰8:00～11:00、12:00～17:00（LO為打烊前30分）　休不定休　所京都市東山區下柳町176（宮川町歌舞練場上ル一筋目東入ル）　🚌京阪祇園四條站步行5分　P無
MAP附錄④P.17B-5

↑展現四季風情的陳設裝飾及修整過的庭院，展現了京都的待客之道

ろじう膳… 1250円

每天變換菜色。圖中主菜為炸雞塊

（Lunch Time）
11:30～15:00

中華

河原町周邊

### 雪梅花 菜根譚蛸藥師

●しぇいめほぁさいこんたんたこやくし

店面位於屋齡100年的町家，玄關擺放著爐灶，幾乎保留了最初的風貌。提供中式家常料理，1樓後方的和室及能看到中庭的茶室等空間都讓人感受到居家氣息。向契約農家採購的京都蔬菜等各種嚴選蔬菜美味極了。

☎075-254-1472　⏰11:30～15:00、17:00～22:00（LO為打烊前60分）　休週一　所京都市中京區井筒屋町417　🚌市巴士四條高倉下車步行5分　P無
MAP附錄④P.14D-3

↑玄關的爐灶目前仍在使用！不時冒出熱騰騰的蒸氣

↑中國風裝潢讓老屋呈現出異國風情

在古色古香的京都老宅
邂逅正統中式料理

↑由店員親自進行裝修，盡可能保留屋齡120年町家原本的特色

鹹派盤… 950円～

鹹派外皮酥脆，餡料豐富，附沙拉與湯

品嘗鹹派悠閒享受
靜謐的京都時光

↑小巧的庭院及挑高的土間等展現了町家特有的恬靜氣息

（Lunch Time）
11:00～16:00
（僅平日）

咖啡廳

河原町周邊

### cafe marble 佛光寺店

●カフェマーブルぶっこうじてん

完美融入佛光寺一帶街景的咖啡廳。帶有奶油香氣的鹹派、使用堅果及果乾製成的各種塔類等口味樸實的餐點全都值得品嘗。晚上則提供各式下酒菜及酒類。

☎075-634-6033　⏰11:00～21:00（週日為～20:00，LO為打烊前30分）　休每月最後週三　所京都市下京區佛光寺通高倉東入ル西前町378　🚇地鐵四條站或阪急烏丸站步行5分　P無
MAP附錄④P.13C-4

雪梅花便當… 2000円

包括蒸、炸料理等6道菜及湯、白飯的套餐。附杏仁豆腐為2200円

# 精緻小口佳餚

可以一次吃到多種美味

從華麗的手鞠壽司到裝在小碟裡的家常菜，各種迷你尺寸的京都美食讓人目不暇給。還有特別配合藝妓櫻桃小嘴精心設計的特色料理！

**使用嚴選健康食材做成一口大的手鞠壽司**

**手鞠壽司14貫套餐…2100円**
使用魚及蔬菜等當令材料，帶來變化多端的滋味。每一種食材都搭配了適合的佐料

↳入口處融合西洋與和風元素，很有時尚感

➋3款品茗套餐
（附猜謎遊戲）
1800円

↳處處都能感受到傳統之美的和風摩登空間

烏丸御池

## 手鞠鮨と日本茶 宗田
●てまりずしとにほんちゃそうでん

能享用到每一杯都是細心沖泡的日本茶及造型賞心悅目的手鞠壽司。使用有益身體的嚴選食材製作而成。
☎075-585-5995 ⏱11:00～16:00（LO 15:00）休不定休 所京都市中京区新町通三条上ル町頭町110-1 地地鐵烏丸御池站步行6分 P無 MAP附錄④P.15 B-2

（午餐 Time）
11:00～16:00

清水寺周邊

## つぶら乃
●つぶらの

將屋齡約100年的建築改裝成數寄屋樣式的餐廳，一心專注於日本料理的主廚，帶來的日本風味料理及和束產宇治茶製作的甜品。推薦美食是京都風情滿分的京之繪皿便當。
☎075-741-8248 ⏱11:30～19:00（晚餐打烊22:00）※視預約狀況而變動 休不定休 所京都市東山区八坂上町368-1-8 巴士巴士清水道下車步行7分 P無 MAP附錄④P.19 B-4

（午餐 Time）
11:30～14:30

**美味家常料理彷彿帶人遊歷了京都各地**

**京之繪皿便當…3500円**
（需最晚2天前預約）
包括了五種本日開胃菜、時令燉煮料理等。附抹茶及手工蕨餅

↳店面就在八坂塔旁，晚餐提供和食全餐料理（全預約制）

也有桌席

↳除了開適自在的和式座位，

↳與京燒的窯廠合作打造的小碟

**先了解這兩件事！**

**京都料理** 及 **和食** 小教室

### 什麼是京都料理？
以身為日本料理根基的懷石為基礎，完美融合京都食材與師傅的技術、情感所孕育出的料理。特色為口味清淡，著重呈現食材的滋味。

### 該注意哪些禮儀？
為了避免干擾到料理細膩的風味，不要擦氣味濃烈的香水。另外，即使夏天也要穿襪子或絲襪，以免弄髒榻榻米。用餐後不需將餐具疊放在一起，避免造成餐具損傷。

心提示：除了午餐，居樣／IZAMA早餐時段的家常菜自助百匯也很熱門。晚餐則提供涮涮鍋套餐及御膳料理

**當令家常菜與京都名產的饗宴**

**九種家常菜…1850円**
（價格視季節而異）
除了使用老字號豆腐店「平野屋」的平野豆腐等京都名產，還附當令家常菜及蕎麥麵線

## 居樣／IZAMA

●いざま

四條烏丸

每一道料理都是悉心製作而成，細膩精緻。藉由高湯的鮮味帶出食材本身的好滋味。

☎075-251-2500　🕐早餐6:30～10:00（LO9:30），午餐11:30～14:00（LO13:30），晚餐17:30～22:00（LO食物21:00，飲品21:30）　休無休　所京都市中京区新町通六角下ル六角町361番 三井ガーデンホテル京都新町 別邸　🚇地鐵四條站／阪急烏丸站步行6分　Ｐ無
MAP附錄④P.15 B-3

↑出自建築師永山祐子之手的極簡和風摩登空間

↑散發充滿京都特色的傳統氣息，門簾十分醒目

**裝在美麗的津輕玻璃器皿中讓京都家常菜更顯可口**

（午餐 Time）
11:00～16:30(LO)

**雅御膳…1650円**
以鮮豔的玻璃器皿裝盛12種蔬食家常菜的套餐。附豆皮丼與味噌湯

## 京菜味のむら錦店

●きょうさいみのむらにしきてん

錦市場

店面為屋齡超過80年的町屋改裝而成，能在此品嘗使用大量蔬菜的京都家常菜。料理裝在五彩繽紛的器皿中，帶來味覺及視覺的雙重饗宴。招牌美食豆皮丼溫順的滋味獨具一格。

☎075-252-0831　🕐8:00～17:00（LO16:30）　休無休　所京都市中京区麩屋町通錦小路下ル桝屋町513　🚇阪急京都河原町站即到　Ｐ無
MAP附錄④P.14 D-4

↑也有晨間限定的餐點，是早餐的好選擇

↓開胃菜、湯品、炸物等搭配成的套餐

↑位於歌舞練習場前，周遭洋溢道地京都風情

↑各種醃漬蔬菜琳瑯滿目

## 漬け野菜isoism

●つけやさいイソイズム

京都站周邊

使用自家農園及契約農家剛採收的蔬菜，以味噌、葡萄酒、油等各種方式醃漬做成醬菜，感覺像是在吃沙拉。

☎075-353-5016　🕐11:30～15:00、17:00～23:00　休不定休　所京都市下京区七条通烏丸西入中居町114　🚇各線京都站步行5分　Ｐ無
MAP附錄④P.25 C-2

（午餐 Time）
11:30～15:00
（兩時段）

**水嫩爽脆的新鮮蔬菜做成全新風格醬菜**

**isoism午餐…1800円**
能一次品嘗到12種醬菜，附當令什錦炊飯與蔬菜濃湯

→2樓座位採光良好，空間開闊

**精緻小巧的一口壽司宛如一顆顆閃亮寶石**

**豆壽司膳…4800円**
融入現代感的摩登風迷你壽司。除了海鮮，還使用了醬菜等獨特的壽司料

## 祇をん豆寅

●ぎをんまめとら

祇園

為了方便藝妓將食物送入櫻桃小口中所構思出的一口壽司很受女性喜愛，能吃到融合了傳統與創新的獨特口味。

☎075-532-3955　🕐11:30～14:00（LO）、17:00～21:00（LO）　休無休　所京都市東山区祇園町南側570-235　🚇京阪祇園四條站步行8分　Ｐ無
MAP附錄④P.17 C-4

（午餐 Time）
11:30～15:00

高雅滋味擄獲藝妓的心

# 中華料理

←午間中華餐盒 1400円
集結了各式經典菜色

青椒炒牛肉絲…1800円
以牛蒡絲取代竹筍，不論是香氣
或口感，仍然非常美味

↑東坡肉
1900円
請搭配饅頭一
同享用

不使用辛香料的溫和風味
能吃到滿滿時令蔬菜的四川料理

這就是
受歡迎的原因

繽紛蔬菜
能吃到蔬菜的鮮味以
及清淡高雅的鹹味。
色彩豐富的當令蔬
菜賞心悅目

重口味的中華料理到了
京都也變得清淡爽口。
來看看有那些最受藝妓
青睞的京都風中華料理
名店吧。

高雅八寶菜…1500円
不使用肉類，以時令蔬菜及豆
腐等食材炒出清爽滋味，看了
讓人食指大動

## 大有學問
### 京都風中華料理的特色

**盡量不使用大蒜**
為了讓身上不能沾附到氣味的藝妓也能放心
享用，京都風中華料理避免使用大蒜及香辛
料，以改用薑等方式讓料理即使少了大蒜也
依舊美味。

**美味關鍵在於毫不馬虎的準備工作**
為了在開店時呈現最完美的味道，每天一早
就開始熬湯或是親自製作春捲皮等各種費工
的事前準備，造就了京都特有的細膩滋味。

**口味淡雅百吃不膩**
京都風中華料理口味清爽溫和，吃起來就像
是日本料理。因此就算很晚才吃，味道也不
會殘留到隔天，許多熟客都是每天光顧。爽
口的餘韻也是受人喜愛的祕訣之一。

京都
御所
周邊

## マダム紅蘭
●マダムこうらん

鄰近京都御所，由屋齡90年的
數寄屋樣式建築改裝而成的中
菜餐廳。在以辛辣聞名的四川
料理基礎上，幾乎不使用香辛
料，充分發揮食材本身的特
色。

☎075-212-8090　🕚11:00～
14:30（LO14:00）、
17:00～21:30（LO21:00）
休週一（逢假日則翌日休）
🏠京都市中京区下御靈前町
631-2　🚃京阪新宮丸太町
站步行5分　🅿無
MAP 附錄④ P.12 D-1

↓2樓和式座位的欄間及床之間充滿日式風
情

↑位於丸太町通上，為
數寄屋樣式的町家建築

**貼心提示**
清爽淡雅的京都風中華料理吃起來絕對不會沒味道。每一道菜都十分注重預先享煮食材等用心、細膩的準備工作

**在舊日茶屋建築 品嘗美味廣東料理**

這就是 **受歡迎的原因**
**糖醋風味**
氣味強烈的物品在花街不受歡迎，咕咾肉沒有使用洋蔥及青椒

春捲…880円
皮先煎過之後才包進食材，接著再下鍋炸。酥脆外皮與竹筍爽脆的口感非常搭

### 糸仙 ●いとせん
〔北野天滿宮〕
店面位在京都最古老的花街——上七軒，過去原本是茶屋。從高雅柔和的滋味感受到對料理下了許多功夫，讓人得以大飽口福。
☎075-463-8172 MAP附錄④P.22 D-3
⌚17:30～21:00（LO20:30）休週二、第3週三 所京都市上京区今出川通七本松西入ル真盛町729-16 市巴士上七軒下車步行5分 P無

↪和式座位的朱紅色圓桌很有京都風格，店內陳設十分用心
→除了和式座位，也有自在的吧檯座
→店面位在小巷內，外觀完美融入花街的氣氛之中

### 竹香 ●たけか
〔祇園〕
位於祇園新橋畔的廣東料理餐廳。1966年創業以來便深受藝妓及祇園人的喜愛。口味溫順，適合各個年齡層。
☎075-561-1209 ⌚17:00～21:00（LO20:20）休週二 所京都市東山区新橋通花見小路西入ル橋本町390 京阪祇園四條站步行5分 P無 MAP附錄④P.16 C-2

**每一道菜都細膩別緻 吃得出用心所在**

這就是 **受歡迎的原因**
**甜醋**
將「孝太郎の酢」的米醋煮至沒有酸味製作成甘甜醬汁

甜醋肉丸…1100円
將牛豬混合絞肉絞過兩次再行油炸，並裹上光澤誘人的醬汁

→店名是由祇園著名藝妓竹香而來，店內還保留了她當時使用的髮簪等

炸春捲…1650円
以柔軟蛋皮捲起豬肉、竹筍、蔥的傳統好滋味

**一路走來始終不變的 樸實好味道深受京都人喜愛**

這就是 **受歡迎的原因**
**一口大小美食**
切成即使是櫻桃小口也能一口吃下的大小

→這棟西班牙巴洛克式建築保留了創業之初的樣貌

### 東華菜館 ●とうかさいかん
〔木屋町・先斗町〕
在建於1926年的懷舊風西洋建築品嘗傳統北京料理。每層樓的陳設都不相同，讓人想多造訪幾次一探究竟。
☎075-221-1147 ⌚11:30～21:30（LO21:00）休無休 所京都市下京区四条大橋西詰 阪急京都河原町站即到 P無 MAP附錄④P.16 B-3

→現存日本最古老的手動式升降梯

這就是 **受歡迎的原因**
**宛如白雪**
鬆軟滑嫩的蛋白看起來美極了，請與蛋黃一起拌勻享用

**完美融合和風元素 別出心裁的中華料理**

→使用和風食材的和牛牛五花炒山葵1760円

蟹肉蛋白泡雪煮…1540円
能吃到大塊蟹肉的招牌餐點。正因為其單純樸實，更能顯現出其高雅

→巧妙運用町家空間營造出懷舊風格，可在此悠閒用餐

### 中華ひさご ●ちゅうかひさご
〔四條烏丸〕
店面原本位於先斗町，搬遷之後呈現出現代風。以華麗的日式器皿裝盛使用自製蔥油烹調的料理，很受女性喜愛。
☎075-361-0135 MAP附錄④P.13 C-4
⌚17:30～22:30（LO22:00）休週日（逢3連休則營業，翌日週一休）所京都市下京区堺町仏光寺東前町402 地鐵四條站步行5分 P無

**鰹魚高湯與味噌 打造出和風煎餃**

### ぎょうざ処 亮昌 ●ぎょうざどころすけまさ
〔京都站周邊〕
堅持使用京都的優質豬肉及九條蔥等地產地消的食材。完美表現了素材風味的和風煎餃深受在地人好評。
☎075-746-4561 ⌚11:00～23:00 休無休 所京都市下京区烏丸通七条下ル東塩小路町721-1 京都塔 サンド B1 各線京都站即到 P無 MAP附錄④P.25 C-2
→附米飯、味噌湯、醬菜的煎餃定食A 840円

**搭配特製味噌醬 讓人一口接一口**

### ぎょうざ歩兵 ●ぎょうざほへい
〔祇園〕
煎餃專賣店。除了以酥脆的極薄外皮包住豬肉、白菜、高麗菜等餡料的煎餃外，副餐也深受好評。
☎075-533-7133 ⌚18:00～翌1:00（LO24:30）休週日、假日 所京都市東山区清本町373-3 京阪祇園四條站步行5分 P無 MAP附錄④P.16 C-3

→以薑取代大蒜的生薑煎餃480円

激戰區京都的煎餃專賣店也很厲害！

**4** 京都優質豬鰹魚拉麵 附溏心蛋…1100円
混合了數種最高級柴魚以低溫慢煮淬取出鮮味，造就清澈的魚介湯頭

超推薦 京都好味道！
**和風佐料**
可品嘗0.01mm的超薄柴魚片、柚子皮、山藥泥昆布等佐料帶來的口味變化。溏心蛋也是極品！

超推薦 京都好味道！
**香料**
除了綜合印度香料、胡椒、辣椒粉外，還有京都人最愛的山椒。山椒與香氣誘人的配料、清爽湯頭很對味

牛蒡麵搭配自選湯頭、配料 打造你的專屬口味

香醇湯頭展現豐富層次 洗鍊風格令人讚賞

# ＆拉麵

在京都吃到的烏龍麵及拉麵，湯頭及配料當然也都是京都風。造訪在地人也愛去的人氣名店，來碗充滿京都特色的麵吧。

淡麗內臟拉麵 加溏心蛋…1000円
配料包括了炭火炙烤的小番茄、白蔥等，前所未有的創新口味深受喜愛 **1**

**京都拉麵學問大**
京都拉麵的主流為雞架湯頭，除此之外還有混合豚骨及魚介的清湯系、背脂系、熬煮得香醇濃稠的白湯系等群雄割據。和風湯頭人氣也正上升中。

醬油拉麵的一方霸主 味道果然沒話說

超推薦 京都好味道！
**醬油**
使用京都老店濃口醬油做成的醬油醬汁是一大賣點。口味清爽的湯頭襯托了食材本身的美味

濃郁程度超乎想像 連湯匙都能立起來！

品嘗嚴選素材的好味道 早上來一碗也沒問題

超推薦 京都好味道！
**九條蔥**
九條蔥為京都指定傳統蔬菜，葉子內側的黏液帶有甜味，爽脆＆柔軟的口感令人喜愛

超推薦 京都好味道！
**濃郁雞架湯頭**
京都的濃郁系拉麵目前的主流是以雞架為基底。耗費12年打造出的湯頭就是『濃郁雞架湯頭』的先驅

雞濁…800円
大塊叉燒及筍乾極具口感，給人的印象不輸濃郁湯頭 **5**

特製拉麵…900円
叉燒為普通拉麵的2倍，非常有飽足感 **3**

中華拉麵（中）…750円
湯頭顏色雖深，但其實口味溫和且餘韻悠長。搭配九條蔥味道更棒 **2**

---

**5** 麵屋 極鶏
●めんやごっけい
引發熱烈討論的濃郁湯頭其實比想像中清爽，喝得到滿滿的雞湯鮮味。搭配嚼勁十足的麵條吃起來有如培根蛋黃義大利麵，也很適合女性享用。
☎075-711-3133
🕚11:30～22:00（湯頭用完打烊） 休週一
所京都市左京区一乗寺西閉川原町29-7
🚃叡電一乗寺站步行8分
🅿無
**MAP**附録④P.8 E-2

修學院・一乗寺

**4** 麵屋 猪一 離れ
●めんやいのいちはなれ
連續三年獲得米其林必比登推介。100%魚介高湯的湯頭完美結合混合數種小麥的自製麵條，打造出自豪才吃得到的極品拉麵。搭配0.01mm的超薄柴魚片可為口味增添變化。
☎075-351-6321
🕚11:00～14:30，17:30～21:00（LO21:00）（湯頭用完打烊） 休無休
所京都市下京区泉正寺町463 ルネ丸高1F
🚃地鐵四條站／阪急烏丸站步行7分
🅿無
**MAP**附録④P.13 C-4

四條烏丸

**3** 本家第一旭本店
●ほんけだいいちあさひほんてん
以清爽的醬油系湯頭搭配混合數種嚴選小麥製成的麵條、使用國產豬做的叉燒、九條蔥等，打造出自豪的好味道。是早餐想吃拉麵時的好選擇。
☎075-351-6321
🕚6:00～翌1:00
休週四
所京都市下京区高倉通塩小路下ル東塩小路向畑町845
🚃各線京都站步行5分
🅿有
**MAP**附録④P.24 D-2

京都站周邊

**2** 新福菜館本店
●しんぷくさいかんほんてん
要排隊才吃得到的老字號拉麵店。著名的深色湯頭是豬肉與雞架湯頭混合祕傳醬油醬汁而成。叉燒切片也是口感軟嫩，充滿鮮味。
☎075-371-7648
🕚9:00～20:00
休週三
所京都市下京区東塩小路向畑町569
🚃各線京都站步行5分
🅿有
**MAP**附録④P.24 D-2

京都站周邊

**1** 名前、看板はございません
●なまえかんばんはございません
這間沒有名字也沒有招牌的拉麵店，體現了極致的簡約精神。湯頭有雞、魚介、醬油3種，也可選擇濃度。混合了牛蒡製成的麵條口感Q彈，也是一大特色。
🕚11:30～14:50，18:00～21:50（週六日、假日為～20:50）
休12月31日～1月3日
所京都市中京区木屋町三条上ル二筋目西入ル恵比寿町534-31 CEO木屋町ビルB1
🚃地鐵三條京阪站／京阪三條站步行5分
🅿無
**MAP**附録④P.16 A-1

木屋町・先斗町

**心貼示提**

京都有些烏龍麵的名稱與其他地方不一樣。「桌袱」（しっぽく）則是將桌袱的高湯換成勾芡指的是放了魚板、香菇等眾多配料的烏龍麵，「能平」（のっぺい）則是將桌袱的高湯換成勾芡

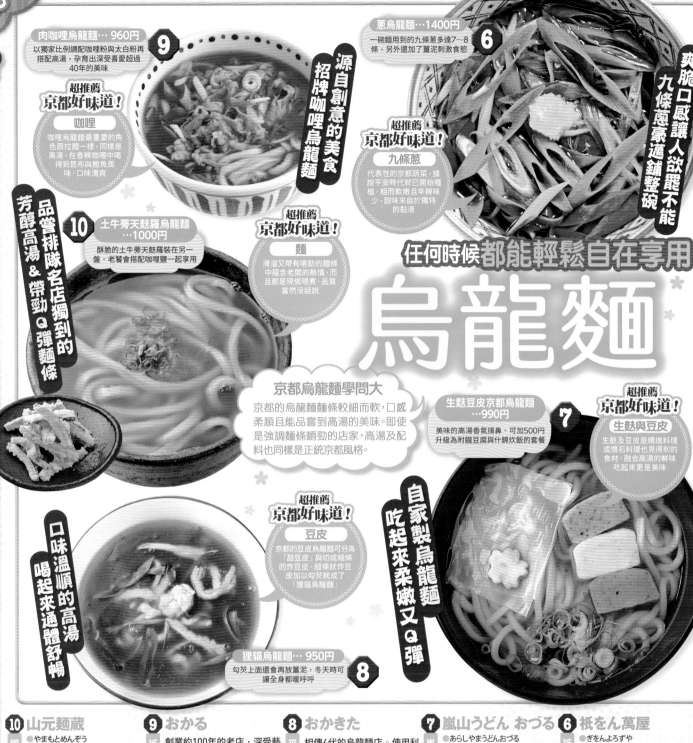

肉咖哩烏龍麵… 960円

以獨家比例調配咖哩粉與太白粉再搭配高湯，孕育出深受喜愛超過40年的美味

**9**

超推薦
京都好味道！
咖哩

咖哩烏龍麵最重要的角色跟拉麵一樣，同樣是高湯。在香辣咖哩中喝得到昆布與鰹魚風味，口味清爽

源自創意的美食
招牌咖哩烏龍麵

蔥烏龍麵…1400円

一碗麵用到的九條蔥多達7～8條，另外還加了薑泥刺激食慾

**6**

超推薦
京都好味道！
九條蔥

代表性的京都蔬菜，據說平安時代就已開始種植。粗而軟嫩且辛辣味少，甜味來自於獨特的黏液

爽脆口感讓人欲罷不能
九條蔥豪邁鋪整碗

品嘗排隊名店獨到的
芳醇高湯＆帶勁Q彈麵條

土牛蒡天麩羅烏龍麵…1000円

**10**

酥脆的土牛蒡天麩羅裝在另一盤。老饕會搭配咖哩鹽一起享用

超推薦
京都好味道！
麵

滑溜又帶有嚼勁的麵條中蘊含老闆的熱情，而且都是現做現煮，品質當然沒話說

任何時候都能輕鬆自在享用

# 烏龍麵

京都烏龍麵學問大

京都的烏龍麵麵條較細而軟，口感柔順且能品嘗到高湯的美味。即使是強調麵條嚼勁的店家，高湯及配料也同樣是正統京都風格。

生麩豆皮京都烏龍麵…990円

美味的高湯香氣撲鼻。可加500円升級為附朧豆腐與什錦炊飯的套餐

**7**

超推薦
京都好味道！
生麩與豆皮

生麩及豆皮是精進料理或懷石料理也見得到的食材。融合高湯的鮮味吃起來更是美味

口味溫順的高湯
喝起來通體舒暢

超推薦
京都好味道！
豆皮

京都的豆皮烏龍麵可分為「甜豆皮」與切成細條的「炸豆皮」。細條狀豆皮加以勾芡就成了「狸貓烏龍麵」

自家製烏龍麵
吃起來柔嫩又Q彈

狸貓烏龍麵…950円

**8**

勾芡上面還會再放薑泥，冬天時可讓全身都暖呼呼

---

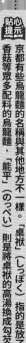

**10 山元麵蔵**

●やまもとめんぞう

銀閣寺周邊

混合國產小麥並確實在揉麵之後進行熟成，製作出富有彈性的麵條。彈牙滑順的麵條與芳醇高湯、佐料經過精心搭配，相互襯托出絕佳滋味。

☎075-751-0677 🕚11:00～18:00（週三為～14:30）休週四、第4週三（逢假日則翌日休）所京都市左京區岡崎南御所町34所市巴士岡崎公園動物園前下車即到P無
**MAP** 附錄④P.20 A-3

**9 おかる**

●祇園

創業約100年的老店，深受藝妓喜愛。著名美食咖哩烏龍麵濃稠的湯汁中帶有咖哩的鮮味，十分美味。配料除了肉以外還有起司、炸豬排，咖哩冷麵在夏天也很受歡迎。

☎075-541-1001 🕚11:00～15:00，17:00～翌2:30（LO），週五、週六為～翌3:00（LO），週日晚間是否營業需洽詢休週日不定休所京都市東山區八坂新地富永町132所京阪祇園四條站步行3分P無
**MAP** 附錄④P.16 C-3

**8 おかきた**

●平安神宮周邊

相傳4代的烏龍麵店。使用利尻昆布煮成的高湯為代代單傳，口味深受好評。狸貓烏龍麵使用吸飽高湯的細條狀炸豆皮淋上勾芡，是值得一試的京都美食。

☎075-771-4831 🕚11:00～18:00休週二、三所京都市左京區岡崎南御所町34所市巴士岡崎公園動物園前下車即到P無
**MAP** 附錄④P.20 A-3

**7 嵐山うどん おづる**

●あらしやまうどんおづる

嵐山

吃起來有嚼勁的同時，又柔軟好入口的自製麵條為最大賣點。使用沙丁脂眼鯡、鮭魚、鯖魚柴魚片煮成的高湯風味出眾，搭配烏龍沾麵等充滿原創性風味的烏龍麵也很對味。

☎075-881-5514 🕚11:00～20:00休無休所京都市右京區嵯峨天龍寺芒ノ馬場町22-4所嵐電嵐山站步行5分P無
**MAP** 附錄④P.21 C-3

**6 祇をん萬屋**

●ぎをんよろずや

祇園

位在祇園的巷弄內，藝妓及歌舞伎演員也愛光顧。放了滿滿九條蔥的「蔥烏龍麵」是招牌美食，可以吃到蔥從爽脆到軟嫩的獨特口感變化。

☎075-551-3409 🕚12:00～15:00，17:30～19:00（週日、假日為～16:00，LO為打烊前30分）休不定休所京都市東山區花見小路通四條下ル二筋目西入ル小松町555-1所京阪祇園四條站步行5分P無
**MAP** 附錄④P.17 C-4

2023年 每一種都想品嘗!

# 京都美食

# 家常小菜

## 吃得到溫度的京都美食

既然來到了京都，不妨試一試在地的傳統家常料理。造訪特色鮮明的小店，品嘗最道地的京都庶民美味吧。

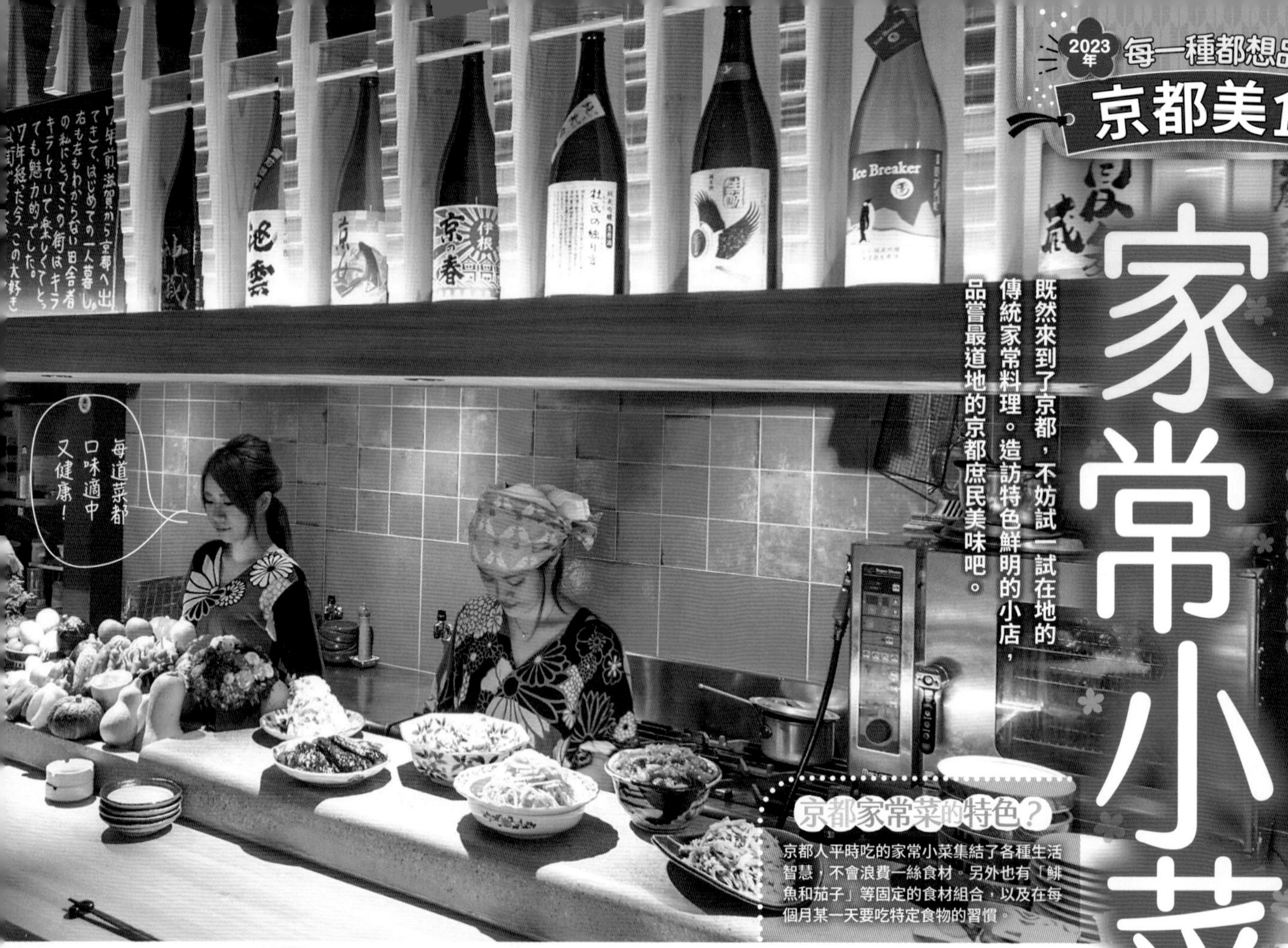

每道菜都口味適中又健康!

**京都家常菜的特色?**

京都人平時吃的家常小菜集結了各種生活智慧，不會浪費一絲食材。另外也有「鯡魚和茄子」等固定的食材組合，以及在每個月某一天要吃特定食物的習慣。

## 燉煮料理

**精心製作的燉煮料理 美味深入全身每個角落**

受歡迎的祕密 **高湯**

以味噌為基底，每天增補續煮的高湯、酒也很對味!

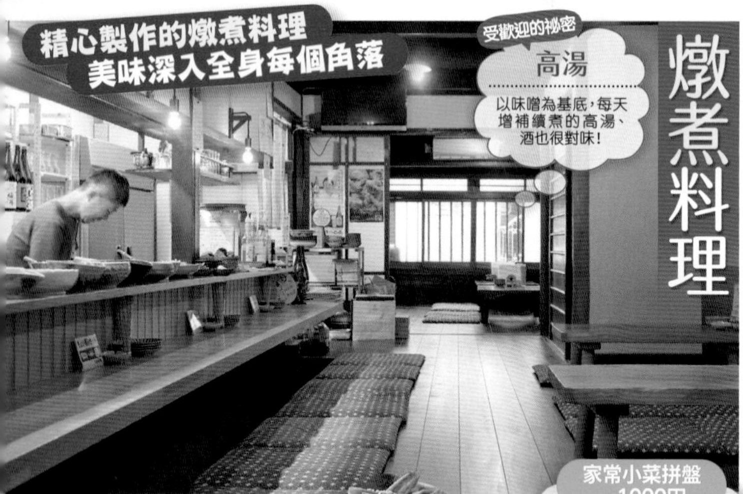

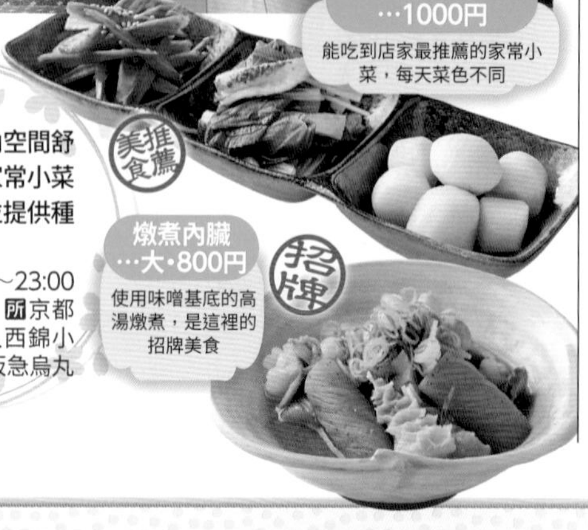

**家常小菜拼盤…1000円**

能吃到店家最推薦的常小菜，每天菜色不同

美推食薦

**燉煮內臟…大・800円**

使用味噌基底的高湯燉煮，是這裡的招牌美食

招牌

四條烏丸

### にこみや岳

●にこみやがく

完整保留了町家氣氛，店內空間舒適宜人。每天變換菜色的家常小菜及燉煮內臟為人氣美食，並提供種類豐富的關東煮及下酒菜。

✆075-256-1080 L18:00～23:00（LO22:00） 休不定休 所京都市中京区錦小路通新町西入西錦小路町264 交地鐵四條站／阪急烏丸站步行5分 P無

MAP 附錄④P.15 B-4

## 京都蔬菜

受歡迎的祕密 **京都產**

除了在地蔬菜外，生麩等食材也是向京都的老店採購

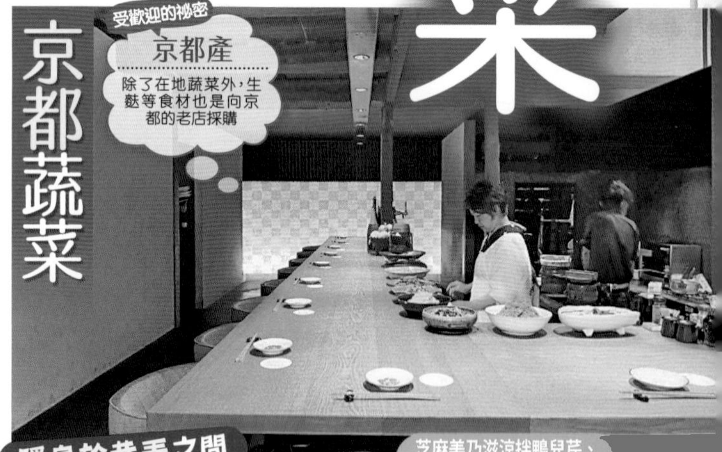

**隱身於巷弄之間 選用時令蔬菜帶來好滋味**

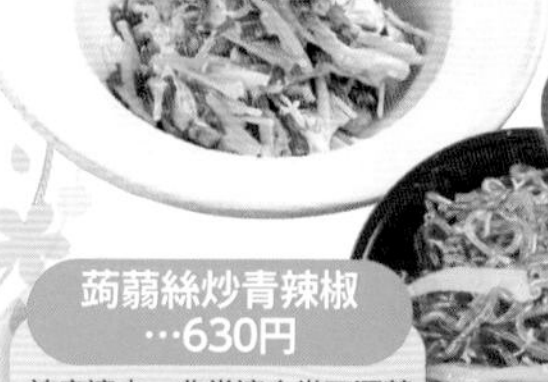

**芝麻美乃滋涼拌鴨兒芹、鯡魚卵、魩仔魚…650円**

鯡魚卵的口感與芝麻美乃滋的溫順滋味很對味

招牌

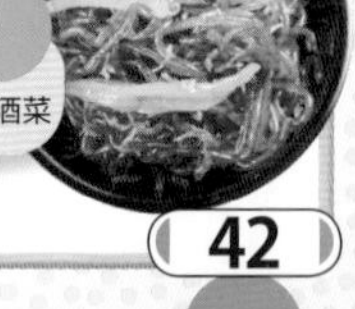

美推食薦

**蒟蒻絲炒青辣椒…630円**

辣度適中，非常適合當下酒菜

四條烏丸

### お数家 いしかわ

●おかずやいしかわ

以京都蔬菜為主要食材，由老闆娘精心製作的家常菜極受歡迎。店面為町家改裝而成，給人一種像是回到老家般的安心感。

✆075-344-3440 L17:00～21:00 休不定休 所京都市下京区高倉通四条下ル高材木町221-2 交地鐵四條站／阪急烏丸站步行5分 P無

MAP 附錄④P.15 C-4

# 在地酒&季節酒

招牌

芥末醋味噌涼拌
九條蔥…540円
醋味噌中吃得到些許芥末味，有提味的作用

緋魚煮茄子
…600円
在不靠海的京都自古以來就是一道深受喜愛的家常菜

## 味道連行家也說讚
## 店家的用心隨處可見

受歡迎的祕密
### 日本酒
隨時準備超過20款。除了京都在地酒，還有店長私房推薦款！

### 京町家おばんざい こはく
木屋町・先斗町
●きょうまちやおばんざいこはく
提供豆皮、生麩等京都食材及滿滿京都蔬菜做成的家常小菜。可搭配16款京都在地酒及日本酒愛好者嚴選的4款當令酒一同享用。

☎075-252-6555　🕐17:00～24:00（用餐LO23:00，飲品LO23:30）
休不定休　所京都市中京区河原町通三条下ル三丁目東入南車屋町282-2　🚃阪急京都河原町站步行4分　P無　MAP附錄④P.16 A-2

↑保留町家特色的同時，翻修為日式摩登風格
→店內有吧檯座、和式座位、桌席，滿足不同需求

---

# 創意家常小菜
木屋町・先斗町

## 老闆娘的親切笑容與
## 手作料理營造出溫馨氣氛

受歡迎的祕密
### 各式創意佳餚
美味的祕訣是高湯及白味噌等京都特有的食材

蒜油拌羅勒麩與溫熱蔬菜…880円
以西餐手法呈現能代表京都特色的生麩

美捷食薦

### あおい
由熱愛料理的老闆娘經營的小店。除了經典菜色，也有使用和風食材做成的鹹派等各種獨家創意料理。

☎075-252-5649　🕐17:00～23:00（LO22:00）
休週一、週日，假日不定休　所京都市中京区材木町181-2 ニュー京都ビル1F奧　🚃地鐵三條京阪站／京阪三條站步行5分
P無
MAP附錄④P.16 A-1

豆皮切片…880円
以山葵搭配吃得到大豆風味的豆皮

老闆

心提示
獨自一人造訪這些店家的話建議坐吧檯座。可以邊用餐邊和老闆聊天，感受京都流的待客之道

---

# 日本酒食堂
烏丸御池

## 愛喝日本酒的人必訪！
## 各式下酒菜讓人大快朵頤

受歡迎的祕密
### 日本酒
提供各種特色酒款，甚至能喝到市面上少見、出自新生代酒藏的酒。也可選擇無限暢飲

明太子拌雞胸軟骨…450円
微辣的爽脆軟骨非常下酒

美捷食薦

招牌

### にほん酒屋しずく
烏丸御池
●にほんしゅやしずく
專為日本酒而生的食堂，精心製作各種襯托美酒滋味的菜餚。隨時提供10種左右適合當下酒的本日家常菜。

☎075-231-6078　🕐11:30～14:00（售完打烊），16:00～24:00（週六日、假日為15:00～）　休不定休（午餐為週六、週日休）　所京都市中京区高倉通二条下ル瓦町540　🚃地鐵烏丸御池站步行7分　P無　MAP附錄④P.15 C-1

醬油醃雞肝…600円
口感軟嫩無腥臭味，濃郁的滋味會讓人上癮

四季皆美的庭園景色近在眼前
湯豆腐宴席料理也更顯美味

**Nice 美景配美食**
用餐時可欣賞近代庭園始祖——第七代小川治兵衛打造的池泉迴遊式庭園

↑湯豆腐可搭配醬油醬汁或勾芡醬汁一起享用

↑露臺座視野開闊，眼前就是日本庭園

## 優美的京都景色就該搭配

# 湯豆腐

決定豆腐美味的關鍵是大豆的品質及優質好水。來到以名水著稱的京都，當然要找機會品嘗口感滑嫩的湯豆腐，感受典雅風情。

### 南禅寺参道 菊水
●なんぜんじさんどうきくすい

＜銀閣寺周邊＞

可一面欣賞近代庭園始祖——第七代小川治兵衛打造的美麗池泉迴遊式庭園，一面悠閒用餐。除了日式宴席料理，也提供將食材滋味發揮到極致的洋食餐點。

☎075-771-4101　⏰11:30～14:00、14:30～17:00、17:30～20:00　休無休　所京都市左京区南禅寺福地町31　地鐵蹴上站步行7分　P有
MAP 附錄④P.20 B-4

預算【午】4180円～【晚】13200円～（服務費另計）
需預約　可刷卡　共152席

**南禅寺名物 湯豆腐宴席 …5500円**
午餐時段的宴席料理共7道菜，包括2種湯豆腐。收尾是以土鍋炊煮「八代目儀兵衛」的米飯

### 南禅寺 順正
●なんぜんじじゅんせい

＜銀閣寺周邊＞

南禅寺門前的名店，過去是江戶時代醫學校的建築與庭園。使用國產大豆製成的豆腐香醇可口，吃得到甘甜的豐富滋味。美麗的庭園及建築也很有看頭。

☎075-761-2311　⏰11:00～21:30（LO20:00，會席之LO為19:30）　休不定休　所京都市左京区南禅寺門前　地鐵蹴上站步行6分　P無
MAP 附錄④P.20 B-4

預算【午】3300円～【晚】3300円～
需預約　可刷卡　共300席

**Nice 美景配美食**
擁有廣闊的池泉迴遊式庭園，登錄文化財順正書院也位於此，是散步的好所在

享用完美味豆腐
再去庭園散步吧

**湯豆腐（月）全餐 … 4400円**
使用利尻昆布高湯炊煮出的豆腐，單單搭配醬油醬汁便很美味。另附味噌田樂豆腐及蔬菜天麩羅等

### 嵐山 熊彦
●あらしやまくまひこ

＜嵐山周邊＞

提供寬敞舒適的桌席及包廂，能在此品嘗到森嘉的嵯峨豆腐與承襲自京都料理名店「たん熊北店」的季節料理。毫不吝惜地使用當令食材，每道餐點都細膩優美。

☎075-861-0004　⏰11:30～14:30、17:00～19:00　休週二、三，不定休　所京都市右京区嵯峨天龍寺芒ノ馬場町5-1　嵐電嵐山站步行5分　P有
MAP 附錄④P.21 B-4

預算【午】5500円～【晚】11000円～
需預約（僅晚餐）　可刷卡　共80席

時令京都料理與
溪谷美景堪稱絕配

**Nice 美景配美食**
可將四季變化多姿的嵐山景色盡收眼底。往來於大堰川上的屋形船也別具風情

**湯豆腐宴席 … 5500円**
湯豆腐口感滑嫩，來自老字號豆腐店森嘉，並搭配了時令京都蔬菜

---

告訴你！
# 京都×豆腐 的美味關係

### 美味的祕密在於「水」
豆腐約有80％是水。京都自古以來就以優質的地下水著稱，又因為是礦物質含量少的軟水，所以沒有特殊味道，最適合用於帶出大豆的風味。

### 至今仍會沿街叫賣
豆腐是京都餐桌上不可或缺的菜色。在某些歷史悠久的區域，還會有豆腐店老闆親自拉著車或開小貨車來賣。當聽到擴音器傳來「豆腐～豆腐～」的叫賣聲，就知道豆腐來了。

黏稠&滑順口感吃了會上癮
# 豆皮也不可錯過！

將豆乳加熱時表面形成的薄膜撈起，便是生豆皮。淋上滑溜勾芡醬汁做成的丼飯充滿京都特色，也是午餐的好選擇。

剛做好的豆皮與獨家高湯可說是天作之合

↑位在通往清水寺的五條坂上

京都豆皮飯…1430円
香醇高湯襯托出了腐皮的柔和風味。附冷豆皮、醬菜、紅味噌湯

## ゆば泉 ●ゆばせん

清水寺周邊

能吃到以嚴選國產大豆為原料，在店面2樓的工房做出來的腐皮。剛做好的腐皮帶著獨有的滑順滋味與濃郁香氣，來此認識這項京都料理不可或缺的傳統食材之魅力所在吧。

✆075-541-8000　⏰11:00～14:30（有季節性變動）
休不定休　所京都市東山区五条橋東6-583-113　🚍市巴士五条坂下車步行5分　P無
MAP附錄④P.19 B-5

在充滿京都風情的茶屋悠閒自在品嘗傳統好滋味

豆皮丼…1050円
生豆皮煮過之後再以葛粉勾芡。加在丼飯上面的薑為口味帶來變化

↑印有和服圖案的玻璃窗等裝潢設計，精心營造出日式風情

## とようけ茶屋 ●とようけちゃや

北野天滿宮周邊

1897年創業的老字號豆腐店經營的豆腐餐廳，能以實惠的價格吃到總店剛做好的豆腐。將豆腐燉煮成甜鹹口味的「豐受丼」等創意美食也值得一試。

✆075-462-3662　⏰11:00～14:00（販售為10:00～17:30）　休週四（逢25日則營業），每月2次不定休
所京都市上京区今出川通御前西入ル紙屋川町822
🚍市巴士北野天満宮前下車即到　P無
MAP附錄④P.22 D-4

---

先斗町・木屋町

## 豆水楼 木屋町店
●とうすいろうきやまちてん

✆075-251-1600
⏰11:30～14:00（LO）、17:00～20:00（LO）
休不定休　所京都市中京区木屋町通三条上ル上大阪町517-3　🚍地鐵京都市役所前站步行5分　P無
MAP附錄④P.14 F-2

店面位於小巷內，為大正時代的茶屋改裝而來。使用國產大豆及天然鹽滷製作，且不去除水分做成的朧豆腐為本店招牌美食，綿柔口感深受喜愛。

預算【午】4000円～【晚】5500円～　需預約　可刷卡　共55席

### 置身大正時代的町家
### 享用朧豆腐懷石饗宴

高瀬川…5775円
知名美食朧豆腐與紅豆生麩等一同放在木桶裡加熱，湯豆腐還可續碗真是太棒了

**Nice** 美景配美食
朝向鴨川畔，可眺望東山景色，夏天時還有納涼床（需預約）

### 優美庭園景色與
### 美味豆腐令人讚賞

清水寺周邊

## 総本家ゆどうふ 奥丹 清水
●そうほんけゆどうふおくたんきよみず

可一面欣賞600坪庭園的美景，一面品嘗由地下室的工房精心製作，風味絕佳的手工豆腐。純古法製作，口感稍硬、鮮味濃郁的古早味豆腐也值得一試。

✆075-525-2051　⏰11:00～16:30（週六日、假日為～17:30，LO為打烊前30分）　休週四（逢假日則營業，有補休）　所京都市東山区清水3-340　🚍市巴士清水道下車步行5分
P無　MAP附錄④P.19 C-4

預算【午】3300円～　需預約　可刷卡　共120席

經典豆腐套餐…3300円
將剛做好的滑順豆腐煮成湯豆腐，還能吃到味噌田樂豆腐、芝麻豆腐等

**Nice** 美景配美食
望出窗外便是庭園，四季景色皆美，小溪的流水聲成為了悅耳的背景音樂

---

貼心提示

許多人都是因為吃了京都的豆腐，才察覺到豆腐的美味及其深奧之處。吃湯豆腐時，建議第一口先不要沾任何調味料

秉持真心誠意
帶來精緻一飯一湯

用豐盛早餐迎接美好的一天!

# 特色早餐

（早餐 Time）
7:30～14:50

## 朝食喜心 kyoto
祇園
ちょうしょくきしんキョウト

遵循媽媽的味道，提供日式早餐的早餐專賣店。可從3種使用當令食材的湯品中選出自己喜歡的口味。

☎075-525-8500　🕐7:30～8:50、9:00～
10:20、10:30～11:50、12:00～13:20、13:30
～14:50（各1小時20分，需預約）　休週四
所京都市東山区小松町555　🚉京阪祇園四條站
步行3分　P無　MAP附錄④P.17 C-4

⬆坐在吧檯座期待餐點上桌
也是一種樂趣

喜心早餐… 2750円
附汲上豆皮及沙丁脂眼鯡魚乾的道地日式早餐。每一種食材都經過仔細挑選及調理，精心呈現出極致美味

←配合預約時段使用土鍋炊煮的米飯備受好評

京都的早餐選擇非常豐富，從使用京都食材的日式定食，到老字號咖啡廳的晨間套餐等，應有盡有。稍微早起一點，吃頓美味的早餐為一天揭開序幕吧♪

## 六角kitchen109
烏丸御池
●ろっかくキッチンいちまるきゅう

以「隨時都能吃到熱騰騰的飯」為理念，早、午、晚全天提供定食。每天都會變換配菜的內容，令人期待不已。

☎075-746-4401　🕐8:00～11:00
（LO10:30，僅週六日、假日），11:30
～15:00（LO14:30），17:30～21:30
（LO21:00）　休週三　所京都市中京
区烏丸六角西入ル骨屋町150-2　🚉地
鐵烏丸御池站／阪急烏丸站步行5分
P無　MAP附錄④P.15 B-3

充滿京都風情的
美味家常菜定食

（早餐 Time）
8:00～11:00

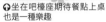

⬆店內有中庭，古董家具營造出穩重氣息

京都早餐… 1408円
除了2種家常小菜，還附烤魚及剛做好的玉子燒。另外還提供配飯的佐料
※早餐建議預約

⬆配飯的山椒魩仔魚、明太子、佃煮等佐料都是老闆所嚴選

## INODA COFFEE本店
烏丸御池
●イノダコーヒほんてん
京都代表性的老牌咖啡廳，許多常客每天都會來光顧。使用法蘭絨濾布沖泡的重焙特調咖啡自創業以來口味始終不變。

☎075-221-0507　🕐7:00～18:00　休無休　所京都市中京区堺町通三条下ル道祐町140　🚇地鐵烏丸御池站步行10分　🅿有
MAP附錄④P.14 D-2

（早餐 Time）
7:00～11:00

↪大器的懷舊風裝潢營造出高級感

### 精心選用各式京都食材 打造日本傳統飲食文化饗宴

（早餐 Time）
6:30～10:30

朝御膳 紫雲
…2000円
使用了約10種時令蔬菜的僧伽菜飯、開胃菜、甜點等，湯品可從2款中做挑選

## 僧伽小野 京都浄教寺
河原町
●さんがおのきょうとじょうきょうじ
位在與寺院共存的飯店內。使用各式各樣蔬菜帶來經典料理到特色美食等琳瑯滿目的餐點，口味、烹調手法也各不相同，擺滿整桌的碗盤讓人目不暇給。

☎075-708-8868　🕐6:30～20:30　休無休　所京都市下京区寺町通四条下ル貞安前之町620 三井ガーデンホテル京都河原町2F　🚇阪急京都河原町站即到　🅿無
MAP附錄④P.14 E-4

↪福岡名店「僧伽小野 一秀庵」首間福岡縣外的分店

### 深受在地人喜愛的 正統西式早餐

京都早餐…1600円
內容有炒蛋、蔬菜沙拉、火腿、可頌麵包等，分量十足的經典組合

## LORIMER KYOTO
京都站周邊
●ロリマーきょうと
在紐約經營日本料理餐廳的老闆推出的早餐專賣店，提供以地產地消為理念的新鮮魚類料理，吸引了眾多在地人及國內外觀光客前來品嘗。

☎075-366-5787　🕐8:00～16:00（LO15:30）（週六日、假日為7:30～）　休無休　所京都市下京区橋詰町143　🚇地鐵五條站步行5分　🅿無
MAP附錄④P.25 C-1

（早餐 Time）
8:00～14:00

### 來自紐約布魯克林的 新型態日本料理令人驚艷

↑採購每個時節品質最優異的食材悉心烹調

一湯三菜…1600円
主菜可以從當天的菜單選擇自己喜歡的，種類有西京燒、幽庵燒等等

### 一份早餐可享用2杯飲料

## IKARIYA COFFEE KYOTO
河原町
●イカリヤコーヒーキョウト
使用山科的「丸善麵包」吐司搭配「都製餡」紅豆泥做成紅豆泥奶油吐司。除了沙拉、飲料，還附一杯外帶飲料。

☎075-585-5495　🕐9:00～18:00　休週一　所京都市下京区綾小路通麩屋町西入ル塩屋町75　🚇阪急京都河原町站步行3分　🅿無　MAP附錄④P.14 D-4

早餐 Time 9:00～11:00

京都紅豆泥奶油吐司…704円

### 美味京都蔬菜任你吃

## 都野菜 賀茂 烏丸店
四條烏丸
●みやこやさいかもからすまてん
使用直接向京都農家採購，早晨新鮮現採的在地蔬菜做的家常菜與沙拉可以吃到飽。並有粥、麵包、麵類，附無酒精飲料。

☎075-351-2732（15:00～18:00）　🕐8:00～9:15（LO）、10:30～15:30（LO）、17:00～21:30（LO）　休無休　所京都市下京区東洞院通綾小路下ル扇酒屋町276　🚇地鐵四條站/阪急烏丸站即到　🅿無　MAP附錄④P.15 C-4

早餐 Time 8:00～10:00（入店為～9:00）

早餐…550円
※7:00起發放號碼牌，限額40人

### 不到700円！ 花小錢也能吃到美味早餐
花在早餐上的預算沒那麼多，但又不想吃得太隨便的話，一樣有超值又美味的選擇。

貼心提示
早起吃了早餐後，可以順便去附近的寺院或神社走走。LORIMER KYOTO附近有東本願寺；INODA COFFEE本店則靠近六角堂

# 抹茶甜點

## 京都甜點的絕對王者

若提到京都最具代表性的甜點，肯定就是抹茶甜點了。從和菓子到蛋糕、芭菲，盡情品嘗每一種抹茶口味的甜點吧！

**A 季節蒙布朗**
550円
秋天的代表性甜點，鮮豔的抹茶奶油裝飾美極了。與澀皮栗及栗子奶油的結合度堪稱完美

內層是填滿抹茶杏仁奶油餡的蛋糕體與栗子奶油！

穿上宇治茶色的外衣 美麗動人的和風蒙布朗

華麗的抹茶芭菲 搖身一變成為冰棒♡

源自甜點師創意的黑抹茶可可

**C 黑抹茶可可**
1496円
可以品嘗到可可結合宇治抹茶而成的黑抹茶芭菲。冰淇淋與黑抹茶奶油等日本與西洋元素在這杯芭菲中完美融合在一起

下午茶就來份使用了最高級抹茶的奢華套餐

**D 抹茶饗宴**
1300円
內容有冰淇淋、巴伐利亞果凍、瑞士捲及冷茶的甜點組合，能夠一次吃到多種美味

---

**D 清水寺周邊**

### 京都・東山茶寮
● きょうとひがしやまさりょう

老家就在經營茶園的老闆為了讓更多人認識道地抹茶的美味，因此開了這家甜品店。使用嚴選素材，融合日本與西洋元素的點心值得一試。
☎075-532-0873 🕐11:00～17:00 休週三 所京都市東山區五条橋東4-448 交京阪清水五條站步行7分 P無
**MAP**附錄④P.24 E-1

**C 京都站周邊**

### Patisserie & Café Del'Immo KYOTO
● パティスリーアンドカフェデリーもきょうと

東京人氣巧克力咖啡廳推出的京都限定黑抹茶，引起一陣熱烈討論。咖啡廳提供搭配了各種和風素材製作出的甜點，可以盡情品嘗一番。
☎075-746-5300 🕐10:00～22:00（LO21:00，週六日、假日8:00～）休不定休 所京都市下京区烏丸塩小路下ル東塩小路町 JR京都伊勢丹 JR西口剪票口前 Eat Paradise 交各線京都站即出 P有
**MAP**附錄④P.25 C-2

**B 宇治**

### 伊藤久右衛門 本店・茶房
● いとうきゅうえもんほんてんさぼう

從江戶時代經營至今的茶屋。隨季節推出不同口味的抹茶芭菲是人氣甜點，還能自由添加石臼磨的抹茶一同品嘗。
☎0774-23-3955 🕐10:00～18:30 休無休 所京都府宇治市菟道荒槇19-3 交京阪宇治站步行5分 P有
**MAP**附錄④P.28 B-3

**A 宇治**

### 辻利兵衛本店 茶寮
● つじりへえほんてんさりょう

江戶時代創業的茶葉批發商所經營的咖啡廳。摩登風格的店面前身是屋齡100餘年的製茶場，提供精心製作的抹茶甜點。
☎0774-29-9021 🕐10:00～18:00(LO17:00) 休週二 所宇治市宇治若森41 交JR宇治站（北口）步行5分 P有
**MAP**附錄④P.28 A-4

**B 宇治抹茶芭菲冰棒**
各540円～
茶房的人氣甜點抹茶芭菲變成了冰棒！有抹茶、草莓、蒙布朗等5種口味。

**絕不可錯過！**

**必吃甜點**

貼心提示
京都之所以有眾多高水準的抹茶甜點，是因為過去千利休在此集茶道之大成，使京都得以發展出興盛的茶道文化。用心體會其中的精髓吧

就算排隊也要吃到！
抹茶芭菲中的超級巨星

---

茶凍的滑溜口感妙不可言
齒頰留香

### E 生茶凍（抹茶）

**990円**

茶凍是以石臼磨的抹茶製成，與濃郁的抹茶冰淇淋、甜度適中的紅豆泥簡直是絕配，一同譜出名為美味的樂章

使用了2種抹茶的
獨特泡沫慕斯刨冰

---

### H 泡沫慕斯風宇治抹茶冰

**1150円**

使用大量高級抹茶製成的泡沫慕斯口感輕盈，帶有清爽苦味，餘韻令人回味再三

---

七種濃度隨你挑選
挑戰全世界最濃的抹茶

---

使用知名老店抹茶
裝在檜木盒裡的人氣甜點

檜木盒裡裝了滿滿的香濃奶油♡

---

### G 特選都路里芭菲

**1441円**

宇治茶口味的長崎蛋糕、茶凍、鮮奶油等組成的抹茶饗宴。能一次吃到多種口味的奢華甜點

---

### F 抹茶義式冰淇淋

**單球370円～**

從No.1～No.7，有七種不同濃度的抹茶冰淇淋可選擇。三条店僅使用在宇治栽種的茶葉

---

### I 宇治抹茶提拉米蘇

**649円**

宇治茶老店「森半」的抹茶搭配濃郁馬斯卡彭起司帶來絕妙風味。滑順口感讓人欲罷不能

---

### I 清水寺周邊

## MACCHA HOUSE 抹茶館
## 京都産寧坂店

まっちゃはうすきょうとさんねいざかてん

於亞洲各國展店的抹茶專賣店。店內有庭院及露臺座，可置身寬敞的空間享用甜點。

☎075-532-5630 ⏰9:00～20:00（LO19:30，有季節性變動）休無休 所京都市東山区清水3丁目337 🚌市巴士清水道下車步行7分 Ｐ無
MAP附錄④P.19 C-5

---

### H 清水寺周邊

## 茶匠 清水一芳園
## 京都本店

ちゃしょうしみずいっぽうえんきょうとほんてん

茶葉批發商直營的咖啡廳，能吃到使用紅豆、阿波和三盆糖等高品質素材製作的甜點。抹茶芭菲及飲品也很受歡迎。

☎075-202-7964 ⏰11:00～17:00（LO16:30）休週一（逢假日則翌日休）所京都市東山区本瓦町665 🚃京阪七條站步行10分 Ｐ無
MAP附錄④P.24 E-2

---

### G 祇園

## 茶寮都路里
## 祇園本店

さりょうつじりぎおんほんてん

宇治茶老店「祇園辻利」旗下的甜品店。除了提供餡蜜冰等各式甜點，也能吃到茶葉蕎麥麵等輕食。

☎075-561-2257 ⏰10:00～21:00（LO20:00），週六日・假日為10:00～21:00（LO19:30）休無休 所京都市東山区祇園町南側573-3 2・3F 🚃京阪祇園四條站步行5分 Ｐ無
MAP附錄④P.16 C-3

---

### F 烏丸御池

## ななや
## 京都三条店

ななやきょうとさんじょうてん

靜岡茶葉品牌「丸七製茶」所經營的抹茶甜點專賣店。100%使用優質宇治抹茶的義式冰淇淋是在店內附設工房以手工製作而成。

☎075-251-7780 ⏰10:00～18:00（第1週二（逢假日則營業）所京都市中京区柳馬場通三条上ル油屋町92-1 🚇地鐵烏丸御池站步行9分 Ｐ無
MAP附錄④P.14 D-2

---

### E 宇治

## 中村藤吉本店
## 宇治本店

なかむらとうきちほんてんうじほんてん

店面為老字號製茶工廠改裝而成，飄溢著獨特氣氛。提供抹茶糰子、巧克力、長崎蛋糕等品項豐富的甜點。

☎0774-22-7800 ⏰10:00～17:00（LO16:30，視季節而異）休不定休 所宇治市宇治壱番10 🚉JR宇治站步行3分 Ｐ有
MAP附錄④P.28 A-4

可以同時吃到
各式各樣的甜品!

**花點心**
950円
※抹茶＋450円
集結了御手洗糰子、該店
招牌商品紅豆花束等,
能夠品嘗到老店的
歷史

紅豆、葛切、
寒天…♥

和風甜品

處處皆有美味和菓子的京都,是糰子及紅豆愛好者夢寐以求的天堂。從古早味甜品到新潮和菓子,各種使用和風素材做成的暖心甜點,絕對能滿足你的味蕾。

---

市役所周邊

## 梅園 三条寺町店
●うめぞのさんじょうてらまちてん

知名老字號甜品茶屋「梅園」的姐妹店。除了古早味甜品,還能吃到包了焦糖餡的銅鑼燒「紅豆花束」。

☎075-211-1235 ⏰10:30～19:30(LO19:00) 休無休 所京都市中京区天性寺前町526 地鐵京都市役所前站步行5分 P無

MAP 附錄④P.14 E-2

↑黑糖蜜風味餡蜜950円上還放了蕨餅

↺從食堂改裝而成,懷舊摩登風外觀別具特色

---

祇園

## 鍵善良房 四条本店
●かぎぜんよしふさしじょうほんてん

深受造訪祇園的文人墨客及茶屋熟客喜愛,自江戶時代延續至今的和菓子老店。可在喫茶室品嘗現做的甜品。

☎075-561-1818 ⏰10:00～LO16:45 休週一(逢假日則翌日休) 所京都市東山区祇園町北側264 京阪祇園四條站步行5分 P無

MAP 附錄④P.16 C-3

享譽花街的經典甜品
極品葛切

**葛切**
1200円
葛切僅使用吉野本葛製作,請搭配特製黑糖蜜一同享用吧。滑順入喉的口感及彈力妙不可言

↺位在四條通,門口的門簾與招牌「くずきり」很顯眼

絕不可錯過！

**必吃甜點**

以西式風格重新詮釋
傳統古早味點心

**生tubara**
(2個)與飲料套餐
**1155円**
以Q彈餅皮包住口味溫順馬斯卡彭起司×白豆沙餡所做成的烘焙點心。與紅茶及咖啡都很搭

### 西陣 tubara cafe
●ツバラカフェ
📞075-411-0118
🕐11:30～17:30
（LO17:00）　休週二、三　所京都市上京区西船橋町340-5
🚍市巴士堀川今出川下車即到　P無
**MAP**附錄④P.22 F-3

↘店內空間寬敞開闊，可望見庭園

↑整間店宛如突然現身於市街的綠洲

---

### 清水寺周邊 お団子とかき氷｜茶寮 和香菜
●おだんごとかきごおりさりょうわかな
以糰子與刨冰聞名的甜品店，位在八坂神社往高台寺的路上。現烤的御手洗糰子表皮酥脆，中間則柔軟飽滿，外帶在路上吃也是個好選擇。
📞075-551-0064
🕐11:00～18:00
（LO17:30）　休無休
所京都市東山区下河原町476-2　🚍京阪祇園四條站步行13分　P無
**MAP**附錄④P.17 D-5

**IRO－MOCHI**
**1628円**
用奶油加以點綴的6種繽紛糰子。附1杯飲料，完全預約制（透過IG私訊或電話）

**五彩繽紛又可愛的
造型糰子讓人一見鍾情**

↑古色古香的町家經DIY改造後，成為高雅別緻的空間

### 祇園 ぎおん徳屋
●ぎおんとくや
位於花見小路的大排長龍甜品店。知名美食蕨餅有黃粉、抹茶、黑糖蜜等各式各樣的口味，還可以放到碎冰上當成刨冰吃。
📞075-561-5554
🕐12:00～18:00 (售完打烊)
休不定休
所京都市東山区祇園町南側570-127　🚍京阪祇園四條站步行5分　P無
**MAP**附錄④P.17 C-4

↑入口旁的黑板上有藝妓的才藝練習時間表

**本蕨餅與
本葛切拼盤**
**1350円**
使用國產本蕨粉及吉野本葛、和三盆糖精心製作而成，是道滑溜又軟嫩的極品

**濃稠軟嫩口感
讓人讚不絕口**

---

### 清水寺周邊 普門茶屋
●ふもんちゃや
緊鄰清水寺，以茶屋為概念的自助式咖啡廳。店家自豪的蕨餅及茶師十段的特選抹茶「慶福」等和風甜品，讓每位前來遊逛的人都能大飽口福。
📞075-533-8282
🕐10:00～17:30
（LO17:00）　休無休
所京都市東山区清水2-246　🚍市巴士清水道下車步行10分　P無
**MAP**附錄④P.19 C-5

↗附設的普門庵還有販售很適合作為伴手禮的甜點

↘店面以摩登風格茶屋為意象，氣氛恬靜

↘茶師十段的特選抹茶芭菲「五重—GOJU—」990円

**大蕨餅「清水－KIYOMIZU－」附黃豆粉／特選抹茶拿鐵**
**1320円**
大顆的蕨餅搭配深焙京都黃豆粉、黑糖蜜一同享用。最後以夾了紅豆與豆乳起司奶油的蕨餅最中畫下美好句點

**帶來如音羽瀑布般
清新美好的蕨餅**

各種自製甜點全部集結於一杯

以奶油、果凍、果醬點綴的極品芭菲

**C**

### 草莓芭菲
**1650円**

所有素材全都是手工製作，搭配獨家果醬，打造出宛如草莓饗宴的芭菲

使用嚴選素材打造出口感獨特的無添加甜甜圈

像是要融化般的獨特口感造就了高人氣。甜甜圈外帶172円起

**B**

### 融口甜甜圈
**935円**

以浸泡了特製糖漿的麵糰與新鮮草莓、鮮奶油搭配而成，現點現做的咖啡廳限定美食

甜美又討喜的
西式甜點♥

# 賞心悅目甜點

不論是吃得到水果及冰淇淋的芭菲，
或各種賞心悅目的熱門甜點，全都介紹給你！

有如寶石般精緻美麗
堪稱藝術品的芭菲

口味樸實柔和！
一整年都吃得到的招牌甜點

**A**

### 甘王草莓與提拉米蘇芭菲
**2300円**

最迷人之處在於味道、溫度、口感會隨著時間逐漸變化。雖然可愛到讓人捨不得吃，卻又忍不住一口接一口

季節限定芭菲每2個月會更換口味。隨時有2款可供選擇

**A**

### 焦糖香蕉與焙茶芭菲
**1780円**

交疊了義式奶酪、伯爵茶凍等各種甜點，焙茶冰淇淋更是畫龍點睛

---

**C** 北野天滿宮

# 北野LAB
●きたのラボ

提供以嚴選農家直送水果及食材自製的果醬及甜點。店內牆壁上排列的糖漿瓶等各種瓶子十分美觀。

☎075-496-8777 ⏰12:00～18:00
休週一、二（逢假日則營業）所京都市上京区御前通一条上ル馬喰町914
🚃嵐電北野白梅町站步行7分
Ｐ無

MAP附錄④P.22 D-4

---

**B** 四條河原町

# koe donuts kyoto
●コエドーナツキョウト

堅持使用有機食材的體驗型甜甜圈工廠，店鋪是由隈研吾所設計。從磨粉到油炸，所有調理步驟都是在店內進行，每個甜甜圈皆為新鮮現做！

☎075-748-1162 ⏰8:00～20:00
休不定休
所中京区新京極通四条上ル中之町557 🚃阪急京都河原町站即到

MAP附錄④P.14 E-4

---

**A** 清水寺周邊

# DORUMIRU.yasakanotou
●ドルミールヤサカノトウ

提供3款芭菲，店內的正前方就可望見八坂塔。使用當令水果搭配出絕妙滋味，令人期待送入口中所帶來的驚喜。

☎075-366-5000 ⏰12:00～18:00（LO17:00）
休週三 所京都市東山区金園町388-3 🚃市巴士清水道下車步行5分 Ｐ無

MAP附錄④P.19 B-4

絕不可錯過！

必吃甜點

## F 巧克力芭菲

### 1595円

巧克力、牛奶、紅色果實與伯爵茶冰淇淋有如藝術品般呈現在眼前。焦糖爆米花等配料也全都是自製

口感酥脆的蛋白霜

得獎主廚的精湛技藝
在甜點中展露無遺

造型有如手毬般可愛，推薦用木片盒（150円）裝起來當作伴手禮！

裝飾精緻的手毬泡芙
讓人捨不得吃掉

## D 泡芙・抹茶

### 420円

抹茶泡芙造型十分討喜。另外還有卡士達、巧克力、焦糖等口味，售價280円～460円

使用自家烘焙的黃豆粉鋪滿表面

邂逅黃豆粉
最真實的美好滋味

## G 焦香黃豆粉芭菲

### 1210円

豆乳法式奶凍及焙茶凍等交疊出柔和滋味，酥脆蛋白霜使口感更上一層

能從藝術品般的芭菲
感受到四季流動

## E 季節抹茶芭菲

### 1230円

以豐富色彩表現春天的櫻花、夏天的牽牛花等，刻劃出京都不同時節的景色。圖為初夏的繡球花

配料使用的讓切和菓子與抹茶的味道非常搭

---

### G 祇園
# 吉祥菓寮 祇園本店
●きっしょうかりょうぎおんほんてん

在店內將國產大豆烘烤成細緻又芳香的黃豆粉，並用來製作各種甜點。放在桌上的黃豆粉可依個人喜好自由添加！

✆075-708-5608 ⏰11:00～18:30（商品銷售為10:00～19:00）休無休 所京都市東山区古門前通東大路東入ル石橋町306 地鐵東山站步行5分 P無

MAP 附錄④P.16 D-2

### F 四條河原町
# SUGiTORA
●スギトラ

於世界甜點大賽獲得亞軍的主廚所開的義式冰淇淋店，店名取自主廚老家過去經營的老字號水果店。提供各種當令水果口味的冰淇淋。

✆075-741-8290 ⏰13:00～18:00 LO 休週二 所京都市中京区中筋町488-15 阪急京都河原町站步行10分 P無

MAP 附錄④P.14 E-3

### E 祇園
# 金の百合亭
●きんのゆりてい

店名來自於歌劇作品中的旅館名稱。店內可聽到以高級音響播放的古典樂，讓人在此度過自在悠閒的時光。

✆075-531-5922 ⏰11:00～18:00（LO17:30）休週三、四 所京都市東山区祇園町北側292-2 市巴士祇園下車即到 P無

MAP 附錄④P.16 D-3

### D 烏丸
# amagami kyoto
●アマガミキョウト

京都人氣首屈一指的咖啡店「Okaffe kyoto」旗下的手毬泡芙專賣店。泡芙為直徑約6cm的手毬造型，並以繽紛的當令食材華麗妝點。

✆075-351-2011 ⏰11:00～18:00 休週三、四 所京都市下京区仏光寺通烏丸東入上柳町315-11 地鐵四條站／阪急烏丸站即到 P無

MAP 附錄④P.13 C-4

散發古都風情
有如細緻白雪般的刨冰

草莓與巧克力的奢華組合
簡直像美味蛋糕！

**B**
祇園冰（抹茶）
1000円
加了煉乳與牛奶，入口即化的冰與茶層層堆疊。可搭配京都紅茶或咖啡為一個套餐

冰及糖漿都是使用京都湧泉精心自製而成

提供5種不同口味
色彩繽紛的糖漿

**C**
彩雲
1540円
可依喜好淋上當令水果及麥芽糖等5種自製糖漿享用。冰裡面也有放水果

**A**
生巧克力草莓
1300円
帶苦味的巧克力糖漿與酸甜草莓、生巧克力醬達成完美平衡

清涼美味的
消暑聖品♪

刨冰

品嘗◎

不論天氣是熱是冷，刨冰透心涼的好滋味都一樣誘人。從冰塊大有學問的刨冰，到使用京都素材、精心打造出華麗造型的刨冰等，眾多特色刨冰等你來

---

**C** 二條若狹屋 寺町店
市役所周邊
●にじょうわかさやてらまちてん
走過百年歷史的和菓子店。除了能吃到生菓子，使用湧泉製冰，隨季節變換口味的刨冰也深受好評。
☎075-256-2280 ⏰10:30～17:00（LO16:30，商品銷售為9:00～17:30）
休週三 所京都市中京区寺町通二条下ル榎木町67 交地鐵京都市役所前站步行5分 P無
MAP附錄④P.14 E-1

**B** KEZURIHIYA 京都祇園
祇園
●ケズリヒヤきょうとぎおん
店名來自於《枕草子》中曾出現的高雅冰品「削冰」。僅提供祇園冰一種刨冰，另有焙茶、紅茶口味。
☎075-541-2650 ⏰12:30～17:30（6～9月為11:00～18:30，LO為打烊前30分）休不定休，12～2月 所京都市東山区祇園町南側555 アパホテル京都祇園エクセレント地下1F 交京阪祇園四條站步行6分 P無
MAP附錄④P.16 C-3

**A** 京氷菓 つらら
二條
●きょうひょうかつらら
從使用當令水果的季節限定款到和風甜點類，種類十分豐富。以慢工細活刨出來的冰呈現絕妙口感。
☎075-811-3330 ⏰11:00～19:00（LO18:30），夏季為10:30～19:30（LO19:00）休週二（逢假日則營業）
所京都市中京区西ノ京内畑町22 交市巴士千本旧二条下車步行3分 P無
MAP附錄④P.7 B-1

絕不可錯過！

# 必吃甜點

口感濃滑的布丁與冰塊
聯手呈現創意刨冰

### F
**布丁冰**
**1000円**
以碎冰蓋住招牌甜點「純生布丁」，再搭配卡士達與焦糖醬
※刨冰為7～9月期間限定

配料也奢華至極
吃到最後一口都充滿樂趣

### D
**鹿之子牛奶冰**
**950円**
自製煉乳的刨冰內藏著義式奶酪。上面的配料則是口感輕盈的鮮奶油

### E
**生榨檸檬刨冰**
**880円**
自製白糖蜜與現榨檸檬做成的糖漿口味清爽。手工雕刻出的冰塊器皿也是一大亮點

多到滿出來的水果與
獨樹一格的造型很吸睛

### G
**季節果實芭菲冰**
**1500円**
可愛的容器中裝了滿滿的時令水果、果凍、冰淇淋

純手工冰塊器皿
讓視覺也清涼

---

### G 噓と僕
宇治　●うそとぼく
這間完全預約制的咖啡廳，提供的刨冰包含容器皿在內，視覺上都充滿了藝術感，令人印象深刻。菜單會隨季節變換，帶來不同驚喜。

☎不公開　🕐11:00～15:00（LO14:00）　休週一、二、五、不定休（預約詳情於IG確認）　所宇治市折居台3-2-183　🚉JR宇治站步行20分　P有

MAP 附錄④P.3 D-6

---

### F 菓子・茶房 cheka
平安神宮周邊　●かしぼうチェカ
以活用素材展現單純滋味為理念的西點店。夏季兼營期間限定的冰店。刨冰吃起來軟綿鬆柔，口感輕盈到令人驚訝。

☎075-771-6776　🕐10:00～18:00（LO17:00）　休週一、二　所京都市左京区岡崎法勝寺町25番地　🚉市巴士法勝寺町下車即到　P無

MAP 附錄④P.20 B-3

---

### E 祇園下河原 page one
祇園　●ぎおんしもがわらページワン
創業130多年的老字號冰店經營的咖啡酒吧。耗費超過48小時製作出的冰塊口味純淨，入口即化，與現榨水果也非常對味。

☎075-551-2882　🕐11:00～24:00（酒吧為18:00～）　休週三　所京都市東山区下河原通八坂鳥居前下ル上弁天町435-4　🚉市巴士東山安井下車即到　P無

MAP 附錄④P.17 D-5

---

### D 鹿の子
京都站周邊　●かのこ
手工煉乳及糖漿為最大賣點。雖然分量十足，由於中間還放了義式奶酪與水果，吃起來完全不會膩。

☎075-708-7150　🕐11:00～17:30（LO17:00）　休不定休　所京都市下京区朱雀正会町1-1京果会館211　🚉JR梅小路京都西站即到　P無

MAP 附錄④P.25 A-2

# 水果甜點

專家精湛的技藝讓當令水果的魅力更上一層樓，化身誘人甜點。
除了新鮮水潤的口感外，充滿原創性的造型更是賞心悅目。

## 用新鮮水果帶來涼意 老字號水果咖啡廳

**水果三明治** 1400円
斷面處看得到大塊水果，中間則是切成小塊狀，不僅美觀還很方便食用，由此可見店家的用心

當令水果堆疊得美麗極了♥

### COCOCHI....CAFE

京都御所周邊

●ココチカフェ　内用　外帶

由感情融洽的姐妹所經營，理念為「帶給大家舒適的空間」。透過從事水果批發業的老家採購優質水果，製作成創意甜點。

☎075-212-2227　⏰11:00〜18:00（LO17:30）　休週一、日不定休　所京都市中京区道場町4-8　🚇地鐵丸太町站步行3分　Ｐ無
MAP附錄④P.13 B-1

↑店面小巧玲瓏，約有10席座位空間

**整顆水蜜桃塔（夏季限定）** 時價
可吃到甜美多汁的整顆水蜜桃與卡士達醬共譜美味奏鳴曲。由於是熱門商品，需電話預約

還有這些推薦美食
草莓卡士達塔…………495円
草莓鮮奶油蛋糕………495円

視覺效果超震撼！
使用整顆水果做成甜點

### MAISON DE FROUGE ICHIGO NO OMISE

烏丸御池

内用　外帶

●メゾンドフルージュいちごのおみせ

被草莓的美味深受感動的老闆，自己開了這家草莓專賣店。親自與農家接洽，將嚴選出如同寶石般閃亮的草莓，製作成日式及西式甜點。

☎075-211-4115　⏰11:00〜17:00（LO16:30）　休週一（逢假日則翌日休）　所京都市中京区東洞院通三条下ル三文字町201 1F　🚇地鐵烏丸御池站步行3分　Ｐ無
MAP附錄④P.15 C-2

還有這些推薦美食
●頂級草莓鮮奶油蛋糕……1134円
●草莓大黃起司塔 … 702円

咖啡廳
店內附設氣氛高雅的咖啡廳

**草莓千層派** 778円
珠寶盒般的造型讓人怦然心動。用剪刀剪開緞帶食用的設計別出心裁

草莓控不可錯過的草莓甜點專賣店

↑店裡陳列了大批新鮮水果

←店內空間很有時尚感

**冰棒** 各500円
將切片的新鮮水果鎖在冰棒內。吃起來不會太甜，還帶有些微洋酒味

### FRUITS & PARLOR CRICKET

金閣寺周邊

内用　外帶

●フル〜ツパーラークリケット

蔬果店所經營的咖啡廳。挖去果肉，直接將水果外皮當成容器做成果凍之類的品項，果汁及果肉本身風味發揮到極致的各種甜點深受喜愛。

☎075-461-3000　⏰10:00〜18:00（LO17:30）　休週二不定休　所京都市北区平野八丁柳町68-1 サニーハイム金閣寺1F　🚌市巴士衣笠校前下車即到　Ｐ有
MAP附錄④P.23 C-3

←店面就在平野神社外。也有賣新鮮水果

還有這些推薦美食
●水果三明治半份與季節水果…………900円
●招牌果凍…………800円

## 滿滿水果有如一座山！
## 季節限定的超奢華甜點

京都站周邊

### FUKUNAGA 901
內用 外帶
●フクナガキュウマルイチ

「草莓山」、「櫻桃山」等堆滿水果做成的季節限定芭菲是招牌甜點。獨家調配的花草茶及餐點也很受歡迎。

☎075-342-0082 ⏰10:00～20:00（LO19：30） 休無休 所京都市下京区烏丸通塩小路下ル東塩小路901 京都駅ビル内8F 🚉各線京都站即到 P無
MAP附錄④P.25 C-2

**還有這些推薦美食**
● 901塔 …………… 1310円
● 京之盆栽（抹茶） 1420円

➡該店勢丹百貨內皆可通往京都站大階梯或伊

**草莓山** 1800円
多到像是要滿出來的草莓內，藏有自製卡士達醬及草莓雪酪等

---

平安神宮周邊

### LA VOITURE
內用 外帶
●ラ・ヴァチュール

老闆的祖母將自己在巴黎品嘗到的美味寫成了食譜，傳承至今。連法國的翻轉蘋果塔協會也認可的美味千萬不可錯過。

☎075-751-0591 ⏰11:00～18:00 休週一 所京都市左京区聖護院円頓美町47-5 🚌市巴士熊野神社前下車步行5分 P無
MAP附錄④P.20 A-3

**還有這些推薦美食**
● 核桃塔 ……… 1194円
● 歐培拉 ……… 1194円

➡古董家具營造出懷舊感

**翻轉蘋果塔** 1397円(內用)
整模平均要用20顆蘋果熬煮超過4小時製作，帶來酸甜濃稠的口感

## 巴黎的美味蘋果塔
## 超越時空傳承至今

---

## 新鮮多汁的水果美味
## 全都濃縮到了三明治之中

一條城周邊
內用 外帶

### フルーツパーラー yaoiso
●フルーツパーラーヤオイソ

老字號水果店經營的水果咖啡廳。使用滿滿水果的三明治及芭菲美味無愧水果店之名。五彩繽紛的美麗斷面也令人讚嘆不已。

☎075-841-0353(yaoiso總店) ⏰9:30～16:45 休無休（過年期間除外）所京都市下京区四条大宮東入ル立中町496 🚉阪急大宮站／嵐電四條大宮站即到 P無
MAP附錄④P.13 A-3

**還有這些推薦美食**
● 季節水果芭菲 …… 1155円
● 冰淇淋葛粉 ………… 935円

➡裝飾出自於繪製青蓮院襖繪的木村英輝之手

**特製水果三明治與綜合果汁套餐** 1155円
切成大塊的水果與清爽的鮮奶油夾在一起。口味溫順的綜合果汁也是人氣飲品

---

一條城周邊

### 養老軒
內用 外帶
●ようろうけん

具葡萄酒專家證照的老闆發想出的創新大福為招牌美食。水果大福的白豆沙餡會根據不同水果調整甜度，讓口味達到最佳平衡。

☎075-311-3405 ⏰10:00～18:00 休週三、四 所京都市中京区四条通西大路東入ル南側 🚉阪急、嵐電西院站即到 P無
MAP附錄④P.7 A-2

**還有這些推薦美食**
● 水果霜淇淋 …… 430円
● 月餅 …………… 200円

⬆櫥窗裡陳列美味大福的在地和菓子店

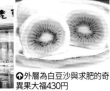

⬆外層為白豆沙與求肥的奇異果大福430円

⬆包入整顆多汁果實的橘子大福370円

**新鮮水果大福** 各300円～
將當令水果放至完全成熟，在最多汁時以羽二重麻糬整顆包起來

## 各種創新的水果大福
## 讓人恨不得全吃光

---

京都站周邊

### 真栄多商店
內用 外帶
●まえだしょうてん

水果都是由擔任中盤商的老闆在京都中央批發市場挑選的。隨處可見的水果加上了店家巧思後，呈現出的滋味絕對令人驚喜。

☎075-321-6213 ⏰11:00～17:00 休週三、日、假日 所京都市下京区朱雀北ノ口町41-3 🚉JR梅小路京都西站步行3分 P無 MAP附錄④P.7 B-3

**還有這些推薦美食**
● 水果寶盒（需預約） ……… 1080円～
● 尋寶糖 …………………… 250円

➡莫希托中加了約8種水果

➡也可以坐在店外的長凳上享用

⬆喝得到果實甘甜香氣的氣泡飲／無糖

**水果店特調飲品** 500円～
在氣泡水、冰紅茶、葡萄酒等飲品中加入切塊的冷凍水果。含酒精飲料600円～

## 來自水果專賣店的獨家好味道♥

➡有如花藝作品般的大尺寸都接受訂購宴會用的大尺寸水果寶盒。從小尺寸到

**市場的行家也說讚！華麗登場的當令水果**

↑位在熱門觀光景點八坂庚申堂及八坂塔附近

↗許多商品都適合用來送禮

KYOTO COFFEE 特調咖啡濾掛包 各324円
只有這裡買得到的獨家特調咖啡濾掛包

**深型濾茶網（小）**
880円
燕三條出產的濾茶網，剛好可以放進馬克杯

純正京都風情超迷人♡

## 可愛別緻雜貨SHOP

京都保存了許多年代久遠的町家，位在這些珍貴建築物內的雜貨店有各種精巧又具特色的商品等你來挖寶。

傳統職人技藝 × 現代新潮創意 在京都讓全世界看見

2023年 千萬別錯過！京都之旅BEST
話題新景點

### ✿清水寺周邊

**日東堂** ●にっとうどう
以隨手黏除塵滾輪聞名的株式會社Nitoms所經營。運用傳統技藝，站在使用者立場設計出來的各種高質感生活雜貨精心展示於店內。
**MAP** 附錄④P.19 B-4
☎075-525-8115 ⏰10:00～18:00 休不定休 所京都市東山區八坂上町385-4 🚌市巴士清水道下車步行3分 P無

於現代傳承傳統技藝的薰香與文具名店

在同一地點營業超過350年，2020年時睽違106年再度進行裝修

### 京都市役所周邊

**鳩居堂** ●きゅうきょどう
1663年創業的老店，販賣香與書畫、文具。店內採挑高設計，深處有庭院，可悠閒自在地購物。除了傳統風格的商品外，也有各種以現代風重新詮釋的設計。
**MAP** 附錄④P.14 E-2
☎075-231-0510 ⏰10:00～18:00 休無休 所京都市中京區寺町通姉小路上ル下本能寺前町520 🚇地鐵京都市役所前站步行3分 P無

↑位於寺町商店街，外觀十分顯眼

**對鴿LOGO線香座** 880円
**香皿** 2970円
線香座上有鳩居堂的標誌

**鳩子便箋**
各330円
表現鳩居堂特色的圖案可愛極了

**迪士尼聯名薰香**
各1320円
於2020年進行裝修時所推出，燙金的外盒很有時尚感

**朱印帳收納袋**
各7480円
可將心愛的朱印帳包起來妥善保存，也能當化妝包使用。另有黑底款式

**置物碟** 7480円
將四角的鈕扣鬆開就能攤平，很有設計感

設計師工作室
品味及質感獨特出眾

### ✿四條烏丸

**三三屋** ●みみや
提供由設計工作室groovisions精心挑選出的雜貨，出眾的品味深受肯定。各種有兔子圖案的原創商品也很可愛。
**MAP** 附錄④P.15 C-3
☎075-211-7370 ⏰12:00～19:00 休週一～五（逢假日則營業）所京都市中京區東洞院蛸藥師下ル元竹田町639-11 🚇地鐵四條站／阪急烏丸站步行5分 P無

**三三屋淺盤**
4180円
盤子上有兔子及各種京都點心的圖案

58

# 特色建築&博物館

觀光之餘還能增廣見聞

探訪融合了傳統技藝的建築物、藝術品、文化景點、植物園等，親自觀看、感受京都及日本的文化，為旅行增添一些知性氣息吧！

## 以日式待客之道 迎接海外賓客的迎賓設施

**大開眼界POINT 牆面裝飾**
使用約1000種顏色的線，透過綴織技法編織出39種花草，長3.1m×寬16.6m的紡織品。兼具傳統與現代氣息。

【紫藤廳】
●作為晚宴及歡迎典禮場地使用的晚餐室。裝飾正面牆壁的綴織無比優美

【夕映廳】
●牆面的綴織裝飾表現了京都的東、西山巒。用於舉行官員會議、茶會等

【庭園】
●借景東山御苑的綠為中心，周遭以美麗的配置與庭園、景色完美相互融合

【正面玄關】
●迎接賓客的玄關處使用樹齡約700年的整片欅木板做成門扉，令人印象深刻

### ◆京都御所周邊
## 京都迎賓館
●きょうとげいひんかん

2005年啟用，接待海外賓客用的政府迎賓設施，2016年起全年對外開放。可欣賞到現代和風建築及綴織等，透過頂尖工匠之手呈現的傳統技藝、日用品。

**MAP** 附錄④P.8 D-4
☎075-223-2301 休參閱官網
¥團體導覽2000円 所京都市上京区京都御苑23 交市巴士府立医大病院前下車步行7分 P使用京都御苑停車場 ※詳情見→ HP https://www.geihinkan.go.jp/kyoto/visit/

### ◆岡崎
## 京都市京瓷美術館（京都市美術館）
●きょうとしきょうセラびじゅつかん

2020年完成整修重新開幕，建築師青木淳與西澤徹夫為1933年創建當時的建築增添了新意。館內展示了京都畫壇從日本近代到現代美術等類別廣泛的作品。

**MAP** 附錄④P.20 A-3
☎075-771-4334 ⏰10:00～18:00
¥視展覽而異 休週一（逢假日則開館） 所京都市左京区岡崎円勝寺町124 交市巴士岡崎公園美術館·平安神宮前下車即到 P有（收費）

【中庭】
●過去不開放的其中一處中庭現在成為了「光之禮堂」 攝影：來田猛

●西禮堂天花板上美麗的花窗玻璃 攝影：來田猛

【天花板】

**大開眼界POINT 京瓷廣場**
美術館正面的斜坡狀廣場名為「京瓷廣場」，會在此舉辦活動等

## 現存最古的公立美術館建築 優美的建築令人沉醉

【日本庭園】
●出自第七代小川治兵衛之手的庭園可免費參觀 攝影：來田猛

【中央大廳】
●天花板高16m，空間開闊，螺旋樓梯營造出人潮往來的感覺 攝影：來田猛

【館藏】
●竹內栖鳳《第一次擺姿勢》1913年 京都市美術館藏
●木島櫻谷《寒月》（右半）1912年 京都市美術館藏

Kyoto

2023年

內行人才知道！
話題新景點

貼心提示

京都迎賓館的庭園以田園風景為意象，種植了象徵稻作立國的莎草，為來自海外的賓客帶來視覺上的驚喜

# 朝日啤酒
# 大山崎山莊美術館

●アサヒビールおおやまざきさんそうびじゅつかん

這座美術館復原了實業家加賀正太郎的別墅，除了繪畫、雕刻、工藝品等展示品，建築本身也很有看頭。

**MAP** 附錄④ P.3 A-6

☎075-957-3123（總機） ⏰10:00～17:00（入館為～16:30） ¥900円 休週一（逢假日則翌日休） 所乙訓郡大山崎町銭原5-3 🚃JR山崎站／阪急大山崎站步行10分 🅿無

←從露臺眺望出去的景色有如溫莎城堡的風景

↑可在咖啡廳享用紅茶470円與葡萄酒蛋糕420円

靈感&設計
↑加賀正太郎及安藤忠雄展現的靈感及設計是一大亮點

# 懷舊氣息與摩登風格
# 交融的山中豪邸

大開眼界POINT
**建築**
參考了英國及瑞士建築，屋齡約100年的洋房與安藤忠雄打造的現代建築並存

展示品

←館藏包括莫內的「睡蓮」及民藝創作者的作品等

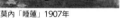
莫內「睡蓮」1907年

庭園
↑庭園廣達5500坪，四季景色皆優美

# 從建築本身到庭院全都是作品
# 見證堂本印象的才華

↑1樓大廳的玻璃裝飾「菟核」造型獨特。到大廳為止可免費參觀

展示品

↑除了館內，庭院也展示了椅子等堂本的作品

靈感&設計

↑階梯的設計及玻璃窗的把手等，隨處皆可見到獨特的創意

大開眼界POINT
**裝飾形態**
堂本參考了在歐洲參觀過的宮廷及宅邸美術館，設計出獨特的美術館空間。

# 京都府立堂本印象美術館

●きょうとふりつどうもといんしょうびじゅつかん

活躍於大正至昭和時期的日本畫家——堂本印象親自設計的美術館，從外牆到門把，乃至於放在庭院的椅子全都是其作品。這裡也會舉辦日本近現代美術的特展、戶外活動等。

**MAP** 附錄② P.23 C-2

☎075-463-0007 休週一（逢假日則開館，翌平日休） ⏰9:30～16:30 ¥510円 所京都市北區平野上柳町26-3 🚃市巴士立命館大學前下車步行即到 🅿無

↑光是浮雕、窗框等外觀部分就有很多可看之處

# 京都國際漫畫
# 博物館

●きょうとこくさいマンガミュージアム

從不朽名作到現代的熱門作品等，收藏了日本國內外約30萬件資料，其中5萬本可自由閱讀。館址原本是小學，可依稀看出過去的面貌。

**MAP** 附錄④ P.15 B-1

☎075-254-7414 ⏰10:30～17:30（受理入館為～17:00） ¥900円 休週二、三，有保養維護則休館 所京都市中京區烏丸通御池上ル 🚃地鐵烏丸御池站即到 🅿無

漫畫之牆

「漫畫之牆」凝結漫畫自草創期以來的歷史

# 在漫畫文化的聖地
# 埋首書堆忘了時間流逝

大開眼界POINT
**研究漫畫**
博物館還附設漫畫研究部門，因此展示格外有深度

# 各國實力派名店齊聚京都
# 超誘人巧克力專賣店

海外的一流巧克力專賣店，及日本國內的實力派巧克力師皆在京都現身，京都現在正颳起甜美的巧克力旋風！

---

## ◆ 祇園 ◆

## Madame Delluc
### 京都祇園店
附設咖啡廳

●マダムドリュックきょうとぎおんてん

2019年開幕，是比利時知名巧克力專賣店在日本的首間分店。店面為屋齡120年的町家，使用嚴選素材製作的巧克力琳瑯滿目。可在咖啡廳優雅享用自製格子鬆餅及下午茶。

**MAP** 附錄④ P.17 D-5

☎075-531-2755 ⏰10:00～19:00（咖啡廳為～18:00）休不定休 所京都市東山区上弁天町435-1 🚃市巴士東山安井下車即到 P無

↑店面為祇園的町家翻新而成。1樓為商店，2樓是咖啡廳 ●櫥窗內陳列了約20種巧克力

### 品牌歷史
Since 1919年　1942年獲得比利時王室御用品牌的稱號

**Rosine**
4顆2160円、
8顆4320円、
15顆8100円

◆可愛的包裝&紙袋復刻了1940年代的設計

## 包裝散發滿滿少女氣息的比利時王室御用巧克力

**Rosine verte**
4顆2160円
◆包括了黑巧克力lady、榛果與杏仁果仁巧克力Blanche等

**布魯塞爾鬆餅佐季節水果**
1210円（飲料套餐1540円）
◆鬆軟可口的鬆餅上點綴了時令水果

---

↑熱巧克力990円～可選擇濃度與香氣

↑店面位在白川畔的懷舊建築內，大時鐘十分顯眼

## 紐約名媛貴婦也著迷宛如藝術品的巧克力

**瓶裝綜合巧克力球**
1728円（100g）
◆五彩繽紛的綜合巧克力球，能吃到堅果、果乾等各種口味

## ◆ 祇園 ◆

## CACAO MARKET
## BY MARIEBELLE
附設咖啡廳

●カカオマーケットバイマリベル

被紐約時報評為最美味巧克力的MARIEBELLE副品牌。巧克力為秤重計價，能以不同形式品嘗可可及巧克力。

**MAP** 附錄④ P.16 B-3

☎075-533-7311 ⏰11:00～18:00（咖啡廳為13:00～17:00），週六、假日11:00～19:00（咖啡廳11:00～18:00）休週二 所京都市東山区常盤町（大和大路通）165-2 🚃京阪祇園四條站即到 P無

### 品牌歷史
Since 2004年　創辦人MARIEBELLE於故鄉宏都拉斯種植可可豆，為品牌最初的起點

---

## 充滿京都風情的和風口味巧克力

**瑞穂之滴**
1顆281円
◆使用各種和風素材做成的巧克力宛如寶石

**巧克力棒**
各540円
↑造型華麗，做成棒狀的巧克力，共有15種口味 ※可能有季節性變動

## ◆ 烏丸御池 ◆

## Chocolat BEL AMER
### 京都別邸 三条店
附設咖啡廳

●ショコラベルアメールきょうとべっていさんじょうてん

店面為町家改裝而成，提供結合日本酒、茶等各種和風素材的巧克力。咖啡廳可品嘗到香醇濃郁的現做甜點。

**MAP** 附錄④ P.14 D-2

☎075-221-7025 ⏰10:00～20:00（LO19:30）休不定休 所京都市中京区三条通堺町東入ル桝屋町66 🚃地鐵烏丸御池站步行5分 P無

↑店內空間俐落簡約，十分好逛

### 品牌歷史
Since 2015年　日本本土巧克力專賣店BEL AMER精心選用和風素材，於京都開設BEL AMER京都別邸

↑町家風情與和風巧克力形成完美搭配

Kyoto

2023年

內行人才知道！

話題新景點

心貼提示心

LIPTON販售的鐵盒餅乾來自於京都的甜點品牌「PATISSERIE FUKUNAGA」。除了Porta店外，LIPTON還有三条總店與四条店

## 不僅美味可口，外盒也美極了！
# 好吃好看鐵盒餅乾 ♥

鐵盒餅乾是送禮的最佳選擇，即使餅乾吃完了，可愛的鐵盒也讓人捨不得丟。除了買來送人，也別忘了買給自己！

### 烘焙糕點店的手作餅乾♪
### 美好滋味無比療癒

**SARASA**
**鐵盒餅乾 M號**
2160円

→集合了巧克力碎片餅乾、花生奶油餅乾等7種人氣口味。也有S號
【保存期限 約1週】

◈ 二條城周邊 ◈

# さらさ焼菓子工房
●さらさやきがしこうぼう

提供塔類、奶油蛋糕、起司蛋糕等各種簡單樸實的烘焙糕點。京都市內6間關係店鋪販售的糕點全都是在此製作。

MAP附錄④P.13 A-2

☎075-822-1600 ⏰10:00～18:00 休週三 所京都市中京区三条通リ猪熊西入る御供町309 地鐵二條城站步行8分 P無

→使用了鮮豔藍色的外觀十分醒目

### 完美結合祇園元素
### 讓人感受到花街風情

**祇園餅乾**
**萬治精選**
2808円

→裡面塞滿丹波山椒果實風味餅乾、大德寺納豆義式脆餅等，共6種使用和風素材製作的餅乾
【保存期限 製造日起50天】

◈ 祇園 ◈

# 万治カフェ
●まんじカフェ

過去原本是木炭店的町家建築改裝成的咖啡廳。店內氣氛恬靜，可以來杯精心沖泡的咖啡或現泡抹茶搭配正統甜點。

MAP附錄④P.17 C-4

☎075-551-1111 ⏰11:00～18:30 休週二、三 所京都市東山区祇園町南側570-118 京阪祇園四條站步行6分 P無

→上一代老闆的老家在2017年搖身一變成為咖啡廳

### 將京都名產一網打盡！
### 和風口味令人驚艷

**京都‧紫野餅乾**
**京之香**
3240円

→使用西京味噌、丹波黑豆、大原的紅紫蘇等京都嚴選素材製作的餅乾多達11種。鐵盒上的圖案以京都的四季為意象。
【保存期限 30天】

◈ 京都站周邊 ◈

# Sir Thomas LIPTON ティーハウス ポルタ店
●サートーマスリプトンティーハウスポルタてん

知名紅茶品牌立頓的咖啡廳，位在京都站的Porta地下街內，很適合利用觀光的空檔造訪。店內也有販售「京之香」等PATISSERIE FUKUNAGA的西式糕點。

MAP附錄④P.25 C-2

☎075-343-3901 ⏰8:00～22:00 休不定休（準同Porta）所京都市下京区烏丸通塩小路下ル東塩小路町902 京都站前地下街Porta 各線京都站即到 P無

→有豐富的洋食餐點，是早餐、午餐、喝咖啡的好選擇

### 與可愛的小熊一同
### 度過美好午茶時光

**cafe marble**
**鐵盒餅乾**
2500円

→共有法式酥餅、奶油酥餅、入口即化的蛋白霜等7種餅乾，能吃到不同味道及口感
【保存期限 製造日起1個月】

◈ 四條烏丸 ◈

# cafe marble 仏光寺店
●カフェマーブルぶっこうじてん

藉由牆壁上畫的小熊、店內的古董家具等營造出溫馨氣氛，讓人感受到暖意。餅皮酥脆的鹹派等店內餐點也很受歡迎。

MAP附錄④P.13 C-4

☎075-634-6033 ⏰11:30～22:00（週日～22:00）休每月最後週三 所京都市下京区仏光寺通高倉東入ル西前町378 地鐵四條站／阪急烏丸站步行5分 P無

→可見到格子及蟲籠窗等京都町家的典型樣式

# 口味從甜到鹹都有！
## 多到讓人眼花撩亂
## 做法簡單樸實的長餐包超讚

↑店面從一早就充滿活力，身著圍裙的工作人員在廚房內不停製作麵包

**麵包之都!? 京都麵包消費量在全國數一數二**

京都雖然給人傳統的印象，但從日本全國來看，麵包的消費量、金額位居1、2位，是一座熱愛麵包的城市。京都市內隨處都有充滿特色的麵包店，可說是麵包激戰區。

**火腿捲 170円**
→夾有爽脆高麗菜絲、去骨火腿、低酸度美乃滋的著名美食

長銷商品

**炸蝦捲 260円**
←肉質緊實Q彈的炸蝦搭配檸檬及塔塔醬，口味清爽

**巧克力 140円**
→巧克力×奶油霜可說是最佳拍檔，深受各年齡層喜愛

**NEW BIRD 170円**
→咖哩口味麵糰內夾入厚切火腿，接著炸至酥脆的鹹口味麵包

**紅豆麵包 150円**
←包有滿滿使用北海道產紅豆、砂糖、鹽做成的自製紅豆餡

## 京都人最愛的滋味
# 在地人氣麵包 ♡

まるき製パン所！

京都有眾多美味的麵包店，不論是早餐、午餐、下午點心，隨時都能吃到好吃的麵包！深受各個年齡層在地人喜愛的人氣名店經典商品絕對不容錯過。

**◎京都站周邊**

## まるき製ぱん所 TAKE OUT
●まるきせいぱんじょ

於1947年創業，現在由第二代老闆繼承家業。每天早上4點到下午4點烘烤數次，合計約有400個長餐包出爐。長餐包夾入現炸的炸物、炒麵、自製餡料等，便成了約有15種口味的甜鹹麵包。

MAP 附錄④P.13 A-4
☎075-821-9683 🕐6:30～20:00（週日、假日為7:00～14:00）休不定休 所京都市下京区松原通堀川西入北門前町740 市巴士大宮松原下車即到 P無

→除了長餐包，還有各式甜鹹麵包、吐司等

內行人才知道！話題新景點

貼心提示 京都的麵包消費量之所以如此高，傳說是因為是單手就可以抓著吃，深受西陣織等傳統技藝的職人喜愛。旅行途中不妨買個麵包，帶去鴨川或公園邊吃邊休息一下！

## ◈ 市役所周邊 ◈

### 進々堂 三条河原町店
●しんしんどうさんじょうかわらまちてん

EAT IN / TAKE OUT

在法國學習了製作麵包的秘訣與知識，1913年創業的老牌麵包店。於昭和初期率先販售正統法國麵包等，不論今昔都扮演著引領日本麵包業界的角色。

MAP 附錄④P.16 A-1
☎075-241-1179 ⏰8:00～21:00（內用為11:00，14:00～17:00，餐廳為～18:00（LO17:00）） 所京都市中京区三条通河原町東入ル中島町74ザ ロイヤルパークホテル 京都三条1F 京阪三條站步行3分 P無

➡位於三條河原町，地點極佳，附設餐廳

**主廚咖哩麵包 240円**
➡咖哩餡有滿滿的慢火燉煮粗絞肉。外層包裹著自製麵包粉，口感酥脆

**焦香奶油法式吐司 290円**
➡吃起來外酥內軟，香甜滋味傳遍口中。奶油的芳醇香氣讓美味更上一層樓

**奶油可頌麵包 210円**
使用發酵奶油製作，濃郁風味與濕潤&酥脆感為最大亮點
長銷商品

**自家烘焙克林姆麵包 220円**
➡卡士達奶油增量25%，分量十足。恰到好處的甜味，讓人忍不住三兩下吃光

引領日本麵包文化與歷史前進
京都自豪的老字號麵包店

這些店家也不賴

## 街頭庶民麵包店

麵包達人誠心推薦♥
個人經營的溫馨小店也值得一訪！

就算特地去一趟也值得！宇治名店

### 宇治
### たま木亭 ●たまきてい

店內擺滿了各式剛出爐的麵包，挑高的天花板懸掛著閃亮水晶吊燈。未在百貨公司或網路販售，因此吸引了許多忠實顧客從全國各地一再前來光顧。

MAP 附錄④P.3 D-6 ☎0774-38-1801 ⏰7:00～18:45 休週一～三 所宇治市五ケ庄平野57-14 JR／京阪黃檗站步行5分 P有

**kougnane 216円**
➡點餐之後才現場填入奶油，維持了外層的酥脆口感

**丹丹法國麵包 248円**
➡偏硬的麵包中夾了滿滿光澤誘人的黑豆與煉乳奶油

**法國長棍 各280円**
➡越咀嚼越能感受到小麥的美味

**馬芬 216円**
➡使用每個季節當令食材製作的馬芬是人氣商品

由三姐妹用心經營的平實美味麵包店

### 清水寺周邊
### NittaBakery ●ニッタベーカリー

曾一度停業的人氣麵包店在上一代老闆的三女兒努力下重新復活。低溫熟成發酵的法國長棍等不辭辛勞製作的麵包，以及每天吃也負擔得起的價格是最大魅力。

MAP 附錄④P.12 E-4 ☎075-541-3855 ⏰7:00～18:00 休週二、五 所京都市東山区六波羅南通東入多門町158-4 京阪清水五条站步行8分 P無

---

創業以來口味不曾改變
長年以來陪伴京都人的麵包

➡1樓後方與2樓為內用區

長銷商品

**京都carnet 210円**
➡麵包內夾有火腿與洋蔥，是京都的鄉土美食。胡椒carnet 210円、起司carnet 230円也很受歡迎

## ◈ 市役所周邊 ◈

### SIZUYA 三条店
●しづやさんじょうてん

EAT IN / TAKE OUT

在京都經營超過70年，貼近在地人生活的麵包店，販售樸實懷舊的古早味麵包。尤其招牌商品「carnet」的口味簡單中富含深度，建立了大批忠實顧客。

MAP 附錄④P.16 A-1
☎075-231-0055 ⏰7:00～21:00 休無休 所京都市中京区河原町通リ三条上ル恵比須町434 京阪三條站步行5分 P無

Omelet sand

**柔嫩雞蛋三明治 560円**
➡主角是鬆軟滑嫩且分量十足的玉子燒。溫醇風味在口中餘韻不絕

**山型吐司『匠』 310円**
➡技術精湛的職人所烘焙的吐司。微甜滋味是最大亮點

**志津屋牛肉咖哩麵包 210円**
➡麵糰包入了獨家調配的香辣咖哩並炸至酥脆可口

➡包括車站店在內，在京都有超過20家分店

---

店面及麵包口味都是純正法式風格
暱稱「黑mec」

出爐的麵包 店內氣氛高雅，有如巴黎的麵包店，陳列著各種剛

## ◈ 烏丸御池 ◈

### Le Petitmec
御池店 ●ルプチメックおいけてん

TAKE OUT

整間店面皆使用高雅的黑色裝潢，吸引全國各地麵包愛好者前來朝聖。從法國長棍到吐司、三明治等，隨時提供超過50種麵包，呈現道地法國口味，品質絕對沒話說。

MAP 附錄④P.15 B-1
☎075-212-7735 ⏰9:00～18:00 休無休 所京都市中京区御池衣棚通上ル下妙覚寺町186 ビスカリア光樹1F 地鐵烏丸御池站步行3分 P無

➡有露臺座，天氣好時可在店外享用

**柚子與栗子麵包 421円**
➡混了裸麥的麵糰中包有帶著薄皮的栗子與柚子皮

**鮭魚奶油起司 226円**
➡小漢堡系列是御池店的人氣商品。個顆雖小，吃起來卻感覺有分量

**蘭姆酒葡萄乾牛奶醬法國麵包 248円**
➡包了核桃的麵包中夾著滿滿自製的蘭姆酒葡萄乾牛奶醬

長銷商品

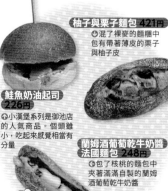

入住雅緻町家旅館
品嘗在地美酒

↑這棟町家建築屋齡100年，面向馬路，為キンシ正宗所建。後方加蓋了住宿棟

↑除了「キンシ正宗」的日本酒，還能在町家Lounge享用「Unir」的咖啡、「伊藤軒」的茶點等

### 町家Lounge
這裡最讓人迷戀
可品嘗各式各樣美酒的町家酒吧。這棟町家建築過去是賣酒的商店，恬靜氣氛令人沉醉

## ❖烏丸
# nol kyoto sanjo
●ノルキョウトサンジョウ
過去釀造日本酒的「キンシ正宗」商店，因此可以在旅館內的「町家Lounge」盡情飲用日本酒等。此外，各客房皆有檜葉浴池，別具風情。在這間現代風的旅館可以感受到滿滿和風氣息。

**MAP** 附錄④P.14 D-2
☎075-223-0190 ⏰IN15:00～/CHECK OUT～12:00 ￥1人12700円～（純住宿）📍京都市中京区堺町通姉小路下る大阪材木町700 🚇地鐵烏丸御池站步行5分 🅿無

### 早餐
附早餐的方案所提供的「ナカタニ」三明治及「京菜味のむら」著名的豆皮丼&家常小菜很受歡迎

這裡最讓人迷戀

↑客房設有檜葉浴池，檜木香氣無比療癒

舒服到讓人只想待在這裡！
# 徹底感受町家旅館的魅力

住宿在留有建築物最初樣貌的町家旅館，是體驗京都舊時雅趣生活的最佳途徑。來看看京都有哪些令人捨不得退房的舒適旅宿吧！

---

每個細節都充滿用心
散發雅緻京都風情

## ❖西陣
# 京旅籠 むげん
●きょうはたごむげん
和服店改裝而成的旅館，建築物建於1902年。從閣樓風的和室到現代風的西式客房等，共有5間風格各異的客房。晚上可以在別館的酒吧「蔵Bar」小酌，早上則能悠閒享用釜鍋炊煮的米飯。

**MAP** 附錄④P.9 B-4
☎075-366-3206 ⏰IN15:00～20:00/OUT8:00～10:00 ￥1人13800円～（純住宿）📍京都市上京区黑門通上長者町下ル北小大門町548-1 🚌市巴士堀川中立売下車步行3分 🅿無

↓1樓為挑高的接待處與休息區。還能欣賞到京都創作者Re:planeter打造的庭院景觀

↑忠實保留「蟲籠窗」等表現町家特色的元素。每間客房各有特色，十分迷人

這裡最讓人迷戀

### 裝潢
為客房增添雅趣的唐紙及黃銅燈、竹製工藝品等，隨處皆可欣賞到京都職人的技藝

貼心提示　每間旅館的內部都翻修成現代風格，住起來十分舒適。另外也不妨向老闆娘或工作人員詢問有何推薦景點、店家等

### ❖ 清水寺周邊 ❖

## 新道あやめ庵
●しんみちあやめあん

打開玄關便可見到使用了紅磚的土間、和室、能欣賞庭院景色的舊廊等，每一處都經過精心安排。室內備有高級家具及音響設備，無比舒適。甚至還有大泡澡桶，可在此享受奢華的包棟時光。

**MAP** 附錄④P.12 D-4
☎075-574-7267（京の片泊まり 接聽時間9:00～17:30）┗IN16:00／OUT10:00 ¥1棟（最多5人）25000円～ 所京都市東山区宮川筋8-414-1 京阪清水五條站即到 P無

↑天然胡桃木床架搭配席夢思床墊帶來舒適好眠
↑1樓和室設置了原木桌與BOSE的喇叭

這裡最讓人迷戀
**包棟**
備有獨家原創家具及荒木陶房製作的餐具，讓人感覺就像是在這裡生活

### 提供極致舒適私人空間的包棟京都町家旅館

### ❖ 京都御所 ❖

## 京の温所 竹屋町
●きょうのおんどころたけやまち

運用過去做為舊貨商店與住家使用的空間規劃，重生為麵包店與旅館的京都町家。室內展示了與京都有關的藝術作品，並會每3個月更換展示內容，每次來都有新驚喜。

**MAP** 附錄④P.13 B-1
☎0120-307-056（華歌爾客服中心 接聽時間9:30～17:00／僅平日）┗IN10:00～17:00／OUT11:00 ¥2人1房40000円～ 所京都市中京区指物屋町371 地鐵丸太町站步行6分 P無

這裡最讓人迷戀
**圖書館**
以京都、工藝、麵包等主題，由書店「誠光社」的堀部篤史選書供旅客閱讀

「設的麵包旅客也可在附」「本日の」用餐

↑也可預約附「本日の」早餐的方案

### 入住「能住宿的圖書館」 在書香陪伴中入睡

可從寢室望見庭院也是一大賣點

### 愛泡澡的人絕對無法抗拒！ 摩登澡堂風旅館

這裡最讓人迷戀
**浴池**
有完美融合現代風裝潢的內湯，以及能看見庭院的外湯2處浴池

### ❖ 京都站周邊 ❖

## 季楽 京都 銭屋町
●きらくきょうとぜにやまち

屋齡超過50年的京都町家改裝而成，概念為「日本的泡澡文化」。獨棟建築內有內湯及外湯，打造出有如公共澡堂般的空間。將過去實際用於澡堂的磁磚做成的工藝品也值得一看。

**MAP** 附錄④P.25 C-1
☎075-253-6776 ┗IN15:00～／CHECK OUT～11:00 ¥1房約50000円～（最多5人／純住宿）※視日期而異，詳情於官網確認 所京都市下京区銭屋町258 地鐵五條站即到 P無

↑以女湯的朱紅色門簾為意象的「朱」其中一房。除了西式床鋪，也有準備日式床墊

↑為了重現2樓設有休息室的江戶時代澡堂，1樓設計成浴室，2樓為客廳
↑「藍」與「朱」2棟相鄰的包棟式旅宿

### 充滿開闊感的裝潢令人讚賞 客房隨處可見逗趣巧思

這裡最讓人迷戀
**中庭**
中庭保留了過去便存在的倉庫，感覺古色古香。從大廳欣賞此處景色或走過來散步都是好選擇

### ❖ 京都御所 ❖

## Nazuna京都御所
●ナズナきょうとごしょ

穿過門簾後，迎面而來的是有挑高中庭，充滿開闊感的大廳。7間客房分別以「八橋」、「串團子」等和菓子命名，並使用帶有房名元素的獨特藝術品裝飾。

**MAP** 附錄④P.13 B-1
☎075-708-6870 ┗IN15:00～／CHECK OUT～11:00 ¥1人約20000円～（純住宿）※視日期而異，詳情於官網確認 所京都市中京区花立町255-1 地鐵丸太町站步行5分 P無

↑辦完入住手續後可在「囲炉裏Lounge」享用和菓子與茶
↑傳統倉庫翻新之後搖身一變成浴池，可在此享受約40分鐘的聲光藝術體驗

↑入口位在衣棚通上，從丸太町通往南走約一個街區即可抵達

## 年輕老闆致力傳承美好的澡堂文化

**懷舊氣息滿分！**
**燒柴**
不論是燒水或再加熱都還是使用柴火

早上僅週日有營業

### 到大浴池裡暢快泡澡吧！
# 色彩繽紛的懷舊澡堂

京都沒有溫泉，那洗澡是不是就只能淋浴了呢？別擔心，其實京都有許多充滿懷舊氣息、特色鮮明的澡堂值得一訪！

---

☆ 京都站周邊 ☆

## サウナの梅湯
● サウナのうめゆ

年輕的老闆出面接手原本即將停業的澡堂，因而引起熱烈討論。更衣處依稀可見昭和時代的面貌，浴場的磁磚及拱形壁畫十分別緻。

**MAP** 附錄④P.24 D-1
☎ 080-2523-0626 🕐14:00～翌2:00（週日6:00～12:00亦有營業）¥450円
休 週四 所 京都市下京區岩瀧町175
🚃 京阪清水五條站步行5分 P 無

● 閃亮的霓虹燈讓白色建築物在夜晚更加顯眼
● 大廳充滿懷舊感，天花板也很有特色

---

☆ 西陣 ☆

## 船岡溫泉 ●ふなおかおんせん

創業之初為料理旅館，1933年時轉型為澡堂。貼滿整面牆的花磚及欄間的細膩裝飾等奢華絢麗的裝潢令人驚嘆。

**MAP** 附錄④P.22 E-2
☎ 075-441-3735 🕐15:00～翌1:00（週日為8:00～）¥450円 休 無休 所 京都市北區紫野南舟岡町82-1 🚃 市巴士千本鞍馬口下車步行5分 P 有

● 過去原本是料理旅館，因此門面十分氣派

● 還有露天浴池，感覺就像來到了溫泉旅館

**懷舊氣息滿分！**
**花磚**
大正時代流行的花磚營造出異國風情

### 因氣氛獨樹一格而列為國家登錄有形文化財

● 通往浴場的走道上也貼滿了花磚！

---

### 到底是澡堂還是咖啡廳？

京都是座澡堂林立的城市，保留了舊時澡堂的樣式及氛圍打造出的咖啡廳現在也十分熱門。

---

### 在維繫人與人緣分的寬敞咖啡廳自在放鬆

挑個自己有天窗，空間相當寬敞。

## Hashigo Cafe ●ハシゴカフェ

店名隱藏了「希望成為人與人之間的橋樑」的含意。將桌子嵌在浴池內等具特色的設計值得留意。

**MAP** 附錄④P.26 A-1
☎ 075-862-0845 🕐11:00～18:00
休 週三、四 所 京都市右京區太秦青木ヶ原町3-4 🚃 嵐電常盤站步行5分 P 有

● 店門口的梯子即代表了店名

**懷舊氣息滿分！**
**浴池**
冷水浴用的小浴池搖身一變成為包廂

● 大人午餐1078円分量十足，每天變換菜色

---

### 古色古香的陳設讓人感覺像是走進了時光隧道

● 店內牆面貼滿花磚，看起來美

☆ 西陣 ☆

## さらさ西陣 ●さらさにしじん

前身是深受西陣的富裕人士喜愛的藤森湯。牆壁貼滿了鮮豔的磁磚，挑高的天花板營造出開闊空間。由於音響效果良好，晚上還會舉辦現場表演。

**MAP** 附錄④P.22 F-2
☎ 075-432-5075 🕐11:30～22:00（LO21:00）休 不定休 所 京都市北區紫野東藤ノ森町11-1 🚃 市巴士大德寺前下車步行6分 P 無

● 放了滿滿柴魚片的貓咪炒飯940円

**懷舊氣息滿分！**
**唐破風**
屋頂的唐破風裝飾很有氣勢，建築為大正時代的建築樣式

● 屋齡90年，散發成熟穩重的氣息

# 祇園 河原町
### ぎおん・かわらまち

切通し進々堂
是藝妓的愛店
➡P.73

**在這個區域最想做的3件事**

**1** 充滿京都風情的祇園➡在P.70介紹的花街悠閒散步&走訪藝妓最愛的甜品店

**2** 前往京都在地人的廚房錦市場➡P.80探索美食。晚上在木屋町、先斗町➡P.78小酌，認識夜晚的京都

**3** 在質感店鋪林立的三條通➡P.82採買摩登時尚風格雜貨及伴手禮

在這裡散步超舒服

漫步於雅緻的花見小路➡P.70

MALEBRANCHE加加阿365 祇園店➡P.72

鴨川河景晚餐➡P.76

京都的好味道全都聚集於此

在錦市場可以找到各種京都名產➡P.80

## 遊玩的祕訣

### 旅遊旺季建議以步行移動

賞櫻或旅遊旺季時搭公車、計程車常會遇到塞車。祇園～河原町在步行可到的範圍內，不妨選擇步行移動，順便欣賞街道風景。

### 雨天時可以走地下道

阪急的京都河原町站與阪急的烏丸站之間，在四條通的地下有地下道相連，遇到下雨的話可以改走這裡。

## 推薦行程
需要時間5小時

京都站出發
搭市巴士100、206系統約20分，櫻花、紅葉季約30分

地鐵四條站 — 步行5分 — **4** 錦市場 P.80 — 步行15分 — 白川南通 P.70 — **3** 巽橋 P.70 — 步行10分 — 西花見小路 — **2** 建仁寺 P.86 — 步行10分 — 花見小路 P.70 — **1** 八坂神社 P.84 — 步行即到 — 祇園巴士站

**4** 錦市場
**3** 巽橋
**2** 建仁寺
**1** 八坂神社

START 祇園
GOAL 烏丸

周邊圖
附錄④ P.12・13

## 在怎麼拍照都美的花街 來趟優雅散步

藝妓往來穿梭的祇園花街是來到京都一定要造訪的景點。人潮相對稀少的早晨時段能讓你在此悠閒散步&盡情拍照打卡。

**早**

沿著超有情調的白川散步，心情也美麗起來♪

## 深入體驗祇園・河原町風情

從早到晚都有值得探索的迷人之處！

### 日劇及廣告中也會出現的夢幻場景 無比浪漫的河畔石板小徑

### 白川南通 しらかわみなみとおり
MAP 附錄④ P.16 C-2

蒼翠的柳樹與朱紅色的神社外牆在這條位於白川畔，長約200m的石板小徑上形成了美麗構圖。連日劇及廣告也曾前來取景，春天的櫻花更是不可錯過！

### 小巧鳥居內是 花街的守護神

**Question** 何謂 **花街**？

指的是茶屋、日本料理餐廳等聚集的區域，白天有時還能看到藝妓前去學習才藝，穿梭街頭的身影。京都目前有5處花街。

### 辰巳大明神 たつみだいみょうじん
MAP 附錄④ P.16 C-2

別名「祇園的稻荷神」。能保佑精通各種才藝、生意興盛，因而受到在花街工作的人尊崇。早晨有時還會有藝妓前來參拜。

◐雖然只是間小神社，但肩負了守護御所辰巳方位（東南）的職責

穿上和服漫步街頭、吃美食、嗑甜點、夜晚散步……，祇園・河原町這一區充滿了令人期待的事。從早到晚驚喜與樂趣不斷，絕對讓你度過精彩的一天。

### 巽橋 たつみばし
MAP 附錄④ P.16 C-2

橫跨白川，極富情調的一座小橋。在紅色窗櫺的茶屋及姿態嬌柔的柳樹襯托下，把握機會多拍些美照吧。

◐周邊的私有道路為禁止攝影區域，請留意路上的告示牌！

◐可愛的燈籠

### 花見小路 はなみこうじ
MAP 附錄④ P.17 C-4

從四條通往南會來到這條典雅的茶屋及料亭林立，人來人往的小路。路上可看到許多藝妓及身穿和服的人，到建仁寺的一路上都洋溢花街的繁華氣息。

### 充滿情調的別緻小橋

◐雖然推薦早上前來以避開人潮，不過晚上的氣氛也很棒

### 祇園最熱鬧的大街 兩旁茶屋及料亭林立

◐從四條通走進來的轉角便是著名的「一力茶屋」

## 日本旅遊必備！全系列熱銷10萬本

**焼肉手帳**

給美食家的燒肉寶典

東京書籍出版編集部 編

燒肉店串燒店菜單全攻略

從此不煩惱

全134種

吃燒肉必攜 您不可不知的肉知識手冊

人人出版

**燒肉手帳**
作者：東京書籍編輯部
規格：192頁 / 9 x 16 cm
人人出版 定價：250元

## 教你點燒肉、吃燒肉

帶著書就能
看懂日文菜單
說出日語發音
知道價位的參考
讓你晉身燒肉達人！

牛肉、豬肉、
馬肉、雞肉、
鴨肉 5大種類

おいしい～Yakiniku
到日本吃燒肉必攜！

---

## 早起參加坐禪體驗

### 在低調的禪寺徹底洗滌心靈

早晨來到靜謐的禪寺體驗坐禪，身心倍感舒暢！放鬆緊繃的神經後，空氣感覺格外清新。

→坐禪會從短時間開始，第一次接觸的人也不用擔心

→坐禪結束後可以觀賞悉心整理的庭園，放鬆一下

### 兩足院 りょうそくいん
MAP 附錄④ P.17 C-5

京都歷史最悠久的禪寺「建仁寺」的塔頭，也因藝妓會來此祈求良緣而聞名。夏至前後的時節會特別開放參觀（往年為5月中旬～7月上旬）。

☎075-561-3216 ▶坐禪時間為8:30等 ¥坐禪體驗2000円（需預約，附參拜本尊）休不定休 所京都市東山區大和大路通四条下ル4丁目小松町591 建仁寺山內 ➡京阪祇園四條站步行7分 P無 ※於官網預約(http://ryosokuin.com)

→參加坐禪需在開始前10～20分鐘到場

---

## 來頓美味早餐幫自己補充活力

### 用京都家常菜打開元氣的開關

用充滿京都風情的日式早餐拉開一天的序幕，保證讓你活力滿分。

↑附咖啡的家常小菜早餐套餐 650円（7:00～10:00）

### 京菜味のむら 烏丸本店
きょうさいみのむらからすまほんてん
MAP 附錄④ P.15 B-3

以蔬菜為主，每天變換菜色的家常小菜帶來滿滿營養及植物纖維。可從超過10種的小菜中挑選4種，白飯及雜糧飯還能吃到飽。

☎075-257-7647 ▶7:00～19:00（LO18:30）休無休 所京都市中京区蛸薬師通烏丸西入ル橋弁慶町224 ➡地鐵四條站／阪急烏丸站步行5分 P無

### YAMAMOTO喫茶
やまもときっさ
MAP 附錄④ P.16 D-2

柔軟的麵包之間夾著鬆軟可口的玉子燒，早餐還附沙拉及飲料。手工布丁也是人氣美食。

☎075-531-0109 ▶7:00～17:00 休週二 所京都市東山区白川北通東大路西入ル石橋町307-2 ➡地鐵東山站步行5分 P無

### 招牌美食 玉子燒三明治為你帶來好心情

↓玉子燒三明治套餐 850円。早餐時段為7:00～11:00

# 京都風甜點讓人忍不住大買特買

造訪空間、概念、口味、設計全都帶有京都元素的巧克力店購物，不論買伴手禮或自己吃都是最佳選擇。

## MALEBRANCHE 加加阿365 祇園店

マールブランシュ かかおサンロクゴぎおんてん

**MAP 附錄④P.17 C-4**

用巧克力豐富生活，讓人每天都能沉浸在京都風情中享用巧克力的專賣店。吉祥物加加阿是一隻抱著可可豆的貓咪，超可愛！

📞075-551-6060 ⏰11:00～17:00
休無休 🏠京都市東山区祇園町南側570-150 🚇京阪祇園四條站步行5分
🅿無

↑完美融入祇園街景的町家建築

**Menu**
加加阿365 2個裝
**1080円**
365天每天推出不同花紋的巧克力

**Menu**
京之宙
**1顆350円～**
共有30種，巧克力上以代表京都各名勝的紋樣裝飾

## 午

造型可愛逗趣而且還能抽獎

戎是吉祥物加加阿！

↑加加阿巧克力棒各431円

美味巧克力與京都風情的邂逅

---

# 到錦市場體驗在地人的生活

錦市場是江戶時代初期的魚市場發展而來，有超過120間店鋪聚集於此。許多食物都可以只買1個、1串，適合從頭吃到尾。

**➡錦市場 P.80**
➡五顏六色的繽紛拱頂約有390m長
➡想找在地美食的話來這裡就對了

逛街、購物、吃美食
樂趣無窮的市場！

超開心！

極品鰻魚丼上蓋著鬆軟可口的玉子燒

**Menu**
錦糸丼（中）**2600円**
鬆軟的玉子燒與濃郁的鰻魚堪稱絕配

玉子燒加了高湯，煎出蓬鬆軟嫩又多汁的口感，是擁有深厚「高湯文化」的京都獨到的好滋味

## いづ重

いづじゅう

**MAP 附錄④P.16 D-3**

從名店「いづう」獨立出來的老店。結合了爐灶炊煮的米飯、鯖魚、料亭使用的醋所帶來的美味自創業以來不曾改變。也有許多長年支持的忠實顧客。

📞075-561-0019 ⏰10:30～19:00
休週三、四 🏠京都市東山区祇園石段下
🚇京阪祇園四條站步行10分 🅿無

➡店面鄰近八坂神社，散發懷舊氣息。也可在此購買伴手禮

---

# 午餐享用京都代表性美食

來到京都懂得吃這些東西的話，代表你是行家！午餐時間就前進實力派名店大飽口福吧。

↑建築物散發大正時代的氣息。於2樓和式座位每月舉辦一次的落語會很受歡迎

## 京極かねよ

きょうこくかねよ

**MAP 附錄④P.14 E-3**

大正時代創業的鰻魚料理專賣店。鰻魚以備長炭烤至軟嫩，並刷上傳承100年不曾更換的祕傳醬汁。芳香氣味讓人感覺幸福極了。

📞075-221-0669 ⏰11:30～21:00（LO20:30）休不定休 🏠京都市中京区六角通新京極東入ル松ヶ枝町456 🚇阪急京都河原町站步行7分 🅿無

人氣超過100年的美食

**Menu**
鯖魚壽司與豆皮壽司套餐 **1788円**
渾圓飽滿的壽司看起來超誘人

離海遙遠的京都過去在喜慶場合一定會吃鯖魚壽司及箱壽司。自若狹運來鯖魚的沿途所經之處還被稱為鯖魚街道

**69**

## 在典雅和風空間品嘗抹茶＆黃豆粉甜點

在祇園周邊散步走累了，就來道和風甜點補充元氣吧。抹茶＆黃豆粉的高雅香氣及滋味百吃不膩。

### 甜美誘人的芭菲上出現了熟悉臉孔

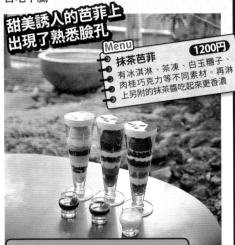

**Menu**
抹茶芭菲　**1200円**
有冰淇淋、茶凍、白玉糰子、有肉桂巧克力等不同素材。再淋上另附的抹茶醬吃起來更香濃

### YOJIYA CAFE GION
よーじやカフェぎおんてん
**MAP** 附錄④ P.16 C-3

吸油面紙名店所開的咖啡廳。除了有該店註冊商標——京都女性臉龐圖案的芭菲及卡布奇諾外，還提供瑞士捲等甜點，可以盡情品嘗一番。

☎075-746-2263 ⏰10:00～19:30（有季節性變動）休無休 所京都市東山區祇園町北側266 井澤ビル2F 🚃京阪祇園四條站步行5分 Ｐ無

### 在口中溫柔融化新鮮現做黃豆粉冰淇淋

**Menu**
新鮮現做きなな　**700円**
可吃到店面附設的工房現場製作的冰淇淋。口感細緻滑順，能感受到黃豆粉的柔和風味在口中擴散開來

### 祇園 きなな
ぎおんきなな
**MAP** 附錄④ P.17 C-4

使用丹波黑大豆等各種天然素材的黃豆粉冰淇淋專賣店。除了原味以外，還有黑芝麻、紅豆等5種口味。

☎075-525-8300 ⏰11:00～18:00，週六、日11:00～18:30 休不定休 所京都市東山區祇園町南側570-119 🚃京阪祇園四條站步行6分 Ｐ無

---

## 去藝妓也愛光顧的名店一探究竟

即便是忙著學才藝或工作的藝妓，見到好吃、可愛的東西依舊是無法招架♡來看看祇園藝妓的愛店有何厲害之處吧！

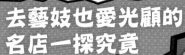

➡店內帶有昭和時代的懷舊感。藝妓的千壽札十分壯觀

花街的老牌咖啡廳高人氣

### 切通し進々堂
きりとおししんしんどう
**MAP** 附錄④ P.16 C-3

深受花街人士喜愛的老字號咖啡廳。著名的水果凍是由藝妓所命名，與帶有酸味的檸檬口味「黃黃～的」搭成一組當作伴手禮也不錯。

➡夾了炸維也納香腸與小黃瓜的維也納黃瓜吐司 350円

☎075-561-3029 ⏰10:00～16:00 休週一，有不定休 所京都市東山區祇園町北側254 5 🚃京阪祇園四條站步行4分 Ｐ無

**Menu**
紅紅～的・綠綠～的　各**350円**
紅紅～的為酸甜草莓口味，綠綠～的為哈密瓜口味

### 遵循傳統製法製作的糖果與黑糖蜜甜點

**Menu**
糖果店的焦糖餡蜜　**1060円**
混合以京都糖果傳統技法煮出芳香氣味，且甜味高雅的焦糖蜜享用

### 家傳京飴 祇園小石
かでんきょうあめぎおんこいし
**MAP** 附錄④ P.16 D-3

創業至今超過85年的糖果店，深受祇園的藝妓及表演工作者喜愛。店內陳列了各式各樣的特色京都糖果，並附設甜品店「茶房こいし」。

☎075-531-0331 ⏰10:30～18:00（視季節而異）休無休 所京都市東山區祇園町北側286-2 🚃京阪祇園四條站步行5分 Ｐ無

➡1936年創業的糖果店

---

## 換個口味來點不一樣的新鮮出爐的美味麵包午餐

京都人是出了名的愛吃麵包，因此京都的麵包自然也不同凡響。高水準麵包與京都風情食材的美味組合，絕對讓肚子與心靈都滿足！

### 新鮮出爐鬆軟可口吃起來的感覺有如米飯♪

**Menu**
窖藏吐司　**1320円**
搭配奶油、果醬、紅豆餡等，每天不同口味的3種抹茶享用。還附白味噌高湯的特製濃湯

### 京都祇園茶寮
きょうとぎおんさりょう
**MAP** 附錄④ P.17 D-4

老倉庫翻新而成的咖啡廳，可望見八坂神社周邊古色古香的街景。推薦美食是在店內的工房烘焙的「窖藏吐司」。使用京都蔬菜製作的餐點及抹茶飲品、甜點等也很受歡迎。

☎075-746-6728 ⏰10:00～17:30 休不定休 所京都市東山區祇園町南側506 🚃阪急京都河原町站步行12分 Ｐ無

➡抹茶拿鐵 970円
焙茶拿鐵 880円

➡「八坂銅鑼燒」1個490円，是伴手禮的好選擇

⬇店內空間安靜舒適，可感受到小庭院灑落進來的和煦陽光

## 京都的美味家常料理
## 拉近了人與人的距離

深入體驗祇園・
河原町風情

**晚**

### 太郎屋 たろうや
MAP 附錄④P.15 B-4

在町家家常菜具始祖級地位，老闆娘與女兒親手製作的料理吃到溫暖的家常味。包含時令蔬菜在內共有60種菜色，最後別忘了來份炒烏龍麵。

☎075-213-3987 ⏰17:00～22:00 休週日、假日（逢連休則週日營業）所京都市中京区新町通四条上ル東入ル觀音堂町473 地鐵四條站／阪急烏丸站步行4分 P無

**撞木圖子** しゅもくずし

從四條烏丸的大馬路轉進來的T字形小巷。由於形狀類似鳴鐘用的佛具撞木而命名

Menu 鯡魚煮茄子 600円
高湯滋味都煮進了食材之中

Menu 炊煮青菜豆皮 440円
高湯的鮮味擴散至口中每個角落

Menu 馬鈴薯沙拉 550円
焦糖色的甘甜洋蔥更添滋味

## 鑽進行家才知道的巷弄內
## 大飽口福

越是不起眼的小巷深處，越有在地人愛去的美味店鋪，這就是京都的神奇之處。只要掌握了這些巷子裡的美食，你也稱得上是京都通！人氣名店建議事先訂位。

---

雞蛋拌飯 605円
醪味噌小黃瓜 495円

融合義式風情的日本酒吧

### 柳小路TAKA やなぎこうじタカ
MAP 附錄④P.14 E-4

曾在米蘭名店擔任懷石料理主廚的崇先生所開的店。店內為開放式廚房，可在此輕鬆享用高品質的料理，而且價格實惠。

☎075-708-5791 ⏰12:00～21:30 休週二 所京都市中京区中之町577 柳小路はちべえ長屋 阪急京都河原町站步行3分 P無

### 柳小路 やなぎこうじ

新京極旁約60m的小路。途中有供奉狸貓的「八兵衛明神」，還能保佑招來戀情

⚑認明小巷內的燈籠就對了

只點半合也OK！細細品嘗眾多美酒

松本酒場

### 松本酒場 まつもとさかば
MAP 附錄④P.17 B-4

位於祇園巷弄內的時髦居酒屋。京都的在地酒等來自日本全國的日本酒、燒酎品項豐富。最著名的美食是當令食材的炭火燒烤與稻草炙燒料理。

☎075-531-9559 ⏰17:30～24:00（LO23:30）休週日（有不定休）所京都市東山区大和町18-18 京阪祇園四條站步行即到 P無

關鯖魚一夜干 880円

⚑一部分餐點可選擇大、小，自己一個人來也沒問題

Menu 稻草炙燒鰤魚 1630円
鰤魚鮮味全都濃縮在了一起。日本酒半合500円～

還想繼續喝下去！續攤好所在

---

Menu 新鮮水果氣泡燒酎調酒 檸檬638円，草莓682円
使用了滿滿新鮮水果，十分順口好喝 ※稅另計

輕鬆自在享用正統和食

### 京都スタンド Kiyo kiyo きょうとスタンドきよきよ
MAP 附錄④P.16 A-3

人氣和食居酒屋「京家きよみず」以自在享用正統和食為概念所開的立飲居酒屋。提供種類豐富、每天變換菜色的家常菜與各式在地酒，能輕鬆享用京都的當令美味。

☎075-223-4733 ⏰14:00～22:30（LO22:00）休不定休 所京都市中京区鍋屋町220-1 FORUM木屋町先斗町ビル1F通路奧 阪急京都河原町站即到 P無

### サケホール益や サケホールますや
MAP 附錄④P.15 C-3

不論是柔順好入口，或受到行家好評的日本酒一應俱全，總共提供40款日本酒。每週不同內容的品酒套餐（4款1100円～）也是內行選擇。

☎075-708-7747 ⏰11:30～14:00，17:30～22:30LO（週六日、假日為15:00～）休不定休 所京都市中京区蛸藥師通烏丸東入ル一蓮社町298-2 地鐵四條站／阪急烏丸站步行5分 P無

## 成熟優雅風情令人著迷

Menu 炸章魚佐柴漬塔塔醬 600円
章魚搭配柴漬塔塔醬一同享用

Menu 鯖魚鹽麴燒 715円
能吃到鯖魚細膩的好滋味，很適合下酒

美好的京都夜晚還沒有結束。轉戰立飲居酒屋及日本酒餐廳續攤＆小酌吧。

69

清水寺周邊 93
嵐山周邊 107
伏見稻荷・京都站周邊 121
銀閣寺周邊 133
二條城御所周邊 143
金閣寺周邊 151
稍微走遠一點 159

→觀眾席上方可看見破風式及格子狀天花板等傳統樣式

→有年底慣例進行的顏見世公演及每月公演，總是吸引大批觀眾入場

## 第一次看歌舞伎的 Q&A

**Q** 沒有相關知識也可以看嗎？

**A** 當然可以！建議邊欣賞舞台上的表演，邊搭配語音導覽。

**Q** 如何打發幕間休息時間？

**A** 可以去商店買伴手禮，或在館內外的餐廳吃東西，也可以帶食物進來吃。
※飲食請遵守劇場之防疫相關規定

松葉的鰊魚蕎麥麵 →P.89

ひさご寿し的維進卷 →P.90

歷史超過400年的歌舞伎殿堂是祇園的地標

2020年『吉例顔見世公演』一景

## 造訪知名劇場
## 接觸日本傳統文化精髓

人氣演員的精湛演出及華麗的藝術表現吸引了眾多粉絲！即使從沒看過也還是值得前去觀賞一次。

### 南座 みなみざ
**MAP** 附錄④P.16 B-3

歌舞伎是江戶時代發源於京都的傳統表演藝術之一，南座自當時至今已經營超過400年，是日本專門上演歌舞伎的劇場中歷史最悠久者。

☎075-561-1155 ┗¥休視公演而異 所京都市東山區四条大橋東詰 ●京阪祇園四條站即到 P無

## 結合傳統與現代風的
## 複合設施有許多特色商店

↑開闊的空間吸引人潮造訪

↑非住宿旅客也能前往飯店8樓的餐廳及酒吧消費

能夠隨心所欲放鬆休憩的「立誠廣場」很有人氣，不僅白天很有看頭，古色古香的建築物到了夜晚在燈光照射下也別有風情，同樣非常推薦。

### 立誠Garden Hulic京都
りっせいガーデンヒューリックきょうと
**MAP** 附錄④P.16 A-2

位於高瀨川畔的舊立誠小學校舍重新打造而成的商業設施，保存了羅馬式的近代建築並賦予新生命，並有首度進軍關西的飯店「THE GATE HOTEL 京都高瀨川 by HULIC」及圖書館、餐廳等進駐。

✆無 ┗視店鋪而異 休無休 所京都市中京區蛸藥師通河原町東入ル備前島町310-2 ●阪急京都河原町站步行3分 P無

## 特色商店在此！
※示意圖

↑沙拉午餐盒（附湯）700円含有AMACO的麵包及可挑選口味的乳酸發酵Labre湯、沙拉醬，十分健康

↑AMACO飲品 400円～除了原味，還有加入了檸檬水特調、紅葡萄汁特調等不同口味

↑京都醬菜老店「西利」旗下的新品牌

### AMACO CAFE
アマコウカフェ

AMACO是米與麴菌做成的甜麴進一步以Labre乳酸菌發酵得到的產物。可以在這裡吃到運用其自然的甜味做出的麵包、甜點、飲品。

☎075-746-3123 ┗10:00～21:00（有可能變更）休無休

## 用甜點為
## 京都的夜晚畫下句點

不喝酒的人在夜晚的京都一樣能找到樂趣。找間晚上也有營業的咖啡廳，享受夢幻的甜點時光吧。

**Menu**
**冰淇淋水果布丁 900円**
布丁添加了煉乳，口味香醇，並以滿滿水果及香草冰淇淋搭配

↑王冠雞蛋三明治・原味800円。夾有厚玉子燒，吃起來相當有分量

深夜的布丁是禁忌的美味

↑店內空間是以巴黎夜總會的後台為概念

### 喫茶 le GABOR
きっさガボール
**MAP** 附錄④P.16 A-1

招牌品項是京都咖啡廳文化最經典的布丁。有莓果、巧克力、起司蛋糕、迷你泡芙等6種，讓人不知從何選起。雞蛋三明治也是不可錯過的美食。

☎075-211-7533 ┗15:00～23:00（LO22:30），週六日、假日為12:00～ 休週三 所京都市中京區三条木屋町東入ル中島町103 フジタビルB1 ●京阪三條站步行4分 P無

享受舒適的涼風吹拂
在鴨川河岸度過浪漫優雅時光

夏天的納涼床超有情調

# 鴨川沿岸的河景美食餐廳

告訴你！
## 納涼床最強懶人包

**什麼是納涼床？**
架設在鴨川沿岸，可以用餐、喝酒的露臺。由於這裡的座位非常熱門，建議及早預約。

**什麼時候去會有？**
每年5月1日至9月30日會有納涼床，白天僅在5月與9月開放。餐廳本身則是全年都有營業，任何時候皆可造訪。

**那價格大概是多少？**
建議預算先抓在3000円～。絕大多數的店會另收座位費，一般大多是500～1000円。

5～9月出現在鴨川沿岸的川床，也就是納涼床，是京都最著名的夏季風情畫。邊欣賞河景，邊用餐、喝飲料，望著水面的點點燈火，感覺浪漫極了。

---

**泰式料理**
## 佛沙羅館
● ぶっさらかん **MAP** 附錄④P.17 A-5

在保留了昭和時代風情的町家建築，品嘗以宮廷料理為基礎的泰國菜。使用正統泰式香料及調味料，並以符合日本人喜好的溫順口味呈現。

☎ 075-361-4535 ⌚ 11:30～14:30LO，17:00～22:00LO 休 週三，2月需洽詢 所 京都市下京区木屋町通松原上ル美濃屋町173-1 阪急京都河原町站步行7分 P 無

悠閒自在品嘗泰式宮廷料理

↓所有座位皆能望見鴨川及東山

**清邁全餐**
5500円
主食為綠咖哩或泰式炒河粉二選一。最低2人起

納涼床info
預算4000円～
（白天為1300円～）
座位費800円
可預約

納涼床info
預算6000円～
（白天為2500円～）
座位費 無
需預約

**露瑚會席** 6000円
夏天能吃到當令的狼牙鱔，是充滿季節感的經典全餐

夏天在京都當然要吃狼牙鱔料理

---

**和食**
## みます屋 MONAMI
● みますやモナミ **MAP** 附錄④P.17 A-5

使用傳統爐灶炊煮的米飯及南部鐵器烹煮的京都蔬菜、土雞是店家最自豪的美食。提供可吃到9種家常小菜的午餐套餐及單點料理等豐富的菜色，價格也非常實惠。

☎ 075-341-1766 ⌚ 11:30～14:30，17:30～23:00（LO為打烊前30分）休 不定休（僅週六日、假日供應午餐）所 京都市下京区木屋町通松原上ル和泉屋町160 1F-101 阪急京都河原町站步行5分 P 無

納涼床info
預算4500円～
（白天為2000円～）
座位費550円
（點全餐則無）
可預約

以法國料理手法呈現和食的鮮美滋味與細膩

**東山全餐** 4378円
使用了大量蔬菜，因此深受女性喜愛。最低2人起

↓可在此感受到下木屋町的恬靜氛圍

---

**和食**
## 割烹 露瑚
● かっぽうろこ **MAP** 附錄④P.14 F-1

店面所在的町家建築過去原本是旅館。精心製作的料理使用的都是主廚以獨到眼光挑選的當令食材。整修過後的2樓為酒吧，可在吧檯與露臺喝酒。

☎ 075-212-0297 ⌚ 11:30～14:00（LO13:30）、17:30～22:00（LO20:00）休 不定休 所 京都市中京区木屋町御池上ル上樵木町491-6 地鐵京都市役所前站步行3分 P 無

→飯後可以在露臺悠閒地休息一下

最愛拍火車的作者
鐵道攝影父子
廣田尚敬.廣田泉

## 日本電車大集合 1922 款

作者：廣田尚敬，廣田泉，坂正博
規格：296 頁 / 21 x 25.8 cm
人人出版　　　定價：650 元

日本的火車琳瑯滿目，
不禁令人好奇，
日本到底有多少款火車？

本書是目前集結數量最多、
也最齊全的日本鐵道車輛圖鑑，
從小孩到大人皆可一飽眼福。

本書特色　　　　　　　人人出版
1. 介紹多達 1922 款日本電車
2. 以區域別、路線別，看遍行駛全日本的各式列車
3. 大而精采的圖片讓愛火車的你一飽眼福

---

京都町家也能吃到
正統餐酒館料理

### 餐酒館
# イカリヤ食堂
●イカリヤしょくどう　**MAP** 附錄④P.17 A-4

油封全雞等在國外習藝過的廚師們帶來的各種古典料理非常吸引人。侍酒師會幫忙從豐富的款式中挑選出最適合搭配料理的葡萄酒。

☎075-276-2067　🕐11:30～13:30、17:00～21:00　休週一（逢假日則翌平日休）　🏠京都市下京區木屋町団栗橋下ル斎藤町138-2　🚃阪急京都河原町站步行5分　🅿無

**ikariya 基本全餐**
> 3700円
> 能同時吃到油封料理、法式凍派等該店的知名及經典美食

**納涼床info**
> 預算4000円～
> （白天為2800円～）
> 座位費700円
> 可預約

↤隨風搖擺的柳枝彷彿帶來了涼意

### 酒吧
# Bar ATLANTIS
●バーアトランティス　**MAP** 附錄④P.16 B-3

有吧檯的納涼床僅此一處。使用當令水果調製的雞尾酒很受女性喜愛，不論是在這裡邊喝酒邊賞夕陽，或是吃完飯來此悠閒地小酌一杯都很棒。

☎075-241-1621　🕐18:00～24:30　休無休　🏠京都市中京區四条先斗町上ル松本町161　🚃京阪祇園四條站步行5分　🅿無

**雞尾酒**
> 900円～
> 酒單上的酒多達500種以上。京都風原創雞尾酒也很值得推薦

---

在傍晚的河風吹拂下
小酌一杯

**納涼床info**
> 預算2000円～
> 座位費1000円
> 5～9月底不開放預約

↤微醺時的晚風吹拂感覺舒服極了

---

## 更經濟實惠的選擇 納涼床咖啡廳

納涼床初體驗就先從喝咖啡開始
### STARBUCKS COFFEE 京都三条大橋店
スターバックスコーヒーきょうとさんじょうおおはしてん　**MAP** 附錄④P.16 B-1

位於三條大橋的橋頭，期間內可隨時在納涼床享用自己平時愛喝的咖啡。旅行途中如果走累了，就來這裡放鬆一下吹吹風吧。

☎075-213-2326　🕐8:00～23:00（納涼床營業期間需於官網確認）　休不定休　🏠京都市中京區三条通河原町東入中島町113　🚃地鐵三条京阪／京阪三條站即到　🅿無

↤完美結合咖啡文化與京都的傳統文化

老字號巧克力專賣店在夏天推出納涼床咖啡廳
### Salon de Royal 京都本店
サロンドロワイヤルきょうとほんてん　**MAP** 附錄④P.14 F-1

1935年創業的老牌巧克力專賣店。店內面向鴨川的窗戶為整片落地窗，營造出開闊奢華的空間。5月至9月底可在川床悠閒品嘗咖啡。

☎075-211-4121　🕐11:00～18:30　休無休　🏠京都市中京區木屋町通御池上ル樵木町502　🚃地鐵京都市役所前站步行3分　🅿無

↤可將櫥窗中展示的甜點拿來納涼床享用

↑鄰近先斗町歌舞練場

夏季同樣有風雅的納涼床
京都的四季風情化作美料理

## 先斗町是怎樣的地方?

先斗町是京都著名的花街之一，主街道為南北綿延500m的細長石板路，周邊的巷弄兩旁也有許多店家。

↑可從大片的窗戶望見鴨川景色

## 先斗町 魯ビン
ぽんとちょうろビン

**MAP** 附錄④ P.16 B-2

完美展現屋齡160年的町家建築韻味，夏天同樣提供納涼床的京都料理餐廳。夏天使用狼牙鱔及香魚，冬天使用金目鯛及鴨肉製作的料理看起來賞心悅目。以特製土鍋炊煮嚴選當令食材做成的釜飯也是人氣美食。

☎075-222-8200 ⏰11:30～13:30、17:00～21:30 休無休 京都市中京区先斗町通若松町137-4（二番路地奧北）市巴士河原町三条下車步行8分 P無

**晚間全餐**
**6600円～**
豪邁使用各種主廚精心挑選的當令食材。中午也有3300円～的超值全餐。※納涼床需另付座位費

散發大人味的

# 木屋町 & 先斗町

這裡與祇園齊名，是京都繁華夜生活的代名詞。最近還出現了許多氣氛友善的店家，女性或獨自一人前來也不會感到不自在，京都的夜晚將越來越精彩。

甜點是另一個胃！
晚上開始營業的甜點酒吧

吃完晚餐後來個甜美收尾

# Lilou リル

**MAP** 附錄④ P.16 B-2

老闆是「神戶北野飯店」的前甜點主廚，出自其手的翻轉蘋果塔、芭菲、鹹派、油封料理等與自然派葡萄酒堪稱絕配。自製蛋糕1000円～。

☎090-9219-1360 ⏰18:00～翌2:00（LO翌1:00）休週一 京都市中京区先斗町四条上ル松本町161 先斗町ウエノビル2F 阪急京都河原町站步行3分 P無

❶草莓＆香蕉等季節芭菲（1500円～）與帶有高貴香氣的甜點酒（1200円～）很對味 ❷店面打造為居家風格，一個人來也不會不自在

文人雅士也讚不絕口
名店的家常料理

## 先斗町ますだ
ぽんとちょうますだ

**MAP** 附錄④ P.16 B-2

櫃檯上擺滿了各式京都風家常小菜。曾在老字號餐廳瓢亭習藝的老闆憑藉道地的好滋味擄獲了歷史作家司馬遼太郎等眾多文人的心。

☎075-221-6816 ⏰17:00～22:00（LO21:20）休週日 京都市中京区先斗町四条上ル下樋木町200 阪急京都河原町站步行5分 P無

**小芋頭燉蔬菜拼盤**
**1100円**
能吃到各種當令食材的高雅料理

**生壽司** **880円**
使用在錦市場採買的新鮮鯖魚製作

祇園・河原町

69

清水寺周邊
93

嵐山周邊
107

伏見稻荷・京都站周邊
121

銀閣寺周邊
133

二條城・京都御所周邊
143

金閣寺周邊
151

稍微走遠一點
159

欣賞窗外四季皆美的景色
品嘗極品鍋物

### 高湯風味京都蔬菜拼盤
**918円**
以簡單的手法呈現時令京都蔬菜。口味溫和，吃起來毫無負擔

### 蔥柚子雜炊
**1026円**
柚子的香氣讓人食慾大開。滿滿的九條蔥讓人吃了全身都暖呼呼

## 木屋町是怎樣的地方?

位在高瀬川以西，四條通以南的道路。特色是從正統和食到洋食、立飲酒吧等各種不同類型的餐廳在這裡都找得到。

## 高瀬川 くりお
たかせがわくりお
**MAP 附錄④ P.17 A-4**

以簡單的調味突顯食材本身鮮味的料理為最大賣點，手工土鍋豆腐是這裡的知名美食。從1樓便能望見高瀬川，春天及秋天還有櫻花、紅葉等美景可欣賞。

☎ 075-344-2299 ⏰ 17:00～23:00（LO22:30） 休週三
🏠 京都市下京区四条河原町下ル船頭町237-1 🚃 阪急京都河原町站即到 🅿 無

## 彩席ちもと
さいせきちもと
**MAP 附錄④ P.16 A-3**

創業300年的老字號料亭「京料理ちもと」的姐妹店。著名美食「玉子寶樂」的雞蛋口感有如舒芙蕾般鬆軟可口，午餐時段也吃得到。中午全餐4400円～，晚間全餐7700円～。

☎ 075-351-1846
⏰ 11:30～14:30、17:00～20:30 休週一（逢假日則營業，翌日休）
🏠 京都市下京区西石垣通四条下ル斉藤町116（四条大橋西詰）🚃 阪急京都河原町站步行3分
🅿 無

↑位在總店的斜對面

豐盛華麗的便當能吃到正統料亭滋味

### 彩點心
**3080円**
集結了燉煮料理、生麩等約16道菜色，並附玉子寶樂及甜點。菜單每月替換

↑提供約50款自然派葡萄酒

### 無菜單全餐
**4800円**
大量使用了產自京都靜原的蔬菜，從前菜到主菜、甜點等共有5道料理

## バイタルサイン
**MAP 附錄④ P.17 A-4**

擁有和食及法國料理經歷的老闆帶來的蔬菜料理為最大魅力。蔬菜巧妙的搭配及細膩的事前處理所造就的美味料理讓人吃了身心都滿足。來杯適合搭配蔬菜的葡萄酒也不錯。

☎ 075-286-3558 ⏰ 12:00～15:00（LO14:00）、18:00～22:00（LO21:30） 休週二（週三、四、五的午餐）🏠 京都市下京区西木屋町通四条下ル船頭町235
🚃 阪急京都河原町站步行4分
🅿 無

來自京都靜原的有機蔬菜味道一級棒

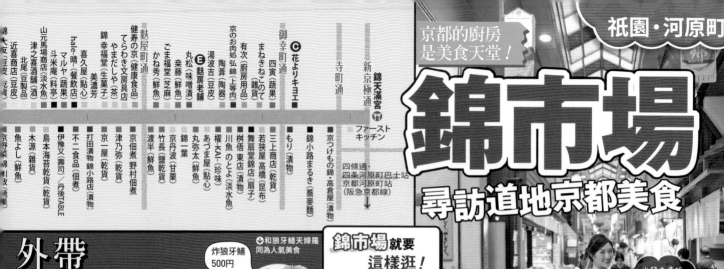

京都的廚房是美食天堂！

# 錦市場

## 尋訪道地京都美食

錦市場的前身是江戶時代初期創建的魚市場，東西向長約390m的拱頂商店街聚集了超過120間店鋪。京都美食尋寶之旅，就從這裡開始吧。

阪急京都河原町站步行3分　MAP附錄④P.14 D-4

**錦市場就要這樣逛！**

1. 大多數店家營業時間為10:00~17:00，週三公休。中午時段人潮十分擁擠，建議避開這個時間才能逛得比較盡興。

2. 這裡的串燒或炸物可以只買1串、1個，想品嚐少量多種美食絕不是問題，而且近來許多店家還增設了內用區。禁止邊走邊吃。

3. 如果想悠哉吃東西，也可以外帶回住宿處。把自己喜愛的京都美食擺滿整桌盡情享用，或買來下酒都很不錯。

## 外帶

逛市場最大的樂趣，就是商品都直接擺在店門口，從醬菜、熟食到甜品一應俱全，一不小心就會買到停不下來。把握難得機會，順便買些京都美食當伴手禮吧。

錦花枝 520円
→吃得到高湯滋味的爽脆麵衣也是一絕

豆皮奶油可樂餅 1個310円
→酥脆口感教人欲罷不能

照燒狼牙鱔 500円
→烤魚專賣店獨有的好味道

炸狼牙鱔 500円
→和狼牙鱔天婦羅同為人氣美食

豆漿甜甜圈 10個300円
→剛起鍋的甜甜圈口感鬆軟

## 伊藤若冲生於錦市場的蔬果批發商家

畫家伊藤若冲生於錦市場的蔬果批發商家，他擅長描繪動植物等日常生活中常見的題材，平成時代以後備受世人矚目。錦市場的西側入口立有伊藤若冲出生地舊址的紀念碑，東側入口及鐵捲門等處也能看到他的作品。

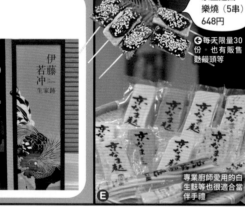

京生麩田樂燒（5串）648円
→每天限量30份。也有販售麩饅頭等

專業廚師愛用的白生麩等也很適合當伴手禮

玉子燒 小530円
→以利尻昆布柴魚片等食材煮成的高湯風味十分突出

黃豆沙麵包 190円
→塞滿了使用大量蛋黃製成的白豆沙餡，是這裡的人氣豆沙麵包

職人以精湛技術製成的玉子燒，必須在大火烹調中迅速地將凝固的蛋由前往後捲

---

**D** 帶有高湯風味鬆軟可口的玉子燒
### 三木雞卵
みきけいらん

技巧純熟的職人製作的玉子燒是招牌商品。店家自豪的高湯是以昆布及高級柴魚片燉煮而成。濃郁的黃豆沙麵包也很受歡迎。

☎075-221-1585　🕐9:00~18:00　休無休
MAP附錄④P.14 D-4

**C** 橄欖油的清香令美味加倍
### 花よりキヨエ
はなよりキヨエ

使用高級橄欖油「Kiyoe橄欖油」炸成的可樂餅是人氣商品。使用充滿京都特色的豆皮及抹茶打造的美食菜單也不容錯過。

☎075-746-5811　🕐10:00~18:00　休不定休
MAP附錄④P.14 D-4　可內用

**B** 使用豆漿製作各種健康甜點
### こんなもんじゃ錦店
こんなもんじゃにしきてん

以「京とうふ藤野」的豆漿製作的甜甜圈吃起來酥脆輕盈，口味柔順。不會太甜的豆漿霜淇淋及香濃豆皮切片也是人氣美食。

☎075-255-3231　🕐10:00~18:00（視季節而異）　休不定休
MAP附錄④P.14 D-4

**A** 撲鼻香氣讓人食指大動
### 魚力
うおりき

1919年創業的烤魚專賣店。販售慶祝用的鯛魚、鰻魚、牛眼青鮭、鰆魚等當令魚類。其中又以銅板價就能吃到的京都名產狼牙鱔最受歡迎。

☎075-221-4003　🕐10:00~19:00（售完打烊）　休不定休
MAP附錄④P.14 D-4　可內用

有名水湧出且坐落鬧區的神社
### 錦天滿宮
にしきてんまんぐう

供奉學問之神菅原道真。神社正好面向新京極通，在此守護有京都廚房之稱的錦市場。境內還有名水從地下湧出。

☎075-231-5732　🕐8:00~20:00　¥免費　休無休
MAP附錄④P.14 E-4

日本酒手帳

作者：東京書籍編輯部

規格：224頁/9x16 cm

人人出版 定價：250元

\日本旅遊必備/
## 全系列熱銷10萬本

本書羅列全日本
✓ 196個知名酒廠品牌
✓ 750款以上的日本酒

詳列風味特色，邀您共享日本酒的世界！

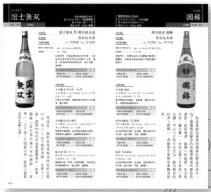

搭配好酒，
讓美味更上一層樓！

系列作 手指壽司｜燒肉手帳｜雞尾酒手帳

魚・魚乾
乾貨類
餐飲店
漬物（醬菜）
上等肉品、雞肉雞蛋、佃煮・熟食小菜
豆腐類、米穀、家庭用品雜貨
蔬菜・水果
點心・茶
鮮花
其他

錦小路通

© 2022 Peanuts Worldwide LLC

內用

除了外帶服務，錦市場也有許多附設內用區的商店。不妨帶著輕鬆愉快的心情入店好好吃喝一頓，休息之餘也用京都美食幫自己充電。

◆錦市場也是江戶時代畫師伊藤若冲的出生地，布幕及鐵捲門上都能看到他的作品

◆在市場的鮮蠔酒吧品嘗滋味濃郁的牡蠣
◆鮮度極佳，吃起來超彈嫩～

口感彈嫩的烤牡蠣

中午就可以來這裡喝酒、吃牡蠣，也很受在地人喜愛

史努比抹茶拿鐵 880円

史努比山藥饅頭 495円

融合了史努比與日式元素的茶屋

◆可愛造型讓人捨不得吃掉 G

胡士托造型豆腐蔬食咖哩（含牛肉）1408円

◆史努比造型的棉花糖在上頭漂浮 G
◆帶有高湯香氣的原創和風咖哩

G 店內到處都有史努比，睜大眼睛找看看吧

### G 史努比與日式元素完美融合的茶屋
## SNOOPY茶屋 京都・錦店
スヌーピーちゃやきょうとにしきてん

能吃到以人氣漫畫《PEANUTS》為主題的各種餐點及甜點。史努比的足跡及身影隱藏於店內各個角落，不妨試著找找看。

☎075-708-7174 ⏰10:30～17:30（午餐LO16:30，咖啡LO17:00）休無休
MAP 附錄④P.14 D-4 可內用

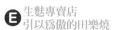

### F 一整年都能吃到美味的牡蠣
## 錦 だいやす
にしきだいやす

隨時提供4種來自日本全國、當下正值產季的生牡蠣。就用烤牡蠣、海鮮料理、充滿活力的市場風景配酒，在這裡小酌一杯吧。

☎不公開
⏰12:00～18:00左右 休週三
MAP 附錄④P.15 C-4 可內用

### E 生麩專賣店引以為傲的田樂燒
## 麩房老舖
ふさろうほ

這間生麩老店的手工田樂燒在不裹粉直接油炸的生麩上塗滿了自製味噌。有小米、芝麻、艾草3種口味。

☎075-221-0197
⏰9:00～18:00
休無休
MAP 附錄④P.14 D-4 可內用

國家重要文化財
舊日本銀行
京都分行

## 京都文化博物館
きょうとぶんかはくぶつかん

介紹京都歷史與文化的設施

令人眼睛一亮的紅磚建築

所 京都市中京区三条高倉
地鐵烏丸御池站步行3分
MAP 附錄④P.15 C-2

## 齒輪-GEAR-
ギア-GEAR-

在完全不使用台詞的情況下推動劇情發展的全新表演形式。能同時觀賞到霹靂舞、默劇等世界級表演，與光影交織的演出及令人感動的故事。無論大人或小孩都會興奮忘我地投入其中。

☎ 0120-937-882 (10:00～19:00)　視公演日而異　¥ S席6800円，A席4800円等
休 不定休（參照官網）　所 京都市中京区三条御幸町角 1928大樓3F　市巴士河原町三条下車步行3分　P 無
MAP 附錄④P.14 D-2

### 公演次數突破3400次！
### 持續刷新連續公演紀錄

↑廣受全世界矚目，源自京都的表演形式

舊每日新聞社京都支社

### 1928 大樓
1928 ビル

星形窗戶超特別
裝飾藝術風歷史建築

歷史建築與質感雜貨店林立

# 三條通

充滿特色的歷史建築林立的街區——三條通。這些建築內有各種文化景點及品味出眾的店鋪進駐，千萬不要只是單純路過欣賞外觀，不妨入內看看還有哪些驚喜正待人發掘。

Q 為什麼三條通有那麼多歷史建築？

A 三條通在明治時代是京都的主街道，銀行及商業設施在這個街區比鄰而立，建起一棟又一棟的紅磚建築。當時的建築在今日作為文化財保存下來，改頭換面成了博物館及時髦的商店、咖啡廳等。

---

注目SHOP

## 新風館　しんぷうかん

由20間商店及電影院「UPLINK」、首次進軍日本的「ACE HOTEL」等構成的複合設施。完美融入京都景觀的建築內配置了坪庭、以巷弄為意象的通道等，打造出供人好好放鬆休憩的空間。

☎ 075-585-6611
11:00～20:00，餐飲為 8:00～24:00
※ 視店鋪而異　休 無休　所 京都市中京区烏丸通姉小路下ル場之町586-2　直通地鐵烏丸御池站　P 無
MAP 附錄④P.15 C-2

↑一整年都吃得到，附抹茶蜜煉乳
外帶為1227円（含稅）

↓館內有綠意盎然的庭院，增添了逛街時的樂趣

↑其中一部分使用了舊京都中央電話局的紅磚建築

攝影 / Forward Stroke inc.

# 新風館
就在三條通附近

超吸睛！

對流行敏銳度高的商店進駐
也深受在地人喜愛的地標建築

在這個以傳統與革新為概念，結合了京都風情與最新流行元素的複合設施，能夠感受京都的時下脈動。

逛三條通時記得順便造訪！

# 寺町通

寺町通位在三條通北側，有許多古董商店及別具特色的老店。街道洋溢著恬靜的氣氛，可在此悠閒舒適地購物。

## 寺町通是這樣的地方

寺町通的歷史可追溯到豐臣秀吉下令將寺院集中的時期。以數不清的神社、寺院為首，這一帶還有藝廊、舊書店、擴香物及文具老店等林立，可享受知性購物之旅。

代表京都的
**極品茗茶**

↑平時暖簾為咖啡色，初夏～9月則會換成白色

←也有附設喫茶室嘉木

→煎茶（附茶點）1100円～

### 一保堂茶舖
いっぽうどうちゃほ

自1717年經營至今的高級京都茗茶專賣店。可以在附設的喫茶室享用細心沖泡的好茶及時令和菓子。

☎075-211-4018 ⏰10:00～17:00（喫茶室為10:00～16:30）休無休 所京都市中京区寺町二条上ル常盤木町52 地鐵京都市役所前站步行5分 P有
MAP附錄④P.12 D-1

↑茶飲外帶為486円～

想在學校或公司使用
**充滿玩心的印章**

### 田丸印房 寺町店
たまるいんぼうてらまちてん

創業超過100年的老字號印章店，刻有原創圖案的印章很受歡迎。從可愛的動物圖案到惹人發笑的歷史人物，種類多達3000種以上。

☎075-231-0965 ⏰10:00～18:00 休無休 所京都市中京区寺町通三条上ル天性寺町522 地鐵京都市役所前站步行3分 P無
MAP附錄④P.14 E-2

**台詞印章** 858円
可依照情境使用不同台詞的印章

**迷你印章** 各330円
圖案十分討喜，擁有幾個都不嫌多

**重要印章** 858円
充滿幽默感的圖案逗趣極了

---

69
93
107
121
133
143
151
159

國家登錄有形文化財
**舊不動貯金銀行京都三條分行**

### SACRA 大樓
サクラビル

**文藝復興風格的
灰白色建築
留有大正時代風貌**

## Idola イドラ

提供以法國為中心，從世界各地收購的古董以及串珠、鈕扣等多種商品的手工藝材料店。獨家設計的飾品材料包也很受歡迎。

☎075-213-4876 ⏰11:00～17:00 休週二、三 所京都市中京区三条通富小路角SACRA大樓3F 地鐵烏丸御池站步行6分 P無
MAP附錄④P.14 D-2

如寶石盒般品項眾多 做手工藝變得更加有趣

**定位針** 各880円
以古董串珠裝飾的原創定位針

**法國現代鈕扣組** 1100円～
單純當作裝飾擺放也很美觀的鈕扣。另有眾多款式

---

### 椿ラボ京都 つばきラボきょうと

在這間選貨店可以找到西陣織、京都扇子、編繩等，運用京都傳統技術及美學打造而成的新舊元素結合商品。出自宣揚京都少女文化的創作者koha*的原創商品也值得留意。

☎075-231-5858 ⏰11:00～18:30 休週二 所京都市中京区三条通烏丸西入ル御倉町79 文椿大樓1F 地鐵烏丸御池站步行3分 P無
MAP附錄④P.15 B-2

京都市登錄有形文化財
**舊西村貿易店總部**

### 文椿大樓
ふみつばきビルヂング

**挑高設計具有開闊感
少見的木造洋樓建築**

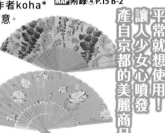

**環保購物袋** 9900円
經過撥水加工處理的實用購物袋

**koha*的京扇子 紫藤蝴蝶Nougat上 極樂淨土Aqua下** 各11000円
使用在京都進行捺染的布料製成的京都扇子。附收納袋、收納盒

平常就想使用！讓人少女心噴發 產自京都的美麗商品

---

## 本と野菜OyOy
ほんとやさいおいおい

販售有機農產品的京都企業「坂ノ途中」與旗下擁有書店的「鷗来堂」聯手打造的店鋪。素食的OyOy季節蔬菜拼盤廣受好評。

☎075-744-1727 ⏰11:00～20:00（週五六日為～21:00）※可能視日期而異，需確認官網

←陳列了植物、季節美食等精心挑選的書籍

↓週五六日限定的OyOy季節蔬菜拼盤1650円（含稅）

## お茶と酒 たすき 新風館
おちゃとさけたすきしんぷうかん

能享用使用京都各季節食材做成的刨冰，絕美造型非常適合拍照。這裡還有新風館限定的「酒冰」及用茶調製的原創雞尾酒等。

☎075-744-1139 ⏰11:00～21:00

→內用、外帶皆可

## 八坂神社
やさかじんじゃ

祇園巴士站即到　需時30分

MAP 附錄④ P.16 D-3　世界遺產

以消災解厄、驅除疾病、保佑生意興隆而著稱的神社，被視為京都的守護神。供奉的神明為素戔嗚尊、櫛稻田姬命、八柱御子神。在地人將這裡暱稱為「八坂神」、「祇園神」，名列京都三大祭之一的祇園祭正是這間八坂神社的祭典。

☎075-561-6155　⏰24小時開放參拜　¥免費　休無休
所京都市東山区祇園町北側625　🚌市巴士祇園下車即到
P無

以祇園祭的舞台聞名的神社

←北參道石板路上的紅葉

### 西樓門 重文財
にしろうもん

聳立於四條通東側盡頭的祇園象徵。除了西樓門之外，在另一條通往本殿的路上還有南樓門。

↑除了進獻儀式等活動，也會用來舉辦婚禮等的舞殿

### 美御前社
うつくしごぜんしゃ

本殿右側的參道上有一座供奉美神的神社。透過湧出的美容水祈求自己變美吧（→P.26）

### ＋more
擁有1150年悠久歷史
八坂神社的祭典祇園祭

從7月1日的吉符入開始，為期1個月的祭典。各山鉾町在16日、23日的宵山會出動完成組裝並以各種華麗道具裝飾的山及鉾，炒熱祭典氣氛。另外，烏丸通及四條通也只有在這個時候會變成行人徒步區，實施交通管制。山鉾巡行於17日與24日的早上開始進行。

祇園祭山鉾巡行（前祭）出動的函谷鉾

## 長樂寺
ちょうらくじ

八坂神社步行7分　需時30分

MAP 附錄④ P.18 D-2　世界遺產

在平安時代壇之浦之戰中獲救的平清盛之女建禮門院德子出家的寺院。這裡也是自古以來和歌稱頌的紅葉名勝。

☎075-561-0589
⏰9:00～17:00
¥500円　休週四（特展期間無休，過年期間開放）　所京都市東山区八坂鳥居前東入ル円山町626　🚌市巴士祇園下車步行10分
P無

↑本堂周邊美麗的紅葉風景

與平家物語有關清幽典雅的寺院

↑從和室可望見相阿彌打造的優美庭園

## 圓山公園
まるやまこうえん

八坂神社步行即到　需時20分

MAP 附錄④ P.18 C-2　世界遺產

園內有大片坡度和緩的丘陵，並規劃了環池的散步路線。這裡也是著名的賞櫻勝地，尤以獲得「祇園的夜櫻」美名的枝垂櫻更是聲名遠播。

☎075-561-1350（京都市都市綠化協會）
⏰園內不限　¥免費
休無休　所京都市東山区円山町ほか　🚌市巴士祇園下車步行3分　P有

↑園內有廣闊的水池

日本數一數二的枝垂櫻

↑位於園內中央的祇園枝垂櫻在夜空襯托下更壯麗

日本牛頓授權

**精彩圖解！**
**提升學習素養！**

國中～成人
皆可享受科普知識的樂趣

### 人人伽利略

單一主題，
縱向深入閱讀！
$350元起

### 伽利略科學大圖鑑

課外延伸，
橫向廣泛閱讀！
$630元

### 少年伽利略

重點摘要，
80頁輕量閱讀！
$250元

### 觀念伽利略

著重課內，
淺白基礎閱讀！
$280元起

**Galileo** 人人伽利略

日本牛頓出版社授權
圖解科普書第一品牌

---

知恩院 境內圖

社寺 **知恩院**
ちおんいん

八坂神社步行3分

需時 40分

世界遺產

**MAP** 附錄④P.18 D-1

建於推廣念佛的法然上人圓寂之地的淨土宗總本山。有國寶三門及名列日本三大梵鐘的銅鐘等諸多看點。「鶯張之廊下」等知恩院的七大不可思議也算是十分有名。

☎ 075-531-2111　🕐 9：00～16：30（受理為～16：00）
¥ 境內免費，友禪苑300円、方丈庭園400円　休 無休
🚉 京都市東山区林下町400　🚇 地鐵東山站步行8分　P 無

壯闊的伽藍 與華頂山對望

**三門** 國寶
さんもん

1621年奉德川秀忠之命所建造，為入母屋造本瓦葺屋頂的建築，高24m、寬50m，屋頂的瓦片約7萬片。是日本現存木造建築中最大的二重門。

↑重達約70噸的大鐘。由17個人撞擊的除夕夜之鐘是京都年底的風物詩

---

庭園美景 四季皆迷人

社寺 **青蓮院門跡**
しょうれんいんもんぜき

八坂神社步行10分

需時 40分

世界遺產

**MAP** 附錄④P.18 C-1

由於曾經是臨時御所（天皇或貴族的宅邸），因此也被稱為「粟田御所」，與皇室有深厚淵源的門跡寺院。以龍心池為中心，相傳由相阿彌所打造的室町時代池泉迴遊式庭園景色優美，四季各有不同風情。春秋兩季還有夜間點燈。

☎ 075-561-2345　🕐 9：00～17：00（受理為～16：30）
¥ 500円　休 無休
🚉 京都市東山区粟田口三条坊町69-1　🚇 地鐵東山站步行5分　P 有

↑華頂殿的紙門畫作出自木村英輝之手

↑可望見室町時代的池泉迴遊式庭園「相阿彌之庭」

---

**+more**

將京都美景盡收眼底的開闊視野
**將軍塚青龍殿**

**MAP** 附錄④P.6 E-2

位於青蓮院飛地境內將軍塚的巨大木造建築。從青龍殿前方的大舞台可眺望市區景色，作為新興觀光景點相當受歡迎。

☎ 075-771-0390
🕐 9：00～17：00（受理為～16：30），春、秋季夜間參觀為～21：30（入場為～21：00）
¥ 500円　休 無休
🚉 京都市山科区厨子奥花鳥町28　🚇 地鐵東山站搭計程車5分
P 有

可眺望京都盆地的舞台是清水寺舞台的4.6倍大

奧殿安置了日本三大不動畫之一的國寶青不動（複製品）

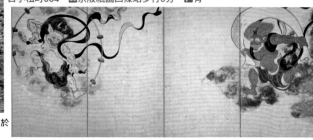

魄力十足的天井畫
看起來栩栩如生

## 雙龍圖
そうりゅうず

為紀念建仁寺創建800年，2002年時描繪於法堂的高天花板上，面積有108張榻榻米之多的壯闊超大水墨畫作。作品出自畫家小泉淳作之手，據說躍然紙上的雙龍蘊含了「降下法雨（佛法的教誨）」的祈願。

八坂神社步行8分

需時 40分

### 建仁寺
けんにんじ

MAP 附錄④P.17 C-4

世界遺產

自宋朝帶回禪與茶的榮西創建的臨濟宗名剎，是京都歷史最悠久的禪寺，相傳也是茶道的發源地。法堂的《雙龍圖》出自小泉淳作之手。俵屋宗達著名的代表作《風神雷神圖屏風》寄存於京都國立博物館，這裡平時展示的是數位複製品。

☎075-561-6363 ⏰10：00～17：00（受理至閉門前30分為止）💴600円 🈚4月19、20日，6月4、5日等 📍京都市東山区大和大路通四条下ル4丁目小松町584 🚃京阪祇園四條站步行5分 🅿有

## 潮音庭
ちょうおんてい

以三尊石為中心，無論從哪個方位觀賞都很美的本坊中庭。

⮕風神雷神圖為俵屋宗達筆下的國寶。真跡寄存於京都國立博物館，可以在建仁寺欣賞的是複製品

建仁寺步行即到

需時 15分

### 惠美須神社
きょうとえびすじんじゃ

MAP 附錄④P.17 B-5

世界遺產

日本三大惠比嘉神社之一，被暱稱為「京都的惠比神」，以保佑生意興隆聞名。每年1月8日起舉辦的十日惠美須大祭（初惠美須）熱鬧非凡。

☎075-525-0005 ⏰8：00～17：00（御寶印為8:30～）💴免費 🈚無休 📍京都市東山区大和大路通四条下ル小松町125 🚃京阪祇園四條站步行3分 🅿無

京都人耳熟能詳的神社「惠比神」

⮕向神明祈願時，要先在本殿正面參拜，再繞到左邊輕輕敲打側面的窗戶，再次傳達自己的心願

⮕可愛的老虎御神籤500円

需時 20分

### 兩足院
りょうそくいん

MAP 附錄④P.17 C-5

世界遺產

平時不對外開放，不過有開辦預約制的坐禪體驗等。現場會針對坐禪進行詳細說明，適合初學者參加而受到好評。

☎075-561-3216 ⏰坐禪體驗為8:30等 💴坐禪體驗2000円（需預約，附參拜正尊），特別開放1000円（含庭園散步）🈚不定休 📍京都市東山区大和大路通四条下ル4丁目小松町591 建仁寺山内 🚃京阪祇園四條站步行7分 🅿無 ※於官網預約 🌐www.ryosokuin.com

別開放參觀

別忘了順道造訪

建仁寺的塔頭

適合初學者的坐禪體驗

⮕池畔的三白草到了6月會長出茂盛白葉，會特

⮕集中精神、屏除雜念的難得體驗

## 知識與書香 的浪漫激盪

### 此生必訪 36 間絕美圖書館 14 間夢幻書店

古老修道院圖書館　　大學圖書館
皇家圖書館　　　　　劇院圖書館

### 世界絕美圖書館
128頁 18.4x23cm
定價:300元

## 有如仙境！ 童話國度中的夢幻城堡

### 精選 99 座知名城堡 & 宮殿

童話故事中的美麗古堡　　宗教聖地的絕美宮殿
知名電影取景古堡　　　　貴族氣氛的古堡旅館

### 世界絕美城堡 & 宮殿
128頁 18.4x23cm
定價:300元

---

傳說中小野篁
往來冥界的古剎

⬆相傳這口井是通往冥界的入口。以「六道」之名為在地人所知

### 社寺 六道珍皇寺 ろくどうちんのうじ
**建仁寺步行5分** 需時 15分

MAP 附錄④P.17 C-6

該地在平安時代位於通往墓地鳥邊野的入口，因此被視為現世與冥界的交會處「六道之辻」。每年8月7〜10日的六道參拜也相當有名。

☎075-561-4129　🕐9:00〜16:00（參觀冥界、往還之井等為預約制），春季寺寶特別開放4月29日〜5月5日前後，秋季寺寶特別開放11月上旬與下旬　¥600円（境內為免費）　休無休　🏠京都市東山區松原通東大路西入北側小松町595　🚉京阪清水五條站步行15分　Ｐ有

### 社寺 若宮八幡宮 わかみやはちまんぐう
**建仁寺步行8分** 需時 15分

MAP 附錄④P.19 A-5

供奉千古佳話中身懷六甲仍親自出征的神功皇后，受到源氏一門及武士虔誠信仰。神功皇后為育兒之神，同時也以美貌著稱，因此也有許多人前來祈求變美。

☎075-561-1261　🕐9:00〜18:00　¥免費　休無休　🏠京都市東山區五條橋東5-480　🚉市巴士五条坂下車步行3分　Ｐ無

供奉美貌與力量兼具的神明

🔼小鏡子御守
（附束口袋）
2000円

⬆據說能照出內在的鏡子，一旁的木牌上寫著「身心都要追求美麗」

## 走入古色古香的 町家長屋

### 安食路地
あじきろじ

MAP 附錄④P.17 A-6

房東決定「支持從事創作工作的年輕人」，而對外出租閒置許久的長屋。最初入住者有7人，彼此像家人一樣在此共同生活，是條保有舊日美好情懷的小巷。

🏠京都市東山區大黑町松原下ル2丁目山城町284　🚉京阪清水五條站步行5分

寧靜祥和有種懷舊感的空間

---

### 社寺 安井金比羅宮 やすいこんぴらぐう
需時 20分

MAP 附錄④P.17 C-5

以斬斷惡緣聞名的神社，有許多想斷絕男女姻緣乃至於與菸、酒、疾病之間惡緣的信眾前來參拜。9月的第4個週一會舉辦櫛祭，頭頂傳統髮型的女性組成華麗遊行隊伍繞行祇園一帶。

☎075-561-5127　🕐境內不限（授與所為9:00〜17:30）　¥免費　休無休　🏠京都市東山區東大路松原上ル下弁天町70　🚉市巴士東山安井下車即到　Ｐ有

以助人斬斷惡緣著稱的神社

⬆據說能斷絕各種惡緣。緣切緣結碑上貼滿了寫有心願的紙條

🔽也有許多希望人生重新出發的人來此參拜

### 社寺 六波羅蜜寺 ろくはらみつじ
**建仁寺步行5分** 需時 30分

MAP 附錄④P.17 B-6

由醍醐天皇的皇子空也上人開山，正尊為國寶十一面觀音。寶物館收藏了口中浮現6尊佛的空也上人像及平清盛等木像。

☎075-561-6980　🕐8:00〜17:00（寶物館為8:30〜16:30）　¥境內免費，寶物館600円　休無休　🏠京都市東山區五條通大和大路上ル東　🚉京阪清水五條站步行7分　Ｐ無

➡日本教科書中也出現過的空也上人像，是鎌倉時代佛教雕刻師康勝的作品。據說是表現上人唸誦的「南無阿彌陀佛」各個文字具現為佛的瞬間

🔽這裡也是西國三十三所觀音靈場的第17號札所

空也上人創建的寺院

## 咖啡廳 ぎをん小森
ぎをんこもり
**MAP** 附錄④ P.16 C-2

將過去茶屋風情加以活用的甜品店，是如今已蔚為風潮的町家和風咖啡廳先驅。芭菲、冰淇淋、蕨餅等多種抹茶甜點也是一大亮點。從和式座位可望見祇園白川的美麗景色，也不要錯過了。

☎075-561-0504
🕐11:00～20:00（LO19:30）🈺週三（逢假日則營業）🏠京都市東山區新橋通大和大路東入元吉町61 🚃京阪祇園四條站步行7分 🅿無

→ 融合日式與西洋元素的蕨餅芭菲1630円。可依喜好淋上黑蜜享用

彈嫩的口感讓人無法自拔

## 咖啡廳 京洋菓子司 Jouvencelle 祇園店
きょうようがしつかさジュヴァンセルぎおんてん
**MAP** 附錄④ P.17 D-4

巧妙運用和風素材的京都西點店所開的甜點咖啡廳。正如法文中有「少女」之意的店名，以女性感性打造的每一款甜品都令人著迷不已。

☎075-551-1511 🕐10:00～18:00（LO17:30）🈺週二（逢假日則營業）🏠京都市東山區八坂鳥居前南入清井町482 京ばんビル2F 🚃京阪祇園四條站步行10分 🅿無

← 上抹茶巧克力醬享用的祇園抹茶鍋1540円。祇園店限定
讓人不知從何吃起的和風口味抹茶鍋

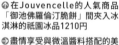
↑ 在Jouvencelle的人氣商品「御池佛羅倫汀脆餅」間夾入冰淇淋的祇園冰品1210円
↑ 盡情享受與微溫醬料搭配的美好滋味

← 店內裝飾著舞妓送給贊助人的扇子

## 美食 八代目儀兵衛
はちだいめぎへえ
**MAP** 附錄④ P.16 D-3

鄰近八坂神社，經常大排長龍的人氣名店。使用能帶出甜味的土鍋炊煮專家精心挑選的米，熱門祕訣在於只提供煮好10分鐘以內的米飯，貫徹對於美味的堅持。午餐的米飯可以自由續碗。

☎075-708-8173 🕐11:00～14:30、18:00～21:00（最後入店）🈺不定休 🏠京都市東山區祇園町北側296 🚃市巴士祇園下車即到 🅿無

← 京都勾芡親子丼銀舍利御膳（數量有限）1440円
老字號米店的米是美味的主角

↑ 可以吃到煮飯職人以土鍋炊煮而成、閃耀著美味光澤的米飯

## 美食 燒肉の名門 天壇 祇園本店
やきにくのめいもんてんだんぎおんほんてん
**MAP** 附錄④ P.17 B-4

搭配以牛骨湯為基底的「高湯」來享用的「燒肉」為其招牌。沾高湯品嘗能吃到肉本身的鮮味，而且尾韻更加清爽。千萬別錯過在別家店吃不到的獨門京都燒肉。

☎075-551-4129
🕐17:00～23:00（22:30LO，週六日、假日為11:30～）🈺無休 🏠京都市東山區宮川筋1-225 🚃京阪祇園四條站／阪急京都河原町站即到 🅿有

↑ 於1965年創業的人氣名店

← 搭配高湯享用京都燒肉
→ 肉質軟嫩無比，鮮美好滋味在口中擴散開來的天壇沙朗 1320円

## 景點 漢檢 漢字博物館・圖書館（漢字博物館）
かんけんかんじはくぶつかんとしょかん（かんじミュージアム）
**MAP** 附錄④ P.16 D-3

日本首座漢字博物館，館內首先映入眼簾的是排滿漢字的漢字5萬字塔。展示區有許多能夠動手體驗的裝置。也有展示最新的「今年的漢字®」、會舉辦企劃展等。

☎075-757-8686
🕐9:30～17:00（受理為～16:30）💴800円 🈺週一（逢假日則翌日休）🏠京都市東山區祇園町南側551番地 🚃京阪祇園四條站步行5分 🅿無

← 2020年獲得最高票的漢字「密」的巨大書法作品
巨大書法作品「今年的漢字」

← 緊鄰八坂神社。博物館內有許多能讓人快樂學習漢字的設計

## 購物 SOUVENIR 京都
スーベニールきょうと
**MAP** 附錄④ P.16 C-3

這間店鋪以京都×SOUVENIR為概念，販售各種成熟可愛、復古的品項。口金包、扇子、飾品等，每一季都會推出五花八門的商品。保留和風元素之餘，也融入了現代感設計，很適合在日常生活中使用。

☎075-551-5355 🕐10:30～20:30 🈺不定休 🏠京都市東山區祇園町南側577-1 🚃京阪祇園四條站步行3分 🅿無

↑ 店內氣氛沉靜，完美融入京都街景
挑件京都味十足的商品犒賞自己

→ 繽紛方格圖案波士頓包10120円

← Coquillage fleur 花卉耳環 2420円

69

---

## 美食 祇園くらした
ぎおんくらした
MAP 附錄④P.17 C-4

在祇園的中心地帶，以實惠價格就能享用京都料理。從時令京都蔬菜、狼牙鱔、馬頭魚等京都特有魚種以及京都產優質豬肉，到老店的豆皮、生麩、豆腐等京都嚴選食材都吃得到，讓人超級感動。

☎075-551-1505 🕐12:00～14:00、17:30～21:00 休不定休 所京都市東山区祇園町南側570-157 🚃京阪祇園四條站步行10分 🅿無

➡在嚮往的花見小路感受道地京都風情

➡以湯豆腐為中心，集結各種美味的超值午餐湯豆腐膳 3300円

⬆位於花見小路的懷石料理與湯豆腐餐廳。充滿京都風情的空間

---

## 美食 松葉
まつば
MAP 附錄④P.16 B-3

1861年創業。如今已是京都著名美食的「鯡魚蕎麥麵」，是第二代老闆著眼於對距海遙遠的京都而言很珍貴的海產去頭去內臟鯡魚乾所發想的菜色。據說許多京都在地人每年都會來這裡吃跨年蕎麥麵。

☎075-561-1451 🕐11:00～21:30（LO21:15）※可能變動 休週三（逢假日則翌日休）所京都市東山区四条大橋東入ル川端町192 🚃京阪祇園四條站即到

➡鯡魚蕎麥麵1485円。鯡魚的鮮美溶入清淡高湯中的風味教人欲罷不能

➡入口即碎的甜鹹鯡魚

➡位於南座旁，是鯡魚蕎麥麵的發源店

---

## 社寺 六角堂(頂法寺)
ろっかくどう（ちょうほうじ）
MAP 附錄④P.15 C-3

需時 15分

正式名稱為紫雲山頂法寺。相傳為聖德太子所建，因為御堂呈六角形而被稱為六角堂。境內有大棵的柳樹，據說用御神籤將2根枝條綁在一起就能得到良緣。這裡也是池坊花道的發源地。

☎075-221-2686 🕐6:00～17:00（納經為8:30～） ¥免費 休無休 所京都市中京区六角通東洞院西入堂之前町248 🚃地鐵烏丸御池站步行3分 🅿無

➡聖德太子建立的「六角堂」

⬆嵯峨天皇是在這棵柳樹下與皇后邂逅，因此被認為能夠保佑獲得良緣

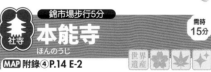

⬆把仿造鴿子停駐枝頭之姿的御神籤綁在六角柳上求取良緣吧

➡幸福鴿御神籤 500円

---

## 社寺 本能寺
ほんのうじ
MAP 附錄④P.14 E-2

需時 15分

因1582年明智光秀對織田信長發起本能寺之變而聞名。本能寺當時位在四條堀川，後來才搬遷至現址。正門雖然面向寺町商店街，境內卻出人意料地靜謐。寶物館有展示信長的遺物。

☎075-231-5335 🕐6:00～17:00 所境內免費，寶物館500円 休無休 所京都市中京区寺町通御池下ル 🚃地鐵京都市役所前站即到 🅿無

➡具歷史意義與信長有關的寺院

➡織田信長之墓位於本堂右後方

---

## 咖啡廳 Cafe BLUE FIR TREE
カフェブルーファーツリー
MAP 附錄④P.16 B-3

外酥內軟並且使用了大量奶油，厚度非比尋常的「夢幻美式鬆餅」出現了姐妹作。心形鬆餅上以心形奶油點綴，討喜的外型讓人看了心情很好。

☎075-541-1183 🕐9:00～19:00（LO18:00） 休週一（逢假日則營業）所京都市東山区大和大路四条下ル大和町6-1モア祇園1F 🚃京阪祇園四條站步行即到 🅿無

➡夢幻鬆餅化身可愛心形

➡搭配濃郁鮮奶油享用的心形美式鬆餅700円

➡光吧 坐在吧檯前，享受片刻悠閒時光

---

## 購物 祇園 京くらら
ぎおんきょうくらら
MAP 附錄④P.16 D-3

位於八坂神社前的京都生麩專賣店。常態提供超過12種生麩，除了經典的生麩田樂燒、紅豆粒餡，還有培根、米菓、柴漬等創意口味。能夠輕鬆享用京都名產，因此深受歡迎。

☎075-741-6353 🕐10:00～18:00 休無休 所京都市東山区祇園町北側294 🚃市巴士祇園下車即到 🅿無

➡造型可愛又討喜琳瑯滿目的生麩

➡生麩1串350円。還有季節限定口味等，讓人躍躍欲試

⬅店面就在八坂神社前，非常順路

---

## Okaffe kyoto
オカフェキョウト

錦市場步行5分

咖啡廳

MAP 附錄④P.15 C-4

擁有日本冠軍咖啡師等眾多頭銜的岡田章宏開設的咖啡廳。「花花公子特調」、拉花超美的拿鐵、歡樂的待客之道都很吸引人，引人逐漸愛上咖啡。

☎075-708-8162
🕐9:00～20:00
　（LO19:30）
休週二　所京都市下京区綾小路通東洞院東入神明町235-2
交地鐵四條站/阪急烏丸站步行3分
P無

⬆以巷弄深處岡田先生的剪影為路標

將咖啡道從京都帶向全世界！

⬅咖啡愛好者也盛讚的特製銅鑼燒鬆餅套餐（搭配抹茶拿鐵）1080円

## L'ELISIR 富小路本店
エリシアとみのこうじほんてん

錦市場步行即到

購物

MAP 附錄④P.14 D-3

經營義大利知名品牌的職人兼設計師加布里埃爾深受京都紅葉感動所設計的包包。融入紅葉、格窗、棋盤狀格線等京都元素的造型十分優美。

☎075-252-5711　🕐10:00～20:00　休無休
所京都市中京区富小路通錦上ルcaedeビル1、2F
交京阪三條站步行3分　P無

⬆展現傳統魅力的皮革包Madeira各49500円

⬇未在網路販售，只有這裡才買得到

以義大利傳統工法表現京都之美

## GOOD NATURE STATION
グッドネイチャーステーション

錦市場步行8分

購物

MAP 附錄④P.17 A-4

以「供應愛護人與大自然的友善商品」為概念的複合型商業設施。有超市、甜點店、餐廳、雜貨店等店鋪及飯店進駐。

☎075-352-3712　🕐視店鋪而異　休不定休
所京都市下京区河原町通四条下ル2丁目稲荷町318-6
交阪急京都河原町站步行即到　P有

在品味出眾的店鋪享受購物、吃美食的樂趣

⬆緊鄰著京都河原町站，位於京都高島屋南側，交通位置便利

⬆1樓的「MARKET」販售有機蔬菜及京都產食品等

## MARUZEN café 京都店
マルゼンカフェきょうとてん

錦市場步行8分

咖啡廳

MAP 附錄④P.16 A-2

以梶井基次郎的小說《檸檬》為舞台的書店所附設的咖啡廳。帶本書來看，順便點一道以《檸檬》為意象製成的甜點吧！

☎075-708-3408　🕐11:00～20:00（LO19:30）
休準同京都BAL　所京都市中京区河原町通三条下ル山崎町251京都BAL B2　交阪急京都河原町站步行5分　P無

買本《檸檬》來這裡看吧

1050円
⬆招牌甜點—檸檬與咖啡套餐

## ひさご寿し
ひさごずし

錦市場步行3分

美食

MAP 附錄④P.16 A-3

供應鯖魚壽司、狼牙鱔壽司、蒸壽司等京都壽司的人氣名店。以春天限定天然食材上色的豆皮捲讓人看了心曠神怡。除了能在店內享用之外，也是外帶或伴手禮的好選擇。維新捲的包裝紙上印有附近的幕末時期史蹟，充滿了京都味。

☎075-221-5409
🕐9:30～21:00
　（LO20:30）
休週三
所京都市中京区河原町通四条上ル塩屋町344
交阪急京都河原町站即到
P無

⬅面著河原町通，享有地利之便

色彩柔和美麗的壽司捲

⬆以蛋皮取代海苔，口味溫和的維新捲1540円

## yasai hori
ヤサイホリ

錦市場即到

美食

MAP 附錄④P.14 E-4

提供以當令蔬菜為主要食材的沙拉、炭火燒烤、燉煮料理等多種菜色。手工製作的醬料加上能吃到許多蔬菜的餐點健康滿分，十分受歡迎。擺盤及餐具等也很有時尚感。

☎075-555-2625
🕐17:00～23:00
休週二
所京都市中京区中之町565-11 新京極四条上ル花遊小路
交阪急京都河原町站即到
P無

以蔬菜為主角拍起來極美的餐點

⬅炭火燒烤各600円（未稅）與yasai hori mix juice各650円（未稅）

⬆吧檯上擺放著時令蔬菜。椅面的布材為西陣織

祇園・河原町

69

清水寺周邊 93
嵐山周邊 107
伏見稻荷・京都站周邊 121
銀閣寺周邊 133
二條城・京都御所周邊 143
金閣寺周邊 151
稍微走遠一點 159

## ☕ 咖啡廳 WEEKENDERS COFFEE 富小路
ウィークエンダーズコーヒーとみのこうじ

錦市場步行3分

**MAP** 附錄④ P.14 D-3

下京區的人氣烘豆店所開的咖啡站。隔著吧檯互動的距離恰到好處，告知自己的喜好，老闆就會從常備的8～10種豆子為客人挑選。

☎ 075-746-2206
🕐 7:30～18:00
休 週三（逢假日則營業）
所 京都市中京區富小路通六角下ル西側骨屋之町560
🚉 阪急京都河原町站步行8分
Ｐ 無

↻ 每天更換菜單，令人期待的手沖咖啡470円

↻ 隱蔽低調的咖啡站

在3坪大的店面尋找適合自己的豆子

## 🌸 玩樂 梅体験専門店「蝶矢」
うめたいけんせんもんてんちょうや

錦市場步行5分

**MAP** 附錄④ P.14 D-3

可從各有5種的梅子與砂糖、4種酒中選出自己喜歡的，做成原創梅子糖漿或梅酒。也可以進行試喝，努力做出自己喜歡的味道吧。

☎ 不公開
🕐 10:00～19:00（需最晚前一天在官網預約）
¥ 蝶矢梅材料組（店內手作體驗or外帶材料組）S（1杯份）1100円～
休 不定休
所 京都市中京區六角通堺町東入堀之上町108 CASA ALA MODE ROKKAKU1F
🚉 地鐵烏丸御池站步行7分
Ｐ 無

自製梅子糖漿打造個人專屬的味道！

↑ 在不傷梅子的情況下小心摘去蒂頭後，與砂糖交互疊放

↻ 琳瑯滿目的樣本。糖漿會因為不同的組合出現各種驚人變化！

## 🛍 購物 ぎぼし

錦市場步行3分

**MAP** 附錄④ P.14 D-4

1868年創業的昆布專賣店。著名商品綜合米果內含昆布、霰餅、蝦煎餅等超過20種零嘴。創業之初也有販賣下酒菜，綜合米果便是因此而誕生的品項之一。

☎ 075-221-2824
🕐 9:00～17:30
休 週日、假日
所 京都市下京區柳馬場通四条上ル立売中之町108
🚉 阪急烏丸站步行4分
Ｐ 無

口味高雅的昆布、霰餅、豆菓子大集合

鐵盒上的圖案是安藤廣重的畫作《京都名所之內淀川》

↻ 綜合米果160g1145円、800g145円

## 🛍 購物 鈴木松風堂
すずきしょうふうどう

錦市場步行3分

**MAP** 附錄④ P.14 D-3

明治時代創業的紙製品專賣店，方便收納的套疊盒等紙製與風雜貨一應俱全。可以從多種花色中挑選中意的圖案。

☎ 075-231-5003
🕐 10:00～18:00
休 不定休
所 京都市中京區柳馬場六角下井筒屋町409・410
🚉 地鐵四條站／阪急烏丸站步行8分
Ｐ 無

也能妝點居家空間的紙製雜貨

↻ 也能用來整理夾子這類小物的套疊式筆筒各1320円

## 🛍 購物 林万昌堂
はやしまんしょうどう

錦市場步行5分

**MAP** 附錄④ P.14 E-4

創業140年的店內飄著香甜味，是源自於在大鍋中翻炒的熱騰騰甘栗。使用產自中國河北、質地緊實的栗子，並且堅持每天只販售當天炒出來的甘栗。

☎ 075-221-0258
🕐 10:00～19:00
休 無休
所 京都市下京區四条通寺町東入ル御旅宮本町3
🚉 阪急京都河原町站即到
Ｐ 無

剛炒好的天津甘栗香氣撲鼻

↻ 面著四條通的店面交通便利

↻ 袋裝甘栗（200g）800円～

## 🌸 玩樂 聞香処
もんこうどころ

本能寺步行5分

**MAP** 附錄④ P.14 E-1

供應擴香商品、書畫用品、日式文具的老店「鳩居堂」推出的咖啡廳。可以挑選沉香或伽羅進行「聞」香體驗，結束後再享用店家精心準備的茶。

☎ 075-231-0510
🕐 13:00～17:00
¥ 香木沉香（附煎茶、茶點）1100円（伽羅為1760円）
休 不定休
所 京都市中京區寺町通二条下ル妙満寺前町464
🚉 地鐵京都市役所前站步行5分
Ｐ 無

↻ 使用電子香爐體驗聞香

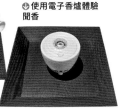
一面聞香一面欣賞坪庭景色

↻ 體驗結束後，可放鬆享用茶點與一保堂的煎茶

仿造咖啡廳風格輕鬆沉浸在聞香的世界

在氣氛恬靜的店內

## 🛍 購物 紙司柿本
かみじかきもと

本能寺步行6分

**MAP** 附錄④ P.14 D-2

江戶時代創業的和紙專賣店，販售手抄和紙及友禪紙等各式各樣的和紙。也有便箋、筆記本等豐富的原創商品，以舊布裝飾的朱印帖也很受顧客歡迎。

☎ 075-211-3481
🕐 9:30～17:00
休 週一、假日
所 京都市中京區下白山町310
🚉 地鐵京都市役所前站步行5分
Ｐ 無

近距離接觸和紙魅力

↑ 持續追求和紙的可能性的店家

↻ 亦可當御朱印帳使用的古布畫帖1980円

有專業的工作人員幫忙著裝！

從熱門和服中挑一套喜歡的來穿吧

身穿端莊和服 優雅漫步花街

為京都風景增色幾分的穿著──和服。京都有許多和服出租店，助人輕鬆一圓身穿和服漫步祇園街道的夢想。

## 可愛又迷人的和服琳瑯滿目
### きものレンタル 京都華心
きものレンタルきょうとかしん

連高難度的摩登和服穿搭也難不了店內的工作人員。包包、草履等配件也陸續有新品入庫，選擇非常豐富。店面位於白川南通，鄰近觀光景點及車站，交通位置便利。

☎ 075-525-5025　MAP 附錄④P.16 B-3
🕙10：00～18：00（最後歸還）　休無休　所京都市東山區弁財天町5ルイ1世ビル5F　🚉京阪祇園四條站即到　P無

來套摩登的黑白色系和服也不錯

推薦方案
優雅方案
4290円
可以從品牌和服中挑選的全套出租方案。穿上中意的和服，盡情漫步京都吧

蕾絲點綴的設計增添了時尚感

## 以正統著裝技術穿上喜愛的和服
### 夢美人
ゆめびじん

約有200套各種款式的和服。有幫忙著裝的專業員工及專業髮型師常駐店內，不僅能夠打造出最正統的和服造型，時尚感滿分的髮型也深受好評。也可以加價選擇在飯店歸還或郵寄歸還。

☎ 075-531-0177　MAP 附錄④P.16 B-3
🕙10：00～19：00（接待、歸還為～18：30）　休不定休　所京都市東山區常盤町151 ヴァリエギオン3F　🚉京阪祇園四條站即到　P無

推薦方案
正統造型方案
5500円
包括品牌和服或設計師和服、腰帶裝飾、羽織、披肩等，能夠穿出成套的華麗造型

## 能維持完美造型的定裝大受好評
### 京都着物レンタル ぎをん錦 祇園店
きょうときものレンタルぎをんにしきぎおんてん

由負責婚禮造型的專業著裝師及專門造型師協助著裝、整理髮型。早晨、週末、假日的費用均相同，令人開心。和服自不用說，包括各種配件也一應俱全。

MAP 附錄④P.16 D-3
☎ 075-708-2111
🕙9：00～19：00（接待為～17：00，歸還為～19：00）　休無休　所京都市東山區祇園町北側347 富貴ビル1F　🚉京阪祇園四條站步行7分　P無

走路就能到觀光景點！

1100円即可租到女性專用的羽織♡

推薦方案
大特價方案
4400円
預約價2090円
適合想要自己挑選喜愛花色及腰帶的人。事先預約還享有折扣

打理髮型只要多付1078円

大力推薦♡ 絕佳拍照景點 📷

↓朱紅色與綠色形成鮮明對比的「白川南通」是電視劇及廣告愛用的拍攝景點

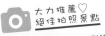

路上隨便拍都很美的「花見小路」。但要留意某些區域是禁止攝影的

→「辰巳大明神（辰巳神社）」是人氣景點。尤其推薦櫻花及新綠時節

大力推薦♡ 絕佳拍照景點 📷

↓白川之上的小橋「巽橋」。河畔的町家建築洋溢京都風情

大力推薦♡ 絕佳拍照景點 📷

※打烊時間有刊登店家的最終接待時間。和服歸還時間視店鋪而異。飯店歸還或隔天歸還也可能會另收費用，請事先洽詢、確認。

# 清水寺

きよみずでら

## 周邊

在這個區域
最想做的
**3**件事

**1** 前往京都的代表性觀光景點**清水寺➡P.94**，欣賞以「清水舞台」聞名於世的壯觀景色。到地主神社占卜戀情的發展方向

**2** 在**二年坂、產寧坂➡P.100**參道上的咖啡廳小憩片刻。漫步於古老町家林立、充滿風情的石板小路

**3** 到坐擁諸多熱門拍照景點的**八坂通➡P.101**，對著八坂塔、八坂庚申堂等建築拍下一張張美照

要祈求良緣就來這！地主神社➡P.97

二年坂まるんの小瓶罐糖果➡P.100很適合作為參道伴手禮

束猿掛飾十分吸睛的八坂庚申堂➡P.103

以「清水舞台」著稱的清水寺➡P.94

## 推薦行程

需要時間 3.5小時

**京都站**出發
搭市巴士100、206系統約17分。櫻花、紅葉季節時約30分

清水道巴士站
→ **八坂通** **3** P.101 步行3分
→ **八坂庚申堂** P.103 步行10分
→ **高台寺** **2** P.102 步行20分
→ 石塀小路 P.99
→ 寧寧之道 P.99
→ 二年坂 P.100
→ 產寧坂 P.100
→ 茶碗坂 步行15分
→ **清水寺** **1** P.94
→ 清水坂 P.98
→ 清水道巴士站

### 遊玩的祕訣

**盡量穿著輕便服飾**

清水寺周邊有許多坡道和階梯，所以最好穿雙好走的鞋。參道上的店家比鄰而立，想要慢慢逛逛的話記得預留多一點時間。

周邊圖
附錄④P.18・19

# 清水寺

きよみずでら

## 向觀音菩薩及神聖的瀑布祈求保佑

### DATA

MAP 附錄④ P.19 D-6
☎075-551-1234
🕐6：00～18：00（可能視季節變動）　💴本堂400円、夜間特別參觀400円　🈚無休　📍京都市東山區清水1-294　🚌市巴士清水道下車步行10分　🅿無

**世界遺產**

3月下旬～4月上旬　春、秋
11月中旬～12月上旬

歷史

寺院的本堂以「清水舞台」而聞名。始於奈良時代末期的778年，延鎮上人在音羽瀑布附近搭建草庵來供奉千手觀音。出外獵鹿的坂上田村麻呂路經此處飲水時，被延鎮上人（原名為賢心）勸誡不可殺生後開始信奉觀音，並將長岡京的紫宸殿遷來作為清水寺的本堂。

看點

鮮豔的朱紅色仁王門和三重塔為日本最大規模的建築，能欣賞到眾多國寶及重要文化財。從建於錦雲溪懸崖上的本堂可以一覽京都市街，春秋兩季的點燈活動也不容錯過。

## 絕對值得一看！不容錯過！

◉ 從舞台和奧之院眺望京都的絕美景色
◉ 造訪境內多個祈緣、祈福很靈驗的景點

**重文財**
### 朝倉堂
あさくらどう
由越前的朝倉貞景所捐贈，作為「法華三昧堂」而建。

**國寶**
### 本堂 P.97
ほんどう
建於音羽山的斷崖上，現存的本堂為1633年重建的木造建築

### New Topics
時隔50年順利完成檜木皮屋頂更換工程，整個舞台也煥然一新！

## 行前必知的重點

在參觀之前……

完全沒有用到一根釘子的
### 清水大舞台
本堂的舞台是突出於斷崖的「懸造式」建築。未使用任何一根釘子，一旦組裝完成就不會散開的結構又稱為「地獄組」，僅靠櫸木縱橫交錯的工法建造而成。

↑可從音羽瀑布附近仰望氣勢宏偉的木造結構

伴手禮店林立的
### 熱鬧參道
通往清水寺的坡道上有伴手禮店、餐飲店林立，逛起來非常有意思，當中也有可以外帶的甜點等美食，很適合邊走邊吃。

↑邊逛邊享受惬意漫步的樂趣

安置於仁王門的
### 京都最大的仁王像
仁王門是清水寺的正門，安置於其中的仁王像魄力十足，是鎌倉時代末期的作品，高達3m65㎝的規模為京都之最。

↑穿過鮮豔的朱紅色大門，往本堂前進

# 清水寺 周邊

**93**

## 四季更迭的景緻 也充滿魅力！

清水寺也是京都首屈一指的賞櫻、賞楓名勝。不僅如此，夏天的翠綠、冬天覆雪的舞台等也各具特色，一年四季吸引了許多遊客前來欣賞這片美景。

**秋** 從舞台往下望去的紅葉地毯美不勝收

**冬** 在寒冬中降臨京都的雪景

**夏** 初夏的新綠青翠之美

**春** 境內周邊有染井吉野櫻和山櫻盛放

---

**重文財 西門** さいもん
從這裡可以看到西山的日落美景

**重文財 三重塔** さんじゅうのとう **P.96**
號稱是全日本最高的三重塔

**重文財 經堂** きょうどう
堂內祭祀著釋迦三尊像

**重文財 田村堂（開山堂）** たむらどう（かいざんどう）
佛龕內供奉著坂上田村麻呂夫妻的木像

**重文財 轟門** とどろきもん
通往本堂的入口。天井的構造像是東大寺轉害門的縮小版

---

### 清水寺的七大不可思議

清水寺的「七大不可思議」也相當有名，而且藏於境內各處的「神祕傳說」實際上好像不只七個。至於是哪七大不可思議則眾說紛紜，這裡舉其中一部分來介紹。

**仁王門的腰貫**
據說面朝仁王門的方向拍打門的腰貫，門柱會在左側門、柱的腰貫貫聽到聲音。

**三重塔的鬼瓦**
三重塔的屋簷四角都有鬼面的裝飾瓦，但不知為何只有東南角是龍神的造型。

**石燈籠中的觀音菩薩像**
隨求堂前的石燈籠內有個觀音像，據說是平家的武將平景清用指甲在石頭上刻出來的。

**貓頭鷹之手水鉢**
位於轟門旁的「貓頭鷹之手水鉢」乍看之下只有青龍的造型，但其實仔細觀察水鉢底座的四角，會發現刻有貓頭鷹的圖案。

**轟門的祕密**
通過時不會覺得哪裡有異，並沒有門扉。而且門的前方明明沒有水流，卻架設了一座轟橋。究竟有何用意呢……？

### +more

**在清水舞台公布年度代表漢字！**

由日本漢字能力檢定協會主辦的活動，每年會選出一個最能代表該年度現象的「今年の漢字」。每年12月在清水寺的本堂公布票選結果。

2020年「今年の漢字」
密

主辦單位、照片提供：公益財團法人日本漢字能力檢定協會
實體物品目前在漢檢 漢字博物館·圖書館（漢字博物館，→P.88）展示

# 參拜清水寺的境內！

清水寺境內有許多值得一看、祈願很靈驗的景點！不妨參考境內參拜的行程範例，掌握以絕佳效率參觀的重點，盡情享受輕鬆遊逛清水寺的樂趣。

色彩鮮豔的正門威風凜凜地矗立著

## +more

### 仁王門前的狛犬

通常狛犬石像都是嘴巴一開一闔的「阿吽」造型，但仁王門前這對狛犬卻是「阿阿」造型，也就是雙雙張開大嘴的模樣。

## 1 重文財

### 仁王門
におうもん

首先映入眼簾的建築是朱紅色外觀、有赤門之稱的仁王門。門內兩側分別供奉著一尊京都最大的木雕仁王像。

高聳入雲的朱漆三重塔

## 2 重文財

### 三重塔
さんじゅうのとう

日本規模最大的三重塔建築，每逢櫻花和紅葉季節還能欣賞到如夢似幻的點燈樣貌。於1987年整修之際，重新漆上了朱紅色。

## 3

### 隨求堂（慈心院）
ずいぐどう（じしんいん）

供奉著能實現所有心願的大隨求菩薩。在象徵菩薩胎內的暗室裡繞行一圈，碰觸到刻有梵字的隨求石後祈願，走出來會感覺內心彷彿重生一般。

※環遊胎內目前暫停中，需確認最新資訊

到塔頭寺院體驗環遊胎內

## 推薦！參拜行程 需時約60分

| 6 音羽瀑布 | | 5 地主神社 | | 4 本堂（舞台） | 3 隨求堂 | 2 三重塔 | 1 仁王門 |
|---|---|---|---|---|---|---|---|
| 重文財 | 奧之院 | 重文財 | 出世大黑天 | 國寶 弁慶的木屐和錫杖 | 重文財 | 重文財 | 重文財 |

◀ 徒步10分　奧之院 ◀ 步行即到　◀ 步行即到　◀ 步行即到　◀ 步行2分　◀ 步行即到　◀ 步行即到

收費區域

祇園・河原町 69
清水寺 周邊
嵐山 周邊 107
京都站 周邊 121
伏見稻荷 周邊 133
銀閣寺 周邊 143
二條城・京都御所 周邊 151
金閣寺 周邊 159
稍微走遠一點

源源不絕傾瀉而下三條清澈的瀑布

93

## 6 音羽瀑布
おとわのたき

祈願SPOT

亦為「清水寺」名稱由來的日本名水，又有「金色水」、「延命水」之稱。相傳飲用後可以長生不老、無病息災，也有人會取來泡茶。

### 洗去煩惱

祈願SPOT

奧之院的後方有尊濕手觀音，聽說舀水淋在觀音的肩上，就能代替自己洗淨所有煩惱。

穿過鳥居後，順著石階一路走上去就會看到戀愛占卜石

地藏尊
釋迦堂
濕手觀音
奧之院
能清楚看到舞台的全景
阿彌陀堂
5 地主神社
戀愛占卜石
成就院
千體石佛群
弁財天
弁慶的木屐和錫杖
4 本堂
春日社
WC
舞台
中興堂
北總門
田村堂(開山堂)
朝倉堂
出世大黑天
6 音羽瀑布
寶性院
3 隨求堂(慈心院)
經堂
轟門
從這裡仰望舞台極為壯觀！
搖頭地藏
馬柱
1 仁王門
鐘樓
參觀受理
子安塔
START
西門
2 三重塔
念彼觀音力碑
從西門附近可以眺望京都街區，是留影紀念的最佳地點
春天的櫻花及秋天的深色紅葉都美不勝收
GOAL
忠僕茶屋
石塔
延命院

### 達成戀愛心願

祈願SPOT

只要將搖頭地藏的頭轉向心儀對象的所在方向祈願，心願就能成真。仁王門的方向即為東邊。

順路SPOT

### 忠僕茶屋
ちゅうぼくちゃや

創業超過150年的茶屋。位於南苑的水池邊，抬頭就能仰望朱紅色的三重塔，從座位欣賞美景的視野絕佳。

口感鬆軟彈牙的蕨餅500円

**MAP** 附錄④P.19 D-6
☎ 075-551-4560　🕘9：00～17：00（LO16:30）　休不定休　P無

保佑戀愛成功的結緣之神

➡對著「戀愛占卜石」許下戀愛心願

## 5 地主神社
じしゅじんじゃ

重文財

清水寺境內以「結緣之神」著稱的神社，吸引了許多祈求締結良緣的參拜客前來造訪。其中最特別的當屬成對的「戀愛占卜石」，相傳只要閉著眼睛從其中一顆走到另一顆，願望就會實現。
※2022年起需進行為期3年的社殿修復工程，暫不開放參拜

【地主神社】☎075-541-2097 **MAP** 附錄④P.19 D-5
🕘9：00～17：00　¥免費（清水寺參觀費用另計）
休無休　所京都市東山區清水1-317　🚌市巴士清水道／五條坂下車步行10分　P無

### 也順道來逛逛這裡！

### 千體石佛群
せんたいせきぶつぐん

**MAP** 附錄④P.19 D-5

始於明治時期的廢佛毀釋期間，當時寺院為了保護地藏菩薩而集中供養於此。繫於石像上的各色圍裙都是出自信眾之手。

➡位於通往成就院的參道上

### 子安塔
こやすのとう

重文財

**MAP** 附錄④P.19 D-6

相傳是聖武天皇、光明皇后的祈願所，但詳細的創建年代不明，現存的建築則是建於1500年。這座檜皮葺屋頂的三重塔高約15m，內部供奉著子安觀音（千手觀音）。

➡鮮豔的朱紅色在綠意襯托下更亮眼奪目

在檜木板鋪成的舞台享受壯觀的景色

## 4 本堂（舞台）
ほんどう（ぶたい）

國寶

由172根木柱撐起建築物的本堂。弧度優美的屋頂及突出於懸崖邊的舞台魄力十足，僅靠著木柱取得支撐的建築樣式也相當引人注目。

### 弁慶的木屐和錫杖
べんけいのげた・しゃくじょう

祈願SPOT

據說女生若能拿起木屐就一輩子不愁沒鞋穿（能嫁給有錢人），男生若能提起錫杖則可以功成名就

### 出世大黑天
しゅっせだいこくてん

祈願SPOT

手持金鎚和福袋、鎮座本堂入口附近的大黑神，是從室町時代所製的神像修復而成。對著滿臉笑容的大黑天祈願，即可開運出世、財運亨通！

從清水寺一路逛到產寧坂、二年坂

# 參道漫步

通往清水寺的坡道上伴手禮店、甜品店林立，
還有方便的外帶店家。充滿風情的坡道景色極具魅力，
上坡和下坡各有不同的景緻，能享受雙重的樂趣♪

## 一

（咖啡廳）

### loose kyoto
●ルースキョウト

以白色為基調的店內擺著利用廢棄木材製成的長椅，打造出能讓人稍作休息的空間。使用自家烘焙豆的咖啡有淺焙、中焙、深焙可選，還能搭配店內現炸的甜甜圈一起享用。

MAP 附錄④P.19 B-5
☎070-8364-3221
🕐9:00～18:00　休不定休　所京都市東山区清水4-163-6　🚌市巴士清水道下車步行3分　P無

店主梅田先生認為可以透過手作甜甜圈與顧客互動、交流

⬆由町家改造而成的咖啡站

⬆室內擺設和餐具等的顏色統一以白色、灰色和銀色為主

**甜甜圈**
原味 250円、
巧克力 350円
拿鐵 550円
口感酥脆且味道溫和，
吃完後卻讓人感到厭
足，一吃就上癮

享用咖啡&甜甜圈
在坡道中途小歇片刻

## 清水坂
きよみずざか

MAP 附錄④
P.19 C-5

**街區介紹**
從東大路通延伸至清水寺的綿長坡道。伴手禮店林立，絡繹不絕的觀光客讓這裡從早到晚都充滿了熱鬧氣息。

肉桂風味的
京都風泡芙

八橋泡芙
各330円
有卡士達和抹茶口味，也可以坐在店內享用

## 三

（外帶店）

### 清水 京あみ
●きよみずきょうあみ

能吃到甜點師的手作甜點和咖啡，模仿八橋風味，將肉桂揉進麵團製成的泡芙和霜淇淋都很受歡迎。

MAP 附錄④P.19 C-5
☎075-531-6956
🕐10:00～18:00（視季節而異）　休不定休　所京都市東山区清水1-262-2　🚌市巴士清水道下車步行10分　P無

## 二

（伴手禮）

### 七味家本舖
●しちみやほんぽ

創業約360年的老店。以傳統工法製成的七味粉辣味適中又香氣十足，能凸顯料理的風味。也有陳列以丹波黑豆本釀造醬油製成的黑豆桔醋醬油等商品。

MAP 附錄④P.19 C-5
☎075-551-0738
🕐9:00～18:00（視季節而異）　休無休　所京都市東山区清水2-221　🚌市巴士清水道下車步行5分　P無

京七味、山椒的
辛辣和風味
令人欲罷不能

⬆（左）山椒之粉10g 648円
（右）七味唐辛子15g 486円
七味唐辛子跟味噌湯很搭。湯豆腐加了山椒會更有京都味

**卡樂比七味家洋芋片**
4片入 540円
清水店限定的零食，有七味和柚子2種口味

風味豐富的手打蕎麥麵
搭配眼前的東山絕景

# 天 ten
● てん

位於清水坂和五條坂的交叉口，人聲鼎沸。可享受柔軟口感配上黑芝麻塔皮的抹茶生起司蛋糕很受歡迎。附設的藝廊有販售陶器及和風雜貨。

**MAP** 附錄④P.19 C-5
☎ 075-533-6252
🕐 11:00〜17:00（週六日、假日為〜17:30）休 不定休
所 京都市東山區清水2-208-10
🚌 市巴士清水道下車步行5分
P 無

有可愛大理石紋的抹茶起司蛋糕

抹茶生起司蛋糕套餐 1320円
使用老店一保堂茶舖的抹茶。以出自陶作家之手、意趣十足的器皿裝盛

## 五 午餐

# よしむら 清水庵
● よしむらきよみずあん

可以在一覽東山山麓、殘留大正時代風情的宅邸內，品嘗每天以石臼磨粉、手打精心製作而成的蕎麥麵。還有蕎麥茶紅豆起司蛋糕等，以蕎麥果實製成的甜點。

**MAP** 附錄④P.19 C-5
☎ 075-533-1212
🕐 11:00〜17:00（視季節而異）休 無休
所 京都市東山區清水2-208-9
🚌 市巴士清水道下車步行5分
P 無

東山膳 2000円
蕎麥涼麵、天婦羅丼以及半份豆皮蘿蔔泥蕎麥麵

↑從大片玻璃窗望出去就是東山的群峰

↑位於清水坂和五條坂的交界處附近

嵐山周邊 107

京都站周邊

伏見稻荷・京都站周邊 121

銀閣寺周邊 133

二條城・京都御所周邊 143

金閣寺周邊 151

稍微走遠一點 159

**清水寺周邊參道MAP**

## 寧寧之道
● ねねのみち
寧寧度過晚年的高台寺（→P.102）和圓德院（→P.103）之間的石板路。也能通往八坂神社。
**MAP** 附錄④P.18B-3

圓德院
高台寺
石塀小路
寧寧之道

↑二年坂上以線香店為首，有不少和風雜貨店

The Unir coffee senses

從產寧坂沿著石階往下走即二年坂，再順著路走就會抵達八坂通

## 石塀小路
● いしべこうじ
料亭、旅館林立在迷宮般的小巷內。當中也有死路、叉路和捷徑等，很有京都特色。
**MAP** 附錄④P.18B-3

東大路通
八坂塔（法觀寺）
一念坂
かさぎ屋

STARBUCKS COFFEE
京都二寧坂ヤサカ茶屋店

清水道
八坂庚申堂

二年坂
產寧坂
清水坂

不妨拿著伊藤軒/SOU・SOU的串和菓子，以坂道為背景拍照留念

車流量比五條坂少所以比較好走，也有可以坐下來休息片刻的咖啡廳

八坂通

清水坂

西光寺

## 清水道巴士站
市巴士／206系統、86系統等
一般的行程是在清水道巴士站下車，從清水坂一路往上走。也可以在五条坂巴士站下車，沿著五條坂逛過去，但清水坂的車流較少而比較好走。

五條坂

生八橋、京都漬物等名店櫛比鱗次，必買伴手禮在這裡一應俱全！

清水寺

↑清水坂通往產寧坂的下坡石階，就位於清水坂和五條坂的交叉口處

**串和菓子**
各500円
將糯軟的豆沙糕點、
寒天果凍等串連起來
的可愛和菓子
※左邊的串和菓子會
依季節做創意變化

融合現代時尚感與
傳統和風的外帶點心

## 六 伊藤軒／SOU·SOU 清水店
外帶店

●いとうけんソウソウきよみずみせ

由伊藤軒和紡織品牌SOU SOU聯名合作推出的人氣點心店。具有數字造型、流行圖案設計的外帶菜單都是清水店的限定商品。也有多款可以當作伴手禮的零食點心。

**MAP** 附錄④P.19C-5 ☎0120-929-110
⏰10:00～18:00 休無休 所京都市東山區清水3-315 巴市巴士清水道下車步行5分 P無
➡店面位於產寧坂的石階路上

**SO-SU-U·Bouro霜淇淋** 500円
↑在鈴鐺造型長崎蛋糕上擠霜淇淋，再用竹炭粉製黑蕎麥數字餅乾妝點

↑可在店內後方的拍照區與菜單一起入鏡留念

### 產寧坂
（さんねいざか）
街區介紹

為了祈求順產而前往清水寺參拜的行人熙來攘往，因而得名。從清水坂往北轉入產寧坂有一段下坡石階，是非常知名的景點。

**MAP** 附錄④P.19C-5

**小碟** 2800円
以轆轤拉坏成形後，手工描繪出鳥獸戲畫等經典圖案

原創作品也不少
傳統的清水燒

## 七 松韻堂
伴手禮

●しょういんどう

清水燒的專賣店，價格實惠的酒杯、茶碗是熱門伴手禮。從溫潤質樸的陶器到施以華麗彩繪的樣式應有盡有。

**MAP** 附錄④P.19 C-5 ☎075-561-8520
⏰9:00～17:00 休無休 所京都市東山區清水3-319 巴市巴士清水道下車步行10分 P無

**櫻花筷架套組**
3024円
繪有櫻花花瓣散落模樣的筷架。也可以當小碟使用

**蒟蒻肥皂**
1個1273円
以具保濕成分等的萃取液調製而成。依照自己的膚質來選吧

以蒟蒻為原料製成的肥皂

## 八 京都蒟蒻しゃぼん
伴手禮

●きょうとこんにゃくしゃぼん

招牌商品為觸感彈嫩的新奇洗面皂「蒟蒻肥皂」。由香草、植物精萃調配而成，提供京都限定的5款肥皂。

**MAP** 附錄④P.19 C-4 ☎0120-808-469
⏰10:00～18:00 休無休 所京都市東山區清水3-340-3 巴市巴士清水道下車步行7分 P無

**茶泡飯自助餐**
1600円
有20種色彩鮮艷、可當成主菜享用的漬物任君挑選

傳統京都漬物
健康午餐

## 十 阿古屋茶屋
午餐

●あこやちゃや

採自助式吃到飽方式的人氣名店，能盡情享用保留食材原始風味的漬物。清淡爽口、色澤鮮艷的漬物，建議第一輪直接配飯吃，第二輪則以茶泡飯風格來享用。

**MAP** 附錄④P.19 C-4 ☎075-525-1519
⏰11:00～16:00 休無休 所京都市東山區清水3-343 巴市巴士清水道步行6分 P無

### 二年坂
（にねんざか）
街區介紹

充滿寧靜氛圍的小徑。關於名字的由來眾說紛紜，像是因為建於807（大同2）年、或是與三年（產寧）坂相連等等。

能在完全融入周邊老街、有百年歷史的日本家屋喝咖啡

**MAP** 附錄④P.19C-4

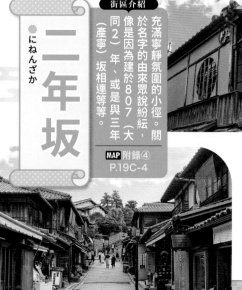

### STARBUCKS COFFEE
京都二寧坂
ヤサカ茶屋店
咖啡廳

●スターバックス
きょうとにねんざか
ヤサカちゃやてん

**LINK**→附錄②P.15

## 九 二年坂まるん
伴手禮

●にねんざかまるん

供應小瓶裝的金平糖、京飴等五顏六色的可愛糖果及雜貨。調味料、京都地產酒等也一應俱全。

**MAP** 附錄④P.19 C-4 ☎075-533-2111
⏰10:00～18:00（視季節而異）休不定休 所京都市東山區八坂通二年坂西入ル 巴市巴士清水道下車步行5分 P無

**京薄飴** 各486円
以京友禪為意象製成的糖果，細緻的色調令人看得入迷

也很適合送人顏色繽紛的多種糖果

100

祇園・河原町 69
清水寺 周邊 93
嵐山 周邊 107
京都站 周邊 121
伏見稻荷・銀閣寺 周邊 133
二條城・京都御所 周邊 143
金閣寺 周邊 151
稍微走遠一點 159

## 快樂兒童系列

### 最齊全的車輛&飛機圖鑑

**人氣車輛100種**

作者：Group.Columbus
規格：52頁／18.8 x 25.7 cm
定價：280元

✓ 說明100種車輛的特色與功能
✓ 彩圖大幅呈現，車輛迷最佳收藏
✓ 一次認識各種交通工具

**世界飛機100種**

作者：Group.Columbus、查理古庄
規格：52頁／18.8 x 25.7 cm
定價：280元

✓ 收錄100種精美生動的飛機照片
✓ 認識各國著名飛機，學習航空知識
✓ 話題性十足，孩子最佳的飛機百科

五顏六色的束猿是熱門拍照打卡景點

**參拜**
## 八坂庚申堂
●やさかこうしんどう
LINK→P.27・103

←透過象徵克制欲望的束猿來許願，心願便能成真

以少量多樣的方式品嘗京都的家常菜

**午餐**
## つぶら乃
●つぶらの
LINK→P.36

↑在數寄屋造店內享用和食和甜品

**伴手禮**
## 京 八坂プリン
●きょうやさかプリン

以日本國產牛奶、馬達加斯加產香草豆莢製成的濃醇布丁，有宇治抹茶、焙茶、牛奶草莓等6種口味。

MAP 附錄④P.17 D-6
☎075-533-8338
⏰11:00～17:00 休無休
🏠京都市東山区星野町87-4
🚌市巴士東山安井下車即到
🅿無

京 八坂布丁 500円
果凍中加了繽紛寒天小球的可愛布丁

以八坂的街景為設計意象的布丁

**八坂通**
●やさかどおり

**街區介紹**
連接東大路通和二年坂的東西向街道。八坂塔、八坂庚申堂等景點，是熱門的拍照地點。

MAP 附錄④
P.19B-4

### 透過細緻的刺繡描繪和風世界

**伴手禮**
## 京東都 本店
●きょうとほんてん

結合日本「傳統」與「現代」的刺繡品牌。搭配和風圖案、京都風物、動植物等的和片繡章，設計精細又時尚。

MAP 附錄④P.17 D-6
☎075-531-3155
⏰11:00～18:00
休不定休
🏠京都市東山区星野町93-28 市巴士東山安井／清水道下車步行5分
🅿無

髮圈 八坂塔 748円
帶有可愛八坂塔圖案的髮圈，很適合穿戴在身上的京都小物

迷你口金包 八坂塔 1650円

→本店限定的「八坂塔」系列。可用來收納飾品、小物

周邊圖 附錄④P.19

# 高台寺
こうだいじ

絢爛豪華的桃山時代代表性建築「寧寧之寺」

與秀吉的正室寧寧有淵源的寺院

世界遺產

需時 約50分

## 庭園
ていえん

出自亦為著名茶人的造園家小堀遠州之手，從石塊的排列等能夠一窺作者的美學意識。

### 歷史

1606年，豐臣秀吉的正室寧寧為了憑弔亡夫的菩提所建。開山堂、靈屋、觀月台、茶室的傘亭和時雨亭等，與兩人有深厚淵源的豪華建築物留存至今。

### 看點

能欣賞小堀遠州設計的名勝庭園，一年四季皆有不同的美麗花草與景緻。周圍的樹木與建築巧妙地融合在一起。

## +more

### 特別參觀也很吸睛

春天有枝垂櫻、夏天有青楓、秋天有紅葉的點燈活動。能感受與白天截然不同、由燈光營造的幽玄世界。

### DATA

**MAP** 附錄④P.18 C-3
📞075-561-9966
🕐9:00~17:30（受理為~17:00）；春季特別參觀、夜間參觀3月中旬~5月上旬，17:00~21:30最後受理；秋季特別參觀、夜間參觀10月下旬~12月上旬，17:00~21:30最後受理；夏季夜間參觀8月1~18日，17:00~21:30最後受理，百鬼夜行展7月15日~8月31日 💴600円
🈵無休 📍京都市東山區高台寺下河原町526 🚌市巴士東山安井下車步行7分 🅿有

### 高台寺 境內圖

遺芳庵・開山堂・臥龍廊・偃月池・觀月台・臥龍池・靈屋・傘亭・庭園・參觀受理・寧寧之道・入口・庫裡・方丈前庭（波心庭）・時雨亭・唐門・台所坂・敕使門・出口・停車場・利生堂・教化大廳

## 臥龍廊
がりょうろう

連結開山堂和靈屋的長廊。如龍背鱗片的綿延屋簷充滿流線美感，魄力十足。

## 靈屋
おたまや

安置著秀吉和寧寧的木像，同時也是寧寧的墓所。佛壇等處飾有燦爛華麗的高台寺蒔繪。

## 方丈前庭
ほうじょうぜんてい

名為「波心庭」的枯山水庭園，還會配合特別參觀改變設計。春天能欣賞華麗綻放的枝垂櫻。

### 絕對值得一看！不容錯過！

◎悠閒地眺望池泉迴遊式庭園的名庭
◎欣賞倒映在池面上的五彩燈光秀

祇園・河原町 69

清水寺 周邊

93

嵐山 周邊 107

京伏見稻荷・京都站 周邊 121

銀閣寺 周邊 133

二條城・京都御所 周邊 143

金閣寺 周邊 151

稍微遠走一點 159

## 菊しんコーヒー
きくしんコーヒー

高台寺步行4分

MAP 附錄④ P.17 D-5

由巷弄內的公寓改裝而成的咖啡廳，能喝到使用自家烘焙豆、以虹吸式咖啡壺手沖的咖啡。吐司上放了微苦的糖漬檸檬片，當奶油溶化後會散發出濃郁的香味。

☎075-525-5322 ⏰8:00～18:00 休週日 所京都市東山區下弁天町61-11 菊しんアパート101号室 ➡市巴士東山安井下車步行3分 P無

在懷舊的空間來杯極致的咖啡

➡檸檬吐司500円與中杯咖啡500円
➡老闆親手改造的店內。木製吧檯桌很漂亮

## かさぎ屋
かさぎや

高台寺步行7分

MAP 附錄④ P.19 C-4

於大正時代創業的甜品店，據說竹久夢二也曾經造訪過。以爐灶慢慢炊煮的自製紅豆餡是店家的自豪之作，菜單自創業以來幾乎沒有什麼改變。不妨坐下來小歇片刻，來份溫和順口的甜品。

☎075-561-9562 ⏰11:00～17:40 休週二 所京都市東山區高台寺桝屋町349 ➡市巴士清水道下車步行6分 P無

在大正時代風情滿溢的店內品嚐古早味甜品

➡有紅豆粒餡、紅豆沙餡、白豆沙餡（夏季為黃豆粉）的拼盤。三色萩乃餅700円

### 在靈山遙想幕末時代的歷史

前往散布在清水寺周邊，與幕末、明治維新頗有淵源的歷史景點。

#### 京都靈山護國神社
きょうとりょうぜんごこくじんじゃ

MAP 附錄④ P.19 C-4

創立於1868年的日本首座官祭招魂社，將幕末到大東亞戰爭期間的戰歿者奉為護國大神祭祀。明治維新的志士也長眠於此。

☎075-561-7124 ⏰8:00～17:00（入山受理為9:00～）¥境內免費，坂本龍馬之墓參拜費300円 休無休 所京都市東山區清閑寺靈山町1 ➡市巴士東山安井下車步行7分 P無

#### 龍馬與維新志士之墓

還有坂本龍馬和同志中岡慎太郎的銅像

↑每逢11月15日的龍馬忌日會舉辦龍馬祭，也會有奉納演舞「龍馬夜來」的表演

## 八坂庚申堂
やさかこうしんどう

需時 10分

MAP 附錄④ P.17 D-6 世界遺產

創建於平安時代，日本最古老的庚申信仰靈場。以祈求萬病疼癒聞名，每年6次的庚申日會炊煮蒟蒻供參拜者食用，以祈求無病息災。

☎075-541-2565 ⏰9:00～17:00 ¥免費 休無休 所京都市東山區金園町390 ➡市巴士清水道下車步行5分 P無

↑被當地人暱稱為「八坂的庚申神」

## 八坂塔（法觀寺）
やさかのとう（ほうかんじ）

需時 15分

MAP 附錄④ P.19 B-4 世界遺產

為東山景觀增添不少風情的五重塔建築。以前名為八坂寺，名列延喜寺七大寺之一而尊榮一時，但寺院在1436年時毀於大火。現存的八坂塔是由足利義教重建而成。

☎075-551-2417 ⏰10:00～15:00 ¥400円（國中生以下不可參觀）休不定休 所京都市東山區八坂通下河原東入ル八坂上町388 ➡市巴士清水道下車步行5分 P無

聳立於東山街區的五重塔

↑高達46m，清水風景無可取代的東山象徵性地標

## 高台寺 前田珈琲
こうだいじまえだこーひー

高台寺步行2分

MAP 附錄④ P.17 D-5

老字號咖啡廳的高台寺分店，店內有專屬烘豆師細心地烘焙豆子。推薦以日本國產牛肉製成的香雅飯。早餐和點心菜單也很豐富。

☎075-561-1502 ⏰7:00～16:00（視時期而異）休無休 所京都市東山區高台寺南門通下河原南西角 ➡市巴士東山安井下車步行5分 P無

在高台寺參道享受咖啡時光

➡開店時間很早，可以在開始遊逛前順道來訪

## 向色彩繽紛的束猿許下願望

↑手腳都被綁住的「束猿」500円能抑制欲望、使心願成真

## 圓德院
えんとくいん

需時 30分

MAP 附錄④ P.18 B-3 世界遺產

為高台寺的塔頭寺院，秀吉的正室寧寧在此度了19年的餘生歲月。可欣賞到桃山樣式的美麗枯山水庭園、長谷川等伯繪製的障壁畫。

☎075-525-0101 ⏰10:00～17:30（受理為～17:00）：夜間特別參觀3月上旬～5月初旬、10月下旬～12月上旬，日落～22:00（受理為～21:30）¥500円（與高台寺的通用券900円）休無休（可能視法事公休）所京都市東山區高台寺下河原町530 ➡市巴士東山安井下車步行5分 P使用高台寺的停車場

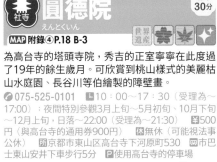

寧寧度過餘生的寺院

↑白天景色自不用說，夜間點燈也值得一看

## 十文堂
じゅうもんどう

高台寺步行3分

MAP 附錄④ P.17 D-6

該店名產「鈴串團子」每顆的大小和彈珠差不多，尺寸小巧卻風味道地。能吃到甜度恰到好處、有5種口味的現烤醬油團子。也有賣芭菲這類和風甜點。

☎075-525-3733 ⏰11:00～17:30 休週三、四 所京都市東山區東大路通八坂通下ル東側 ➡市巴士清水道下車即到 P無

如鈴鐺串的小巧團子

➡為了吃到香噴噴的團子，有時甚至得排隊等候

➡能一次嘗遍京都風白味噌、海苔醬油等5種口味的團樂套餐720円

堂內井然有序地排列著1001尊千手觀音

↑寺名三十三間堂源自於本堂內陣由33根立柱相隔而成。春天能欣賞到多彩杜鵑花綻放的美麗池泉迴遊式庭園也很吸睛

### 京都國立博物館
景點　需時60分
きょうとこくりつはくぶつかん
**MAP** 附錄④ P.24 E-2

館藏有近14600件文化財。現代感十足的廣闊空間平成知新館內，除了能體驗京都文化精髓的展示室之外，還有可眺望庭園的餐廳等設施。京都國立博物館官方吉祥物「虎琳」的相關商品也很吸引人。

☎075-525-2473（電話語音服務）⏰9:30～17:00（入場至閉館前30分為止）
💴700円，大學生350円，高中生以下免費（特別展費用另計）休週一（逢假日則翌日休）
🏠京都市東山區茶屋町527 🚌市巴士博物館三十三間堂前下車即到 🅿有（收費）

傳遞日本文化的京都一流博物館

↑官方吉祥物虎琳的原型為尾形光琳的《竹虎圖》

↑自1897年開館以來就佇立於此的重要文化財明治古都館（目前暫停開放）

### 河井寬次郎紀念館
景點　需時40分
かわいかんじろうきねんかん
**MAP** 附錄④ P.19 A-6

在這間美術館可一窺陶藝家河井寬次郎的創作世界。從設計到內部裝潢、家具皆由寬次郎親自設計，對外開放參觀其住宅暨工房。也有展示許多寬次郎的作品。

☎075-561-3585 ⏰10:00～17:00（受理為～16:30）💴900円 休週一（逢假日則翌日休，夏、冬兩季有休館日）🏠京都市東山區五條坂鐘鑄町569 🚌京阪清水五條站步行10分 🅿無

隨處可見藝術家的感性

↑民藝運動的旗手河井寬次郎的自宅兼工房遺址

---

清水寺搭巴士加步行20分

### 三十三間堂（蓮華王院）
社寺　需時40分
さんじゅうさんげんどう（れんげおういん）
**MAP** 附錄④ P.24 E-2

起源自1164年後白河上皇下令平清盛在御所內建造的佛堂。全長120m的本堂內安置著國寶千手觀音坐像，以及1001尊千手觀音立像、風神雷神像、二十八部眾立像。

☎075-561-0467 ⏰8:30～17:00（11月16日～3月9:00～16:00，受理至閉門前30分為止）💴600円
休無休 🏠京都市東山區三十三間堂廻町657 🚌市巴士博物館三十三間堂前下車即到 🅿有

### 方廣寺
社寺　需時15分
ほうこうじ
**MAP** 附錄④ P.24 E-1

1586年豐臣秀吉仿照東大寺而建。據說刻在梵鐘上的文字「國家安康君臣豐樂」惹怒了德川家康，成為發動大阪之陣的導火線。

☎075-561-7676
⏰9:00～16:00
💴境內免費　🏠京都市東山區大和大路通正面東入ル
休不定休 🚌市巴士博物館三十三間堂前下車步行4分 🅿無

惹怒家康的著名梵鐘

↑相傳讓家康不滿的原因在於豐臣兩字接續書寫，但自己的名字卻分斷而寫

### 養源院
社寺　需時30分
ようげんいん
**MAP** 附錄④ P.24 E-2

淀殿為亡父淺井長政祈冥福而建，後由妹妹阿江重建。能參觀染上伏見城淪陷時鳥居元忠等人自刎血跡的走廊地板建成的血天花板，還有俵屋宗達描繪的杉戶繪白象、唐獅子圖以及隔扇畫松圖。

☎075-561-3887
⏰10:00～15:00
💴600円 休1、5、9月21日的13:00～16:00 🏠京都市東山區三十三間堂廻町656 🚌市巴士博物館三十三間堂前下車步行3分 🅿無

從伏見城遺跡移建的寺院

↑春天的枝垂櫻、秋天的紅葉都很美

---

清水寺周邊

從清水寺稍微走遠一點

三十三間堂

三十三間堂步行5分
### 豐國神社
社寺　需時15分
とよくにじんじゃ
**MAP** 附錄④ P.24 E-1

供奉著豐國大明神（豐臣秀吉）。原本位於阿彌陀峰，豐臣家滅亡後祭祀遭到禁止，到了1880年才移至現址重建。寶物館內展示著秀吉的相關文物。

☎075-561-3802 ⏰境內不限，寶物館9:00～16:30 💴寶物館300円 休無休
🏠京都市東山區大和大路正面茶屋町530 🚌市巴士博物館三十三間堂前下車步行3分 🅿有

唐門是從伏見城移建而來的國寶

↑國寶唐門是桃山時代的代表性建築之一

三十三間堂步行即到
### 智積院
社寺　需時40分
ちしゃくいん
**MAP** 附錄④ P.24 F-2

原址是豐臣秀吉建立的祥雲禪寺加上豐國社的部分土地，在德川家康掌權後才贈與該寺院。由長谷川等伯父子所繪的《櫻圖》、《楓圖》等障壁畫也很有名。

☎075-541-5361 ⏰境內不限，收藏庫、庭園9:00～16:00 💴收藏庫、庭園500円 休12月29～31日 🏠京都市東山區東大路通七條下ル東瓦町964 🚌市巴士東山七条下車步行3分 🅿有

真言宗智山派的總本山

↑深愛千利休喜愛的名庭。透過草木修剪、與石塊的排列，營造出深山幽谷之境

祇園・河原町 69

清水寺 周邊

93

嵐山周邊 107

伏見稻荷・京都站周邊 121

銀閣寺周邊 133

二條城・京都御所周邊 143

金閣寺周邊 151

稍微走遠一點 159

## cafe Amazon
アマゾン

**MAP** 附錄④ P.24 E-2

三十三間堂步行3分

這間咖啡廳的自家烘焙特調廣受歡迎。輕食三明治的種類也很豐富，推薦可試試和風三明治等充滿特色的餐點。

☎075-561-8875　🕐7:30～15:30（LO15:00）　休週三　所京都市東山区鞘町通七条上ル下堀詰町235　🚉京阪七條站即到　Ⓟ無

外觀很有正統咖啡廳的味道

分量飽滿的和風土司

和風吐司700円。搭配特調咖啡的套餐1050円

---

## GOOD TIME COFFEE 東山
グッドタイムコーヒーひがしやま

**MAP** 附錄④ P.24 E-2

三十三間堂步行即到

供應有產地、烘焙程度不一的6種咖啡豆可選的手沖咖啡（440円）和烘焙點心。其中，會隨季節變換食材的芭菲也很有人氣。

☎075-354-5498　🕐11:00～16:00　休週一　所京都市東山区東瓦町690　🚉京阪七條站步行10分　Ⓟ無

來杯香氣四溢的手沖咖啡

給人簡潔俐落印象的店內

以和歌山縣產檸檬製成的檸檬芭菲770円

---

## 半兵衛麩 茶房
はんべいふさぼう

**MAP** 附錄④ P.24 D-1

三十三間堂步行15分

1689年創業的麩專賣店，販售烤麩、生麩等商品。茶房採電話預約制，能吃到將生麩、烤麩、豆皮以炊物、炸物、清湯、甜品等不同方式加以變化呈現的料理。

☎075-525-0008　🕐11:00～14:30，販售為9:00～17:00　休週三　所京都市東山区上人町432（在ふふふあん營業）　🚉京阪清水五條站即到　Ⓟ無

套餐3850円

京麩與豆皮的多元變化料理

能盡情享用麩的多變魅力的蟲養

---

## 甘春堂 東店
かんしゅんどうひがしみせ

**MAP** 附錄④ P.24 E-1

三十三間堂步行10分

於1865年創業的和菓子店。以茶碗造型的名物「茶壽器」為首，共有100多種乾菓子。可以在附設的茶房享用季節和菓子和抹茶。

☎075-561-1318　🕐9:00～16:00（茶房為10:00～17:00）　休無休　所京都市東山区川端通正面通東入ル茶屋町511-1　🚉京阪七條站／清水五條站步行8分　Ⓟ有

顏色繽紛的傳統生菓子

紅葉賀454円。以賞楓為意象，色澤鮮豔的金團

錦秋454円。展現出綠葉逐漸轉紅的美麗模樣

---

## 七條甘春堂 且坐喫茶
しちじょうかんしゅんどうしゃざきっさ

**MAP** 附錄④ P.24 E-2

三十三間堂步行即到

位於三十三間堂斜對面的甜品店。可以在改裝自江戶時代末期町家的店內品嘗當季和菓子，老店特有的氛圍也極具魅力。

☎075-541-3771　🕐9:00～18:00（LO17:30）　休無休　所京都市東山区七条通本町東入ル西之門町551　🚉京阪七條站步行5分　Ⓟ無

京都點心專賣店七條甘春堂的直營店

能享受充滿京都風情的町家趣味

抹茶芭菲1100円。午間也有提供御赤飯套餐

---

## IL PAPPALARDO
イルパッパラルド

**MAP** 附錄④ P.24 E-2

三十三間堂步行7分

這間披薩店位於通往京都女子大學的女坂上。義大利葡萄酒的種類也很齊全。高CP值、很受歡迎的午間套餐是推薦首選。

☎075-533-3330　🕐11:30～15:00（LO14:00）、17:30～22:00（LO20:50）　休週二、不定休　所京都市東山区妙法院前側町451-1　🚉市巴士東山七条下車即到　Ⓟ無

窯烤絕品拿坡里披薩

現烤的披薩很受歡迎

店內的氛圍明亮整潔

---

## 東五六
とうごろう

**MAP** 附錄④ P.19 C-6

清水寺步行7分

茶碗坂上販售京燒和清水燒的店。以「傳統與現代的融合」為主題，展示、販賣新穎又意趣十足的作品。

☎075-561-0056　🕐9:00～18:00　休無休　所京都市東山区五条橋東6-539　🚉市巴士五条坂下車步行7分　Ⓟ有

有許多堅守傳統又獨具個性的陶器

從陶作家珍藏逸品到日常使用的器皿應有盡有

能感受到「和」之美

---

## 梅香堂
ばいこうどう

**MAP** 附錄④ P.24 E-2

三十三間堂步行8分

位於商店街一隅，瀰漫著家庭氛圍的甜品店。於9月下旬至4月底期間販售的美式鬆餅配料種類豐富，相當吸睛。

☎075-561-3256　🕐10:00～18:00（LO17:30）　休週二（逢假日則營業，每個月有1次週一二連休）　所京都市東山区今熊野宝蔵町6　🚉市巴士今熊野下車即到　Ⓟ無

從東福寺、泉涌寺過來也是徒步可達

分量澎湃的紅豆令人驚豔！

滿滿紅豆餡和霜淇淋的小倉紅豆霜淇淋鬆餅770円

---

## The Muses
ザミューゼス

**MAP** 附錄④ P.24 E-1

三十三間堂即到

設於京都國立博物館的平成知新館內，由京都凱悅酒店直營的餐廳。可以待在輕鬆自在的優質空間，享用法式家常菜和甜點。

☎075-533-7650　🕐11:00～17:00　休週一（逢假日則翌日休）　所京都市東山区茶屋町527（京都國立博物館內）　🚉市巴士博物館三十三間堂前下車即到　Ⓟ無

眺望庭園的同時享用酒店出品的美味

餐廳與平成知新館一樣，都是世界級建築師谷口吉生的設計

# 租套漂亮和服 優雅漫步京都

盤點清水附近的和服出租店！穿著和服走在最夯的熱門景點，旅遊的氣氛也隨之高漲起來！

## 觀光和服租借的創始店
### レンタル着物 岡本 清水寺店
レンタルきものおかもときよみずでらてん

由創業180年的老店岡本織物店經營的和服出租店，隨時備有1000多套和服。租借方案為3278円起，也有提供如專業髮型設計550円等加價購項目。

☎ 075-525-7115　MAP 附錄④P.19 C-5
🕐 9:00～20:00（受理為～19:00，歸還為～18:30）
休 無休　所 京都市東山区清水2-237-1-1
🚌 市巴士五条坂下車步行10分　P 無

穿上充滿京都風格、樣式華麗的和服

**推薦方案**
豪華租借方案
5478円
可從約600套和服中挑選。可愛的腰帶、配件、襯衣等一應俱全，是人氣第一的方案。

專業造型師瞬間就能梳理好髮型

挑選喜歡的和服和腰帶也很有趣

**推薦方案**
全套搭配組合方案
5390円
能從約300套和服中挑選喜歡的款式。由於是全套搭配，所以連羽織、披肩都有

可以請經驗豐富的工作人員幫忙推薦

## 初次體驗也很方便、安心
### 夢京都 高台寺店
ゆめきょうとこうだいじてん

位於八坂神社旁的和服出租店。租借費用3190円～，也可以選擇多加1650円即可在飯店歸還的便利方案。

☎ 075-541-4630　MAP 附錄④P.19 B-4
🕐 9:00～18:00（受理為～17:00，歸還為～17:30）　休 無休　所 京都市東山区桝屋町362-5 ますや2F　🚌 市巴士東山安井下車步行3分
P 無

## 化身成穿著古董和服的京都女人
### てくてく京都 清水店
てくてくきょうときよみずてん

備有800套以上的和服，以復古、沉穩氛圍的款式為主，從成熟大人風到添加可愛元素的樣式都有。能身穿典雅的和服，在京都的街道上漫步。也可以當天預約。

☎ 075-205-3424（預約）　MAP 附錄④P.19 B-5
🕐 9:00～19:00（歸還為～18:30）　休 無休　所 京都市東山区辰巳町111　🚌 市巴士清水道下車即到　P 無

腰帶打成太鼓結，更顯優雅的氣質

充滿時髦氛圍的店面

**推薦方案**
漫步方案
5478円
提供一套古董和服及草履、手提包的輕便方案。可另外加購髮型設計1122円（需預約）。

## 約300套繽紛和服任君挑選
### 着物レンタル 京小町
きものレンタルきょうこまち

離市巴士清水道很近，交通位置絕佳。提供由專業造型師設計髮型的選購方案、兒童和服方案等。歸還方式可依照行程規劃，選擇要當天、隔天還是飯店歸還。

☎ 075-531-8800　MAP 附錄④P.17 D-6
🕐 9:00～20:00（受理為～18:30，歸還為～18:30，視季節而異）
休 無休　所 京都市東山区東大路通松原上ル辰巳町104　🚌 市巴士清水道下車即到　P 無

旅遊旺季期間最好提前預約

也備有合乎預算的套裝方案

選擇隔日歸還方案（+1100円），走到較遠的地方觀光也不錯

從以前就想嘗試看看♡

有許多可愛的和服，選起來也很開心

**推薦方案**
京小町方案
5500円
可從近300套設計師和服、品牌和服中挑選全套裝扮。華麗的完成度大受歡迎

### 挑選出租店的重點
▶ 在漫步路線的起點和終點附近是否有可供出租的店家
▶ 髮型、妝容、配件飾品等的選項是否豐富多樣
▶ 租借以後只能當天返回出租店歸還，還是可以隔日或飯店歸還

※打烊時間有刊登店家的最終接待時間。和服歸還時間視店鋪而異。飯店歸還或隔天歸還可能會另收費用，請事先洽詢、確認。

# 嵐山
## 周邊
あらしやま

在這個區域
最想做的
**3**件事

1 到**渡月橋**➡P.108飽覽京都屈指可數的自然之美。搭乘人力車，享受隨著四季更迭變化風貌的嵐山美景

2 在擁有名庭且名列國家史蹟、特別名勝的**天龍寺**➡P.116，欣賞以嵐山為借景的生動庭園和雲龍圖

3 午餐稍微奢侈一點，品嘗京都的代表性美食**湯豆腐**➡P.44。河川沿岸的咖啡廳也不容錯過

能欣賞美麗日本庭園和天井畫的天龍寺
➡P.116

能感受四季之美的渡月橋➡P.108

充滿負離子的竹林小徑➡P.109

驚險刺激的遊船之旅
保津川遊船➡P.115

想祈求良緣的話就到野宮神社➡P.117

充滿旅情氣氛的嵐山小火車➡P.115

## 推薦行程
需要時間 4小時

京都站出發
搭JR嵯峨野線
約16分

步行即到
❹ 大本山大覺寺 大覺寺巴士站
舊嵯峨御所
ｐ118

步行25分（或搭巴士約10分）
❸ 渡月橋
ｐ108

步行20分
竹林小徑
步行3分
❷ 野宮神社
ｐ117

步行15分
❶ 天龍寺
ｐ116

JR嵯峨嵐山站

## 遊玩的祕訣
### 觀光景點距離車站都在徒步範圍內
能一邊散步一邊欣賞渡月橋、竹林小徑等豐富的自然景色，因此徒步是最基本的移動方式。如果想要有效率地觀光並節省體力，也可以考慮搭乘人力車。

舊嵯峨御所 **大本山大覺寺** ❹

鳥居本
奧嵯峨橋
奧嵯峨神社
護法堂弁財天卍 八幡神社
仏舎利塔 護法堂弁天前
化野念佛寺 觀空寺
清滝道

大澤池
GOAL
卍大覺寺

嵐山高雄パークウエイ
祇王寺 ・人形の家
滝口寺卍 清涼寺（嵯峨釋迦堂）卍
厭離庵卍
久遠寺卍 去来翁墓
二尊院卍 落柿舍
小倉山トンネル 有智子内親王墓
常寂光寺卍

御髮神社
卍

竹内栖鳳霞中庵記念館

野宮神社 ❷

JR嵯峨野線 嵯峨嵐山駅
START

嵯峨野觀光鐵道
トロッコ嵯峨駅
嵐山妙見堂卍 トロッコ嵐山駅
大悲閣 千光寺卍 竹林小徑 松巖院
大河内 方丈庭園
山莊庭園
嵐山公園

トロッコ嵐山駅
嵐電
嵐山駅

嵐山駅前
嵐山天龍寺前
渡月橋

❶ **天龍寺**

桂川（大堰川）

❸ 渡月橋

嵐山公園 嵐山公園

法輪寺卍

嵐山溫泉
嵐山駅

N

0 500m

周邊圖
附錄④P.21

▲嵐山

# 嵐山絕景散步

春夏秋冬四季皆美

從古至今深受世人愛戴
風雅宜人的天下名勝

## 渡月橋 ●とげつきょう

位於嵐山的中心，架於大堰川之上、全長155m的大橋。其名源自於鎌倉時代，月亮看起來就像在過橋一般的情景。

MAP 附錄④P.21 C-4

**推薦的季節**
春、夏、秋冬
能欣賞四季各有不同魅力的景緻，寄情山水的首選之地

能感受四季更迭美景的嵐山。不妨來趟漫步之旅，欣賞壯觀的大自然之美以及被指定為世界遺產的名庭。

↑眺望紅葉嵐山的絕佳地理位置

↑鮮嫩綠意盎然的新綠季節

↑渡月橋周邊有多達1500棵櫻花樹

## 來嵐山的必做清單！

◆飽覽竹林、河川等豐富的自然美景
◆到和服出租店換上浴衣或和服！
◆搭乘人力車享受嵐山觀光
◆在車站周邊的設施購買伴手禮
◆在時尚咖啡廳小憩片刻
◆到和服森林等拍照景點留影紀念，保存珍貴難忘的回憶♪
◆品嘗湯豆腐、和食等嵐山著名美食

↑身穿和服搭乘人力車的畫面，彷彿穿梭時空回到了古代一般

京都市
右京区
④ 竹林小徑
山陰本線（JR嵯峨野線）
嵯峨嵐山駅
③ 野宮神社
嵯峨野觀光鉄道 トロッコ嵯峨駅
卍安立寺
法然寺
卍正覚寺
嵐山駅 トロッコ
GOAL
天龍寺 ②
多宝殿
野々宮(市)野の宮(京都)
慈済院卍 松巌寺卍
弘源寺卍
三秀院卍
嵐電嵯峨駅
ビナリオ
京都中央
ぶらり嵐山
卍金剛院
嵐電嵐山本線
大河内山荘庭園
書院 卍
方丈庭園
方丈
大方丈
天龍寺筋向
嵐山天龍寺前(市)京福嵐山駅前(京都)
START 嵐山駅
嵐山駅はんなり・ほっこりスクエア
長慶天皇嵯峨東陵
花のいえ
後伏見天皇火葬塚
宝厳院卍
後嵯峨天皇火葬塚
亀山天皇火葬塚
翠嵐
らんざん
嵐山辨慶
らんざん
嵐山天龍寺前
三条通
清滝道三条
嵐電嵐山駅
嵯峨嵐山文華館
保津川下り下船場
① 渡月橋
清滝道三条
角倉町
桂川
嵐山公園(市)嵐山中之島公園
中之島橋
中ノ島
嵐山温泉
N
0  200m
嵐山温泉 彩四季の宿 花筏
渡月亭
結庵
阪急レンタサイクル・
阪急嵐山駅
嵐山駅
阪急嵐山線
駅前町
周邊圖
附錄④P.21
西京区
卍法輪寺

若要周遊嵐山……
推薦路線看這裡！

| | |
|---|---|
| START | 嵐電 嵐山站 |
| ↓ | 步行3分 |
| ❶ | 渡月橋 ●P.108 |
| ↓ | 步行15分 |
| ❷ | 天龍寺 ●P.116 |
| ↓ | 步行10分 |
| ❸ | 野宮神社 ●P.117 |
| ↓ | 步行10分 |
| ❹ | 竹林小徑 ●P.109 |
| ↓ | 步行即到 |
| GOAL | 大河內山莊庭園 ●P.117 |

人人出版
**日本絕景之旅**
作者：K&B PUBLISHERS
規格：224頁 / 14.6 × 21 cm
定價：450 元

安排2天1夜
深入奇觀美景！

精選全日本美景 67 個絕景行程

行程範例‧交通方式‧最佳造訪季節‧在地人貼心叮嚀

源自江戶
合掌造民宅

**日本絕景之旅** 人人出版

---

竹葉簌簌聽了心曠神怡
充滿清涼感的散步小徑

↑依天氣或時段會呈現出不同的面貌

推薦的季節
**夏、冬**
由於竹林的降溫效果，即便夏天空氣也很清爽，到了冬天，則多了幾分冷冽的感覺

## 竹林小徑 ●ちくりんのみち

筆直向上伸展的竹子交織出夢幻空間，是嵐山的代表風景之一。選擇人潮較少的清晨或傍晚時分過來更有氣氛。
**MAP** 附錄④P.21 B-3

推薦的季節
**春、秋**
伽藍被美麗櫻花環繞的春天、紅葉倒映在水面上的秋天，都美得讓人讚嘆

享受融入嵐山絕景的
世界遺產名庭

## 天龍寺 ●てんりゅうじ

足利尊氏為了替後醍醐天皇祈冥福而建。由初代住持夢窗疏石所打造的曹源池庭園借景嵐山，壯闊的景色十分吸睛。
**MAP** 附錄④P.21 B-3
**DATA** ➔P.116

↑巨大的枝垂櫻將整座寺院染上了一片春色

## 野宮神社 ●ののみやじんじゃ

曾在《源氏物語》〈賢木之卷〉中登場的古社。供奉著保佑締結良緣的野宮大神（天照皇大神），吸引了不少日本全國各地的女性前來參拜。
**MAP** 附錄④P.21 B-3
**DATA** ➔P.117

↑覓得良緣的護身符！結緣御守各500円

傳承平安時代雅趣
的結緣景點

推薦的季節
**秋**
紅葉散落在如綠色地毯般的青苔上，別有一番風情

↑祈求良緣的繪馬上畫有穿著十二單的姬君

## Cafe & Gourumet
## 在話題咖啡廳 小憩片刻♪

一面眺望庭園一面品嘗
店家自製麵包的午茶時光

**午茶套餐「松」 2300円**
由麵包、鹹派、可麗露等所組成的套餐

**抹茶法式吐司 850円**
以万丈塊吐司製成的法式吐司

## BREAD, ESPRESSO&嵐山庭園
●パンとエスプレッソとあらしやまていえん

從舊小林家住宅改裝而成的咖啡廳。腹地內有烘焙坊和咖啡廳兩棟建築，還有優美的日本庭園。也有京都限定菜單，從午餐到咖啡應有盡有，上門的顧客總是絡繹不絕。

**MAP** 附錄④P.21 B-3
☎075-366-6850
🕐8:00〜18:00 休無休
所京都市右京区嵯峨天龍寺芒ノ馬場町45-15 嵐電嵐山站步行3分 P無
➡被指定為京都府指定文化財的建築物內有附設日本庭園

## 擁有美麗景色及空間的
## Cafe & Gourumet
## 咖啡廳 & 美食餐廳

縱觀京都的優美景緻，嵐山堪稱數一數二。
一邊眺望桂川、日本庭園，一邊大啖美食吧！

眺望渡月橋之餘喝杯咖啡休息片刻

## %ARABICA Kyoto Arashiyama
●アラビカキョウトアラシヤマ

在夏威夷擁有咖啡豆農園的京都發跡烘豆機業者。「%」的LOGO讓人印象深刻，可享用使用世界各國咖啡豆沖泡而成的香醇咖啡。也可以在店內購買咖啡豆！

☎075-748-0057 **MAP** 附錄④P.21 B-4
🕐9:00〜17:00，週六日、假日為〜18:00 休不定休 所京都市右京区嵯峨天龍寺芒ノ馬場町3-47 嵐電嵐山站步行5分 P無
➡桂川近在眼前！風光明媚的咖啡廳

**咖啡拿鐵 500円〜**
由咖啡師細心沖泡的拿鐵口感十分綿密

## eX cafe
## 京都嵐山本店
●イクスカフェきょうとあらしやまほんてん

由舊宅邸翻修而成的道地巷弄咖啡廳。在擺設了藝術感十足的隔扇畫及古董家具的空間，每個角度都能欣賞約400㎡的廣闊日本庭園。可以隨個人喜好調整燒烤程度的「暖呼呼團子套餐」是店內的人氣餐點。

☎075-882-6366 **MAP** 附錄④P.21 C-3
🕐早餐菜單8:00〜11:00（LO10:00），一般菜單10:00〜18:00（LO17:30）休無休 所京都市右京区嵯峨天龍寺造路町35-3 嵐電嵐山站步行3分 P無
➡大門相當氣派，京都特有的風情也讓人感到雀躍不已

**暖呼呼團子套餐 1485円**
使用七輪炭烤爐自己動手烤，再搭配紅豆、甜醬油一起享用

**天龍寺芭菲套餐 1485円**
包括有機抹茶冰淇淋、抹茶蕨餅和白玉冰淇淋、焙茶

## 能欣賞美麗庭園的
## 日本家屋藝術咖啡廳

來份京丼評比御膳
品嘗茶屋飯食的好滋味

京丼評比御膳
2800円

提供黃金雞蛋丼、烤和牛肉片丼、海鮮丼等搭配季節的5種丼飯

→透過大片窗戶能一望渡月橋橫跨其上的河川美景

## 五木茶屋
● いつきちゃや

以五穀豐收的茶屋餐點為主題，嚴選春夏秋冬當令食材做成的京丼廣受歡迎！排列著5種精巧小丼飯的「京丼評比御膳」看起來賞心悅目，可享用多種口味也令人大為滿足。由於拍起來很美，在社群媒體上往往是關注焦點！

☎050-5890-7349　MAP 附錄④P.21 C-4
🕐11:00～16:00、16:00～19:00（LO18:00）
🈳無休　📍京都市右京區嵯峨中ノ島町嵐山公園中ノ島官有地　🚃阪急嵐山站步行即到　🅿無

→該店位於公園內的安靜場所

Cafe & Gourumet
在和風空間
享用午餐

## 京料理ゆどうふ 竹仙
● きょうりょうりゆどうふちくせん

位於清涼寺境內的湯豆腐專賣店。以嵯峨豆腐「森嘉」的豆腐為食材，滑順的入喉感和口感唯有在京都才吃得到。

☎075-882-3074　MAP 附錄④P.21 B-2
🕐10:00～17:00、17:00～21:30（LO為打烊前1小時。晚間採需10人以上的完全預約制）　🈳週四（4、11月為不定休）　📍京都市右京區嵯峨釋迦堂藤ノ木町46 清涼寺境內　🚃市巴士嵯峨釋迦堂下車即到　🅿有

→坐落於嵐山名剎清涼寺的境內

### 能品嘗豆腐原味的老店湯豆腐

湯豆腐招牌懷石（午間限定）
3850円

由湯豆腐與京都蔬菜、生麩、豆皮交織而成的湯豆腐懷石料理

### 在觀景絕佳的座位品嘗風味豐富的手打蕎麥麵

京都蔬菜蕎麥麵
1420円

裝滿6種切成細絲的蔬菜拼盤。可依喜好撒上芝麻、蛋酥

↑從2樓的吧檯座能眺望渡月橋

## 舞妓飯 嵐山店
● まいこはんあらしやまてん

做成一口大小的天婦羅串，即便是連舞妓的櫻桃小嘴也方便食用。16串中有8串可以從季節食材中挑選自己喜愛的食材。以萬願寺辣椒、豆皮等為首，許多京都特有的美味都在其列。壯闊的嵐山景色也增添了不少旅遊的氣氛。

☎075-871-5108　MAP 附錄④P.11 C-3
🕐11:00～16:30（LO15:00）　※預約制
🈳週四　📍京都市右京區嵯峨柳田町45-1　🚃嵐電嵯峨野站步行5分　🅿無

→從店內能一覽渡月橋

## 嵐山よしむら
● あらしやまよしむら

將採購自日本各地生產者的優質蕎麥粒以石臼研磨，再經過職人手打製作，提供石臼磨製十割蕎麥麵等餐點。也可以品嘗各種套餐和蕎麥茶甜點等。

☎075-863-5700　MAP 附錄④P.21 C-4
🕐11:00～17:00（觀光季節為10:30～18:00）　🈳無休　📍京都市右京區嵯峨天龍寺芒ノ馬場町3　🚃嵐電嵐山站步行3分　🅿無

十六色一口天婦羅膳
2750円

菜單僅此一道。以酥脆麵衣為傲的天婦羅料理

### 小巧可愛的天婦羅搭配桂川的極致美景

如果對旅行紀念照很講究的話

# 嵐山特有的美照體驗♪

擁有絕佳的自然景觀、滿滿和風魅力的嵐山。可以在上鏡的美麗景點，留下獨一無二的紀念照。

享受觀光的同時
彷彿穿梭時空回到過去

## 能拍到竹林和街景！
# 人力車

### EBISUYA
### 京都嵐山總本店
●えびすやきょうとあらしやまそうほんてん

拉著人力車的車伕是精通京都觀光的專業導遊。可以一邊聽著有趣的解說，一邊搭乘人力車悠閒暢遊竹林小徑。推薦給想要有效率地遊覽各大景點的人。

☎075-864-4444 MAP附錄④P.21 B-3
⏰9:30～日落為止（視季節而異）¥1區間＝3000円（1人）、4000円（2人）／30分鐘行程＝7000円（1人）、9000円（2人）／1台可乘坐2人 休無休 所京都市右京区嵯峨天龍寺芒ノ馬場町3-39 嵐電嵐山站即到 P無

| GOAL | | | | | | START |
|---|---|---|---|---|---|---|

桂川沿岸

↑很多影視劇都曾在此取景拍攝的知名河川。

竹林散步小道
↑在高聳密布的竹林之間穿梭，心情可謂格外舒暢。

野宮神社

↑與源氏物語有淵源的神社，也是著名的結緣神社。

主要街道

↑穿越伴手禮店林立的大街。也會行經嵐電嵐山站。

渡月橋
↑以包車30分鐘的嵯峨野竹林之旅行程為例。

BEST SHOT 📷

---

## 能拍到桂川的美麗景色！
# 搭船

### 嵐山通船
●あらしやまつうせん

可以到渡月橋附近租船，輕鬆享受水上觀光的樂趣。一艘最多能乘坐3人，觀光時間為1小時。從水面上看到的景色，有另一種特別的美感。桂川兩岸都設有碼頭，兩邊皆可上、下船。

☎075-861-0302 MAP附錄④P.21 B-4
⏰9:00～16:00（12月第3週三～3月第2週一為10:00～16:00，7月～9月的鵜鶘餵食秀舉辦期間營業時間有異）¥1艘1小時1500円／1艘可乘坐3人 ※不需預約 休無休 所京都市右京区嵯峨天龍寺芒ノ馬場町（嵐山通船北乘り場）阪急嵐山站步行7分 P無

## 欣賞四季美景！
## 從水上眺望渡月橋

BEST SHOT 📷

↑在渡月橋前拍張紀念照！
←離上游約1km左右，移動的範圍相當廣。

---

BEST SHOT 📷

五彩繽紛的京友禪
古都時尚風景在眼前展開

位於嵐山站Hannari Hokkori Square一隅，京友禪裝飾圓柱林立的休憩空間。約600根圓柱在日落以後會點燈，形成車站周邊一片光彩奪目的光林。還有櫻花庭院、紅葉庭院散布其中，有許多美得像畫的地方。

## 能拍到京友禪的光林！
# 和服森林

### 租借和服就來這♪

### レンタル着物 嵐山
### Wakamurasaki
●レンタルきものあらしやま ワカムラサキ

能提供將個人魅力發揮到極致的穿搭建議。從適合搭配和服的髮型、妝容，一直到提包等配件都能一手包辦。此外，時髦的腰帶綁法也廣受好評。

☎075-881-0700 MAP附錄④P.21B-3
⏰9:30～17:30 休無休 所京都市右京区嵯峨天龍寺立石町4-18 JR嵯峨嵐山站步行5分／嵐電嵐山站步行5分 P無

↑從基本款和服到品牌和服應有盡有

祇園・河原町 69
清水寺周邊 93

嵐山 周邊

京都站周邊 107
伏見稻荷・京都站周邊 121
銀閣寺周邊 133
二條城・京都御所周邊 143
金閣寺周邊 151
稍微走遠一點 159

### 移動式住宅「住箱-JYUBAKO-」
●モバイルハウスじゅうばこ

能住進由世界級建築師隈研吾與Snow Peak共同開發的拖車屋。

↑充滿生活感的Snow Peak空間

↑結合溫潤木質與現代風格的空間

與古都的大自然邂逅
Snow Peak 的新據點

### Snow Peak Cafe
●スノーピークカフェ

利用土間空間打造而成的咖啡廳。提供日本茶、咖啡、熱壓三明治等輕食以及甜點。

⏰10:00～17:00

↑以長野縣白馬村白馬法蘭克福香腸製成的熱狗800円

## Snow Peak LAND STATION KYOTO ARASHIYAMA
●スノーピークランドステーションきょうとあらしやま

由戶外用品製造商Snow Peak經營的新觀光據點。改裝自古老料理旅館的空間內，陳列著露營用品、服飾、限定商品等。除了店鋪和咖啡廳之外，還附設可供住宿的移動式住宅。

☎075-366-8954　MAP附錄④P.21 C-3
⏰10:00～19:00　休第3週三　京都市右京区嵯峨天龍寺今堀町7　JR嵯峨嵐山站步行3分　P無

熱門話題景點 非去不可！

由於是人氣觀光名勝，所以陸續都有新設施開幕！不妨趁此機會逛逛這些景點，盡情暢遊嵐山吧。

### 福田美術館
●ふくだびじゅつかん

渡月橋近在咫尺，地理位置優越的美術館。現代空間內收藏著從江戶時代到近代、約1500幅日本畫，其中又以京都畫壇的作品為大宗。

☎075-863-0606　MAP附錄④P.21 B-4
⏰10:00～17:00（最後入館16:30）
¥1300円　休週二（逢假日則翌日休）
京都市右京区嵯峨天龍寺芒ノ馬場町3-16　嵐電嵐山站步行5分　P無

↑1767年與謝蕪村的《猛虎飛瀑圖》

↑1914年竹久夢二的《切支丹波天連渡來之圖》

↑從嵐山的主要大街彎進來即可抵達

↑咖啡廳前方就是桂川，擁有能眺望渡月橋的最佳視野

在具現代感的美麗空間
感受日本美術的魅力

↑融入了和風匠心的優美建築

### 芋栗パーラー BURIKITOTAN 京都店
●いもくりパーラーブリキトタンきょうてん

能吃到拔絲地瓜、烤布蕾、蒙布朗、烤地瓜等多種番薯&栗子甜點的店。由於盡是能夠單手品嘗的甜點，所以很適合一邊欣賞渡月橋一邊輕鬆享用。

MAP附錄④P.21 C-4
⏰11:00～18:00　休週三　京都市右京区嵯峨中ノ島町官有地10　阪急嵐山站步行3分　P無

搭配限定抹茶冰淇淋、可單手品嘗的地瓜甜點

↑眼前就是中之島公園！

番薯霜淇淋 綜合 700円

### まめものとたい焼き
●まめものとたいやき

內餡選用老店「今村」的紅豆餡，以鬆軟口感自豪的鯛魚燒店。有紅豆粒餡、卡士達、紅豆奶油3種口味。能品嘗新鮮乳香的紅豆奶油會馬上融化，所以賞味期限不到1分鐘。

MAP附錄④P.21 C-3
☎075-354-6166
⏰10:00～17:00　休週三　京都市右京区嵯峨天龍寺芒ノ馬場町40-8 昇龍苑 1F　嵐電嵐山站步行即到　P無

賞味期限只有1分鐘的紅豆奶油

鯛魚燒 紅豆奶油 350円

↑可以坐在昇龍苑的長椅上享用

在漫步中途 來份外帶♪

散步中途的零食就選廣受好評的美味甜點吧。

正反面分別印有「ま」和「め」的字樣

## くろちく 嵐山店
### くろちくあらしやまてん

鬆軟迷你手巾
（舞妓Kotone）
…605円
➡觸感好、吸汗效果絕佳的小毛巾

到月台內的足湯泡腳，一掃旅途的疲憊

■拍照景點■
### 和服森林

由600根多彩繽紛的京友禪圓柱迎接來客。夜晚點燈後更有如夢似幻的氛圍

## 嵐山站Hannari Hokkori Square
### あらしやまえきはんなりほっこりスクエア

位於嵐山站的複合設施，集結各種人氣美食和商店等的便利景點。也可以當成休憩場所利用。

☎075-873-2121　🕐1F9:00～20:00（12月下旬～3月下旬為10:00～18:00），2F11:00～20:00（12月下旬～3月下旬為18:00）
🈶無休　📍京都市右京區嵯峨天龍寺造路町20-2　🅿無
**MAP**附錄④P.21 C-3

➡也有自行車租借處、ATM、宅急便等，許多對旅行很方便的設施

## 嵐山桃肌化妝品總店
### あらしやまももはだこすめほんてん

和風洗面霜迷你包裝
…各330円
➡添加青桃萃取物的洗面霜，為店鋪限定商品

➡柔和色調的裝飾配料十分可愛

繽紛霜淇淋…500円

### SASAYA IORI+
ササヤイオリプラス

## ARINCO嵐山本店
### アリンコあらしやまほんてん

（左）京都蛋糕捲
百年藏醬油…1234円
（右）京都蛋糕捲
抹茶口味…1543円
➡以宇治抹茶的奢華口感和醬油的甘醇芳香為傲

離月台很近，很適合作為相約碰面的地點！

## 前往美食和伴手禮齊聚的
# 站前廣場景點

千萬別小看地方鐵道。京友禪、漬物、抹茶等充滿京都魅力的商品都聚集在車站周邊！

風車裝置藝術的前方是最佳拍照景點！

## 嵐山らすく
### あらしやまらすく

嵐山麵包脆餅（焙茶、抹茶、和三盆）
…各540円（6片入）
➡一片一片精心烤製的優質麵包脆餅

## 福寿園 嵐山茶屋
### ふくじゅえんあらしやままちゃや

莖渡月三角茶包
…594円（2g×10包）
➡澀味淡、口感清爽的宇治茶

## 嵐山 昇龍苑
### あらしやましょうりゅうえん

1樓能買到京都代表性甜點和伴手禮，2樓則有多間發揚傳統魅力的老店。

☎075-873-8180　🕐10:00～17:00（營業時間、公休日需確認官網）
🈶無休　📍京都市右京區嵯峨天龍寺門前　🚉嵐電嵐山站即到
🅿無　**MAP**附錄④P.21 C-3

➡也有供應許多嵐山限定充滿創意的商品

## 本家 西尾八ッ橋
### ほんけにしおやつはし

橙酒火焰可麗餅
…500円
➡米粉製餅皮和特製的橙醬很搭

茶茶棒…401円
➡夾入濃郁抹茶冰淇淋、口感酥脆的閃電泡芙

### MALEBRANCHE 嵐山店
マールブランシュあらしやまてん

※菜單及營業時間可能變更

---

## 鶴屋長生 嵐山店
つるやちょうせい　あらしやまてん

保留傳統京菓子製作手藝的老店。每天手工製作的生麩饅頭口感糯軟滑溜，是亦受當地粉絲愛戴的人氣商品。

☎075-366-6470　🕐9:00～17:00　🈶週三
📍京都市右京區嵯峨天龍寺今堀町4-1　🚉JR嵯峨嵐山站即到　🅿無
**MAP**附錄④P.21 C-3

柔軟順口而廣受歡迎

京生麩饅頭
432円（2個入）
內餡有紅豆沙、抹茶、白味噌、白芝麻、柚子這5種口味

## 嵯峨豆腐 森嘉
さがどうふもりか

創業至今已有150多年的歷史，該店著名豆腐深受司馬遼太郎等文人喜愛，連專業廚師也讚譽有加。

☎075-872-3955　🕐9:00～17:00　🈶週三（逢假日則翌日休）、週二不定休　📍京都市右京區嵯峨釋迦堂藤ノ木町42　🚉市巴士嵯峨釋迦堂前下車即到　🅿無
**MAP**附錄④P.21 B-2

都愛用
料亭和湯豆腐店

嵯峨豆腐
443円
使用嵯峨野的地下水製作的豆腐口感柔嫩

## 琴きき茶屋
こときききちゃや

出自熟練職人之手的白色櫻餅尤其有名。可以在店內搭配抹茶一起享用，不妨在散步中順道來訪。

☎075-861-0184　🕐10:00～17:00（LO16:30）
🈶週四、週三不定休　📍京都市右京區嵯峨天龍寺芒ノ馬場町1　🚉嵐電嵐山站即到　🅿無
**MAP**附錄④P.21 C-4

創業至今對櫻餅貫徹始終

綜合櫻餅
（10個入）1620円
內含以櫻花葉包夾或以豆沙餡包裹的2種櫻餅

還有好多！
嵐山伴手禮

# 保津峽 絕美景緻

去程在山林間穿梭！回程沿河順流而下！

以京都首屈一指的美麗溪谷聞名的保津峽。四季各有不同的壯麗美景，不妨帶著冒險的心情享受徜徉自然之旅！

## 船 需時2小時 保津川遊船

隻時而向左、時而向右地穿梭在溪谷間，行程中能欣賞巨岩奇石、激流、深潭等豐富多變的景觀，聽船夫解說沿途的風景，讓人興奮不已。可一邊聆聽船夫解說沿途的風景，一邊享受與大自然融為一體的感覺。

**船夫以長竿控船好吸睛 驚險刺激的乘船之旅**

↑除了負責導覽，還會跟遊客們談笑風生、炒熱氣氛

↓每當行經高低落差較大的激流區，就是船夫展現精湛技藝的時候

**絕景重點** 能欣賞到千變萬化的河川樣貌與綿延的群山風光。獅子岩、青蛙岩等奇岩怪石也很引人注目

**絕景重點** 溪谷的全景無論從哪個角度拍都是絕美景色。如果在中途與保津川遊船交錯而過，記得向船上的遊客揮揮手

享受清風吹拂之餘 眺望美麗無比的景緻

1 第5節的「富貴號」是無窗戶的開放式車廂，可近距離感受大自然美景
2 從車上眺望翠綠的群山和清澈的河川，令人神清氣爽
3 紅葉季節時還能欣賞點燈後的夢幻景象

## 嵐山小火車 需時25分

以緩慢的速度沿著保津川和山壁行駛的復古小火車。每穿過一個隧道就有不一樣的景色，行經知名景點時還會放慢速度，供遊客好好享受眼前的絕景。

📞0771-22-5846（保津川遊船企業組合）🕐9:00～15:00期間共8個班次（12月中旬～3月9日10:00～14:30有4個班次為暖氣船），週六日、假日可能臨時增加班次 💴乘船費4100円 🈺2、9月的定期安檢日 🚌小火車龜岡站搭巴士15分至乘船處／JR龜岡站步行8分 🅿有 **MAP**附錄④P.21 B-4

📞075-861-7444（嵯峨野觀光鐵道 電話語音服務）🕐3月1日～12月29日的9:02～16:02（每隔1小時左右發車，每天往返8個班次，有時會停駛部分班次，繁忙期為～17:10，需確認官網）💴單程630円，孩童320円，全車對號入座（搭乘日一個月前可向JR西日本各部分車站的綠色窗口、網路預約服務（e5489）、旅行社預約購票。當日券可至小火車嵯峨站、嵐山站、龜岡站購買）🈺不定休（需確認官網）🅿無 **MAP**附錄④P.21 C-3

### 推薦絕景路線 【需要時間】3小時

JR嵯峨嵐山站 ← 步行即可到 ← 小火車嵯峨站 ← 嵐山小火車 25分 ← 小火車龜岡站 ← 巴士15分 ← 保津川遊船乘船處 ← 保津川遊船 2小時 ← 保津川遊船停泊處 ← 步行5分 ← 嵐電嵐山站

約16km之旅

請田神社／小鮎瀑布／女淵／曲淵／鐵橋／保津川／JR保津峽站／小火車保津峽站／嵯峨野觀光鐵道／JR山陰本線（嵯峨野線）／朝日隧道／常寂光寺／小倉山莊庭園／紅葉隧道／獅子岩／天龍寺／大河內山莊庭園／保津川遊船停泊處／渡月橋／嵐電嵐山本線／嵐電嵐山站／阪急嵐山站／N

從車窗就能近距離欣賞滿山的紅葉

除了獅子岩之外，神似某些動物的奇石巨岩也是隨處可見

# 天龍寺
てんりゅうじ

超推薦新綠、紅葉皆美的庭園以及氣勢磅礴的天井畫

**世界遺產**

3月下旬～4月上旬
11月中旬～12月上旬

日本首座被指定為國家史跡、特別名勝的名庭

## 必看！
### 曹源池庭園
そうげんちていえん
以白沙呈現弧度優美的海濱，與對岸充滿壓迫感的岩石造景形成獨特對比

## 絕對值得一看！
## 不容錯過！

◎從大方丈眺望結合王朝文化的風雅與禪意境的日本庭園

◎近距離欣賞巨龍在法堂天井騰雲駕霧的《雲龍圖》

## 大方丈
おおほうじょう
位於法堂後方的大方丈建於1899年。相傳正尊釋迦如來坐像是平安時代的作品，遠比天龍寺的建造年代還要悠久。隔扇畫也魄力十足。

## 雲龍圖
うんりゅうず
法堂的天井畫《雲龍圖》是日本畫家加山又造的傑作，無論從哪個角度看都好像與巨龍對視的「八方睨龍」。※請留意《雲龍圖》僅於春、夏、秋季的特別參拜期間以及週六日、假日才有開放。

**歷史** 足利尊氏為了替後醍醐天皇祈冥福而建，為臨濟宗天龍寺派的大本山，開山祖師是夢窗疏石。尊氏與後醍醐天皇曾為了推翻鎌倉幕府而聯手，但最終分道揚鑣並演變成兵刃相向的局面。龐大的建築費用多來自於當時與中國元朝之間的貿易所得，因此這些元朝的貿易船也被稱為「天龍寺船」。

**看點** 由夢窗疏石所造的曹源池庭園是一座融入嵐山景觀的借景庭園，還保留著創建當時的風貌。法堂天花板上的八方睨龍《雲龍圖》是1997年由日本畫巨擘加山又造所繪，栩栩如生的巨龍氣勢恢弘，讓人嘆為觀止。

### DATA
**MAP** 附錄④P.21 B-3
☎075-881-1235
🕐8:30～17:00，法堂《雲龍圖》特別開放為週六日、假日以及春、夏、秋季的每日開放9:00～16:30 💰庭園500円，參拜諸堂費用另計300円
🈺無休（諸堂可能視法事等有暫停參拜日，需確認官網）
📍京都市右京区嵯峨天龍寺芒ノ馬場町68 🚃嵐電嵐山站即到／JR嵯峨嵐山站步行13分
🅿有

### 天龍寺 境內圖

- 前往大河內山莊沿途的竹林景色十分優美
- 卍正覚寺
- JR嵯峨野線
- 卍法然寺
- 野宮神社
- 野々宮
- 這一帶有綿延的竹林
- 北門
- 能拍到枝垂櫻的美景照片
- 參拜受理 百花苑
- 庭園的參拜受理處。出了北門以後，就是充滿神祕氛圍的竹林小徑
- 多宝殿
- 後嵯峨天皇嵯峨南陵
- 亀山天皇亀山陵
- 祥雲閣 甘雨亭
- 松巌寺
- 弘源寺
- 慈済院
- 卍三秀院
- 卍金剛院
- JR嵯峨嵐山駅
- 望京之丘 從這裡可以眺望京都市區
- 書院
- 飛雲観音
- 嵐山温泉駅的足湯
- 曹源池
- 曹源池庭園
- 大方丈
- 法堂
- 天龍寺篩月
- 八幡宮
- 永明院
- 等観院
- 卍妙智院
- 嵐山駅
- 嵐電
- 龍門亭
- 將夢窗疏石所選的境內十景之一龍門亭加以重現
- 雲龍圖
- 氣勢磅礴的天井畫《雲龍圖》出自加山又造之手
- 卍友雲庵
- 卍寿寧院
- 西山艸堂
- 嵐山
- はんなり・ほっこりスクエア
- 卍寶嚴院
- 渡月橋

### 推薦！參拜行程

百花苑 ◀步行3分 望京之丘 ◀步行5分 曹源池庭園 ◀步行即到 大方丈 ◀步行即到 庫裏 ◀步行即到 雲龍圖（法堂）

收費區域

**需時約50分**

祇園・河原町 69
清水寺周邊 93
嵐山周邊
京都站周邊 121
伏見稻荷・ 銀閣寺周邊 133
二條城・京都御所周邊 143
金閣寺周邊 151
稍微走遠一點 159

## 快樂兒童系列

### 給孩子的交通工具小百科

### 工作車祕密大圖鑑

作者：講談社編輯部
規格：42頁／16.5 x 16.5 cm
定價：350元

- 日本知名車輛大蒐羅
- 最受歡迎的知識圖鑑
- 人見人愛精美口袋童書
- 適讀年齡：3歲以上

### 人氣車輛Best 88

作者：Group.Columbus
規格：26頁／16.5 x 17 cm
定價：320元

### 人氣列車Best 177

作者：廣田尚敬、廣田泉、坂正博
規格：26頁／16.5 x 17 cm
定價：320元

---

《源氏物語》中登場的古社

↑以保有樹皮的櫟木打造而成的黑木鳥居

**社寺** 天龍寺步行6分
## 野宮神社
ののみやじんじゃ
需時10分
世界遺産
MAP 附錄④ P.21 B-3

被選入伊勢神宮齋宮的皇族女性在此清淨身心3年的古社。《源氏物語》〈賢木之卷〉中有段描述別離的故事，就是以此為背景。
☎075-871-1972　⏰9：00～17：00
¥免費　休無休　所京都市右京區嵯峨野宮町1
🚉嵐電嵐山站步行5分　P無

**景點** 天龍寺步行3分
## 大河內山莊庭園
おおこうちさんそうていえん
需時40分
世界遺産
MAP 附錄④ P.21 A-3

原本是演出丹下左膳等多部時代劇的高人氣演員大河內傳次郎的別墅。內有占地約2萬㎡的迴遊式庭園，宏偉的景緻美不勝收。
☎075-872-2233　⏰9：00～17：00　¥1000円（附抹茶）　休無休　所京都市右京区嵯峨小倉山田淵山町8　🚉嵐電嵐山站步行15分　P有

欣賞時代劇明星的山莊美景

↑庭園內有山莊、茶室等建築物

**社寺** 天龍寺步行10分
## 常寂光寺
じょうじゃっこうじ
需時30分
世界遺産
MAP 附錄④ P.21 A-2

坐落於小倉山山麓的日蓮宗寺院，供奉正尊為十界大曼荼羅。名列重要文化財的多寶塔為檜皮葺屋頂，採用了和樣與禪宗樣兩種樣式建成。
☎075-861-0435　⏰9:00～17:00（受理為～16:30）
¥500円　休無休　所京都市右京区嵯峨小倉山小倉町3　🚉嵐電嵐山站步行20分　P有

據傳這間古寺原本是定家的山莊遺址

↑有茅葺屋頂的仁王門。在群樹被染紅的秋天尤其漂亮

---

## 庫裏
くり

以巨大屋頂、黑白鮮明對比的外觀為特徵。設有堂內參拜的受理窗口，目前也作為寺務所和廚房使用。置於玄關正面的屏風描繪著禪宗始祖達摩大師的圖像。

### 順路 SPOT
能讓心靈平靜的五菜一湯
## 天龍寺篩月
てんりゅうじしげつ

嚴選當令食材入菜、精心烹調而成的精進料理，每一道餐點的味道都很溫和順口。

↓可以一邊欣賞四季風情一邊品嘗美味料理

↑以雪、月、花等風雅詞彙命名的全餐3300円～（需另付參拜費500円）
MAP 附錄④ P.21 B-3
☎075-882-9725　⏰11：00～14:00LO
休無休　所京都市右京区嵯峨天龍寺ノ馬場町68　🚉嵐電嵐山站步行5分　P有

## 寶嚴院
ほうごんいん
需時30分
世界遺産
MAP 附錄④ P.21 B-3

迴遊式山水庭園「獅子吼之庭」種植了超過300棵楓樹，紅楓與青苔交織的景色很美。參拜供奉的觀世音菩薩就能獲得等同於西國三十三所巡禮的功德，田村能里子繪製的隔扇畫也是參觀重點。
☎075-861-0091　⏰通常不對外開放：春、秋特別開放3月中旬～6月底、10月上旬～12月上旬9:00～17:00；夜間特別參觀11月中旬～12月上旬17:30～20:30　¥500円（夜間特別參觀600円）　休開放期間無休　所京都市右京区嵯峨天龍寺芒ノ馬場町36　🚉嵐電嵐山站步行4分　P有（白天為使用天龍寺停車場）
↓紅葉季節的夜間點燈活動也很有名

別忘了順道造訪
天龍寺的塔頭

紅葉將名庭染上繽紛色彩

## 社寺　化野念佛寺
あだしのねんぶつじ

大覺寺步行20分　需時15分

MAP 附錄④P.21 A-1　世界遺產

原本是弘法大師空海所創建的五智山如來寺，供奉著在亂葬崗化野的無緣佛，後來才成為法然上人的念佛道場而改名為化野念佛寺。

☎075-861-2221　🕐9：00～17：00（受理為～16：30，視季節而異），千燈供養8月最後一個週六、日17：30～21：00（受理為～20：30）　¥500円，千燈供養為1000円　休可能視天氣、活動臨時公休　所京都市右京區嵯峨鳥居本化野町17　🚌京都巴士鳥居本下車步行5分　P無
➔夏夜會舉行千燈供養

境內有約8000座石佛、石塔林立

## 社寺　愛宕念佛寺
おたぎねんぶつじ

渡月橋搭巴士20分　需時30分

MAP 附錄④P.11 B-1　世界遺產

境內有由參拜者親手雕刻、多達1200尊各有特色的羅漢石像，豐富的表情看了很療癒。若以此處作為遊逛嵯峨野的起點，接下來都是下坡路段十分輕鬆。

☎075-285-1549　🕐8：00～16：30　¥300円　休無休　所京都市右京區嵯峨鳥居本深谷町2-5　🚌京都巴士愛宕寺前下車即到　P有

山寺內的羅漢石像讓人心靈平靜

↑紅葉飄落在長滿青苔的石像上，別有一番風情

## 景點　嵯峨嵐山文華館
さがあらしやまぶんかかん

天龍寺步行3分

MAP 附錄④P.21 B-4

最初名為時雨殿，作為能感受百人一首世界的博物館而聞名，整修重新開放後更名為「嵯峨嵐山文華館」，成為傳遞日本美術精髓的綜合博物館。以日本畫為中心，每年會推出4次各式各樣的企劃展。

☎075-882-1111　🕐10：00～17：00（受理為～16：30）　休週二（逢假日則翌日休）　所京都市右京區嵯峨天龍寺芒ノ馬場町11　🚃嵐電嵐山站步行5分　P無

百人一首的歷史和文化的發信地

➔面向庭園的空間為咖啡廳「嵐山OMOKAGEテラス」

➔可以坐在榻榻米上觀賞作品

---

從平安時代保留至今風光明媚的景色

### 大澤池
おおさわのいけ

建於平安時代的池塘。於每年中秋月明時會舉辦「觀月之夕」的活動，還可以搭船舟遊大澤池。

## 社寺　舊嵯峨御所 大本山大覺寺
きゅうさがごしょだいほんざんだいかくじ

天龍寺搭巴士15分　需時60分

MAP 附錄④P.21 C-1　世界遺產

真言宗大覺寺派的本山，前身為嵯峨天皇離宮的門跡寺院。同時也是嵯峨御流花道的發源地暨總部。宸殿收藏著出自狩野山樂之筆的《牡丹圖》、《紅白梅圖》，值得一看。秋天能欣賞到美麗綻放的嵯峨菊。

☎075-871-0071　🕐9：00～17：00（受理為～16：30）　¥佛堂500円、大澤池300円　休無休　所京都市右京區嵯峨大沢町4　🚌市巴士大覺寺下車即到　P有

↑嵯峨菊繽紛綻放的門戶，境內經常作為時代劇的取景地。嵯峨菊展為11月1日～11月30日（暫定）

## 社寺　祇王寺
ぎおうじ

大覺寺步行25分　需時30分

MAP 附錄④P.21 A-2　世界遺產

失去平清盛寵愛的舞姬祇王出家後與妹妹、母親一同隱居的寺院。後來情敵佛御前也削髮為尼，四個人就在此地共度餘生。

☎075-861-3574　🕐9：00～17：00（受理為～16：30）　¥300円（與大覺寺的通用券600円）　休元旦　所京都市右京區嵯峨鳥居本小坂町32　🚌市巴士嵯峨釋迦堂前下車步行15分　P無

在綠意環繞下靜靜佇立的草庵

➔也曾經出現在《平家物語》中，充滿沉靜的氛圍

## 社寺　二尊院
にそんいん

天龍寺步行15分　需時30分

MAP 附錄④P.21 A-2　世界遺產

供奉著釋迦如來、阿彌陀如來一對正尊的寺院。從伏見城移築而來的總門到本堂之間的參道有「紅葉馬場」之稱，約150m的參道彷彿被紅葉包圍的景緻相當迷人，總是吸引遊客駐足觀賞。

☎075-861-0687　🕐9：00～16：30　¥500円　休無休　所京都市右京區嵯峨二尊院門前長神町27　🚃嵐電嵐山站步行15分　P無

秋天的紅葉覆蓋了整條參道

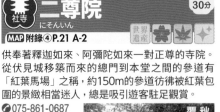

➔從總門往西延伸的紅葉馬場

## 社寺　落柿舍
らくししゃ

天龍寺步行12分　需時15分

MAP 附錄④P.21 B-2　世界遺產

松尾芭蕉門下的蕉門十哲之一向井去來度過晚年的草庵，芭蕉也在此地寫下了《嵯峨日記》。隨季節綻放的花朵和紅葉都很漂亮。

☎075-881-1953　🕐9：00～17：00（1～2月為10：00～16：00）　¥300円　休12月31日、1月1日　所京都市右京區嵯峨小倉山緋明神町20　🚌市巴士嵯峨小學校前下車步行8分　P有

寫下《嵯峨日記》的幽靜草庵

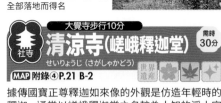

➔因樹上的柿子在一夜之間全部落地而得名

## 社寺　清涼寺（嵯峨釋迦堂）
せいりょうじ（さがしゃかどう）

大覺寺步行10分　需時30分

MAP 附錄④P.21 B-2　世界遺產

據傳國寶正尊釋迦如來像的外觀是仿造年輕時的釋迦，通常以嵯峨釋迦堂之名較為人知的淨土宗寺院。每年4月上旬舉辦的嵯峨大念佛狂言為京都三大念佛狂言之一。

☎075-861-0343　🕐9：00～16：00，靈寶館4、5、10、11月開放　¥本堂400円，與靈寶館的套票700円　休無休　所京都市右京區嵯峨釋迦堂藤ノ木町46　🚌市巴士嵯峨釋迦堂前下車即到　P有

光源氏的原型源融的山莊遺跡

➔本堂安置著模仿釋迦如來37歲樣貌雕刻的正尊

祇園
・
河原町
69

清水寺
周邊
93

嵐山
周邊

107

京都
站
周邊

伏見稻荷・
京都站
周邊
121

銀閣寺
周邊
133

二條城・
京都御所・
周邊
143

金閣寺
周邊
151

稍微走
遠一點
159

## 咖啡廳 茶寮 八翠
さりょうはっすい

天龍寺步行5分

MAP 附錄④ P.21 B-3

這間茶寮位於由百年歷史建築物改裝而成的飯店內。一邊欣賞自平安時代以來就深受貴族喜愛的絕景，一邊品嘗茶點，也是很特別的體驗。不妨選擇露天的特等座，度過優雅的片刻時光。

☎075-872-1222　🕐11:00～17:00LO
🏠無休
所京都市右京区嵯峨天龍寺芒ノ馬場町12 京都翠嵐豪華精選酒店內　嵐電嵐山站步行6分　P有
↳水流和緩的保津川和綠意蔥鬱的嵐山近在眼前

體驗躋身名流眺望美麗絕景

↑翡翠麻糬715円（服務費另計）。抹茶口味的葛餅，可搭配黃豆粉和黑蜜享用

## 咖啡廳 MOMI CAFE
モミカフェ

清涼寺步行2分

MAP 附錄④ P.21 B-2

這間獨棟咖啡廳擁有陽光灑落的大片落地窗，望出去就是群花綻放、綠意盎然的庭園。也能在這個如世外桃源般的空間裡，享用手工製作的甜點。

☎075-882-6982　🕐11:00～17:00　🏠不定休
所京都市右京区嵯峨二尊院門前北中院町15
JR嵯峨嵐山站步行20分　P有
→很適合在前往清涼寺、祇王寺等嵯峨野景點遊逛時順路來訪

以天然食材入菜享受當季風味

↓葛餅套餐990円

## 美食 嵐山ぎゃあてい
あらしやまぎゃあてい

天龍寺步行即到

MAP 附錄④ P.21 C-3

能品嘗職人精心製作的家常菜。首選推薦為ぎゃあてい御膳，以色彩繽紛的小碗盛裝少量多樣的菜色，如京都名產豆皮、生麩與配合時令食材烹調的家常菜，還有附季節性甜品。

☎075-862-2411　🕐11:00～14:30（入店）　🏠不定休　所京都市右京区嵯峨天龍寺造路町19-8　嵐電嵐山站下車即到　P無

使用大量當季食材和京都蔬菜製成的家常菜

←可一次享用12道裝在繽紛小碗裡的當季佳餚ぎゃあてい御膳2200円

↓能品嘗道地京都風味的排隊名店

## 購物 zarame -gourmet cotton candy-
ザラメグルメコットンキャンディ

天龍寺步行5分

MAP 附錄④ P.21 C-3

從砂糖的選用就很講究，致力於追求獨特風味的京都和菓子專賣店。使用京都產抹茶、丹波產高級黑豆黃豆粉以及其他日本國產有機食材，提供原味、抹茶金時等7種口味的棉花糖。

☎075-600-2959
🕐10:00～18:00　🏠無休
所京都市右京区嵯峨天龍寺車道町1
嵐電嵐電嵯峨站即到　P無

大人也會喜歡的自然甜味

↑幾乎快把臉遮住的巨大點心京都棉花糖600円～

↓也很適合邊走邊吃，一定要來嘗鮮看看

## 咖啡廳 日本茶茶房 茶三楽
にほんちゃさぼうちゃさんらく

天龍寺步行3分

MAP 附錄④ P.21 C-3

位於天龍寺附近的日本茶專賣店。日本茶自不用說，泡沫刨冰、裝在茶棗容器內的蛋糕等甜點也很受歡迎。不僅可以品嘗茶飲和甜點，也能從茶器和店內擺設一窺茶道文化。

☎075-354-6533　🕐11:30～17:00
🏠不定休
所京都市右京区嵯峨天龍寺造路町7
嵐電嵐山站步行3分
P無

以上等抹茶製成的甜點很受歡迎

↑抹茶泡沫刨冰1540円，冰融化之後喝起來像抹茶

↑脫鞋入內享受放鬆的舒適感

## 美食 CROSS Burger&Beer/Coffee
クロスバーガーアンドビアコーヒー

渡月橋步行5分

MAP 附錄④ P.21 C-4

飯店附設的時尚漢堡店，揉入竹炭粉的黑色漢堡麵包是店家的原創餐點。以京都產粗絞肉做成的肉排口感細緻又鮮嫩多汁。

☎075-863-5885
🕐11:30～19:00
🏠無休　所京都市西京区嵐山上海道町48 ザ The GrandWest Arashiyama 1F
阪急嵐山站即到

外酥內軟的漢堡麵包來夾京都的在地食材

以豆腐為內餡和京都蔬食做成的漢堡千枚漬的京都排堡1630円

## 咖啡廳 中村軒
なかむらけん

桂離宮步行5分

MAP 附錄④ P.26 B-3

以麻糬包裹用爐灶炊煮而成的紅豆餡，所製成的麥代餅為其代表名產。夏天還能吃到刨冰，秋冬則有善哉等甜品、溫麵之類的輕食。

☎075-381-2650　🕐8:30～17:30（茶店為10:00～17:00）　🏠週三（逢假日則營業）　所京都市西京区桂浅原町61
市巴士桂離宮前下車即到　P有

←1883年創業的老字號和菓子店

→以前農家會在種田時會當成點心食用的麥代餅290円

桂離宮附近的古老甜品店

## 景點 桂離宮
かつらりきゅう

天龍寺搭電車加步行45分

需時60分

世界遺產

MAP 附錄④ P.26 B-3

原本是江戶初期由八條宮家初代智仁親王所建的樸素離宮，遼闊的庭園內散布著書院、茶屋等建築物。形狀複雜的水池極具造型美感，為日本屈指可數的名園。

☎075-211-1215（宮內廳京都事務所參觀課）
🕐申請制（至官網確認或當天申請皆可）
¥1000円　🏠週一（逢假日則翌日休）
所京都市西京区桂御園
市巴士桂離宮前步行15分
P有

從嵐山稍微走遠一點 桂 かつら

金閣寺
天龍寺
廣隆寺
松尾大社
西芳寺　華嚴寺
桂離宮

### 敏銳出色的美感
### 享譽全世界的日本庭園

→書院等建築物散布其中的廣大庭園

# 松尾
まつお

觀光客也相對較少，充滿自然景觀、環境清幽的散步好去處。供奉幸福地藏的鈴蟲寺、祭祀酒神的松尾大社等，都是京都數一數二的能量景點，人氣高到就連海外遊客也爭相造訪。

只會實現一個願望的
幸福地藏之寺

## 有延年益壽之水的名勝
### 松尾大社
まつのおたいしゃ　MAP 附錄④P.26 A-3

701年由秦氏創建，歷史相當悠久的神社。名水「龜井之水」有延年益壽之說，相傳只要在釀酒時添加就可以讓酒不腐壞，因此深受釀酒業者的信奉。

☎075-871-5016　⏰5:00～18:00（社務所為9:00～16:30）　¥境內免費，松風苑和神像館的通用券500円　休無休　所京都市西京區嵐山宮町3　交阪急松尾大社站即到　P有

↑出自重森三玲之手的昭和名庭「松風苑三庭」

←境內設有專門介紹釀酒過程的「酒的資料館」

←本殿為檜皮葺屋頂的兩流造建築，被指定為重要文化財

↑拿著300円的幸福御守向地藏菩薩許願吧

↑背景音樂為鈴蟲的悅耳鳴聲

## 華嚴寺（鈴蟲寺）
けごんじ（すずむしでら）　MAP 附錄④P.26 A-4

堂內飼有鈴蟲，一年四季都聽得到鳴叫聲，因此也被稱為「鈴蟲寺」。由僧人講解佛法的「鈴蟲說法」詼諧有趣而廣受好評，吸引了不少遊客前來聆聽。境內還供奉著一次只能實現一個願望的幸福地藏菩薩。

☎075-381-3830　⏰9:00～17:00（受理為～16:30）　¥500円（附煎茶、點心）　休無休　所京都市西京区松室地家町31　交京都巴士苔寺すず虫寺下車步行3分　P有

↑位於松尾山山麓，能眺望京都市景

## 由職人手工製作的和菓子
### 松楽
しょうらく　MAP 附錄④P.26 A-3

每一款手作和菓子都與搭配的內餡形成絕妙平衡，小巧的艾草餅「奧嵯峨」很適合當作伴手禮。限量販售的12種口味京御萩也很有人氣。

☎075-871-8401　⏰9:00～18:00　休週三　所京都市西京区嵐山宮ノ前町23-3　交阪急松尾大社站即到　P有

↑1968年於松尾大社門前創業

↓有多種口味可選的京御萩各250円

## 英國風庭園令人心情雀躍的咖啡廳
### Café ANDANTE
カフェアンダンテ　MAP 附錄④P.26 A-4

充滿古董氛圍的英國風咖啡廳。能品嘗到樸素的手作蛋糕以及芳醇的紅茶、講究的咖啡，尤其推薦5月以後玫瑰盛開的季節來訪。

☎075-381-4887　⏰13:00～17:30　休不定休　所京都市西京区松室地家町2-6　交阪急松尾大社站步行10分　P無

↓彷彿置身於繪本世界中的迷人氛圍

↓與紅茶也很對味的戚風蛋糕600円

## 可在庭園景觀特等座享用醬油團子
### そば･甘味処 団ぷ鈴
そばかんみどころだんぷりん　MAP 附錄④P.26 A-3

松尾大社境內的老字號茶屋。淋上濃郁祕傳醬汁的現烤糯軟醬油團子十分美味。也有提供蕎麥麵和日本酒。

☎075-861-0078　⏰10:30～16:00　休週三（11月為無休）　所京都市西京区嵐山宮町3　交阪急松尾大社站即到　P使用松尾大社停車場

↑醬油團子400円（+200円附抹茶）

# 伏見稲荷 京都站 周邊

ふしみいなり・きょうとえき

## 在這個區域最想做的 3 件事

**1** 到伏見稲荷大社➡P.122
穿越夢幻的千本鳥居&前往御山巡禮感受強大能量、提升運氣

**2** 參拜京都數一數二的賞楓名勝東福寺➡P.124&欣賞現代風格的本坊庭園

**3** 造訪為祈求平安京繁榮而建的世界遺產東寺➡P.126一窺京都歷史

擁有美麗朱紅色鳥居的伏見稲荷大社➡P.122

紅葉的勝地東福寺➡P.124

世界遺產東寺➡P.126

歡迎來到京都！

京都站前的地標京都塔➡P.130

## 推薦行程

需要時間 4小時

京都站出發
搭JR奈良線約10分

近鐵京都站 ─ 約10分 步行＋搭近鐵京都線 → **3** 東寺(教王護國寺) P.126 ─ 搭JR奈良線＋近鐵京都線(在京都站轉乘) 約15分 → **2** 東福寺 P.124 ─ 步行20分 → **1** 伏見稲荷大社 P.122 ─ 步行即到 → JR稲荷站

### 遊玩的祕訣

**以京都為終點可直接踏上歸途**

從伏見稲荷大社到東福寺徒步時間約20分鐘，若要前往伏見稲荷大社御山巡禮的話，最好多預留2小時。東寺離京都站很近，建議可排在旅行的最後一天。

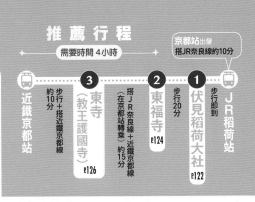

# 伏見稻荷大社

ふしみいなりたいしゃ

連綿而建的鳥居邀人前往聞名世界的絕美能量景點

色彩鮮豔的
朱紅色隧道
彷彿沒有盡頭

世界遺産

## 絕對值得一看！不容錯過！

◎ 參拜完本殿後，穿越連綿不絕的朱紅色世界千本鳥居

◎ 到奧社奉拜所將心願寄託在重輕石和狐狸繪馬上

◎ 透過御山巡禮感受能量、祈求好運

▲稻荷神的眷屬狐狸。日本自古以來將其視為稻荷神的使者

### DATA

MAP 附錄④ P.27 C-2
☎ 075-641-7331 ⏰ 境內不限（祈禱8:30～16:30）💴 免費 休 無休 所 京都市伏見区深草薮之内町68 🚃 JR稻荷站即到 P 有

保佑 位於稻荷山山麓，全日本約3萬座稻荷神社的總本宮。主祭神為掌管穀物、食物的宇迦之御魂大神，原本是農業之神，後來其庇佑範圍擴大至五穀豐收、生意興隆、闔家平安等等，每年新年參拜初詣的熱鬧程度在西日本可說是數一數二。

看點 莊嚴的本殿於室町時代重建而成，背後是由信眾們奉獻的千本鳥居。綿延不絕的大小鳥居總計超過1萬基，營造出高雅且神祕的氛圍。穿越千本鳥居之後，可以沿著御山巡禮的路線前往山中御塚進行參拜。

### 伏見稻荷大社 境內圖

伏見稻荷駅
京阪本線
総本家 宝玉堂
伏見稻荷参道茶屋
社務所
產湯稻荷
熊鷹社（新池）
三ツ辻
非常陡峭難走
御幸奉拜所
荒神峰（田中社神蹟）
清瀧
にしむら亭
三德社
四ツ辻
御膳谷奉拜所
薬力社
御劔社（長者社神蹟）
眼力社
三ノ峰（下社神蹟）
間ノ峰（荷田社神蹟）
二ノ峰（中社神蹟）
一峰（上社神蹟）
稻荷山
據說能祈求「治癒眼疾」、「擁有先見之明、遠見」，有不少生意人前來參拜
這裡是御山巡禮的起點
千本鳥居
本殿
參道
一ノ大鳥居
楼門
奧社奉拜所
重輕石
攝取院
ぬりこべ地蔵
石峰寺
龍谷大前深草駅

▲從四辻能眺望京都市區的美景

這裡是御山巡禮的起點（+120分）

推薦！ 參拜行程

| 樓門 | | 本殿 | | 千本鳥居 | | 奧社奉拜所 | | 一峰（上社神蹟） |
|---|---|---|---|---|---|---|---|---|
| 重文財 | 步行即到 | 重文財 | 步行2分 | | 步行5分 | | 步行90分 | |

需時約40分

### 奧社奉拜所
おくしゃほうはいしょ

也是繞行稻荷山三峰的「御山巡禮」起點。據說在許完願後拿起「重輕石」，如果比想像中輕的話，就表示願望將會成真。

→舉起重輕石試試運氣吧

**祈願商品**

←奧社限定販售的一願命婦繪馬（白狐繪馬）500円

## 以山頂為目標的御山巡禮

有時間和體力的話，不妨挑戰一下「御山巡禮」的路線。以山頂的一峰為目標繞行一圈的路線，來回含休息大約需要2個小時。

**START! 奧社奉拜所**
⇕
くまたかしゃ（しんいけ）
**熊鷹社（新池）**

相傳若想要尋找行蹤不明的人，只要面對著新池拍手，再循著回音的方向找就能發現線索。

⇕
いちのみね（かみしゃしんせき）
**一峰（上社神蹟）**

海拔233m的稻荷山山頂。供奉末廣大神，能保佑生意興隆。下山時會一路行經二峰、間峰、三峰，最後返回上山時經過的四辻。

**GOAL!**

## 千本鳥居 **必看！**
せんぼんとりい

被稱為「稻荷塗」的朱紅色鳥居，是信眾為了表達對神明的敬意與感謝而捐款豎立的。

### 本殿 **重文財**
ほんでん

以細緻的裝飾著稱，建於室町時代的重要文化財。於應仁之亂時燒毀，後於1499年重建。

**+more**
**狐狸們嘴裡叼的是什麼寶物？**

嘴裡會叼著象徵豐收的稻穗或糧倉鑰匙，以及代表靈力的寶珠。若能了解寶物背後的含意，樂趣也會倍增。

**重文財**
### 樓門
ろうもん

穿過第二鳥居即可看到佇立於後方的朱紅色樓門，為豐臣秀吉於1589年所建。

## 順路 **SPOT**

一片片手工煎烤的稻荷煎餅創始店
### 総本家 宝玉堂
そうほんけほうぎょくどう

從昭和初期創業至今，約90年歷史的煎餅店。造型可愛的狐狸煎餅很受歡迎，其中又以白味噌口味最搶手。

🍘狐狸煎餅大3片入540円，小3片入390円

**MAP** 附錄④ **P.27 B-2**
📞075-641-1141
🕖7：30～18：00 休無休 所京都市伏見区深草一ノ坪町27-7
🚃京阪伏見稻荷站即到 P無

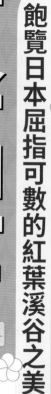

## 東福寺
とうふくじ

**飽覽日本屈指可數的紅葉溪谷之美**

世界遺産 ❀ 11月中旬～12月上旬 ✦

### 通天橋 必看！
つうてんきょう

連結本堂和開山堂之間，橫跨洗玉澗溪谷之上的橋廊。以賞楓名勝著稱，不過新綠季節也十分漂亮。

### 三門 國寶
さんもん

建於室町時代，融合了禪宗樣、和樣、大佛樣等建築樣式，是目前最古老的禪宗寺院三門。

## 絕對值得一看！不容錯過！

◎ 走過彷彿漂浮在層層紅葉之中的通天橋，體驗極致美景漫步之旅

◎ 欣賞由重森三玲設計的現代風格庭園

◎ 仰望日本最古老、規模最大的三門

### DATA

MAP 附錄④ P.24 E-4

☎075-561-0087　⏰9:00～16:30（11月～12月上旬為8:30～，12月上旬～3月為～16:00，受理至閉門前30分為止）　¥境內免費，本坊庭園500円、通天橋600円、通用券1000円　休無休　所京都市東山区本町15-778　交JR／京阪東福寺站步行10分、京阪鳥羽街道站步行8分　P有（秋季不可使用）

### 歷史

位於月輪山山麓，建於1236年。源自於當時的攝政九條道家為祭祀祖先，發願打造全京都最大的寺院。名列京都五山之一而繁榮一時。

### 看點

現存的禪堂、愛染堂、仁王門、六波羅門等皆為重要文化財，三門則被指定為國寶的珍貴寺院。其中的三門是室町時代初期的建築，據說也是日本最古老的禪寺三門。環繞在方丈四周的本坊庭園出自昭和時期知名造園家重森三玲之手，有別於傳統日本庭園的嶄新設計也被稱為永遠的現代作為賞楓名勝亦頗負盛名，站在通天橋上能將絕美的景緻盡收眼底。

**東福寺境內圖**

東福寺駅　九条通　京都第一赤十字病院

柿本橋　東寺　仁王門 卍　盛光院 卍　勝林寺 卍

退耕庵 卍　靈源院 卍　龍眠庵 卍　悲田院 卍

可參拜五大堂的不動明王

御所之橋　海藏院 卍　栗棘庵 卍　日吉ヶ丘高

JR奈良線　靈雲院 卍　同聚院 卍　明暗寺 卍　大機院 卍　開山堂　普門院庭園　江戶中期的名園

中央橋　京阪本線　一華院 卍　普門院　愛染堂　臥雲橋　洗玉澗　龍吟庵 卍 即宗院 卍　偃月橋　飄落在川面上的紅葉別有美感

架設在溪谷上的橋廊。視野絕佳，秋天的紅葉景色尤其壯觀

通天橋、普門院參觀受理　東福寺中大門　天得院 卍　経蔵　方丈　寺務所　大雲院 卍　內山靈廟墓地

芬陀院 卍　日下門　佛殿　方丈參觀受理

松風　任天堂　荘嚴院 卍　桂昌院 卍　禪堂　東司　六波羅門　三門　鐘樓　金剛院 卍

稲荷駅　光明院 卍　正覚庵 卍　以前的廁所　環繞在方丈四周的庭園各有特色

### 推薦！參拜行程

國寶

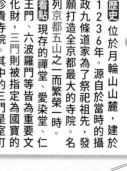

三門 ◀ 步行即到 ← 佛殿 ◀ 步行即到 ← 本坊庭園 ◀ 步行3分 ← 普門院庭園 ◀ 步行3分 ← 通天橋

收費區域

需時約60分

祇園・河原町 69
清水寺周邊 93
嵐山周邊 107
伏見稻荷・京都站周邊 121
銀閣寺周邊 133
二條城・京都御所・周邊 143
金閣寺周邊 151
稍微走遠一點 159

## 泉涌寺
せんにゅうじ

社寺　東福寺步行15分　需時 60分

MAP 附錄④ P.24 F-4

真言宗泉涌寺派的總本山，開山祖師為月輪大師俊芿。自從四條天皇在此建造陵墓後，有多位天皇也將陵墓設置在這裡。觀音堂內還有安置楊貴妃觀音。

☎ 075-561-1551　🕘 9:00～16:30（12～2月為～16:00）
¥ 500円（含寶物館，御殿費用另計300円）　休 無休
所 京都市東山区泉涌寺山內町27　交 市巴士泉涌寺道下車步行15分、JR／京阪東福寺站步行20分　P 有

→ 據傳是唐玄宗思念死於戰亂的楊貴妃，而命人依其容貌打造而成的觀音像

↑ 江戶時代從京都御所的御殿移築而來的御座所

也被稱為「皇室菩提寺」的

## 今熊野觀音寺
いまくまのかんのんじ

社寺　泉涌寺步行即到　需時 15分　別忘了順道造訪

MAP 附錄④ P.24 F-3

正尊為十一面觀音。為西國三十三所第十五號札所，參拜者絡繹不絕。相傳有防止頭痛、癡呆等的庇佑效果，所以又有護頭觀音之稱。

☎ 075-561-5511　🕘 8:00～17:00
¥ 免費　休 無休　所 京都市東山区泉涌寺山內町32　交 JR／京阪東福寺站步行15分　P 有

→ 創建於平安時代825年左右的真言宗寺院。也是廣受歡迎的紅葉景點

繽紛的秋葉覆蓋整座寺院都被

## 雲龍院
うんりゅういん

社寺　泉涌寺步行即到　需時 30分

MAP 附錄④ P.24 F-4

創建於室町時代，屬於泉涌寺的別院。從悟之間的圓窗和蓮花之間的拉門方窗望出去，庭園的景色美得就像一幅畫。此外，還提供無需預約就能參加的抄經體驗。

☎ 075-541-3916　🕘 9:00～17:00（受理為～16:30）　¥ 400円，抄經體驗（附抹茶）1500円
休 無休　所 京都市東山区泉涌寺山內町36　交 市巴士泉涌寺道下車步行15分　P 使用泉涌寺的停車場

坐在書院欣賞窗外的四季之美

↑ 從蓮花之間的窗戶能分別看到山茶花、石燈籠、紅葉、松樹

---

白沙和青苔交織的現代風格名庭

別忘了順道造訪

↑ 以三座石組為中心，立石如光芒般呈斜線排列

東福寺的塔頭

## 光明院
こうみょういん

需時 20分

MAP 附錄④ P.24 E-4

1391年創建，臨濟宗大本山東福寺的塔頭之一。境內有由重森三玲設計的池泉式枯山水庭園「波心庭」。又名虹之苔寺。

☎ 075-561-7317　🕘 7:00～日落　¥ 自由捐獻（300円左右）　休 無休　所 京都市東山区本町15-809　交 京阪鳥羽街道站步行5分、JR／京阪東福寺站步行15分　P 有

## 芬陀院
ふんだいん

需時 20分

MAP 附錄④ P.24 E-4

由鎌倉後期擔任關白的一條內經所建。內有雪舟設計的枯山水庭園「鶴龜之庭」，因此又被稱為雪舟寺。

☎ 075-541-1761　🕘 9:00～17:00（冬季為～16:00）
¥ 300円　休 無休　所 京都市東山区本町15-803　交 JR／京阪東福寺站步行8分　P 有（11月不可使用）

雪舟打造的枯山水「鶴龜之庭」

↑ 出自雪舟之手的美麗青苔庭園

## 靈雲院
れいうんいん

需時 20分

MAP 附錄④ P.24 E-4

「臥雲庭」為重森三玲的作品。「九山八海庭」內有細川家捐贈的遺愛石。

☎ 075-561-4080　🕘 10:00～15:00
¥ 500円 ※12歲以下不可參拜　休 不定休　所 京都市東山区本町15-801　交 JR／京阪東福寺站步行5分　P 無

以白沙呈現雲和水之美

→ 於室町前期創建。曾由重森三玲經手修復的九山八海庭

## 五大堂同聚院
ごだいどうどうじゅいん

需時 20分

MAP 附錄④ P.24 E-4

正尊不動明王是藤原道長下令打造的神像，為日本最大的木造坐像。

☎ 075-561-8821　🕘 9:00～16:00 ※參觀內陣需預約　¥ 免費（參觀內陣僅11月，500円）　休 不定休（境內參拜不限）　所 京都市東山区本町15-799　交 JR／京阪東福寺站步行5分　P 無

自古以來備受尊崇的不動明王

→ 有十萬不動之稱的不動明王坐像名列國家指定重要文化財

---

遍布溪谷的楓樹
被染得豔紅似火
京都數一數二紅葉景點

## 本坊庭園　必看！
ほんぼうていえん

重森三玲的作品。每個庭園各有特色：南庭由氣勢磅礴的高聳石塊組成，北庭和西庭都有立體感十足的棋盤格圖案，東庭以石柱來呈現北斗七星。

南庭　　西庭　　北庭　　東庭

在平安京的遺構一睹壯觀的立體曼荼羅佛像群

## 東寺（教王護國寺）

とうじ（きょうおうごこくじ）

由空海構思設計
根據密教教義
打造的曼荼羅佛像

世界遺産

4月上旬
11月下旬～12月上旬
五重塔為每晚（不可參觀）

### 絕對值得一看！不容錯過！

◎參觀猶如佛像大集合般的立體曼荼羅
◎仰望日本最高的木造建築物五重塔

↑於室町時代1491年重建的講堂

### 東寺境內圖

觀智院
東寺洛南会館
東寺餅
東寺東門前
大宮通
福田寺
天該東寺道
東門前
寶物館
北大門
WC
慶賀門
東寺西門前
大日堂
大師堂（御影堂）
壬生通
毘沙門堂
本坊
食堂
參觀受理
宝蔵
由於足利尊氏緊閉大門順利脫身的故事，有「不開門」之稱，而且禁止出入
大門風格很現代的昭和建築
講堂（立體曼荼羅）
敕使門
每年4月21日公開的繪馬參觀總是吸引眾多人潮
金堂
庭園
園內有許多長椅，梅花、櫻花季以外的時節也能在此享受片刻悠閒
灌頂院
巨大的弘法大師像
八幡社殿
八島社殿
五重塔
南大門
修行大師
九条大宮
九条通
国道1号
從天橋的階梯上可以拍到很棒的五重塔照片
京阪国道口

### DATA

MAP 附錄④ P.25 A-3
☎075-691-3325
🕐8:00～17:00（金堂、講堂的受理為～16:30，觀智院的受理為9:00～16:30）
¥境內免費，金堂、講堂500円，觀智院500円（視開放期間等而異）
休無休
所京都市南區九条町1
🚇近鐵東寺站步行10分
P有

**歷史** 一般多稱為「東寺」、「弘法神」，但正式的寺號為教王護國寺。平安遷都之際，作為鎮守平安京的官寺而建立。在歷代天皇和足利將軍的庇護下曾極為興盛，但後來逐漸荒廢。其後在豐臣家和德川家的援助下才得以復興。

**看點** 寺寶多到有密教美術的寶庫之稱，寶物館內收藏了超過25000件國寶以及重要文化財。

**活動** 每月於弘法大師的圓寂日會舉辦弘法市集，與北野天滿宮的天神市集同列為京都兩大市集，自古以來熱鬧非凡。

### 參拜行程 推薦！

| 重文財 慶賀門 | 庭園 | 國寶 五重塔 | 國寶 金堂 | 重文財 講堂（立體曼荼羅） | 食堂 | 國寶 大師堂（御影堂） | 敕使門 | 重文財 南大門 |

步行6分／步行即到／步行3分／步行3分／步行3分／步行即到／步行2分／步行4分

收費區域

需時約40分

祇園・河原町 69
清水寺周邊 93
嵐山周邊 107
伏見稻荷・京都站周邊 121
銀閣寺周邊 133
二條城・京都御所周邊 143
金閣寺周邊 151
稍微走遠一點 159

## 金堂 國寶

（こんどう）

相當於東寺的本堂，1603年由豐臣秀吉重建而成的建築物。融合了和樣、唐樣和天竺樣，莊嚴肅穆的桃山時代代表性建築，已被指定為國寶。內部安置著正尊藥師如來像。

## 必看！講堂（立體曼荼羅） 重文財

（こうどう（りったいまんだら））

安置於講堂內的曼荼羅佛像由弘法大師所創作，正式名稱為羯磨曼荼羅。以大日如來坐像為中心，加上如來、菩薩、明王、天部等總共21尊佛像，呈現出曼荼羅的世界。有16尊佛像為國寶。

## 祈願商品

◁以水引繩結做成櫻花造型的結緣御守吊飾500円

▷印有國寶《兩界曼荼羅 中台八葉院》的資料夾300円

◁用手摩擦後會飄出香味的八雲塗香卡片350円

## 重文財 南大門

（なんだいもん）

相當於東寺的正門，正對平安京南端的九條大路，亦即如今的九條通。一度毀於祝融，現存的南大門是1895年從三十三間堂的西門移築而來。

## +more

### 前往數萬人共襄盛舉 熱鬧而盛大的 東寺弘法市集逛逛吧！

每個月會在弘法大師的圓寂日21日，於東寺的境內及參道舉辦「弘法市集」。古董、古著、名產品等攤位一字排開，盛況空前。12月的「終弘法」和1月的「初弘法」尤其熱鬧。

境內有各式各樣的攤販林立

從數百円的東西到高價商品都有，眼尖就能撿到便宜

MAP 附錄④ P.25 A-3
每月21日的8:00～16:00 P無
（每月21日不可使用東寺的停車場）

## 五重塔 國寶

（ごじゅうのとう）

高約55m，號稱是全日本最高的木造建築。從創寺以來就一直佇立在這裡，現存的塔是1644年由德川第三代將軍家光重建的第五代五重塔。

## 順路SPOT

### 每個月只賣3天的銅鑼燒
### 京菓匠 笹屋伊織 本店

（きょうがしょうささやいおりほんてん）

起源於江戶時代末期，受到東寺僧侶製作副食的委託而設計出來的點心。銅鑼燒只會在每個月的20～22日為期3天販售。

▷銅鑼燒1條1620円。也可以向店家事先預約

MAP 附錄④ P.25 A-2
075-371-3333
9:00～17:00 休週二（每月20～22日為無休）所京都市下京區七条通大宮西入花畑町86 JR梅小路京都西站步行6分 P無

## 壬生寺
みぶでら

社寺　京都站搭巴士25分　需時20分

MAP 附錄④P.7 B-2

世界遺產

正尊為地藏菩薩的律宗古剎。境內的壬生塚立有近藤勇的胸像、芹澤鴨等多位新選組隊士的墓。沒有台詞、只用幽默動作傳達佛教教義的壬生狂言（重要無形民俗文化財）也廣為人知。

📞075-841-3381　⏰8:30～17:00（壬生塚、資料室受理為～16:30），本堂內陣、史蹟名勝庭園開放為4月29日～5月5日9:00～16:00　💴境內免費，壬生塚等200円　休無休　所京都市中京区坊城通仏光寺北入ル　🚃阪急大宮站／嵐電四條大宮站步行10分　🅿無

必看新選組隊士長眠的壬生塚！

↑有許多新選組粉絲會前來參拜

新選組局長近藤勇的胸像。如今前來獻花的粉絲依舊絡繹不絕

## 光緣寺
こうえんじ

社寺　京都站搭巴士20分　需時15分

MAP 附錄④P.13 A-3

世界遺產

於江戶初期創建的淨土宗寺院，為知恩院的末寺。新選組總長山南敬助與當時的住持有深厚的交情。墓園內有3座墓碑，上面刻有山南敬助和二十多位新選組隊士的名字。

📞075-811-0883　⏰9:00～17:00　💴100円　休無休　所京都市下京区綾小路通大宮西入四条大宮町37　🚃阪急大宮站／嵐電四條大宮站步行3分　🅿無

二十多位新選組隊士長眠於此

→活躍於幕末京都的隊士們長眠在此，參拜時請保持安靜

佇立於清晨的幽靜境內規模宏偉的殿堂

↑境內有兩棵枝繁葉茂的巨大銀杏。阿彌陀堂前的銀杏垂直向上生長，御影堂前的銀杏則往橫向擴展

### 御影堂　國寶
ごえいどう

正面寬62m、深48m的建築物，中央供奉著親鸞聖人的木像。

## 西本願寺
にしほんがんじ

社寺　京都站搭巴士10分　需時30分

MAP 附錄④P.25 B-1

世界遺產

開山宗祖為親鸞聖人的淨土真宗本願寺派本山，還保有許多集桃山時代精華於一身的華麗建築。不妨參加每天清晨6點開始的誦經，神清氣爽地展開美好的一天。

📞075-371-5181　⏰5:30～17:00　💴境內免費　休無休　所京都市下京区堀川通花屋町下ル　🚃市巴士西本願寺前下車即到　🅿有

### 太鼓樓　重文財
たいころう

位於西本願寺的東北角。內部的巨大太鼓直到昭和30年代為止都還有用來報時。也曾用作為新選組的據點使用。

---

## 八木邸
やぎてい

MAP 附錄④P.7 B-2

新選組成立之際作為隊士宿舍的場所。擺飾著近藤勇像的榻榻米房間，就是當時的初代局長芹澤鴨被隊士暗殺的地方。

📞075-841-0751（京都鶴屋鶴壽庵）　⏰9:00～17:00（受理為～16:30）　💴1100円（附導覽、京都點心、抹茶）　休不定休　所京都市中京区壬生梛ノ宮町24　🚃阪急大宮站／嵐電四條大宮站步行10分　🅿無

新選組曾經在此駐屯3年

↑還留著芹澤鴨等人被暗殺時的刀傷痕跡

## 角屋待客文化美術館
すみやもてなしのぶんかびじゅつかん

MAP 附錄④P.25 A-1

揚屋是遊宴的場所，可從置屋請太夫或藝妓前來陪客人享宴。角屋則是江戶時期京都民間規模最大的宴會場所，幕末的久坂玄瑞等勤王派與新選組也曾用來招待賓客。該建築為目前僅存的揚屋，已被指定為重要文化財。

📞075-351-0024　⏰10:00～16:00　💴1000円（2樓需預約且費用另計800円，小學生以下不可入館）　休週一（逢假日則翌日休），7月19日～9月14日、12月16日～3月14日　所京都市下京区西新屋敷揚屋町32　🚃JR梅小路京都西站步行8分／市巴士梅小路公園前下車步行7分　🅿有

公開展示江戶時代的花街揚屋

↑內部展示著收藏的美術品

## 尋找新選組的身影

西本願寺西側的島原是江戶時代幕府認可的花街，也是舉辦茶會、俳句會的文化社交場所。據說新選組的隊士們也曾從位於壬生的宿舍八木邸來這裡玩樂。如今穿越柳枝隨風搖曳的大門，連綿的石板小路風情依舊。

島原大門即遊客進入花街的入口，原本位於島原的東北角

祇園・河原町 69
清水寺周邊 93
嵐山周邊 107
伏見稻荷・京都站 周邊 121
銀閣寺周邊 133
二條城・京都御所周邊 143
金閣寺周邊 151
稍微走遠一點 159

日本10大絕景寺社

**1 嚴島神社**
いつくしまじんじゃ
廣島縣 廿日市市

人人出版
**日本神社與寺院之旅**
作者：K&B PUBLISHERS
規格：224頁 / 14.6 x 21 cm
定價：450 元

一輩子一定要去一次的朝聖之旅

櫻花

紅葉

花與紅葉的絕景寺社
日本10大絕景寺社
超美主題別的絕景寺社

神社與寺院不僅是日本人的信仰象徵，也與日本人的生活有著密切的關係。本書帶您依主題走訪超過130間的神社與寺院！朝聖＋賞景，一輩子絕對要去一次！精美的大圖、詳細的解說、參訪＆交通資訊、周遭的觀光景點地圖。更有大型祭典、神社與寺院的建築、宗派等知識，參訪四季的美景與祭典格外教人感動！

水邊的神社

山頂的神社

斷崖絕壁上的寺院

擁有美麗五重塔的寺院

庭園景觀優美的寺院

---

東本願寺的御影堂是全世界最大的木造建築

**御影堂**
ごえいどう

正面寬76m、深58m，室內鋪設的榻榻米多達927疊，為全世界面積最大的木造建築物。內部安置著親鸞聖人的木像。

**+more**

**東本願寺是賞銀杏的名勝**

東本願寺門前的烏丸通兩側和境內種了許多銀杏樹，11月下旬是最佳觀賞期。滿地飄落的銀杏葉宛如美麗的黃色地毯一般，值得一看。
※市民綠地預計於2023年3月整建完成，照片為施工前的模樣

---

京都站步行10分
👀景點 **涉成園**
しょうせいえん
需時60分
MAP 附錄④ P.24 D-1

位於東本願寺的飛地境內，真宗大谷派的本山。因為曾經種植枳殼當作圍籬，所以又稱為「枳殼邸」。由石川丈山設計的廣大庭園內，一年四季都能欣賞到美麗的花卉，印月池周邊還散布著多座別具風格的建築。

各種季節花卉點綴的水池
與極具特色的數寄屋建築

---

京都站步行7分
🏯社寺 **東本願寺**
ひがしほんがんじ
需時30分
MAP 附錄④ P.25 C-1

真宗大谷派的本山，正式名稱為真宗本廟。1602年，第12代教如上人在德川家康捐贈的土地上創立了東本願寺。廣大的寺域內有安置親鸞聖人肖像的御影堂，以及供奉阿彌陀如來像的阿彌陀堂等。當地人習慣稱之為「東神」。兩堂曾在幕末的火災中燒毀，明治時期才得以重建。

☎075-371-9181 🕐5：50～17：30（11～2月為6：20～16：30）💴免費 🈵無休 📍京都市下京区烏丸通七条上ル 🚃各線京都站步行7分 🅿無

⬆面對烏丸通的莊嚴大門御影堂門。柱上的獅子、牡丹等雕刻裝飾也十分吸睛

☎075-371-9210（本廟部 參拜接待所）🕐9：00～17：00（11～2月為～16：00，受理至閉園前30分為止）💴500円以上（維護庭園捐款，附贈導覽手冊）🈵無休 📍京都市下京区下珠数屋町通間之町東入ル東玉水町 🚃市巴士烏丸七条下車步行5分 🅿無

⬆園內造型最特別的傍花閣。兩旁有成群的櫻花樹

⬆漱枕居是一棟依著水池而建的茶室

## 美食 にしむら亭
にしむらてい

**伏見稻荷大社步行15分**

MAP 附錄④P.4 E-4

創業約150年的茶店。建於四辻視野絕佳的位置，能一邊俯瞰京都市區的街景一邊享用輕食。這裡也是御山巡禮路線的中繼點，不妨坐下來歇一歇，喘口氣再往山頂邁進。

☎075-641-2482
🕙10:00～17:00
❌不定休
📍京都市伏見區稻荷山官有地四ツ辻
🚃JR稻荷站步行25分
🅿無

享受稻荷山的景色和輕食

➡豆皮烏龍麵700円、豆皮壽司900円

## 咖啡廳 大谷園茶舖
おおたにえんちゃほ

**東福寺步行12分**

MAP 附錄④P.24 E-3

附設能品嘗茶飲和甜品的喫茶空間。宇治茶霜淇淋、豪華的古都戀心芭菲都很有人氣，伴手禮的話則推薦抹茶生巧克力。

➡古都戀心芭菲980円

☎075-561-4658
🕙9:00～18:00（喫茶為9:30～17:00）
❌週日、假日
📍京都市東山區今熊野椥ノ森町7
🚃市巴士泉涌寺道下車即到
🅿無

創業90年的宇治茶專賣店

⬆從三十三間堂過來也在徒步範圍內

## 景點 京都塔
きょうとタワー

**京都站即到**

MAP 附錄④P.25 C-2

高達131m的塔樓，從離地100m的瞭望台可以360度眺望整個京都市區。塔樓內設有飯店、餐廳和伴手禮店等。

☎075-361-3215
🕙9:00～21:20（入場為～21:00）
💴800円
❌無休
📍京都市下京區烏丸通七条下る
🚃各線京都站即到
🅿無

妝點京都門戶的地標塔樓

⬅京都塔的吉祥物「塔娃娃」
©もへろん
⬆以照亮京都街區的燈塔為意象

## 咖啡廳 Kaikado Café
カイカドウカフェ

**東本願寺步行10分**

MAP 附錄④P.24 D-2

由茶筒老店開化堂所開設的咖啡廳。在改建自市電車庫兼事務所的店內，能透過年輕職人創作的器具，品嘗與名店合作的咖啡、紅茶和日本茶。工藝品的陳列也很吸睛。

☎075-353-5668
🕙11:00～18:30（LO18:00）
❌週四、第1週三
📍京都市下京區河原町通七条上ル住吉町352
🚃京阪七條站步行5分
🅿無

茶筒老店開化堂的聯名咖啡廳
⬆一字排開的咖啡罐和燈罩出自開化堂職人之手

## 咖啡廳 Vermillion-cafe.
バーミリオンカフェ

**伏見稻荷大社步行5分**

MAP 附錄④P.27 C-2

除了酸味恰到好處的招牌咖啡之外，還有自製馬芬蛋糕等烘焙點心、大盤裝早午餐可享用。地理位置絕佳，不僅離伏見稻荷大社御山巡禮的終點很近，還傍著四周被群樹環繞的池畔。

☎非公開
🕙10:00～16:00
❌不定休
📍京都市伏見區深草開土口町5-31
🚃JR稻荷站步行10分
🅿無

逛完伏見稻荷後來這小憩片刻吧

⬆使用濃縮咖啡機沖煮的咖啡拿鐵440円
⬅有可愛鳥居裝飾的抹茶甘納許748円

## 咖啡廳 伏見稻荷 參道茶屋
ふしみいなりさんどうちゃや

**伏見稻荷大社步行即到**

MAP 附錄④P.27 B-2

參拜後不妨來這裡喝杯甘酒稍作休息，裡面還放了一塊與神話有關的烤麻糬。搭配黃豆粉和紅豆餡的名產田舍餅自不用說，也很推薦宇治抹茶、現做的最中餅。

☎075-642-6426
🕙10:00～17:30
❌無休
📍京都市伏見區深草開土町1-10
🚃京阪伏見稻荷站步行5分
🅿無

在古早味茶店放鬆休息一下

⬆茶店就位於前往伏見稻荷大社的參道上
⬆加了烤麻糬的稻荷甘酒570円

## 咖啡廳 walden woods kyoto
ウォールデンウッズキョウト

**東本願寺步行5分**

MAP 附錄④P.24 D-1

由洋樓改裝而成，純白色的空間裡沒有放置任何桌椅，只看得到樓梯和地板。提供多款以自家烘焙豆製成的特調、季節性單品咖啡。來杯口感滑順、風味豐富的咖啡搭配店家自豪的甜點，享受愜意的時光吧。

☎075-344-9009
🕙8:00～19:00
❌不定休
📍京都市下京區榮町508-1
🚃地鐵五條站步行6分
🅿無

在宛如白色森林般的自由空間放鬆休憩

⬆中央擺了一棵白色的樹，周圍則有階梯式座位

⬅拿鐵500円，拉花圖案也很多樣化
⬆在家也能享用店家烘焙咖啡豆，當成伴手禮也很適合

➡也可以外帶的特製甜點

## 咖啡廳 aotake
アオタケ

**東本願寺步行6分**

MAP 附錄④P.24 D-2

除了風味清新優雅、來自單一農園的煎茶，和只以手摘新茶的上煎茶焙炒而成的奢華焙茶之外，還有多款如春摘紅茶等店家精選的季節性商品。

☎070-2287-6866
🕙11:00～17:30
❌週二、三
📍京都市下京區材木町485
🚃各線京都站步行8分
🅿無

品味季節性茶品與空間的意趣

⬆壁龕等設計也很吸睛

⬆煎茶1000円，附口感柔軟的三味豆腐湯圓

祇園・河原町 69
清水寺周邊 93
嵐山周邊 107
伏見稻荷・京都站 周邊 121
銀閣寺周邊 133
二條城・京都御所周邊 143
金閣寺周邊 151
稍微走 遠一點 159

## B1有多家名店齊聚一堂
# JR 京都伊勢丹
ジェイアールきょうといせたん

**MAP 附錄④P.25 C-2**

位於京都車站大樓西側的百貨公司。擁有京都名店開設的新品牌、限定商品等，壓倒性多的品項正是百貨公司獨具的優勢。

☎075-352-1111（大代表）
🕐10:00～20:00（7～10樓餐廳為～23:00）※視店鋪而異 休不定休

### 伊藤軒／SOU・SOU
**SO-SU-U 羊羹蜂蜜蛋糕（和三盆）**
**10個入 1296円**
將蛋香濃郁的蜂蜜蛋糕與和三盆口味的羊羹融合在一起。外觀也很可愛

### 梅園 oyatsu
**御手洗奶油夾心餅乾**
**1個238円**
人氣甜品店的新品牌。餅乾內夾著奶油和醬油團子的沾醬

### 龜屋良長
**切片羊羹**
**2片入 540円**
在丹波大納言紅豆粒餡的羊羹上，盛放沖繩海鹽製奶油羊羹與罌粟籽

## ☑ check!
- ●以京都為首的各地名店集中在地下1樓。
- ●以「Culture Foodie」為概念，打造京都規模最大的食品樓層。
- ●有許多這裡才能買到的新品牌和限定商品！

### HENRI CHARPENTIER -HANARE-
**天峰抹茶費南雪**
**3個入 648円**
以嚴選抹茶「天峰」和杏仁、奶油風味豐富的費南雪組合而成的極品點心

### 末富
**蔬菜煎餅 6包 1620円**
將山椒嫩葉的芳香、牛蒡的醍醐味、蓮藕的清新這3種風味印在餅上，做成一年四季都很適合享用的雞蛋煎餅

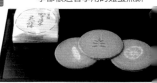

### 🍴 也可以在店內享用！

**酒の TASHINAMI**
●さけのタシナミ

能嘗到以京都為據點的老字號料亭、飯店、餐廳等的美味酒餚，以及推薦的季節限定酒。
※照片為示意圖

↩常備5種由採購人員、造型師推薦的酒款

---

到京都車站附近的
# 2大 購物景點
## 尋找 伴手禮

京都車站是京都旅遊的據點。
非買不可的人氣伴手禮一次大公開！

---

### kitekite
**刺繡3.3寸口金包**
**1870円**
有舞妓刺繡圖案的口金包，可以裝零錢、卡片的大小

### MALEBRANCHE 京都北山本店
**生茶菓冰棒**
**250円**
沾上濃醇抹茶醬享用的奢侈冰棒是KYOTO TOWER SANDO店的限定商品！

### 京都六角館さくら堂
**花朵洗臉刷**
**各3300円**
彷彿小花盛開般的造型洗臉刷。可作為去角質護理的工具，也很適合敏感肌膚的人

## ☑ check!
- ●在「美食館」輕鬆品嘗當地美食。
- ●從基本款到SANDO限定的京都伴手禮一應俱全！
- ●能體驗京都特有的和風文化及傳統技藝。

### zarame - gourmet cotton candy -
**京都棉花糖 袋裝 各400円**
丹波產黑豆黃豆粉牛奶口味的棉花糖、香氣四溢的桃子棉花糖

## 持續進化的地標
# KYOTO TOWER SANDO
きょうとタワーサンド

**MAP 附錄④P.25 C-2**

進駐京都塔樓的商業區域。有匯集了京都特色伴手禮的商品街、在地人氣店家林立的美食館等，相當吸引人。

☎075-746-5830（10:00～19:00）🕐1、2樓9:00～21:00，地下1樓11:00～23:00 ※部分店鋪有異 休無休

### 🍴 集結道地京都味的美食館

深受當地人喜愛的人氣美食都集中在B1，料理自不用說，甜點、酒類等品項也很豐富！

**KYOTO TOWER SANDO バル**
●キョウトタワーサンドバル

↩京都釀造試喝評比套餐1100円

↩可以喝到招牌啤酒和季節限定的啤酒

### 完全使用人工海水的水族館
## 京都水族館
きょうとすいぞくかん　　**MAP** 附錄④P.25 A-2

展示棲息在京都鴨川的日本大鯢等河川魚類、以及海豚、企鵝等約250種生物。目前最熱門的新展區是「水母樂園」，在360度全景水槽內有約1500隻海月水母。

☎075-354-3130　⏰10:00～18:00（視季節而異）
¥2200円　🈺無休
📍京都市下京区観喜寺町35-1（梅小路公園內）
🚋JR梅小路京都西站步行7分
🅿無

各具特色的水母配合生態展示顏色、尺寸

### 透過視覺、觸覺來體驗日本鐵道
## 京都鐵道博物館
きょうとてつどうはくぶつかん　　**MAP** 附錄④P.25 A-2

技術和服務享譽全世界的日本鐵道系統。可以在這間日本規模最大的鐵道博物館內，輕鬆認識鐵道的歷史和技術。體驗型展覽也很豐富，還能實際搭乘SL蒸汽火車來趟小旅行。

☎0570-080-462
⏰10:00～17:00（入館為～16:30）　¥1200円
🈺週三（逢假日則開館）
📍京都市下京区観喜寺町　🚋JR梅小路京都西站步行即到　🅿無

館內展示的列車數量多達53輛，從蒸汽火車到新幹線都有

### 能眺望庭園綠意的特等座
## 京野菜レストラン梅小路公園
きょうやさいレストランうめこうじこうえん　　**MAP** 附錄④P.25 A-2

四周被綠地和水池環繞的庭園咖啡廳，內部為挑高開放的舒適空間。使用京都蔬菜製成的餐點，當成午餐或晚餐都很適合。

☎075-352-7111　⏰11:00～22:00（LO21:00）※營業時間需確認官網　🈺無休　📍京都市下京区観喜寺町 梅小路公園「綠の館」內　🚋JR梅小路京都西站步行即到　🅿無

京都蔬菜總匯披薩1500円

---

## 梅小路公園
うめこうじこうえん　　**MAP** 附錄④P.25 A-2

將JR貨物鐵道站遺址整修而成的都市公園。附近在平安時代為平家的據點，現今則被四季競相綻放的花朵圍繞，每逢假日就會看到全家大小一起出遊的熱鬧盛況。

☎075-352-2500　⏰園內不限，朱雀之庭、生命之森9:00～17:00（受理為～16:30）　¥朱雀之庭、生命之森200円　🈺無休，收費設施為週一（逢假日則翌日休）📍京都市下京区観喜寺町56-3　🚋JR梅小路京都西站步行即到　🅿無

在京都車站附近的綠洲
悠閒感受四季的美好時光

↑有草地廣場、人造小河和水池的河原遊樂場，面積13.7ha的都市公園

↑由退役的市電車廂改造而成的綜合服務中心

↑朱雀之庭是結合了傳統與現代感的京都風格空間

---

### 和風甜點全餐
## 西洋茶屋 山本
せいようぢゃややまもと　　**MAP** 附錄④P.25 A-2

由曾遠赴法國習藝的店主所經營的盤飾甜點專賣店。能一次享用5種口味的甜點全餐（3200円）每個月都會更換菜單。以漆器盛裝或是在食材中加入漬物等，點綴性的和風元素十分吸引人。

☎080-7744-0631　⏰13:00～、15:00～、18:00～（完全預約制）　🈺週三、四　📍京都市下京区歓喜寺町19-1　🚋JR梅小路京都西站步行即到　🅿無

↑散發出酒吧般成熟氛圍的吧檯座

↑主餐「櫻桃椰子慕斯 絲帶風」

---

### 如祕境般的京町家咖啡廳
## GOOD TIME COFFEE 島原
グッドタイムコーヒーしまばら　　**MAP** 附錄④P.25 A-1

這家咖啡廳改建自有百年歷史的京町家。細心沖泡的咖啡很受好評，還提供水果三明治、使用京都食材製成的餐點。

☎075-202-7824
⏰10:00～18:00　🈺無休
📍京都市下京区突抜2-357 itonowa內
🚋JR丹波口站步行10分　🅿無

↑鴨蔥三明治770円和手沖咖啡440円

↑選用IWASHI COFFEE的自家烘焙咖啡豆

---

值得關注的區域
# 梅小路
うめこうじ

梅小路位於從京都車站徒步可及的範圍內，周邊集結了許多觀光景點。隨著2019年春天JR嵯峨野線「梅小路京都西站」誕生，美食、甜點等新設施也陸續開幕。今後作為京都的新興鐵路要道，肯定會越來越繁榮熱鬧！

# 銀閣寺 周邊

ぎんかくじ

在這個區域最想做的 **3** 件事

**1** 在東山文化的代表 銀閣寺 ➡ P.136 感受侘寂之美

**2** 到四季各有不同風情的 哲學之道 ➡ P.134 悠閒漫步，沿路造訪社寺和品嘗美食

**3** 參拜朱漆紅柱與碧綠屋瓦相映成趣的 平安神宮 ➡ P.142

擁有美麗沙石藝術銀沙灘的銀閣寺 ➡ P.136

優美的器皿和織物一字排開的 SIONE京都銀閣寺本店 ➡ P.135

有可愛狛鼠的大豐神社 ➡ P.134

以地板紅葉廣為人知的實相院 ➡ P.141

## 推薦行程

需要時間 4.5小時

京都站出發
搭市巴士5、17、100系統約35分

**5** 南禪寺 P.138 — 步行10分 — 地鐵蹴上站

**4** 永觀堂（禪林寺）P.139 — 步行5分

**3** 大豐神社 P.134 — 步行10分

**2** 法然院 P.134 — 步行15分

**1** 銀閣寺（慈照寺）P.136 — 步行15分

銀閣寺道巴士站 — 步行10分

### 遊玩的祕訣

在哲學之道悠閒漫步

從銀閣寺前往法然院、大豐神社、永觀堂、南禪寺的行程，建議可沿著疏水道旁的漫步小徑哲學之道一路南下。春櫻、秋楓都美不勝收，能夠療癒身心。

今出川通
知恩寺 卍
京都大
START 銀閣寺道
銀閣寺前 **1** 銀閣寺（慈照寺）
吉田山
重森三玲庭美術館
吉田神社 卍
白沙村莊橋本關雪記念館
**2** 法然院
五山送り火
京都大医学部
宗忠神社 卍
安樂寺 卍
靈鑑寺 卍
真如堂（真正極樂寺）卍
東大路通
ノートルダム女学院高・中
金戒光明寺（くろ谷）卍
哲學之道
自川通
**3** 大豐神社
熊野若王子神社 卍
平安神宮 卍
丸太町通
川端署
細見美術館
冷泉通
岡崎公園
京都市京セラ美術館
京都市動物園
名勝 無鄰菴
**4** 永觀堂（禪林寺）
一条通
京都国立近代美術館
仁王門通
**5** 南禪寺
東山駅
蹴上駅
GOAL
三条通
地下鉄東西線
青蓮院門跡 卍
京都華頂大
知恩院 卍

N

0 —— 500m

周邊圖 附錄④P.20

造訪小徑沿路的名勝&咖啡廳

# 哲學之道

新綠

鴨急漸濃，清新涼爽的季節，螢球花綻放時更添華麗，夜幕低垂時還能見到螢火蟲的蹤跡

## 櫻

每逢春天，從櫻花樹飄落的花瓣會在水面形成花筏

紅葉

疏水道被豔紅色的楓葉覆蓋，水面染成了一片紅色，落葉繽紛的小徑則彷彿鋪上了一層紅地毯

### 何謂哲學之道？

從銀閣寺延伸至熊野若王子神社，沿著疏水道約2km長的小徑。名稱源自於哲學家西田幾多郎常在此漫步思考，因而得名。

**MAP** 附錄④P.20 C-2

春有櫻花、秋有紅葉，隨著季節變遷有不同風情的小徑。一邊聽著疏水道的潺潺流水一邊悠閒漫步，洗滌一下身心！

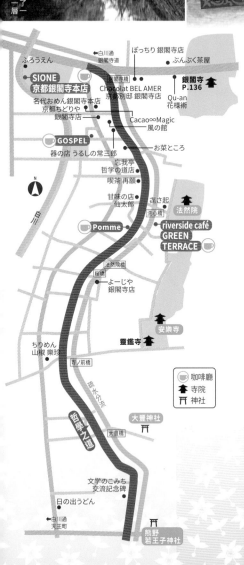

咖啡廳
寺院
神社

哲學之道

## 配合花季對外開放

### 安樂寺
あんらくじ

法然上人為了憑弔因惹怒後鳥羽上皇而被處死的弟子安樂與住蓮所建。僅於春秋花季期間以及7月25日的南瓜供養日才會開放參觀。

☎ 075-771-5360
🕙 10:00～16:00（4月上旬的週六日、5月上旬的週六日、假日、5月下旬～6月上旬的週六日、假日、7月25日、11月的週六日、假日、11月第3週六～12月第1週日每天開放）¥500円 休開放期間無休 所京都市左京區鹿ケ谷御所ノ段町21番地 市巴士錦林車庫前下車步行7分 P無

**MAP** 附錄④P.20 C-2

↑從本堂眺望庭園美景是秋天限定的樂趣

↑春天盛開的皋月杜鵑為境內增添不少繽紛色彩

↑石階至山門的紅葉景色美得令人屏息

### 以竹柏葉和八咫烏為象徵

## 熊野若王子神社
くまのにゃくおうじじんじゃ

後白河天皇為了在此地供奉熊野權現而創建。八咫烏是神的使者，據說將神木竹柏的葉子放進御守即可克服一切苦難。

☎ 075-771-7420
🕙 境內不限（社務所為9:00～17:00）¥免費 休無休 所京都市左京区若王子町2 市巴士南禪寺・永觀堂道／東天王町下車步行10分 P有

**MAP** 附錄④P.20 C-3

### 四季野花繽紛的參道

## 大豐神社
おおとよじんじゃ

平安時代為祈求宇多天皇疾病痊癒而創建的古社。境內的末社有神的使者狛鼠、狛猿、狛蛇等坐鎮。

☎ 075-771-1351
🕙 境內不限（社務所為8:00～17:00左右）¥免費 休無休 所京都市左京区鹿ケ谷宮ノ前町1 市巴士宮ノ前町下車步行5分 P有（需事先聯絡）

**MAP** 附錄④P.20 C-2

到春天時可以看到的狛鼠
↑春天時可以看到插著茶花髮簪

### 必看山門後方的沙繪藝術

## 法然院
ほうねんいん

前身是鎌倉時代初期法然上人和弟子修行的草庵。參道兩側的白沙壇會隨季節變換圖案。

☎ 075-771-2420
🕙 6:00～16:00；本堂9:30～16:00（4月1～7日），9:00～16:00（11月1～7日）¥本堂800円（春），1000円（秋）休無休 所京都市左京区鹿ケ谷御所ノ段町30番地 市巴士淨土寺下車步行10分 P無 **MAP** 附錄④P.20 C-1

祇園・河原町 69
清水寺周邊 93
嵐山周邊 107
伏見稲荷・京都站周邊 121
銀閣寺 周邊
133
二條城・京都御所周邊 143
金閣寺周邊 151
稍微走遠一點 159

## 器皿和甜點交織而成的特別時光

↑在以白色為基調的空間裡，器皿宛如藝術作品的一部分

↑店內陳列著充滿魅力的細緻作品。來找找是否有中意的商品吧

↑對應季節的琥珀菓子與茶飲套餐1045円～（照片為春季套餐）

## SIONE 京都銀閣寺本店
シオネきょうとぎんかくじほんてん

以「用器皿說故事」為概念，供應蘊藏著故事的陶器和織物。在附設咖啡廳內，可使用對應餐點的器皿來品嘗甜點和茶飲。

☎ 075-708-2545
🕐 11:30～17:30（LO17:00） 休 週二～四（可能不定休） 所 京都市左京区淨土寺石橋町29 🚌 市巴士銀閣寺道下車步行3分 P 無
MAP 附錄④P.20 B-1

一個一個手繪設計的迷你杯──星星的信號3300円

## Pomme
ポム

紅色屋頂和招牌很顯眼的咖啡廳。以蘋果為主題的手作甜點很有名，另外還有蛋糕、冰淇淋和原創蘋果茶。

☎ 075-771-9692
🕐 12:00～18:00 休 週二 所 京都市左京区淨土寺下南田町144 🚌 市巴士錦林車庫前下車步行10分
P 無 MAP 附錄④P.20 C-2

### 酸酸甜甜的 蘋果香氣十分迷人

蘋果&肉桂200円和蘋果茶500円

G 天氣晴朗時，不妨選擇露天座或靠窗的位置享受愜意時光

## GOSPEL
ゴスペル

從咖啡廳能遠眺大文字山所在的東山群山風景。可以在古典的洋樓內，享用現烤司康等從英國採購的手作甜點。

☎ 075-751-9380
🕐 12:00～18:00 休 週二，可能不定休 所 京都市左京区淨土寺上南田町36 🚌 市巴士銀閣寺前下車步行3分 P 無
MAP 附錄④P.20 C-1

很符合空間意境的司康套餐1404円

### 童話故事彷彿即將展開 牆上攀滿常春藤的洋樓

↑建於1982年，由Vories建築事務所設計的洋樓

G 六角形日光室是店裡的特等座，能在此享受優雅的午茶時光

## riverside café GREEN TERRACE
リバーサイドカフェグリーンテラス

以「京都時間」為概念，希望打造出能讓訪客在綠意中自在放鬆的空間。建於谷崎潤一郎的兒媳婦經營的咖啡廳舊址。

☎ 075-751-8008 🕐 10:00～18:00 休 週三、週二不定休 所 京都市左京区鹿ケ谷法然院町72 🚌 市巴士南田町下車步行3分 P 無 MAP 附錄④P.20 C-2

### 在與文豪有淵源的 地方喝咖啡

適合搭配該店招牌咖啡（套餐為350円）一起享用的可麗露350円

↑在開放式設計的店內能聽到疏水道的潺潺流水聲。露天座位可攜帶寵物

G 每年2至4月，店旁的正旁列如樱花隧道般

## 銀閣寺（慈照寺）

（ぎんかくじ（じしょうじ））

欣賞靜靜佇立於東山山麓的風雅建築與銀沙灘

以白沙構成的庭園藝術銀沙灘

11月下旬〜12月上旬

### 必看！ 銀沙灘、向月台

ぎんしゃだん・こうげつだい

為了賞月而設計出來的沙石造景藝術，其中包含了圓錐形向月台以及象徵波浪的銀沙灘。

通往銀閣寺的參道

### 絕對值得一看！ 不容錯過！

◎ 參觀宛如前衛藝術的沙石造景銀沙灘
◎ 從觀景台眺望銀閣和京都全景

### 銀閣寺垣

ぎんかくじがき

從總門至中門、綿延約50m的參道外牆，由低矮的石牆和高聳的植物圍籬構成。是銀閣寺特有的圍牆樣式，漫步其間感覺涼爽又舒適。

**歷史** 正式的寺號是慈照寺。為室町幕府第八代將軍足利義政模仿祖父義滿打造的北山殿（金閣寺）而建的山莊。前身是東山殿，後來遵照義政的遺願改為寺院。其實銀閣寺的表面並沒有貼上銀箔，與其名有所出入。

**看點** 庭園分成上下兩段，上為枯山水、下為池泉迴遊式。水池北方的方丈和東求堂、弄清亭的內部，只有在春秋兩季的特別參觀期間才能入內。從水池後方沿著步道往上走便是觀景台，途中可以俯瞰美麗的銀閣。相較於華麗的金閣寺，將侘寂具象化的銀閣寺散發出寂靜高雅的氛圍。

**DATA**

MAP 附錄④ P.20 C-1
☎075-771-5725
🕐8:30〜17:00（12〜2月 9:00〜16:30） ¥500円，春秋的特別開放（方丈、東求堂、弄清亭）參觀費用另計1500円 休無休 所京都市左京区銀閣寺町2 交市巴士銀閣寺道下車步行5分 P無

### 銀閣寺 境內圖

茶之井
爬上石階
觀景台
弄清亭
必看描繪山水綿延的隔扇畫（僅特別參觀期間）
弁財天
沙庭造景很美
白鶴島
座禪石
洗月泉
千代之槙 樹齡500年的老松
東求堂
錦鏡池
方丈
銀沙灘
濯錦橋
茶室新書院
拍張以銀閣為背景的紀念照
浮石
庫裏
向月台 美麗的沙堆
銀閣寺垣
中門
參觀受理
WC
觀音殿 通稱為銀閣
總門

### 推薦！ 參拜行程

國寶 觀音殿（銀閣） ◀ 步行即到 濯錦橋 ◀ 步行3分 觀景台 ◀ 步行即到 茶之井 ◀ 步行3分 國寶 東求堂 ◀ 步行即到 方丈 ◀ 步行即到 銀沙灘 ◀ 步行即到 向月台 ◀ 步行即到 銀閣寺垣

收費區域

需時約50分

蘊含著侘寂精神
受禪影響的
兩層構造建築物

## 觀音殿（銀閣）  國寶✦
### かんのんでん（ぎんかく）
象徵東山文化的銀閣為雙層建築的觀音堂。與金閣、飛雲閣（西本願寺）名列京都三閣。

## 銀閣寺 周邊

## 觀景台
### てんぼうだい
銀閣和銀沙灘看起來就像迷你模型，無論近看還是俯瞰都美得令人驚嘆。

## 東求堂  國寶✦
### とうぐどう
還保留東山殿初建外觀的珍貴建築。堂內名為同仁齋的房間內有壁龕、兩段式層架、付書院空間等書院造原型，現代的日式住宅也深受其影響。

## 祈願商品
↓結緣御守
えんむすび
結緣御守

御朱印
可以到入口旁的御朱印授與所，取得寫有觀音殿墨跡的御朱印

↑交通安全御守
從御守的設計也能感受到侘寂之美

## 義政用來泡茶的水

## 茶之井
### おちゃのい
據說從茶道、花道、建築到各種技藝都大力支持，甚至讓日本美學在後世開花結果的義政，會使用這裡的水來泡茶。

## 義政的持佛堂
## 日本最古老的書院造

137

# 南禪寺

なんぜんじ

## 充滿禪寺風格的紅葉名勝

**必看！**

### 水路閣
すいろかく

琵琶湖疏水道分流流經的水道橋。以紅磚砌成的拱門十分漂亮。

**歷史** 前身為龜山天皇的離宮。後醍醐天皇在制定禪寺的等級時，將其列為京都五山之首。後來足利義滿又將其定為五山之上，令南禪寺將成為位階最高的禪寺。其後因遭遇大火而逐漸荒廢，直到江戶初期才重建復興。

**看點** 除了名為「幼虎渡河」的枯山水庭園之外，還有許多江戶時代的名庭。歌舞伎演員石川五右衛門站在三門上大讚「真是絕景」的台詞也相當有名。

### 三門 重文財
さんもん

日本三大門之一。現存的三門是由藤堂高虎重建，天花板上還有天人、鳳凰的彩繪圖。

**高達22公尺宏偉壯觀的三門**

需時約60分

**絕對值得一看！不容錯過！**

◎在明治時代的磚造建築水路閣拍張復古照片
◎從三門眺望石川五右衛門盛讚的「絕景」

世界遺產 4月上旬 11月下旬～12月上旬

**DATA**
MAP 附錄④P.20 C-4
☎075-771-0365
🕐8:40～17:00（12～2月為～16:30，受理至閉門前20分為止）
¥境內免費，方丈庭園600円、三門600円
休無休
京都市左京區南禪寺福地町
地鐵蹴上站步行10分
P有

---

### 天授庵
てんじゅあん

需時30分

MAP 附錄④P.20 B-4

世界遺產

由南禪寺第15代住持虎關師鍊所創建，有枯山水庭園、池泉迴遊式庭園等諸多看點。雖然有部分未對外開放，但方丈內收藏著長谷川等伯的隔扇畫。同時也是著名的紅葉勝地。

☎075-771-0744
🕐9:00～16:30 ¥500円
休11月11日的下午、11月12日的上午
京都市左京區南禪寺福地町
地鐵蹴上站步行7分 P使用南禪寺停車場

**欣賞兩座庭園的紅葉景緻**

➡紅葉美景自不用說，其他季節也別有一番風情

**+more**

**知名的賞櫻祕境**
**蹴上傾斜鐵道**

從大津延伸至京都、長約20km的琵琶湖疏水道。在兩段水道落差較大的地方設有傾斜鐵道，兩旁種植的櫻花樹於枝頭盛放時格外美麗。

MAP 附錄④P.20 B-4

---

### 金地院
こんちいん

需時30分

MAP 附錄④P.20 B-4

世界遺產

前身為創建於北山的寺院，後來在應永年間（1394～1428年）由南禪寺的僧侶以心崇傳重建。境內有小堀遠州設計的枯山水庭園「鶴龜之庭」和茶室「八窗席」。

☎075-771-3511 🕐9:00～17:00（12～2月為～16:30）¥500円（特別參觀費用另計700円，需預約）休無休 京都市左京區南禪寺福地町86-12 地鐵蹴上站步行5分 P使用南禪寺停車場

**茶室「八窗席」相當有名**

➡蓊鬱草木與白沙形成優美對比的「鶴龜之庭」

**別忘了順道造訪**

**南禪寺的塔頭**

### 南禪院
なんぜんいん

需時30分

MAP 附錄④P.20 C-4

世界遺產

曾是龜山天皇的離宮，後來才改建成禪寺。建於南禪寺的發源地。鎌倉末期建造的池泉迴遊式庭園已被指定為國家史跡。

☎075-771-0365（南禪寺）🕐8:40～17:00（12～2月為～16:30，受理至閉門前20分為止）¥400円 休無休 京都市左京區南禪寺福地町 地鐵蹴上站步行10分 P使用南禪寺的停車場

**位於天皇離宮遺址的寺院**

➡以京都三名勝史跡庭園之一而廣為人知

---

### 方丈庭園
ほうじょうていえん

為南禪寺特有的庭園風格，被指定為國家名勝。相傳出自小堀遠州之手，特色是運用了遠近法來排列庭石。

### 南禪寺 境內圖

祇園・河原町 69
清水寺周邊 93
嵐山周邊 107
伏見稻荷・京都站周邊 121
銀閣寺周邊
二條城・京都御所周邊 143
金閣寺周邊 151
稍微走遠一點 159

社寺

## 吉田神社
よしだじんじゃ

銀閣寺搭巴士加步行20分

需時 30分

**MAP** 附錄④ P.20 A-1

世界遺產

佇立於吉田山半山腰的古社，原本是作為平安京的守護神而創建。吉田兼好的家族就是該神社歷代相傳的神官。每年舉行的節分祭也很有名。

📞 075-771-3788　🕐境內不限，社務所為9:00～17:00　💰免費　🈺無休　📍京都市京区吉田神楽岡町30　🚃市巴士京大正門前下車步行5分　🅿有（節分祭期間不可使用）

節分祭期間境內會湧現參拜客人潮

↑ 每年2月會舉行追儺式「驅鬼」

社寺

## 知恩寺
ちおんじ

銀閣寺搭巴士15分

需時 15分

**MAP** 附錄④ P.8 E-3

世界遺產

由法然上人的弟子源智所建。由於善阿空圓念佛念了百萬遍而驅逐了疫病，因此獲賜「百萬遍」之號。

📞 075-781-9171　🕐9:00～17:00（受理為～16:30）　💰免費　🈺無休　📍京都市左京区田中門前町103　🚃市巴士百万遍下車即到　🅿有

↑每月15日的手作市集總是很熱鬧

為人熟知的寺院
以百萬遍神之稱

銀閣寺周邊

(133)

### 紫雲之庭
しうんのにわ

將與法然上人年少時到開創淨土宗有關的人物，以庭石來呈現的枯山水庭園。

↑ 爆炸頭金平糖350円

➡ 御朱印帖（付1張御朱印）2000円

↑ 坐鎮境內的五劫思惟阿彌陀佛頂著一頭螺髮，是目前蔚為話題的爆炸頭佛像

### 多寶塔
たほうとう

1928年由慈善家捐贈建造而成。坐落於境內的最高處，能在此遠眺京都市區的景觀。

洛東首屈一指的
紅葉景點

### 放生池
ほうじょういけ

位於池泉迴遊式庭園中央的水池。倒映在水面的紅葉和綠意極美，一旁還立有與謝野晶子的歌碑。

社寺

## 永觀堂（禪林寺）
えいかんどう（ぜんりんじ）

南禪寺步行5分

需時 60分

**MAP** 附錄④ P.20 C-3

世界遺產

正式名稱為禪林寺，平安初期由空海的弟子真紹所創建。第7任住持永觀執掌時變成了淨土宗的念佛道場，而被稱為永觀堂。自古以來就以紅葉美景著稱，秋季有特別參觀和點燈活動。

📞 075-761-0007　🕐9:00～17:00（受理為～16:00），夜間特別參觀為11月上旬～12月上旬17:30～21:00（受理為～20:30）　💰600円（秋季寺寶展期間為1000円）　🈺無休　📍京都市左京区永観堂町48　🚃市巴士南禪寺・永観堂道下車步行3分　🅿有（特別參觀與點燈期間不可停車）

**+more**

回首與世人並肩而行的
**阿彌陀如來像**

正尊阿彌陀如來像是以往後方看的罕見姿態呈現。傳說某天阿彌陀如來突然從須彌壇走下來與永觀律師並肩而行，永觀驚訝到停下了腳步，阿彌陀如來便回過頭來對他說：「永觀，太慢了喔。」

社寺

## 黑谷 金戒光明寺
くろだにこんかいこうみょうじ

銀閣寺搭巴士加步行25分

需時 40分

**MAP** 附錄④ P.20 B-2

世界遺產

起源於法然上人離開比叡山後在此地搭起了草庵。為淨土宗的大本山，幕末擔任京都守護職的會津藩也將本營駐紮在這裡。作為德川秀忠菩提的三重塔名列重要文化財。

📞 075-771-2204　🕐境內不限，御影堂9:00～16:00　💰免費　🈺無休　📍京都市左京区黒谷町121　🚃JR岡崎道下車步行10分　🅿有

當地人暱稱其為「黑谷神」

↑以山門為首，境內有多處可欣賞櫻花及紅葉

社寺

## 真如堂（真正極樂寺）
しんにょどう（しんしょうごくらくじ）

銀閣寺搭巴士加步行15分

需時 30分

**MAP** 附錄④ P.20 B-2

世界遺產

供奉正尊「點頭彌陀」的天台宗古刹，腹地廣大的境內散布著本堂、三重塔、鐘樓堂等堂宇。以紅葉勝地為人所知，新綠季節也很迷人。

📞 075-771-0915　🕐9:00～16:00（受理為～15:45），大涅槃圖特別開放3月1～31日，觀經曼荼羅特別開放11月1日～12月8日　💰境內免費，庭園・寶物500円（特別參觀為1000円）　🈺不定休　📍京都市左京区浄土寺真如町82　🚃市巴士錦林車庫前／真如堂前下車步行8分　🅿有

↑ 裝飾不多、造型簡潔的三重塔

以櫻花、紅葉美景聞名

## 社寺 東天王 岡崎神社
### ひがしてんのうおかざきじんじゃ
平安神宮步行10分

**MAP** 附錄④P.20 B-3

平安京遷都之際興建的神社之一，鎮守東方。其中一位祭神多子多孫，因此這裡成了以祈求生子著稱的神社。

☎075-771-1963　⏰9:00~17:00
💴免費　休無休　所京都市左京区岡崎東天王町51　🚌市巴士岡崎神社前下車即到　🅿無

期盼像多產的兔子般能夠早生貴子

↑兔子被奉為神的使者，可愛的兔子御神籤和御守都很有人氣（→P.29）

## 景點 京都市動物園
### きょうとしどうぶつえん
平安神宮步行5分

**MAP** 附錄④P.20 A-3

1903年開園，日本歷史第二悠久的動物園。精心規劃出能近距離觀察動物的展示方式，也會舉辦各種有趣的活動。

☎075-771-0210　⏰9:00~17:00（12月~翌年2月為~16:30）　💴620円　休週一（逢假日則翌平日休）　所京都市左京区岡崎法勝寺町 岡崎公園內　🚌市巴士岡崎公園動物園前下車即到　🅿無

開業已百餘年 歷史悠久的動物園

↑可以觀察西部大猩猩家族的一舉一動

→還有機會能看到亞洲象的戲水模樣

## 美食 岡崎茶寮 豆狸
### おかざきさりょうまめだ
平安神宮步行5分

**MAP** 附錄④P.20 A-4

四周盡是觀光名勝的京都料理店。除了吧檯座、和室座位之外，還有宴會場可供團體客人使用。供應以店內水槽的新鮮魚貝做成的京風懷石、四季便當等餐點，而且價格都很公道。

☎075-771-0234　⏰11:00~20:00（LO19:30）　休週一（春季、秋季、1月1~3日除外。若有預約則營業）　所京都市左京区岡崎円勝寺町149-3　🚇地鐵東山站步行5分　🅿有

新鮮魚貝製成的京都料理 讓人讚不絕口

→京舞御膳2500円（未稅）

---

## 購物 忘我亭 哲学の道店
### ぼうがていてつがくのみちてん
銀閣寺步行10分

**MAP** 附錄④P.20 C-1

店內有口金包、皮包、髮圈等多款時髦的和風雜貨，還有玻璃、陶瓷飾品、僅此一件的和服改造商品等，一定能找到自己中意的好東西。

☎075-771-5541　⏰10:30~17:00　休不定休　所京都市左京区浄土寺上南田町86　🚌市巴士浄土寺下車步行5分　🅿無

將縮緬及古典花紋改造成現代風格

↑亮綠色的建築物很顯眼

→京都限定款花紋的玻璃飾品

## 美食 日の出うどん
### ひのでうどん
南禪寺步行10分

**MAP** 附錄④P.20 C-3

有沙鍋烏龍麵、勾芡烏龍麵、丼飯等選項，但最受歡迎的還是濃郁高湯搭配香辣咖哩的咖哩烏龍麵。從普通到超辣提供4種辣度任君挑選，烏龍麵也可換成蕎麥麵或中華麵。

☎075-751-9251　⏰11:00~15:00　休週日、週一不定休　所京都市左京区南禪寺北ノ坊町36　🚌市巴士宮ノ前町下車步行即到　🅿有

當地人也愛吃的咖哩烏龍麵

↑牆面上一字排開的菜單很引人注目

→特製咖哩烏龍麵1050円

## 咖啡廳 藍瓶咖啡 京都店
### ブルーボトルコーヒーきょうとカフェ
南禪寺步行5分

**MAP** 附錄④P.20 B-4

位於南禪寺附近，從京町家改裝而成的咖啡廳。在挑高設計、開放感十足的店內，咖啡師細心沖煮咖啡的芳醇香氣瀰漫。從兩棟町家和中庭選個自己喜歡的地方坐下來吧。

☎無　⏰9:00~18:00　休無休　所京都市左京区南禪寺草川町64　🚇地鐵蹴上站步行5分　🅿無

在百年歷史的京町家 品味講究的咖啡

↑以挑高的天花板和大片玻璃窗打造的舒適空間

---

## 美食 名代おめん 銀閣寺本店
### なだいおめんぎんかくじほんてん
銀閣寺步行5分

**MAP** 附錄④P.20 C-1

口感滑順的烏龍麵與稍濃的高湯十分對味。佐料除了芝麻、九條蔥、甜甜辣辣的金平牛蒡之外，還有多種當季蔬菜，可以自由搭配。

☎075-771-8994　⏰11:00~20:00（LO）　休週四不定休　所京都市左京区浄土寺石橋町74　🚌市巴士銀閣寺前下車即到　🅿有

可品嘗多種口味的彈牙烏龍麵

↑名產烏龍麵「御麵」1210円

## 美食 お菜ところ
### おさいところ
銀閣寺步行4分

**MAP** 附錄④P.20 C-1

一道道精心烹調的熟食，重現了記憶中的美好味道。能吃到豆渣、鹿尾菜、高野豆腐等京都家常菜的定食很受歡迎，也有提供豆皮和湯豆腐的定食等。

☎075-771-5157　⏰11:30~16:00（LO15:30）　休週一　所京都市左京区浄土寺上南田町78-1　🚌市巴士銀閣寺道下車步行3分　🅿無

味道一如往昔的京都家庭料理

↑お菜ところ的熟食定食1870円，附自製芝麻豆腐2200円

## 購物 京都ちどりや 銀閣寺店
### きょうとちどりやぎんかくじてん
銀閣寺步行5分

**MAP** 附錄④P.20 C-1

也廣受模特兒和女演員好評的有機化妝品。推薦以手工壓榨山茶花油為基底的護唇膏，還附可愛的束口袋。

☎075-751-6650　⏰10:00~18:00　休週日、四　所京都市左京区浄土寺上南田町65-1　🚌市巴士銀閣寺前下車步行5分　🅿無

用天然護唇膏溫柔呵護雙唇

→添加天然檜木精油的檜木護唇膏2860円

↑位於與哲學之道平行的鹿谷通

銀閣寺
周邊

## 咖啡廳 一乗寺中谷
いちじょうじなかたに

詩仙堂步行6分

**MAP** 附錄④P.8 F-2

販售由和菓子職人和甜點師夫妻打造的日西合璧甜點。能吃到芭菲、塔點等多種創新菜單。

☎075-781-5504 ⏰9:00~18:00（LO17:00） 休週三（逢假日則營業） 所京都市左京區一乗寺花ノ木町5 市巴士一乗寺下り松町下車即到 P有

高人氣 日西合璧甜點

→使用最高級蕨粉製成的蕨餅芭菲900円

## 咖啡廳 むしやしない

詩仙堂步行10分

**MAP** 附錄④P.8 E-2

遵循地產地銷的理念，供應宛如童話故事般的創意蛋糕。豆漿甜點、外皮酥脆的麻糬鬆餅午餐都大受好評。

☎075-723-8364 ⏰10:30~18:00 休週一、二（逢假日則翌日休） 所京都市左京區一乗寺里ノ西町78 叡電一乗寺站即到 P有

珠寶盒 滿是小點心的

↑むしや花こふれLunch 3240円（需3天前預約／內用限定）

## 購物 恵文社 一乗寺店
けいぶんしゃいちじょうじてん

詩仙堂步行15分

**MAP** 附錄④P.8 E-2

店內分成三個區域：依照文學、藝術、旅行等主題分設書架的書籍樓層，與食衣住行相關的生活館樓層，以及販售文具的雜貨樓層。

☎075-711-5919 ⏰11:00~19:00 休無休 所京都市左京區一乗寺払殿町10 叡電一乗寺站步行5分 P有

書和雜貨的 選物店

→也設有展示創作者作品的藝廊，為多元文化的發源地

## 社寺 曼殊院
まんしゅいん

銀閣寺搭巴士加步行30分

需時 30分

世界遺產 🌸 🍁 ✨

**MAP** 附錄④P.8 F-2

又名為「竹之內門跡」的門跡寺院。原本是最澄在比叡山創建的殿堂，1656年由建造桂離宮的八條宮智仁親王之子良尚法親王遷移至現址。有書院、庭園等諸多看點。雖為紅葉名勝，實際上四季各有不同風情的美。

☎075-781-5010 ⏰9:00~17:00（受理為~16:30） ¥600円 休無休 所京都市左京區一乗寺竹ノ內町42 市巴士一乗寺清水町下車步行20分 P有

擁有枯山水庭園與紅葉的風雅寺院

↑江戶時代的建築大書院和小書院名列重要文化財，從書院望出去的庭園景色美不勝收

## 社寺 実相院
じっそういん

銀閣寺搭巴士45分

需時 30分

世界遺產 🌸 🍁 ✨

**MAP** 附錄④P.2 C-2

奉不動明王為正尊的洛北名剎。不僅客殿內有許多狩野派障壁畫，還能遠眺比叡山的枯山水、池泉式兩座庭園。本堂及四腳門是從大宮御所移築而來。

☎075-781-5464 ⏰9:00~17:00 ¥500円 休不定休 所京都市左京區岩倉上藏町121 京都巴士岩倉実相院下車即到 P有

以地板紅葉聞名的高雅門跡寺院

→紅葉倒映在光可鑑人的地板上形成「地板紅葉」，每年都吸引眾多人前來朝聖。室內禁止拍照

## 社寺 妙滿寺
みょうまんじ

銀閣寺搭巴士加電車40分

需時 60分

世界遺產 🌸 🍁 ✨

**MAP** 附錄④P.4 E-1

由日什上人創建的顯本法華宗總本山。著名的「雪之庭」出自松永貞德之手，名列京都「雪月花三名園」之一。借景比叡山的枯山水庭園景緻十分迷人。

☎075-791-7171 ⏰9:00~16:00 ¥境內免費，本坊500円 休無休 所京都市左京區岩倉幡枝町91 叡電木野站步行5分 P有

立於可眺望比叡山的洛北 四季繽紛多彩的名庭

賞月時期是三門前綻放的杜鵑花，色上旬到中旬，每年五顏六色的最佳觀賞時期

## 從銀閣寺稍微走遠一點
修學院、一乗寺、岩倉
しゅうがくいん·いちじょうじ·いわくら

賞相院
妙滿寺
宝ヶ池
延暦寺
修學院離宮
曼殊院
詩仙堂
銀閣寺
下鴨神社
鴨川

## 景點 修學院離宮
しゅうがくいんりきゅう

銀閣寺搭巴士加步行30分

需時 80分

世界遺產 🌸 🍁 ✨

**MAP** 附錄④P.8 F-1

位於比叡山山麓，江戶初期由後水尾上皇設計建造的山莊。由上、中、下離宮這三座庭園構成，透過借景的方式大膽採用大自然景觀，規模之大令人驚嘆。

☎075-211-1215（宮內廳京都事務所參觀課） 申請制（可至官網確認、可當天申請） ¥免費 休週一（逢假日則翌日休） 所京都市左京區修學院藪添 市巴士修學院離宮道下車步行15分 P無

### 可遠眺市區的宏偉山莊

↑從上離宮的隣雲亭能眺望以浴龍池為中心的池泉迴遊式庭園

→中離宮的客殿是從東福門院居住的女院御所——奧對面所移築而來。右後方名為「霞棚」的裝飾棚架為日本三名棚之一

## 社寺 詩仙堂
しせんどう

銀閣寺搭巴士加步行15分

需時 30分

世界遺產 🌸 🍁 ✨

**MAP** 附錄④P.8 F-2

原本是江戶初期風雅文士石川丈山所搭建的草庵。鋪滿白沙的庭園3月可賞梅、5月有杜鵑花，一年四季有不同的美景。還可以到名字由來的「詩仙之間」眺望庭園的美麗造景。

☎075-781-2954 ⏰9:00~17:00（受理為~16:45），丈山翁遺寶展5月25~27日10:00~16:00 ¥500円 休5月23日 所京都市左京區一乗寺門口町27 市巴士一乗寺下り松町下車步行7分 P無

文人隱居的山莊遺址

→山坡上鋪著白沙，從東山引水建成的唐風庭園

## 收藏西日本的美術、工藝名作
# 京都國立近代美術館
きょうとこくりつきんだいびじゅつかん　**MAP** 附錄④ P.20 A-4

1963年設置於岡崎公園內，目前開館所用的建築物是1986年由槇文彥所設計。館內收藏了許多以京都為中心的西日本近現代藝術家名作。

☎ 075-761-4111　⏰ 9:30～17:00（週五六為～20:00，入館至閉館前30分為止）
💴 430円（企劃展費用另計）
休 週一（逢假日則翌日休）
📍 京都市左京區岡崎圓勝寺町 岡崎公園內
🚇 地鐵東山站步行10分　P 無

攝影：河田憲政

↻ 簡約洗鍊的時尚空間

## 收藏多幅江戶繪畫等名作
# 細見美術館
ほそみびじゅつかん　**MAP** 附錄④ P.12 F-1

從已故的大阪企業家細見良開始，歷經三代蒐集而來的日本美術品為館藏。也會舉辦琳派、伊藤若冲等以江戶繪畫為中心的企劃展。

☎ 075-752-5555　⏰ 10:00～17:00（受理為～16:30）　視企劃展而異
休 週一（逢假日則翌日休）、換展期間
📍 京都市左京區岡崎最勝寺町6-3
🚌 市巴士東山二条·岡崎公園口下車步行3分　P 無

↻ 展示日本美術名作的私人美術館

## 提供各式各樣的生活提案
# 京都岡崎 蔦屋書店
きょうとおかざきつたやしょてん　**MAP** 附錄④ P.20 A-3

有星巴克進駐的複合式書店咖啡廳，陳列區分成藝文、日本生活、ON JAPAN這三個主題。還有由選書師挑選的書籍和傳統工藝、雜貨等商品。

☎ 075-754-0008　⏰ 8:00～20:00　休 無休（可能視周邊活動臨時公休）
📍 京都市左京區岡崎最勝寺町13 ROHM Theatre Kyoto Park Plaza 1F
🚌 市巴士岡崎公園 ロームシアター京都みやこめっせ前下車即到　P 無

↻ 可以在咖啡廳空間內試閱書籍

# 平安神宮
へいあんじんぐう　**MAP** 附錄④ P.20 A-3

1895年為紀念平安遷都1100週年而建。供奉桓武天皇和孝明天皇，社殿的建築設計則是以平安京的朝堂院為原型。寬闊的神苑是由第七代小川治兵衛設計，每個季節都能欣賞到繽紛美麗的花草樹木。

☎ 075-761-0221　⏰ 6:00～17:00（夏季為～18:00），神苑3月1～14日8:30～17:00、3月15日～9月30日8:30～17:30、10月8:30～17:00、11～2月8:30～16:30，點燈活動預定於4月上旬
💴 境內免費，神苑600円　休 無休　📍 京都市左京區岡崎西天王町　🚌 市巴士岡崎公園美術館·平安神宮前下車步行3分　P 無

↩ 岡崎地區的地標大鳥居

↑ 四季花草繁茂、總面積廣達33000㎡的神苑

↘ 初夏能欣賞到盛開的花菖蒲和燕子花

岡崎地區以矗立著巨大紅色鳥居的平安神宮為中心，有多間美術館散布其中，亦為京都的代表性藝術文化中心地。近幾年來也有不少新店鋪陸續誕生，已然成為備受矚目的區域。

眼前的神苑彷彿平安繪卷中的世界

## 尋覓蘊藏手作魅力的器皿
# essence kyoto
エッセンスキョウト　**MAP** 附錄④ P.20 A-4

店內擺滿了老闆夫婦從日本各地採購而來的工藝器皿。期望將手作的美好推廣至國內外，因此多以現代風格的商品為主。

☎ 075-744-0680
⏰ 11:00～18:00　休 週一、不定休
📍 京都市左京區岡崎圓勝寺町36-1 2F　🚌 市巴士岡崎公園 美術館·平安神宮前下車步行3分　P 無

↩ 陳列陶器、玻璃器皿、木湯匙等各種作品

## 享用和洋甜點的下午茶
# 京都Modern Terrace
きょうとモダンテラス　**MAP** 附錄④ P.20 A-3

「ROHM Theatre Kyoto」內的咖啡廳。可品嘗與「龜屋良長」聯名推出的甜點「季之菓」（15時～），度過優雅午後時光。也推薦當季的芭菲。

☎ 075-754-0234　⏰ 11:00～20:00（19:00LO）
休 不定休　📍 京都市左京區岡崎最勝町13 ROHM Theatre Kyoto Park Plaza 2F　🚌 市巴士岡崎公園 ロームシアター京都みやこめっせ前下車即到　P 無

↩ 以當令水果製作的季之菓1740円（照片為秋天的季之菓）

# 二條城
# 京都御所 周邊

にじょうじょう・きょうとごしょ

在這個區域
最想做的
**3** 件事

**1** 到元離宮 二條城➡P.144
欣賞國家特別名勝「二之丸庭園」以及華麗的裝飾和隔扇畫

**2** 造訪京都御所➡P.146充滿優美和風氛圍的御殿

**3** 置身空氣清新的下鴨神社➡P.148，在樹齡超過200年的茂密原生林「糺之森」漫步

名列國家特別名勝的元離宮 二條城的二之丸庭園➡P.144

下鴨神社的名產在加茂みたらし茶屋➡P.148

亦為下鴨神社的參道糺之森➡P.148

## 推薦行程

需要時間 4小時

京都站出發
搭地鐵烏丸線＋東西線（在烏丸御池站轉乘）約12分

4 下鴨神社 P.148
步行15分
京阪出町柳站

3 京都迎賓館 P.60
步行25分

2 京都御苑
步行10分
京都御所 P.146

1 元離宮 二條城 P.144
搭地鐵東西線＋烏丸線轉乘15分（在烏丸御池站轉乘）
步行5分
地鐵二條城站前

### 遊玩的祕訣

**也可以搭電車移動**

如果對體力有自信也可以全程徒步移動，但是要更有效率遊逛的話，還是建議中途多加利用電車或巴士。由於移動時間很長，適時地在咖啡廳或店鋪邊休息邊遊逛才是良策。

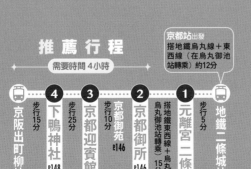

周邊圖
附錄④ P.4-5

0 ————— 700m

金閣寺（鹿苑寺）
卍大德寺
北大路駅
北大路橋
加茂街道
法泉寺卍
卍北大路通
船岡山公園
卍建勲神社
柴明院
下鴨神社 4
糺之森
下鴨本通
上御霊神社
鞍馬口通
鞍馬口駅
上御霊前通
卍上御霊神社
相国寺
承天閣美術館
葵橋
卍釘抜地蔵(石像寺)
卍相国寺
卍千本釈迦堂(大報恩寺)
京都迎賓館 3
今出川駅
GOAL
出町柳駅
平野神社
北野天満宮
今出川通
晴明神社
一条戻橋・晴明神社前
梨木神社
樂美術館
中立売通
京都御所 2
仙洞御所
川端通
京都御苑
丸太町駅
神宮丸太町駅
JR嵯峨野線
丸太町通
二条城前駅
地下鉄東西線
京都市役所前駅
河原町通
二条駅
京阪鴨東線
元離宮 二條城 1
二条城前
押小路通
卍二条城前
卍二神泉苑 START
西大路御池駅
二条御池駅
烏丸御池駅
三条駅

集桃山文化華麗風格於一身的宏偉御殿

# 元離宮 二條城
もとりきゅうにじょうじょう

**大廣間**
一之間的二重折上格天井象徵格局等級較高之處，對應將軍座席的所在位置。障壁畫上描繪的松樹，則是為了展現將軍崇高權威的舞台布置。

**世界遺產**

🌸 4月上旬

🍁 11月中旬～12月上旬

✨ 春

**重文財**
## 唐門
からもん
相當於二之丸御殿的正門，是一座屋頂採用懸山頂樣式、檜皮葺的四腳門，上頭有豪華絢爛的鮮豔雕刻。2013年修復完成，重拾往日金碧輝煌的模樣。

## 絕對值得一看！不容錯過！

◎ 細細欣賞唐門鮮豔華麗的雕飾
◎ 從二之丸御殿的障壁畫想像將軍的生活
◎ 爬上本丸庭園的天守閣跡體驗當城主的感覺

### DATA
🗺 MAP附錄④P.13 A-1
☎ 075-841-0096
🕗 8：45～16：00
¥ 1300円（含二之丸御殿參觀費）
休 12月29～31日
所 京都市中京區二条通堀川西入二条城町541番地
🚇 地鐵二條城前站步行即到
P 有

### 歷史

原本是建來作為德川家康將軍前往京都時的下榻地。1624～1626年第三代將軍家光為迎接天皇行幸而展開擴張、修建，形成今日所見的本丸、二之丸、天守閣的規模。幕末第15代將軍德川慶喜宣布大政奉還的場所即二之丸御殿的大廣間。政權歸還給朝廷後，延續了約260年的江戶幕府也隨之落幕。

### 看點

二之丸御殿是唯一能夠一窺將軍住處的場所，以障壁畫為主的裝飾極其奢華。御殿的後方有小堀遠州修建的二之丸庭園，庭石的排列組合給人強而有力的印象。

## 元離宮 二條城 城內圖

**天守閣跡**
從這裡可以眺望本丸庭園。原本是5層的天守閣，1750年因雷擊而燒毀，如今只剩下石牆的部分

從江戶初期的富商角倉了以的舊宅邸移建的茶室

西半部為和風，東半部則為西式庭園

香雲亭
北大手門
加茂七石
和樂庵
竹屋町通
清流園
堀川通
綠の園
東堀川通

展示收藏館
能近距離欣賞障壁畫的原貌

鳴子門
內堀
西橋
本丸御殿
御常御殿
白書院
台所
黑書院
東大手門
二條橋
休憩所
二条城入城受理
展示場入城受理
事務所
本丸櫓門
本丸庭園
西南土藏
梅林
南中仕切門
櫓門
桃山門
釣鐘
南門
城場駐車場
二条城前

能欣賞到杜鵑等植物的幽靜散步小徑

櫓門的白壁倒映在內護城河水面十分優美

二之丸庭園
雄偉秀麗、變化豐富多樣的庭園

二之丸御殿
穿過唐門之後即可看到豪華的車寄、飾有精緻雕刻的遠侍

二条城前駅
外堀
二条城站
烏丸御池駅
地下鐵東西線
二条駅
押小路通
神泉苑
大宮通

### 參拜行程 《推薦！》

清流園 ◀─ 步行10分 ─▶ 本丸庭園 ◀─ 步行5分 ─▶ **國寶** 二之丸庭園 ◀─ 步行2分 ─▶ **國寶** 二之丸御殿 ◀─ 步行即到 ─▶ **重文財** 唐門 ◀─ 步行3分 ─▶ 東大手門

收費區域

需時 約120分

祇園・河原町 69

清水寺 周邊 93

嵐山 周邊 107

伏見稻荷・京都站 周邊 121

銀閣寺 周邊 133

二條城・京都御所 周邊 143

金閣寺 周邊 151

稍微遠一點 159

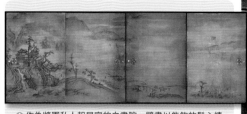

⬆ 作為將軍私人起居室的白書院。壁畫以能夠放鬆心情的水墨山水為主

照片提供：京都市元離宮二條城事務所

⬆ 黑書院是將軍會見親藩大名、公家貴族的房間，牆上繪有優雅的櫻花景緻

## 障壁畫

御殿內有超過3600幅（其中的1016幅為重要文化財）狩野派的障壁畫！會依照房間功用改變繪畫的主題，值得一看。

### 清流園
せいりゅうえん

1964～1965年建園時，從角倉了以的舊宅邸挪用了庭石等建材。該園兼具日、西兩種風格，有和風庭園以及鋪滿草坪的西式庭園。

### 本丸御殿 重文財
ほんまるごてん

現存的本丸御殿是在明治天皇授意下，從舊桂宮邸的御殿移建而來。目前正進行維護整修工程，預定2024年重新對外開放。

## 前往德川家的繁榮象徵
## 幕府終焉的舞台
## 絢爛豪華的城內

### 二之丸御殿 國寶✨
にのまるごてん

國寶二之丸御殿是桃山時代書院造風格的代表建築。由遠侍、式台、大廣間、蘇鐵之間、黑書院、白書院這6座建築所構成。

### 一口城主募金紀念品

⬆ 捐款超過200円可以拿到1個徽章，總共有8款。這樣就能當上一口城主了！

### 二之丸庭園
にのまるていえん

在小堀遠州的帶領下改建而成的院造庭園，據說是以神仙蓬萊世界意象。被指定為國家特別名勝。

# 京都御所
きょうとごしょ

## 歷代天皇居住的優雅御殿

**歷史** 位於遼闊的京都御苑內，從南北朝時代到明治時代初期，長達500多年都是天皇居住的場所。目前現有的建築物是1855年所建，內裏仍保留自古以來的形態。

**看點** 從平安時代的寢殿造到江戶時代的書院造，能一窺日本建築變遷的歷史，是非常珍貴的史跡。瀰漫著優雅氣氛的日本庭園也不容錯過。

←建於江戶時代的池泉迴遊式庭園─御池庭

↑御所的正殿紫宸殿是舉行即位禮、節會等儀式的地方

世界遺產 4月上旬 11月中旬～12月上旬

需時 約60分

**DATA**

MAP 附錄④ P.9 C-4
☎075-211-1215（宮內廳京都事務所參觀課）🕐4～8月為9:00～17:00，10～2月為9:00～16:00，3、9月為9:00～16:30（受理至閉門前40分為止）💴免費 休週一（逢假日則翌日休）📍京都市上京區京都御苑1 🚃地鐵今出川站步行5分 P使用京都御苑的停車場

---

景點｜京都御所步行8分

## 京都仙洞御所
きょうとせんとうごしょ

需時 60分

世界遺產

MAP 附錄④ P.8 D-4

為退位天皇的御所，建於後水尾天皇退位成為上皇的17世紀初期。1854年被燒毀，只殘留廣闊的池泉迴遊式庭園和茶室。

☎075-211-1215（宮內廳京都事務所參觀課）🕐申請制（可至官網確認、可當天申請）💴免費 休週一（逢假日則翌日休）📍京都市上京區京都御苑2 🚌市巴士府立醫大病院前下車步行10分 P使用京都御苑的停車場

### 位於京都御苑內的另一座御所

↑曾經是上皇的居所，可以在風雅的庭園裡悠閒漫步

---

景點｜京都御所步行即到

## 京都御苑
きょうとぎょえん

需時 30分

世界遺產

MAP 附錄④ P.9 C-4

京都御苑占地廣大，東西寬700m、南北長1300m。以京都御所為中心，京都仙洞御所、九條邸跡的拾翠亭等多個建築散布其間。在江戶時代，有近200座宮家、公家的宅邸林立於此，在幕末動亂時期的禁門之變中，西側的蛤御門還發生了激戰。如今則作為國民公園對外開放給一般民眾參觀。

☎075-211-6348（環境省京都御苑管理事務所）🕐苑內不限 💴免費 休無休📍京都市上京區京都御苑3 🚃地鐵丸太町站／今出川站即到 P有

↓蛤御門還遺有禁門之變時留下的子彈痕跡

↓有梅花、桃花等花木和紅葉，四季各有不同景緻

綠意盎然的市民休憩場所

京都御所 概要圖

皇后門　朝平門　猿が辻　飛香舍　姬宮御殿　若宮御殿　皇后宮御殿　皇后常御殿　御花御殿　聽雪　地震殿　御涼所　迎春　御內庭　御常御殿　御三間　參內殿　清所門　御學問所　蹴鞠の庭　御池庭　中島　宜秋門　御車寄　清涼殿　小御所　春興殿　諸大夫の間　紫宸殿　新御車寄　月華門　日華門　南庭　回廊　南門　承明門　建禮門　參觀者出入口　參觀者休所　參觀路線

祇園・河原町 69
清水寺周邊 93
嵐山周邊 107
伏見稻荷周邊 121
銀閣寺周邊 133
二條城・京都御所周邊 143
金閣寺周邊 151
稍微走遠一點 159

## 然花抄院 京都室町本店
ぜんかしょういんきょうとむろまちほんてん

二條城步行8分

咖啡廳

**MAP** 附錄④ P.15 B-1

走入面對著室町通、氛圍沉穩的傳統古屋，經過意趣十足的玄關後，來到能一邊眺望中庭一邊品嘗和風甜點的空間，充滿了京都風情。商店有販售名產紙燒長崎蛋糕、烘焙點心等。

☎ 075-241-3300 🕐 11:00～17:30 休 第2、4週一（逢假日則翌日休）所 京都市中京區室町通二條下ル蛸藥師町271-1 🚌 地鐵烏丸御池站步行6分 P 有

← 能欣賞枯山水中庭的茶寮「然カフェ」

在超過300年歷史的町家享受咖啡時光

↓ 推薦點心搭飲品的套餐茶庭之膳1540円

## KYOTO KEIZO OKASHI
キョウトケイゾーオカシ

二條城步行5分

購物

**MAP** 附錄④ P.13 A-2

位於以10分鐘蒙布朗蔚為話題的「KYOTO KEIZO」旁，2020年4月新開設的外帶專門店。除了招牌蛋糕之外，每月更換口味的蛋糕等商品也多達了20種，還有販售烘焙點心。

☎ 075-822-6666 🕐 10:00～19:00 休 無休 所 京都市中京區御供町291 🚌 地鐵二條城前站步行6分 P 無

→ OKASHI蒙布朗280円很適合作為伴手禮

← 和栗醬烘焙點心

忠實呈現栗子的味道！

## 山中油店
やまなかあぶらてん

二條城步行10分

購物

**MAP** 附錄④ P.9 B-4

町家建築的老店，是日本少見的油品專賣店。從傳統的芝麻油、菜籽油到義大利產橄欖油、山茶花化妝品等，香氣十足的高品質油製品在此一應俱全。

☎ 075-841-8537 🕐 8:30～17:00 休 週日、假日 所 京都市上京區下立売通智惠光院西入508 🚌 市巴士丸太町智惠光院下車步行3分 P 有

→ 檸檬橄欖油（250ml）2916円

200年來持續傳達油的深奧之處

↑ 創業於江戶時代後期的文政年間，200多年就只賣油

---

## 盧山寺
ろざんじ

京都御所步行15分

社寺 | 需時 20分

**MAP** 附錄④ P.8 D-4

據說是紫式部的故居，相傳是執筆寫下《源氏物語》等作品的地方。源氏庭的白沙與青苔十分漂亮，本堂還有展示與紫式部相關的史料。

☎ 075-231-0355 🕐 9:00～16:00 ¥ 500円 休 2月1～9日 所 京都市上京區寺町通広小路上ル北之辺町397 🚌 市巴士府立医大病院前下車即到 P 有

庭園美麗、與紫式部有淵源的古寺

→ 到盛夏是最佳觀賞期

種在白沙與青苔庭園的桔梗，初夏

## 樂美術館
らくびじゅつかん

京都御所步行10分

景點

**MAP** 附錄④ P.9 C-4

以樂家初代名匠長次郎為茶道集大成者千利休燒製的茶碗，一直到第16代現任當家的作品為主要收藏品。每年會換展數次，造訪之前先確認展覽期間為佳。

☎ 075-414-0304 🕐 10:00～16:00 休 週一（逢假日則開館）¥ 視展覽而異 所 京都市上京區油小路通一条下ル 🚌 市巴士堀川中立売／一条戻橋・晴明神社前下車步行3分 P 有

→ 展示樂家收藏的陶器作品

集結了樂燒450年傳統的美術館，旁邊就是樂家的窯場

## かもがわカフェ
かもがわカフェ

京都御所步行10分

咖啡廳

**MAP** 附錄④ P.8 D-4

若想體驗彷彿住在京都的感覺，推薦來這裡隨心所欲地打發時間。可在午晚餐時段、鴨川散步的中途買個蛋糕享用，或是配著咖啡盡情埋首於書堆中。

☎ 075-211-4757 🕐 12:00～22:30 休 週四 所 京都市上京區西三本木通荒神口下ル上生洲町229-1 🚌 市巴士荒神口下車步行3分 P 無

→ 鴨川綜合咖啡（深焙）500円

← 無過多裝飾的空間，愜意舒適的咖啡廳

↓ 從木框窗灑落的和煦陽光感覺很舒服

---

## 梨木神社
無のきじんじゃ

京都御所步行15分

社寺 | 需時 15分

**MAP** 附錄④ P.8 D-4

祭祀幕末的公家三條實萬與三條實美父子。境內種植了約500株萩花，盛開時節會染上一片紫色。染井的井水為京都三名水之一，如今作為手水舍使用。

☎ 075-211-0885 🕐 9:00～17:00左右（授與所為9:00～）¥ 免費 休 無休 所 京都市上京區寺町通広小路上ル 🚌 市巴士府立医大病院前下車步行3分 P 無

名水「染井之水」和萩花廣為人知

← 神社又名為「萩之宮」，在每年9月的秋分前後會舉辦萩祭

## 相國寺
しょうこくじ

京都御所步行8分

社寺 | 需時 30分

**MAP** 附錄④ P.9 C-3

由足利義滿創建的臨濟宗相國寺派大本山。由豐臣秀賴捐贈，日本現存最古老的法堂名列重要文化財。於春秋兩季法堂、方丈、浴室（春）、開山堂（秋）會對外開放。附設的承天閣美術館內展示著寺寶。

☎ 075-231-0301 🕐 春秋兩季的特別開放10:00～16:30（受理為～16:00）¥ 春秋兩季的特別開放800円 開放時為不定休 所 京都市上京區相國寺門前町701 🚌 地鐵今出川站步行7分 P 有（預約制）

在特別參觀期間能欣賞「鳴龍」

↑ 宏偉的法堂。是日本規模最大、最古老的法堂建築

→ 由狩野光信所繪的天井畫「鳴龍」

## 護王神社
ごおうじんじゃ

京都御苑步行即到

社寺 | 需時 15分

**MAP** 附錄④ P.9 C-4

供奉著建議桓武天皇遷都平安京的和氣清麻呂與其姊廣蟲。作為生肖屬豬的守護神、可庇佑足腰健康而深受人們信仰。只要將寫下願望的紙夾在竹籤上，插在野豬雕像前即可祈願。

☎ 075-441-5458 🕐 6:00～21:00（受理為10:00～16:00）¥ 免費 休 無休 所 京都市上京區烏丸通下長者町下ル桜鶴円町385 🚌 地鐵丸太町站步行7分 P 有

運動選手的守護神保佑足腰健康的狛豬

↑ 境內擺放了許多野豬雕像，各有不同的姿勢

二條城・京都御所周邊 (143)

# 下鴨神社
しもがもじんじゃ

## 自古以來鎮守在糺之森的古社

世界遺産

需時約30分

### 糺之森
ただすのもり

樹齡超過200年的茂密原生林,有如城市綠洲般的存在。

### 充滿優雅古趣的京都三大祭之一「葵祭」

**+more**

身穿平安貴族服飾,從京都御所出發的遊行隊伍相當吸晴。由500多人以及36匹馬、4頭牛、2台牛車、1座輦子組成的王朝隊伍,會行經下鴨神社最後抵達上賀茂神社。總距離長達8km。

### 樓門
ろうもん

**重文財**

穿越糺之森之後,氣派的朱紅色樓門在眼前乍現,此為國家指定的重要文化財。屋頂樣式為入母屋造,相傳是1628年重建而成。

← 每年夏季會舉辦除厄儀式(御手洗祭)的御手洗池。以醬油團子(御手洗團子)的名稱由來而聞名。

**下鴨神社境內圖**

御手洗池・大炊殿・本殿・御手洗社・葵社・細殿・橋殿・舞殿・神服殿・参集殿・社務所・樓門・下鴨神社前・往河合神社↓・糺之森

### 保佑

正式名稱為賀茂御祖神社,祭祀能導向勝利的神明賀茂建角身命,順產之神玉依媛命。平安時代被奉為王城鎮護之神而備受尊崇。如今相生社和河合神社都是下鴨神社境內的攝社,分別是締結良緣和美人祈願的人氣景點。

### 看點

亦為神社参道的糺之森是巨樹林立的能量景點。境內以國寶本殿為首,擁有53座名列重要文化財的社殿。

### 活動

5月有葵祭,7月土用丑之日前後會舉辦祈求無病息災的御手洗祭。

## 絕對值得一看!不容錯過!

◉ 漫步在充滿純淨、神祕氛圍的糺之森
◉ 到河合神社將自己期望的美貌畫在繪馬上,祈求變得更漂亮
◉ 在神社前的茶屋享用醬油團子

### DATA

**MAP** 附錄④ P.8 D-3
☎075-781-0010
⏰夏季5:30～18:00、冬季6:30～17:00,大炊殿等10:00～16:00
💴境內免費,大炊殿500円
🈺無休
📍京都市左京区下鴨泉川町59
🚌市巴士下鴨神社前下車即到
🅿有

---

## 順路 SPOT

別忘了順道造訪

### 下鴨神社的名物甜點
### 加茂みたらし茶屋
かもみたらしちゃや

位於下鴨神社對面的醬油團子發源店。烤得微焦的團子搭配黑蜜一起享用很美味。

→以100%純米粉製成,3串附茶飲450円

**MAP** 附錄④ P.8 D-3
☎075-791-1652 ⏰9:30～18:00
🈺週三(逢假日則營業) 📍京都市左京区下鴨松ノ木町53 🚌市巴士下鴨神社前下車即到 🅿無

---

### 舊三井家下鴨別邸
きゅうみついけしもがもべってい

**MAP** 附錄④ P.8 D-3

需時20分

世界遺産

三井家將祭祀祖先的祖靈社遷至此地後,又想增建舍作為参拜時的休憩所,便於1925年建造完成。由主屋、玄關棟、茶室構成的重要文化財。平時對外開放主屋1樓、玄關棟以及庭園。

☎075-366-4321 ⏰9:00～17:00(受理為～16:30) 💴500円 🈺週三(逢假日則翌日休)、12月29～31日 📍京都市左京区下鴨宮河町58番地2 🚌京阪出町柳站步行5分 🅿無

↓也可以在庭園散步

富商三井家的別邸

---

### 河合神社
かわいじんじゃ

**MAP** 附錄④ P.8 D-3

需時15分

世界遺産

供奉著女性的守護神,據說能實現女性變美的願望而廣受信眾歡迎。在鏡繪馬上用化妝品畫出自己想要的美貌,便可以夢想成真。

☎075-781-0010(下鴨神社) ⏰9:00～17:00 💴免費 🈺無休 📍京都市左京区下鴨泉川町59 下鴨神社內 🚌市巴士下鴨神社前下車即到 🅿使用下鴨神社的停車場

↓鏡繪馬800円

↓與《方丈記》作者鴨長明有淵源的神社

以美人祈願聞名的神社

祇園・河原町 69

清水寺周邊 93

嵐山周邊 107

伏見稻荷・京都站周邊 121

銀閣寺周邊 133

二條城・京都御所周邊

143

金閣寺周邊 151

稍微走遠一點 159

## 上賀茂神社

かみがもじんじゃ

比平安京的歷史還要久遠的古社

需時 約30分

### 立砂

たてずな

細殿前的圓錐形立砂是仿照神明降臨的神山。

⬆坐落於奈良小川東岸的涉溪園。每年都會舉辦重現平安時代的曲水之宴

**重文財**

### 樓門

ろうもん

美麗的朱紅色樓門莊嚴氣派，又隱隱帶著風雅的氣息，與架設在前方的玉橋是最具代表性的風景。

正式名稱是賀茂別雷神社。建於天武天皇年間，為豪族賀茂氏供奉祖先神的神社。

**看點** 廣闊的境內有白沙參道、草坪廣場、小川等，作為休憩場所也很受市民歡迎。有近60棟建築物，包含國寶本殿和權殿以及41棟重要文化財。

**活動** 除了名列京都三大祭的葵祭之外，還會舉行曲水宴、賀茂賽馬等各種儀式。

忍不住想拿在手上的繽紛小物香菇羊毛氈

⬇一之鳥居的後方有大片草坪

**世界遺產** 🌸🍁✨

### DATA

**MAP** 附錄④ P.9 C-1

📞 075-781-0011

🕐 鳥居內5:30～17:00，特別參拜10:00～16:00 💴 境內免費，特別參拜500円 🈺 無休

📍 京都市北区上賀茂本山339

🚏 市巴士上賀茂神社前下車即到 🅿有

### +more

可愛手工商品令人心動

### 上賀茂手作市集

上賀茂神社從2006年開始，都會在每月的第4個週日舉辦市集，陳列許多手工商品。也有販售造型可愛的手作甜點，很適合慢慢閒逛。

**MAP** 附錄④ P.9 C-1

📞 075-864-6513（株式会社クラフト）

🕘 9:00～16:00

🅿 有

能在綠意環繞的境內盡情享受購物樂趣，好不愜意

## 順路 SPOT

每每銷售一空的名產

### 神馬堂

じんばどう

該店名產是包著紅豆粒餡、香噴噴的「烤麻糬」。隨時都能吃到現烤的美味，這點也令人開心。

➡熱呼呼的烤麻糬1個130円

**MAP** 附錄④ P.9 C-1

📞 075-781-1377 🕐 上午（售完打烊）🈺 週三 📍京都市北区上賀茂御薗口町4 🚏市巴士上賀茂神社前下車即到 🅿無

### 大田神社

おおたじんじゃ

需時 10分

**世界遺產** 🌸🍁✨

**MAP** 附錄④ P.9 C-1

掌管技藝精進、長壽、結緣的神明。參道旁的沼地「大田澤」是燕子花的群生地，每逢5月花開時總吸引大批遊客。

📞 075-781-0907 🕐 境內不限 💴 免費，燕子花開花期間捐獻金300円 🈺無休 📍京都市北区上賀茂本山340 🚏市巴士上賀茂神社前下車步行10分 🅿無

⬇被指定為天然紀念物的野生燕子花

別忘了順道造訪

上賀茂神社的攝社

以燕子花聞名的神社

権殿　本殿

樓門

授与所　細殿　片岡社

社務所　舞殿（橋殿）

立砂

神馬舍　二の鳥居

二葉姫稻荷神社

芝生広場

フジキビル

馬場殿

白沙參道

なりた

渉溪園

枝垂れ桜

なら小川

一の鳥居

特別參拜需付每日初穗料500円，受理時間為10～16時（週六日、假日為～16:30）

上賀茂手作市集就在這附近舉辦

賀茂川

**上賀茂神社 境內圖**

## 藍天碧水景色迷人！
# 鴨川三角洲
かもがわデルタ　**MAP** 附錄④ **P.8 D-3**

賀茂川和高野川匯流形成「鴨川」的三角地帶。常看到有人外帶麵包、甜點來這裡野餐，然後就隨意地臥在岸邊打盹。不過要小心會有老鷹飛來搶食。重拾童心下水遊玩，或是體驗跳石過河都很有趣。

所 京都市左京区下鴨宮河町
交 京阪出町柳站即到　P 無

↑右邊是高野川，左邊是賀茂川。踏腳石中也有烏龜、千鳥等特別的造型

## 嚴選食材製成的手作甜品
# 茶房いせはん
さぼういせはん　**MAP** 附錄④ **P.8 D-3**

堅持使用丹波大納言紅豆、沖繩波照間島黑糖、京都柳櫻園抹茶等食材的和風咖啡廳。霜淇淋、白玉湯圓也都是自製，在當地亦有眾多粉絲的甜品店。

☎ 075-231-5422
⏰ 11:00～18:00
休 週二（逢假日則營業）
所 京都市上京区青龍町242
交 京阪出町柳站步行5分
P 無

↪夏季限定的餡蜜冰1400円，鬆軟的黃豆內餡為店家的自信之作

## 手感舒適的皮革製品
# 革工房むくり
かわこうぼうむくり　**MAP** 附錄④ **P.8 D-3**

位於下鴨神社旁的店鋪。「むくり」指的是日本建築中的曲線，皮包、錢包的圓弧狀造型為其特色。設計雖然簡單，但是既可愛又實用，因為能夠長年使用而頗受歡迎。

☎ 075-606-5274　⏰ 10:00～18:00　休 週三
所 京都市左京区下鴨森本町3 フォーレフジタ1F
交 市巴士下鴨神社前下車步行5分　P 有
↪側邊內收口金包7480円（肩背帶為880円～）

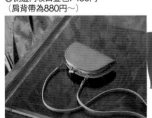

↪無拼接皮革製成的托特包（A4大小）24200円

---

# 出町座
でまちざ　**MAP** 附錄④ **P.8 D-3**

結合電影、書店和咖啡廳，作為跨越藩籬的文化發源地而備受矚目。會連日舉辦脫口秀、與上映作品相關的讀書會等活動，吸引了不少電影迷和愛書者前來光顧。

☎ 075-203-9862
⏰ 視上映時間而異　休 無休
所 京都市上京区三芳町133
交 京阪出町柳站步行6分　P 無

藝文同好齊聚一堂的文化據點

↑一字排開的電影海報給人無限想像

原創特調咖啡400円

頂級爆米花500円

↑播放電影作品的劇院空間設在2樓和地下1樓

↪可享用飲料和輕食的咖啡廳「出町座のソコ」

## 祈求豐收的鎌刀造型麻糬
# 大黑屋鎌餅本舖
だいこくやかまもちほんぽ　**MAP** 附錄④ **P.8 D-3**

創業於明治時期的和菓子店，招牌商品是以微甜麻糬包裹黑糖風味內餡的鎌餅。一個一個用蝦夷松的樹皮薄片包起來，滑順麻糬搭配甜度適中的內餡，給人一種高雅的感覺。

☎ 075-231-1495
⏰ 8:30～18:30
休 週三、第2週四
所 京都市上京区寺町通今出川上ル4丁目西入ル阿弥陀寺前町25
交 京阪出町柳站步行15分
P 無

↪作為吉祥點心而廣受歡迎的鎌餅1個216円

---

# 出町
でまち

該區位於步調悠閒緩慢的鴨川沿岸。在地域緊密型的出町桝形商店街上，誕生了一個充滿文化品味的據點，讓自然和歷史、京都著名點心等再次受到關注，成為充滿各種樂趣的人氣觀光區域。

## 絡繹不絕的出町柳人氣名店
# 出町ふたば
でまちふたば　**MAP** 附錄④ **P.8 D-3**

在延展性佳的現搗麻糬中，填入滿滿的紅豆沙內餡。麵團搓揉入了鹹味適中的紅豌豆，有畫龍點睛的效果。職人精湛無比的製作手藝也值得一看。

☎ 075-231-1658　⏰ 8:30～17:30　休 週二、第4週三（逢假日則翌日休）　所 京都市上京区出町通今出川上ル青龍町236　交 市巴士河原町今出川下車即到　P 無

↪鬆軟麻糬與鹹紅豌豆很搭！名代豆餅1個220円

# 金閣寺周邊

きんかくじ

在這個區域最想做的 **3** 件事

**1** 欣賞金碧輝煌之最**金閣寺**➡P.152。映照在風光明媚鏡湖池上的逆金閣令人陶醉

**2** 前往學業祈願的聖地**北野天滿宮**➡P.154祈求考試合格！也要品嘗神社前的美食

**3** 到能量景點**晴明神社**➡P.154購買御守，向平安時代的巨星安倍晴明祈願

從古至今都讓人為之著迷的金閣寺➡P.152

也是熱門賞櫻名勝的仁和寺➡P.156

為祈求疾病痊癒而創建的晴明神社➡P.154

以學問之神著稱的北野天滿宮➡P.154

枯山水庭園極其出色的龍安寺➡P.156

能吃到高湯玉子燒漢堡、紅豆奶油漢堡的knot café➡P.155

## 推薦行程

需要時間 4.5小時

**京都站**出發
搭市巴士101系統約34分

**4** 御室仁和寺巴士站 步行即到
**4** 仁和寺 P.156
步行15分
**3** 龍安寺 P.156
步行20分
**2** 金閣寺（鹿苑寺）P.152
搭市巴士101、102系統約11分
**1** 北野天滿宮 P.154
步行即到
北野天滿宮前巴士站

## 遊玩的祕訣

**先決定好要入內參觀的場所**

衣掛之路的沿路上有金閣寺、龍安寺、仁和寺3座世界遺產，境內的腹地都很大，移動到下一個寺院也要花時間，所以不妨多加利用巴士或計程車。

N
0　700m
周邊圖 附錄④P.4-5

源光庵　常照寺
光悦寺　大宮交通公園
しょうざんリゾート
原谷弁財天　しょうざんゴルフクラブ　しょうざんボウル　今宮神社
大文字山　佛教大　大德寺
立命館大・グラウンド　大德寺前
**金閣寺（鹿苑寺）2**　金閣寺前
北大路通　船岡山
鹿苑寺庭園
**龍安寺 3**　衣笠山　金閣寺道　千本釋迦堂（大報恩寺）　鞍馬口通
方丈庭園　西大路通
**仁和寺 4**　衣掛之路　釘拔地藏（石像寺）
立命館大　平野神社　千本通
白書院　等持院　今出川通
御室仁和寺　龍安寺前駅　北野　晴明神社
GOAL　等持院・立命館大キャンパス前駅　白梅町駅　北野白梅町駅　**1 北野天滿宮** 北野天滿宮前　START　中立売通
宇多野駅　妙心寺　嵐電北野線
鳴滝駅　仁和寺　御室駅　妙心寺　府立医科大
円町駅　法金剛院　JR嵯峨野線　町駅　下立売通
花園駅　丸太町通

151

象徵極樂淨土的金碧輝煌寺院

# 金閣寺（鹿苑寺）
（きんかくじ（ろくおんじ））

## 必看！
### 舍利殿（金閣）
しゃりでん（きんかく）

除了吸睛的金色外觀之外，由下往上的寢殿造、武家造、禪宗佛殿造等不同的建築樣式也完美地融合在一起。第二、三層的部分貼有金箔裝飾。

## 絕對值得一看！不容錯過！

◎欣賞散發耀眼光芒的美麗金色舍利殿

◎沉醉於倒映在鏡湖池面、上下對稱的逆金閣

◎將開運金箔商品買回家，感動長留心底

世界遺產

4月上旬
11月下旬～12月上旬

**歷史** 正式的寺號為鹿苑寺。原本是公家西園寺家的山莊，轉讓給室町幕府第三代將軍足利義滿後改建成了豪奢的山莊。據說晚年曾在此山莊設宴並邀請後小松天皇駕臨。義滿去世後，才改為禪寺。應仁之亂時堂宇幾乎燒毀殆盡，僅存的金閣後來也被人縱火燒掉了。三島由紀夫還以該縱火事件作為小說《金閣寺》的主題。目前的金閣是1955年重建的。

**看點** 貼滿金箔的舍利殿與四季有不同面貌的鏡湖池，相映成輝的美景十分吸睛。借景衣笠山的庭園被指定為特別名勝。

### DATA
MAP 附錄④P.23 C-2
☎075-461-0013
🕘9：00～17：00
¥400円 休無休 所京都市北区金閣寺町1 🚌市巴士金閣寺道下車步行5分 P有

## 金閣寺 境內圖

白蛇の塚
貴人楯
繪馬櫃
安民澤
不動堂
巖下水
銀河泉
夕佳亭
売店・茶処
売店
休憩所
P金閣寺
龍門瀑布
書院
陸舟之松
P金閣寺
利殿(金閣)
方丈
庫裏
休憩所
葦原島
唐門
黑門
鏡湖池
鐘樓
總門
總門
瀰漫著莊嚴肅穆的氛圍
金閣寺前
金閣寺道バス停
讓金閣入鏡拍張紀念照吧
參觀受理處在此。亦可將參觀券作為護身符，貼在家中玄關（內側）保平安
金閣寺道
金閣寺前

## 推薦！參拜行程

總門
↓步行即到
鏡湖池
↓步行即到
陸舟之松
↓步行即到
舍利殿(金閣)
↓步行即到
龍門瀑布
↓步行即到
安民澤
↓步行即到
夕佳亭
↓步行即到
不動堂

收費區域

需時約60分

## 極盡奢華的北山文化代表建築　燦爛輝煌的模樣

↑屋頂上裝飾著象徵神聖天子使者的鳳凰。現存為1987年製作的雕像

### 夕佳亭
せっかてい

由茶人金森宗和打造的茶室，現存為明治初期重建而成，有種侘寂之美。位於金閣寺的後山，又以擁有珍貴的南天床柱、荻之違棚聞名。

佇立於山丘上數寄屋造的茶室

### 龍門瀑布
りゅうもんたき

源自於跳過瀑布的鯉魚能變成龍的中國民間傳說「魚躍龍門」，瀑布底下放置了一塊「鯉魚石」。若於夏天前來，可感受到涼爽的水氣。

瀑布下立著象徵魚躍龍門的鯉魚石

### 第三層 禪宗佛殿造

採用棧唐戶和花頭窗等從中國傳來，稱為究竟頂的建築樣式。安置著佛舍利，內壁也跟外壁一樣都貼上了金箔。

### 第二層 武家造

稱為潮音洞的建築樣式。塗上黑漆的內部供奉著岩屋觀音像，四周還有負責守護的四天王像。壁面和圍欄都貼有金箔。

### 第一層 寢殿造

稱為法水院的平安時代建築樣式。內部安置著釋迦如來像和足利義滿坐像。與其他層不同的地方在於沒有貼金箔，而是採用白木建造。

### 陸舟之松
りくしゅうのまつ

樹齡約600年的古木。相傳為足利義滿親手栽種的松樹，枝葉則被修剪成了船槳朝向西方的帆船狀。

樹形朝向極樂淨土的樹齡600年松樹

倒映出逆金閣的美麗水池

↑被白雪妝點的金閣寺。由於近幾年降雪量都不多，是可遇不可求的珍貴景色

### 鏡湖池
きょうこち

據說是模仿極樂淨土世界中由7種寶石構成的七寶池而建。

### 祈願商品

←結緣御守　→金閣御守

→風水御守能吸引來自全方位的能量

以金色絲線繡上金閣圖案的御守

→御朱印
到不動堂旁邊的納經所可以取得舍利殿和不動堂2種御朱印

# 北野天滿宮
きたのてんまんぐう

祭祀菅原道真的日本全國天滿宮和天神社的總本社

**御本殿** 國寶
ごほんでん

採用以多層屋頂相疊而成的獨特建築樣式八棟造。拜殿的屋梁上刻有境內唯一刻以站立姿勢呈現的牛。

世界遺產

MAP 附錄④ P.22 D-3

## +more

### 前往名產品店齊聚的「天神」逛逛天神市集!

每月25日都固定會在北野天滿宮舉辦市集。除了古董品、古董和服等舊物之外,也有販售京都傳統點心的攤位。附近還有許多名產品店,可以順道造訪的景點。

MAP 附錄④ P.22 D-3
每月25日的6:00左右~日落 P無(每月25日不可使用北野天滿宮的停車場)

來找找看京都伴手禮吧

可以從和風小物、各國雜貨中挖寶撿便宜!

↑沿著豐臣秀吉建造的史跡御土居,路上有近350棵楓樹已經轉紅。架設在紙屋川上的鶯橋一帶更是美輪美奐

↑種植了約1500棵與菅原道真有淵源的梅花樹。每逢2月中旬~3月下旬的盛開季節,整個境內都會充滿梅花的香氣

## 順路 Spot

### 天神對面的點心店
### 粟餅所・澤屋
あわもちどころさわや

有超過330年歷史的老店,就只賣粟餅這款商品。點餐後才會開始揉成圓球狀,可以在店內品嘗現做的美味。

→2個紅豆口味+1個黃豆粉口味的紅梅500円

MAP 附錄④ P.22 D-4
075-461-4517
9:00~17:00(售完打烊)(逢25日則營業) 休週四、每月26日 所京都市上京區北野天滿宮前西入ル紙屋川町838-7 市巴士北野天滿宮前下車即到 P無

北野天滿宮境內圖

明月舍
繪馬掛所(一願成就所)
寶社
御本殿
社務所
三光門
神楽殿
牛の像
寶物殿
絵馬所
樓門
牛の像
西方尼寺
北野会館
上七軒歌舞練場
上七軒芸妓組合
梅苑
東向観音寺

上七軒是京都五花街之一。歌舞練內也有任何人皆可光顧的咖啡廳

↑自古流傳只要撫摸牛頭或牛身就能祈求庇佑的「撫牛信仰」

保佑祭祀學問之神菅原道真的神社,多被當地人暱稱為「天神」,為全日本大約12000社天滿宮、天神社的總本社,經常可以見到考生們前來參拜的身影。

看點作為梅花和紅葉名勝廣為人知,每年2月25日的梅花祭會在境內舉辦由舞妓們負責奉茶的茶會。

活動每個月的25日都會舉行天神市集,總是吸引大批人潮前來挖寶。

需時約30分
世界遺產

**DATA**
MAP 附錄④ P.22 D-3
075-461-0005
9:00~17:00,梅苑開放2月上旬~3月下旬,紅葉苑開放10月下旬~12月上旬 境內免費,寶物殿1000円,梅苑、紅葉苑1000円 休無休 所京都市上京區馬喰町 市巴士北野天滿宮前下車即到 P有(每月25日不可使用)

---

### 北野天滿宮搭巴士10分

社寺 **晴明神社**
せいめいじんじゃ

MAP 附錄④ P.22 F-4
世界遺產

需時30分

1007年創建,祭祀著天皇御用的天文陰陽博士安倍晴明。附近的一條戾橋流傳著種種不可思議的傳說,像是橋下有安倍晴明豢養的式神、可以讓死者復生等等。

075-441-6460
9:00~17:00 免費 休無休 所京都市上京區晴明町806 市巴士一條戾橋・晴明神社前下車即到 P無

→現存的本殿是1905年重建而成。隨處可見五芒星的標誌

供奉著平安時代的陰陽師安倍晴明

---

### 北野天滿宮步行5分

社寺 **千本釋迦堂(大報恩寺)**
せんぼんしゃかどう(だいほうおんじ)

MAP 附錄④ P.22 E-3
世界遺產

需時30分

以釋迦如來為正尊的真言宗寺院,正式名稱是大報恩寺。境內的寶篋印塔(阿龜塚)悼念的對象是興建本堂時,為解救棟柱工程出錯的丈夫而犧牲的妻子阿龜,因此以祈求夫妻和樂、締結良緣受到人們信仰。

075-461-5973
境內不限,本堂、靈寶殿9:00~17:00(受理為~16:30) 600円 休無休 所京都市上京區七本松通今出川上ル溝前町 市巴士上七軒下車步行5分 P有

→12月7、8日會舉行祈求無病息災的大根焚

名列國寶的本堂是洛中最古老的木造建築

↓在本堂前盛開的阿龜櫻

---

### 北野天滿宮步行即到

社寺 **平野神社**
ひらのじんじゃ

MAP 附錄④ P.23 C-3
世界遺產

需時20分

平安遷都時從大和國移建過來的古社。祭神久度神即廚房的灶神,京都當地將爐灶稱為「久度」也是由此而來。

075-461-4450
境內不限,夜間特別參觀為3月下旬~4月中旬的日落~21:00 免費 休無休 所京都市北區平野宮本町1 市巴士衣笠校前下車步行3分 P有

→境內有約60種、400棵櫻花,夜櫻和櫻花祭都會吸引很多遊客

祭祀廚房灶神的櫻花勝地

祇園・河原町 69
清水寺周邊 93
嵐山周邊 107
伏見稻荷·京都站周邊 121
銀閣寺周邊 133
二條城·京都御所周邊 143
金閣寺周邊
151
稍微走遠一點 159

## knot café
ノットカフェ

北野天滿宮步行5分

咖啡廳

MAP 附錄④P.22 D-4

能吃到與「千本玉壽軒」、「長五郎餅本舖」聯名推出的甜點和講究的咖啡。甜度適中的高湯玉子燒夾在小圓麵包中間，造型小巧可愛的漢堡包也很受歡迎。

☎075-496-5123 ⏰10:00～18:00 休週二（逢25日則營業）🏠京都市上京区今小路通七本松西入東今小路町758-1 🚌市巴士上七軒下車即到 🅿無

圓圓的漢堡包夾著和風食材

↑高湯玉子燒漢堡和紅豆奶油漢堡各363円

## 長五郎餅本舖
ちょうごろうもちほんぽ

北野天滿宮步行5分

咖啡廳

MAP 附錄④P.22 D-4

將豐臣秀吉曾在北野天滿宮大茶會吃過的名產傳承至今的老店。招牌商品為羽二重餅以及豆沙餡完美交融的長五郎餅，附煎茶的套餐400円。

☎075-461-1074 ⏰9:00～17:00、茶席11:00～15:00 休週四 🏠京都市上京区一条通七本松西 🚌市巴士北野天滿宮前下車步行5分 🅿無

連豐臣秀吉也很愛吃

↑前往北野天滿宮時可順道造訪的人氣甜品店

## 老松 北野店
おいまつきたのてん

北野天滿宮步行即到

購物

MAP 附錄④P.22 D-3

高雅氛圍、風情別具的老字號和菓子店，就坐落於北野天滿宮的東門外。店內陳列著許多能讓人感受四季更迭的京都菓子，還提供由職人教學的和菓子創作體驗。

☎075-463-3050 ⏰9:00～18:00 休不定休 🏠京都市上京区社家長屋町675-2 🚌市巴士北野天滿宮前／上七軒下車步行5分 🅿無

深奧的和菓子 能感受四季變遷

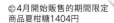
↑京都代表性的老店

→4月開始販售的期間限定商品夏柑糖1404円

## おからはうす
美食

仁和寺步行5分

MAP 附錄④P.23 A-4

午間菜單中的五穀米，是由保留七成糙米成分的七分米加上古代黑米、稗米、粟米混合而成的健康雜糧飯。也有提供糙米咖啡、蒲公英茶等無咖啡因成分的多款飲品。

☎075-462-3815 ⏰11:00～15:00 休週日、一、二 🏠京都市右京区谷口円成寺町17-10 🚌市巴士京福妙心寺駅前下車步行3分 🅿有

桌椅座 →置有吧檯座和

有機食材的午餐與手作飲品

↑五穀米山藥泥拌飯定食1400円

## 御室さのわ
おむろさのわ

仁和寺步行即到

咖啡廳

MAP 附錄④P.23 A-4

能重新發現日本茶魅力的咖啡廳，以天然水細心沖泡宇治茶等5種香氣濃郁的日本茶。與茶飲很搭的維也納烘焙點心林茲蛋糕「さのわ」2000円（盒裝）也有提供外帶。

☎075-461-9077 ⏰11:00～18:00（LO17:30）休週一（逢假日則營業）🏠京都市右京区御室堅町25-2 デラシオン御室1F 🚌嵐電御室仁和寺站步行3分 🅿有

→洗鍊的現代和風空間

享用香醇的日本茶與西式甜點

↑每天更換口味的蛋糕與煎茶的套餐1100円

## 御室和菓子いと達
おむろわがしいとたつ

仁和寺步行5分

購物

MAP 附錄④P.23 A-4

店主曾在京都老店拜師學藝了17年，後來才自立門戶。雖以傳統的食材和技法製作商品，但顏色和設計等都很有現代感。熱門的包餅色調十分漂亮，仿效了平安王朝時代的色彩搭配襲色目。

☎075-203-6243 ⏰10:00～17:00 休週三、日 🏠京都市右京区龍安寺塔ノ下町5-17 🚌市巴士御室下車步行3分 🅿無

高雅的雙色組合 外觀優美的包餅

↑以糯軟餅皮包裹紅豆沙、白味噌、黃豆粉等餡料的包餅1個200円

## Cafe Rhinebeck
カフェラインベック

晴明神社步行5分

咖啡廳

MAP 附錄④P.22 F-4

蓬鬆綿軟、入口即化的美式鬆餅有京都第一的美譽。點餐後現烤的餅皮加上超大分量的配料，再淋上滿滿自製糖漿。在溫馨的空間裡享用柔和的甜味，身心都被療癒了。

☎075-451-1208 ⏰9:00～17:30（LO17:00）休週二（逢假日則翌日休）🏠京都市上京区大宮通中立売上ル石薬師町692 🚌市巴士一条戻橋·晴明神社前下車步行5分 🅿無

必去朝聖的京都鬆餅名店

↓有120年歷史的傳統町家給人沉穩的感覺

↑雙層水果花園美式鬆餅1970円

## 阿じろ
あじろ

妙心寺即到

美食

MAP 附錄④P.10 F-2

也是為妙心寺提供餐點的料理店。蘊藏著「使用當令食材、充分運用材料、用心製作」等禪宗思想的料理，吃來別有一番滋味。還可以在沉穩氛圍的和室細細品嘗傳統好味道。

☎075-463-0221 ⏰11:00～19:00LO 休週三（逢假日則營業）🏠京都市右京区花園寺ノ町28-3 🚌JR花園站步行5分 🅿有

充滿禪意的料理 好吃到彈舌

↑選用當季食材的緣高便當3630円

## 山貓軒(CAFE YAMANEKO)
やまねこけん（カフェヤマネコ）

龍安寺步行3分

咖啡廳

MAP 附錄④P.23 B-3

外牆爬滿常春藤的建築十分顯眼。走下樓梯後，就會看到陽光從一整面的彩繪玻璃照射進來。以自創配方所製麵糊做出來的鬆餅口味豐富，當早午餐或甜點都很適合。舒適的空間和充實的品項，很容易讓人一坐下來就忘了時間。

☎075-462-6004 ⏰11:00～18:00 休週四 🏠京都市北区等持院北町39-6 🚌市巴士立命館大学前下車步行5分 🅿有

現烤的鬆餅 鬆軟美味

↑採光明亮的店內完全不像位處地下樓層

→粗絞肉香腸和沙拉的鬆餅（附飲品）1670円

# 龍安寺
りょうあんじ

充滿謎團的美麗石庭

## 石庭
せきてい

以白沙和15顆石頭表現禪宗思想的枯山水庭園，配置的手法讓觀賞者無論從哪個角度都無法一次看到所有石頭，也有一說認為這是為了表達凡事皆非完美的意涵。由於意境十分抽象，解讀方式全憑個人的想像力而定，因此也有遼闊的大海、露於雲海之上的山頭、母虎攜子渡河等各種說法。

→知足蹲踞（手水缽）上的文字可以讀成「吾唯足知」，代表「只要知足、即便身貧如洗也能心靈富足」的禪宗教諭

### 龍安寺 境內圖

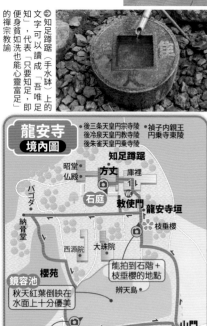

- 後三条天皇円宗寺陵
- 後冷泉天皇円教寺陵
- 後朱雀天皇円乗寺陵
- 禎子内親王 円乗寺東陵

昭堂　仏殿
知足蹲踞
方丈　庫裡
パコダ
石庭　勅使門　龍安寺垣
納骨堂　枝垂櫻
西源院　大珠院
櫻苑　能拍到石階＋枝垂櫻的地點
鏡容池　辨天島
秋天紅葉倒映在水面上十分優美
以池為背景的拍照景點。旁邊還有藤架和長椅
山門
參觀受理
竜安寺前
仁和寺　衣掛之路　嵐電・龍安寺駅

## 鏡容池
きょうようち

據說是平安時代貴族的遊樂場所，曾是觀賞鴛鴦的知名勝地，所以別名叫做鴛鴦池。現在還能看到野鴨、白鷺的身影，一年四季還有不同的美麗花草輪番上陣。

### 看點

位於方丈南側的枯山水石庭相當知名。作者和建造年代皆不詳，但簡樸、沒有浮誇裝飾的禪風庭園吸引了許多人。地面鋪著白沙，以土牆圍起的庭園占地約250平方公尺，配置了15顆大小不一的石頭，又稱為「幼虎渡河之庭」或「七五三之庭」。

### 歷史

由室町幕府的管領細川勝元所創建，臨濟宗妙心寺派的禪寺。

【世界遺產】

4月上旬～中旬
11月中旬～下旬

### DATA
需時 約40分

MAP 附錄④ P.23 A-3
☎075-463-2216
🕗8:00～17:00（12～2月為8:30～16:30）　￥500円
休無休　所京都市右京区龍安寺御陵ノ下町13　🚌市巴士/JR巴士竜安寺前下車即到　P有

## 順路 SPOT

在龍安寺境內享用湯豆腐

### 西源院
せいげんいん

能一邊眺望庭園一邊品嘗精進料理。名料理七草湯豆腐可享用白菜、香菇等蔬菜和滋味濃郁的豆腐。

MAP 附錄④ P.23 A-3
☎075-462-4742　🕗11：00～16：00（LO15：30）　休無休　所京都市右京区龍安寺御陵ノ下町13龍安寺境內　🚌市巴士/JR巴士竜安寺前下車即到　P有

→附7種色彩鮮艷蔬菜的精進料理湯豆腐3300円

### 等持院
とうじいん
龍安寺步行10分　需時30分

MAP 附錄④ P.23 B-3

室町時代由足利尊氏建立的臨濟宗禪寺，尊氏去世後成為足利家的宗祠。池泉迴遊式庭園為夢窗疏石的作品。

☎075-461-5786　🕗9:00～16:30（受理為～16:00）　￥500円　休無休　所京都市北区等持院北町63　🚌嵐電等持院站步行7分　P有

四季花卉盛放的足利家菩提寺

→一年四季都有花草可賞的庭園

### 仁和寺
にんなじ
龍安寺搭巴士5分　需時60分

MAP 附錄④ P.23 A-3

平安時代創建的真言宗御室派總本山。以金堂為首，還有安置金剛力士像的二王門、五重塔等眾多重要文化財林立。樹種較矮、花期較晚的御室櫻相當知名。這裡也是以宇多天皇為鼻祖的御室流花道發源地。

☎075-461-1155　🕗境內不限，御殿9:00～17:00（12～2月為～16:30，受理至閉門前30分為止），靈寶館預定每年於春、夏、秋三季對外開放9:00～16:30（最後受理）　￥境內免費，御所庭園800円、靈寶館500円、櫻花季期間500円（特別入山費用）　休御殿為無休，靈寶館為週一　所京都市右京区御室大内33　🚌嵐電御室仁和寺站即到　P有

→高36.18m，建於1644年。安置著以大日如來像為主的無量壽如來等四方佛

地位崇高的知名建築寶庫

祇園・河原町 69
清水寺周邊 93
嵐山周邊 107
伏見稻荷・京都站周邊 121
銀閣寺周邊 133
二條城・京都御所周邊 143

## 金閣寺 周邊

---

從金閣寺稍微走遠一點 **鷹峯**
たかがみね

### 光悦寺
こうえつじ

社寺　金閣寺搭巴士25分　需時30分

MAP 附錄④P.9 A-1

原本是本阿彌光悦領受德川家康賜地後搭建的草庵。從庭園能眺望鷹之峰和鷲之峰，遠方還能見到東山群峰和京都市區。

☎075-491-1399　⏰8：00～17：00（紅葉期間為8:30～17:00）　¥400円（紅葉季節為500円）　休11月10～13日　所京都市北區鷹峯光悦町29　🚌市巴士鷹峯源光庵前下車步行3分　P有（有不可使用日）

→ 與紅葉形成美麗對比的光悦垣

緣起於藝術村的茶道殿堂

### 常照寺
じょうしょうじ

社寺　金閣寺搭巴士25分　需時30分

MAP 附錄④P.9 A-1

曾設有日蓮宗學問所而繁榮一時的寺院。還有以吉野窗聞名的茶室遺芳庵和日本唯一的帶塚。吉野櫻和紅葉也都很漂亮。

☎075-492-6775　⏰8：30～17：00　¥400円，11月初旬～12月初旬為500円　休無休　所京都市北區鷹峯北鷹峯町1　🚌市巴士鷹峯源光庵前下車即到　P有

→ 每年4月的第2個週日會舉行吉野太夫花供養

朱紅色與淡紅色相互映襯的美景

### 車折神社
くるまざきじんじゃ

社寺　龍安寺搭電車加步行25分　需時20分

MAP 附錄④P.10 D-3

祭祀平安時代的儒學家清原賴業。車折之名源自於後嵯峨天皇的牛車在行經神社前時車軸斷裂而無法前進。

☎075-861-0039　⏰境內不限（授與所為9:30～17:00）　¥免費　休無休　所京都市右京區嵯峨朝日町23　🚋嵐電車折神社站即到　P有

能夠招財亦為賞櫻祕境

→ 境內還有能祈求技藝精進的藝能神社

---

別忘了順道造訪 妙心寺的塔頭

### 退藏院
たいぞういん

需時30分

MAP 附錄④P.10 F-2

創建於1404年的室町時代。院內收藏的國寶《瓢鯰圖》為早期的水墨畫代表作品，描繪一位禪僧手持葫蘆想要捕捉河中的鯰魚。還有由狩野元信所打造的枯山水庭園。

☎075-463-2855　⏰9：00～17：00　¥600円　休無休　所京都市右京區花園妙心寺町35　🚆JR花園站步行7分　P有

妝點余香苑的四季花卉

余香苑是中根金作所設計的池泉迴遊式庭園，很值得欣賞

### 東林院
とうりんいん

需時30分

MAP 附錄④P.10 F-2

妙心寺的塔頭之一。只有在活動期間才會特別對外開放，例如6月沙羅雙樹花開時節的「沙羅花愛賞會」。

☎075-463-1334　⏰視活動而異（精進料理體驗會為每週二、五，梵燈夜景10月15～24日，紅豆粥慶新春1月15～31日11：00～15:00，沙羅花愛賞會6月15～30日9:30～16:00）　¥視活動而異　休不定休　所京都市右京區花園妙心寺町59　🚆JR花園站步行8分　P使用妙心寺的停車場

→ 附教材、食材、手作精進料理的料理教室3600円

參加活動學做寺院的精進料理

### 廣隆寺
こうりゅうじ

社寺　龍安寺搭電車加步行25分　需時40分

MAP 附錄④P.26 A-2

建於603年的推古天皇時代，在聖德太子命令下由豪族秦氏所造。正尊是聖德太子像，為太子建立的七大寺之一。

☎075-861-1461　⏰9：00～17：00（12～2月為～16:30）　¥800円　休無休　所京都市右京區太秦蜂岡町32　🚋嵐電太秦廣隆寺站即到　P有（靈寶殿參拜者可以使用）

供奉國寶第1號的美麗佛像

寶殿內安置著日本國寶第1號。靈的彌勒菩薩半跏思惟像是1702年建造的樓門。

---

### 妙心寺
みょうしんじ

社寺　需時60分

MAP 附錄④P.23 B-4

全日本有約3400座末寺的臨濟宗妙心寺派大本山。從一條通的北門到下立賣通的南門長約600m，寺域面積廣達30萬㎡。出自狩野探幽之筆的法堂天井畫「八方睨龍」絕對不能錯過。

☎075-466-5381　⏰9:00～12:00、13:00～15:30（16:00閉門）　¥700円　休無休　所京都市右京區花園妙心寺町1　🚆JR花園站步行5分　P有

境內有多達46座塔頭寺院

↑1599年建造的三門

**雲龍圖**
うんりゅうず

繪於法堂天花板上、通稱為「八方睨龍」的畫作。是畫師狩野探幽的作品。

---

從龍安寺稍微走遠一點 **太秦**
うずまさ

### 東映太秦電影村
とうえいうずまさえいがむら

玩樂　龍安寺搭電車加步行20分　需時120分

MAP 附錄④P.26 A-1

能參觀電影、電視時代劇的拍攝場景，遊樂設施也很吸引人。全年都會舉辦各種與人氣遊戲或動漫聯名的活動。

☎0570-064-349　⏰10:00～17:00（可能視情況變動，受理至閉村前60分為止）　¥2400円　休1月中旬　所京都市右京區太秦東蜂岡町10　🚋嵐電太秦廣隆寺站步行5分　P有

坐上EVA守護京都

↑全球首座搭乘EVA「新世紀福音戰士京都基地」©カラー

# 紫野・紫竹
むらさきの・しちく

隨處都能感受到美好古老氛圍的紫野、紫竹地區，如今時髦的生活風格選物店、咖啡廳、和菓子屋等正急速增加中，讓對潮流敏銳度高的人趨之若鶩。不妨一邊享受當地緩慢的步調，一邊恣意閒逛吧。

## 以原石鋪成的石板道被楓葉染紅
### 高桐院
こうとういん　**MAP** 附錄④P.22 E-1

由細川忠興所建立的大德寺塔頭。參道上的樹林枝葉茂密到遮蔽了天空，每逢新綠、紅葉季節更是美不勝收。書院是從千利休的宅邸移築而來，後方還有一間黑色壁面的茶室松向軒。

☎075-492-0068
🕐9:00～16:00（受理為～15:30）
💴無休
💴500円
📍京都市北区紫野大德寺町73-1
🚌市巴士大德寺前下車步行15分
Ⓟ使用大德寺的停車場 ※預定新冠疫情趨緩時再重新開放

↳染成一片通紅的參道也是著名紅葉景點

## 以祈求良緣和奇祭廣為人知
### 今宮神社
いまみやじんじゃ　**MAP** 附錄④P.22 E-1

以大己貴命、事代主命、奇稻田姬命為祭神的古社。平安時代將原本祭祀疫神的神社併成了供奉三位神祇的神殿，名為今宮社。

☎075-491-0082　🕐境內不限（社務所為9:00～17:00）　💴免費　💴無休　📍京都市北区紫野今宮町21　🚌市巴士今宮神社前下車即到　Ⓟ有

↳今宮祭 4月會舉辦安樂祭，5月則會舉辦

↳曾一度因為應仁之亂而荒廢，後來由以機智聞名的一休宗純重建復興

### 大德寺
だいとくじ　**MAP** 附錄④P.22 E-1

臨濟宗大德寺派的大本山。據傳千利休因為山門（金毛閣）上有自己的木雕像，觸怒了豐臣秀吉而被賜死。境內有22座塔頭寺院，但只有其中的4座開放參觀。

☎075-491-0019
🕐境內不限&免費（視開放的塔頭而異）
💴無休　📍京都市北区紫野大德寺町53
🚌市巴士大德寺前下車即到　Ⓟ有

↳面對北大路通的南門後方是一條兩旁種滿松樹的參道

蘊藏茶道美學的寺院

## 被咖啡香圍繞的幸福時光
### 珈琲 逃現鄉
こーひーとうげんきょう　**MAP** 附錄④P.22 F-3

為了尋求高品質咖啡和舒適空間，從早到深夜上門的男女老少總是絡繹不絕。獨特的店名隱含著能提供將自己歸零的時間與空間之意。

☎075-354-6866　🕐9:00～25:00（早餐為～11:00，餐點為LO24:00、飲品為LO24:30）　💴無休
📍京都市上京区今出川通大宮上ル觀世町127-1
🚌市巴士今出川大宮下車即到　Ⓟ無

咖啡中杯400円 ※早餐菜單 香蕉巧克力吐司350円、特調

## 和菓子與酒的搭配提案
### 喫茶 狐菴
きっさこあん　**MAP** 附錄④P.22 F-1

提供酒與和菓子全新品味方式的立食酒吧，從酒類、和菓子一直到器皿都堅持使用京都當地的產品。

☎不公開
🕐15:00～21:00
💴週一、二（可能不定休）
📍京都市北区紫野上門前町66
🚌市巴士大德寺前下車步行7分
Ⓟ無

↳以櫻花或南瓜等季節主題為內餡的最中招財貓400円

↳享用本日和菓子600円與搭配的酒（伊根滿開700円）

↳表現出日常與非日常之境界線的吧檯座

↳由民宅改建而成的店鋪，看起來像是一間別具韻味的茶室

# 稍微走遠一點

推薦的
**8個地區**

くらま・きぶね
## 鞍馬・貴船 P.163

充滿天地靈氣的
人氣能量景點

たかお
## 高雄 P.166

楓葉染上紅妝
平安時代以來的名勝

ふしみ
## 伏見 P.168

酒廠林立的
龍馬因緣之地

ながおかきょう
## 長岡京 P.170

歷史悠久的
賞花名勝

おおはら
## 大原 P.164

療癒身心的
鄉里風景和名庭

ひえいざん
## 比叡山 P.167

靜穆的氛圍與
令人感動的絕景

だいご
## 醍醐 P.169

在綠意環繞的山間
隨四季綻放的繁花

うじ
## 宇治 P.160

讓思緒馳騁在
平安時代戀愛物語

大原
貴船神社
鞍馬寺
由岐神社
寂光院　寶泉院
實光院
三千院

鞍馬・貴船

從京都站出發
1小時10分

從京都站出發
1小時10分

高野川
大原女之道ドライブウェイ

清滝川

高雄
高山寺
西明寺
神護寺

從京都站
出發50分

比叡山
延暦寺

從京都站
出發1小時

比叡山ドライブウェイ

上賀茂神社
曼殊院
金閣寺
大德寺
北野天満宮
下鴨神社
銀閣寺
京都御所
平安神宮
南禪寺
知恩院
清水寺
JR琵琶湖線

龍安寺
仁和寺
嵯峨御所
大本山大覺寺
清涼寺
天龍寺
法輪寺
松尾大社
西芳寺

念佛化野
妙心寺
廣隆寺
元離宮二條城

四条通
五条通
七条通

京都站

桂離宮

伏見稻荷大社

從京都站
出發15分

醍醐
勸修寺
隨心院
醍醐寺

從京都站
出發25分

長岡京
光明寺
大正寺
長岡天満宮
柳谷觀音楊谷寺

大黑寺
御香宮神社

日野藥師

勝持寺
大原野神社
正法寺

伏見

從京都站
出發15分

萬福寺

從京都站
出發25分

三室戸寺
宇治上神社
平等院

宇治

159

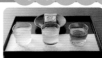

©平等院

# 宇治

うじ

平安時代貴族們的度假勝地

## 看點2 平安屈指可數的大佛師定朝的傑作

### 佛像
ぶつぞう

→揮動衣袖、翩翩起舞的菩薩像

正尊阿彌陀如來坐像為大佛師定朝的代表作品，與懸掛在中堂壁面上的雲中供養菩薩像皆被指定為國寶。

→供奉在鳳凰堂內的國寶阿彌陀如來坐像，光背加台座就高達了4ｍ以上

©平等院

## ① 印在10円硬幣上的知名世界遺產 被稱為現世極樂淨土的寺院

### 平等院
びょうどういん

需時60分

MAP 附錄④ P.28 B-4

原 本是平安時代掌權者藤原道長的別墅，其子賴通改建成了寺院並取名為平等院。境內有印在10円硬幣上的國寶鳳凰堂，以及出現在1萬円紙鈔上的國寶金銅鳳凰等諸多看點。

©平等院

☎0774-21-2861 ⏰8:30～17:30（受理為～17:15），鳳翔館9:00～17:00（受理為～16:45）　¥庭園及鳳翔館600円，鳳凰堂費用另計300円（鳳凰堂內部參觀會依序發放時間券，額滿為止）
休無休　所宇治市宇治蓮華116　⛳JR／京阪宇治站步行10分　P無

## 看點1 如鳳凰展翼般左右對稱的建築物

### 鳳凰堂
ほうおうどう

看起來猶如張開雙翼的鳳凰，因此名為鳳凰堂。2014年更換屋頂等修復工程完成後，能欣賞到接近創建當時的模樣。

↓以鳳凰在空中飛舞為意象的建築物。內部安置著正尊阿彌陀如來坐像

©平等院

## 看點3 能觀賞眾多寺寶的博物館

### 鳳翔館
ほうしょうかん

附設於平等院的博物館。常設展出包含26尊雲中供養菩薩像、1對鳳凰、梵鐘等多件國寶在內的寺寶。

→有重現創建當時鳳凰堂內部的展示室、使用最新CG技術重現鳳凰堂內色彩的影像，還能透過超高畫質圖像瀏覽國寶

©平等院

從京都站出發的交通方式

JR奈良線→宇治站（25分，240円）
※搭乘京阪電車時
JR奈良線→黃檗線→京阪宇治線→宇治站（40分，400円）

### BEST行程

所需時間：約4小時　距離：4.5km

Start JR宇治站
↓步行10分
1 平等院
↓步行20分
2 宇治上神社
↓步行10分
3 宇治市源氏物語博物館
↓步行8分
Goal 京阪宇治站

## 宇治是這樣的地方

◆世界級高級茶品宇治茶的知名產地，能品嘗抹茶甜點和抹茶料理。

◆平安時代的代表性文學作品《源氏物語》的舞台。博物館內重現了過往的貴族生活。

◆有宇治川流經市區，充滿悠閒氣息的地區。推薦在櫻花、紅葉季節時沿著川邊散步。

←日本有許多供應抹茶的咖啡廳，一務必順道光顧一下

→可以渡橋前往宇治川上的沙洲浮島

祇園・河原町 69
清水寺周邊 93
嵐山周邊 107
伏見稻荷・京都站周邊 121
銀閣寺周邊 133
二條城・京都御所周邊 143
金閣寺周邊 151

稍微走遠一點

## 美食&伴手禮

常備宇治抹茶卡士達345円、季節限定口味等15種馬芬蛋糕

### ホホエミカ

提供加了當季新鮮水果的馬芬蛋糕等，以天然食材製成的自豪點心。

📍MAP 附錄④P.28 B-4
☎0774-25-6333
🕐11:00～17:30(售完打烊)　休週二、三
所宇治市宇治妙楽17-8 中宇治yorin 1F
🚉京阪宇治站步行9分　P無

### 菓子工房 KAMANARIYA
●かしこうぼうカマナリヤ

堅持使用國產食材的甜點廣受好評。從蛋糕、烘焙點心到饅頭，日式、西式點心一應俱全。

📍MAP 附錄④P.28 B-3
☎0774-22-8820
🕐10:00～18:00　休不定休
所宇治市宇治乙方52-5
🚉京阪宇治站步行3分　P有

釜蒸饅頭蛋糕捲1360円。提味祕方是加了在地生產的醬油

有巧克力蛋糕、巧克力、冰淇淋等豐富配料的濃茶芭菲950円

### GOCHIO cafe
●ゴチョウカフェ

從江戶時代開業至今的「茶園清水屋」所經營的咖啡廳。提供使用自園自製手摘新茶製成的多種餐點。

📍MAP 附錄④P.28 A-4
☎0774-25-3335
🕐11:30～16:00　休不定休
所宇治市宇治壱番63
🚉JR宇治站步行3分　P無

⬆口感糯軟的現烤抹茶可麗餅940円

⬆位於茶屋林立的宇治橋通商店街

---

⬆位於拜殿後方的本殿。覆屋中並排著3座社殿，分別供奉不同的祭神

**②** 本殿是全日本最古老的神社建築，拜殿亦為國寶

## 宇治上神社
★うじかみじんじゃ
需時15分
📍MAP 附錄④P.28 B-4

名 列世界遺產的神社內祭祀著應神天皇、仁德天皇、菟道稚郎子。除了平安時代後期建造的國寶本殿，於鎌倉時代興建的拜殿也是國寶。更擁有在宇治七名水中，目前唯一還會湧出泉水的桐原水。

☎0774-21-4634
🕐9:00～16:30　¥免費
休無休　所宇治市宇治山田59
🚉京阪宇治站步行10分
P無

⬆色彩繽紛的御朱印很受歡迎。春季限定款是以花卉為意象

拜殿前著名的清沙可供自家使用於淨化神社境內也有販售的商品授與神社內使用

⬆經過復原的牛車

**③** 重現《源氏物語》世界 風雅的博物館

## 宇治市源氏物語博物館
★うじしげんじものがたりミュージアム
需時60分
📍MAP 附錄④P.28 B-4

利 用各種影像介紹《源氏物語》的魅力及概要，復原展示華麗的平安時代貴族裝束和家具擺飾。也有原創動畫影片、體驗型展示。

☎0774-39-9300
🕐9:00～17:00(入館為～16:30)
¥600円　休週一(逢假日則翌日休)
所宇治市宇治東內45-26
🚉京阪宇治站步行8分　P無

⬆介紹《源氏物語》概要和重點的「領略源氏物語」，以及透過互動遊戲來認識《源氏物語》的「會動的源氏物語」

# 到茶鄉宇治
# 來場抹茶甜點之旅

在宇治茶老店和甜品店櫛比鱗次的抹茶聖地，來一份茶香四溢的抹茶甜點小憩片刻。

以絕妙平衡層層堆疊美味的抹茶協奏曲

只有在宇治本店才吃得到濃縮了抹茶魅力的芭菲

**宇治本店限定 圓形芭菲1430円** B
有抹茶冰淇淋、生茶凍、提味的檸檬果醬等，每一口都能嘗到各種味道

鮮艷美麗的抹茶顏色與清爽香氣

**生茶果凍（抹茶）** B
**990円**
發揮上等抹茶的甜味和苦味，營造出軟硬適中的獨特口感

**濃茶芭菲 宇治榮光 1760円** A
由濃茶霜淇淋和碾茶凍堆疊而成的大人芭菲

挑選喜歡的宇治茶和甜點組合成可口的茶套餐

＼各個季節推出的芭菲／

冬　秋　夏　春

春天還有一款新芽芭菲

**茶飲和點心的 套餐 990円** C
可以從宇治抹茶、宇治煎茶、宇治紅茶等茶飲中任選一種，並搭配自己喜歡的甜點

---

**C 伊藤久右衛門 本店・茶房**
●いとうきゅうえもんほんてんさぼう

使用以石臼研磨製成的抹茶，是茶屋自江戶時代以來延續至今的堅持。在沉靜的和風摩登店內，能嘗到以現磨宇治抹茶所製成的和風甜點。也有販售各種品牌的茶和甜點，很適合買來當伴手禮。

**MAP** 附錄④P.28 B-3
☎0774-23-3955
🕙10:00～18:30　休無休
所京都府宇治市菟道荒槇19-3　京阪宇治站步行5分
P有

**B 中村藤吉本店 宇治本店**
●なかむらとうきちほんてんうじほんてん

江戶末期創業的茶商老店。在能欣賞賓寶來舟松之庭的宇治本店咖啡廳內，不光是用喝的，從創新餐點和甜點都可以感受到宇治茶的魅力。也有提供與各種餐點、甜點搭配的茶葉選擇。

**MAP** 附錄④P.28 A-4
☎0774-22-7800
🕙10:00～17:00(LO16:30，視季節而異)
休不定休　所京都府宇治市宇治壱番10　JR宇治站步行3分
P有

**A 辻利兵衛本店 茶寮**
●つじりへえほんてんさりょう

直接沿用有百年歷史的梁柱，將原本的茶葉工廠及保管倉庫改造成現代風格的茶寮。累積了160多年的經營實績，是備受京都人肯定的口碑證明。能品嘗堅守「品質」的「真正」好味道。

**MAP** 附錄④P.28 A-4
☎0774-29-9021(代表0774-23-1111)　🕙10:00～17:00　休週二(逢假日則營業)　所京都府宇治市宇治若森41　JR宇治站步行5分
P有

祇園·河原町 69
清水寺周邊 93
嵐山周邊 107
伏見稻荷·京都站周邊 121
銀閣寺周邊 133
二條城·京都御所周邊 143
金閣寺周邊 151

氛圍莊嚴澄淨的京都後花園

# 鞍馬·貴船
（くらま·きぶね）

**稍微走遠一點**

## 1 奇異的鞍馬火祭很著名

### 由岐神社
※ゆきじんじゃ

需時 10分

MAP 附錄④ P.29 B-1

供 奉鞍馬當地的守護神。每年10月22日晚上，前往鞍馬寺的參道上會舉辦鞍馬火祭。境內矗立著一棵樹齡800年的巨杉神木。

☎075-741-1670 ⏰境內不限（御守、御神札的授與為9:00～15:00）¥免費 休無休 所京都市左京區鞍馬本町1073 叡電鞍馬站步行10分 P無

**地別忘了！**
鞍馬寺的山門
●くらまでらのさんもん
相傳鞍馬寺是源義經幼年還被稱做牛若丸時跟天狗習武的地方。

## 2 以天狗和魔王尊聞名的寺院

### 鞍馬寺
※くらまでら

需時 90分

MAP 附錄④ P.29 B-1

流 傳著天狗相關傳說並擁有寺寶的奇特寺院。靈寶殿內安置著名列國寶的毘沙門天像。

☎075-741-2003 ⏰9:00～16:15（靈寶殿為～16:00）¥愛山費300円、靈寶殿200円 休無休，靈寶殿為週一（逢假日則翌日休）、12月12日～2月底 所京都市左京區鞍馬本町1074 叡電鞍馬站步行30分 P無

本殿金堂。左右兩側各有一尊毘沙門天的使者阿吽虎。

**地別忘了！**
木之根道
●きのねみち
據說是牛若丸與天狗練武的地方，還留有義經堂等相關史跡。
MAP 附錄④ P.29 B-1

## 3 祈求良緣也很靈驗的水神

### 貴船神社
※きふねじんじゃ

需時 60分

MAP 附錄④ P.29 B-1

○參道石階兩側的朱漆燈籠別有一番風情
○祭祀著水神的本殿為流造銅板葺的屋頂樣式

參 道沿著鴨川的水源地貴船川一路延伸至神社。自古以來供奉水神、祈雨之神而備受崇敬，同時也是擁有大批信眾的「結緣之神」。

☎075-741-2016 ⏰授與所9:00～17:00（視季節而異）¥免費 休無休 所京都市左京區鞍馬貴船町180 叡電貴船口站轉乘京都巴士，貴船下車步行5分 P有

## 美食&伴手禮

**帶有溫和甜味的麻糬**

### 多聞堂
●たもんどう

包著七葉樹果實和紅豆沙的牛若餅是鞍馬當地名產。除了1個130円的牛若餅之外，還有其他4～5款和菓子。
MAP 附錄④ P.29 B-2
☎075-741-2045
⏰9：30～16：00 休週三（逢假日則營業），可能臨時公休 所京都市左京區鞍馬本町235 叡電鞍馬站即到 P無

**美味又健康的精進料理**

### 雍州路
●ようしゅうじ

鞍馬寺御用的精進料理店，精進膳2200円～和搭配7種佐料享用的雲珠蕎麥麵1100円都是招牌餐點。
MAP 附錄④ P.29 B-2
☎075-741-2848 ⏰10：00～18：00（LO17：30）休週二（逢假日則營業）所京都市左京區鞍馬本町1074-2 叡電鞍馬站即到 P有

**飽覽貴船的自然美景**

### 仲よし
●なかよし

5月限定的山菜午膳3600円相當推薦。能享受清涼感的夏季限定川床料理，只要6700円～就能大飽口福。
MAP 附錄④ P.29 B-1
☎075-741-2000
⏰11:00～19:00（需預約）休無休 所京都市左京區鞍馬貴船町71 京都巴士貴船下車步行5分（從貴船口站有接送服務）P有

### 從京都站出發的交通方式
市巴士17系統→出町柳站→叡電鞍馬線→鞍馬站(1小時10分，650円)

### BEST行程
所需時間：約4.5小時 距離：4.5km

**Start** 鞍馬站
↓ 步行10分
**1** 由岐神社
↓ 步行15分
**2** 鞍馬寺
↓ 步行60分
**3** 貴船神社
↓ 步行30分
**Goal** 貴船口站

### 鞍馬、貴船是這樣的地方

◆ 充滿宇宙靈氣的鞍馬寺及守護水源的貴船神社都是著名的能量景點，能祈求各種願望。

◆ 有京都後花園之稱，也是很受歡迎的避暑勝地。夏季還能到貴船川沿岸體驗奢華的川床料理。

在幽靜氛圍下有許多名剎散布其中

# 大原
（おおはら）

**有清園**
●ゆうせいえん
從三千院的宸殿前延伸到往生極樂院,其中的美麗青苔非常值得一看!

**童地藏**
有清園內的童地藏看起來很療癒
(製作:杉村孝)

## ① 來到大原一定要參訪的名勝

# 三千院
＊さんぜんいん

**需時 60分**

MAP 附錄④ P.29 B-3

有名列重要文化財的往生極樂院、本堂的宸殿等諸多吸睛亮點。還有兩座美不勝收的庭園:以美麗杉苔聞名的有清園,以及池泉觀賞式的聚碧園。漫步在杉林間,感覺也很愜意。

☎075-744-2531
🕐9:00~17:00(11月為8:30~,12月~2月為9:00~16:30) ¥700円 休無休
📍京都市左京区大原来迎院町540
🚌京都巴士大原下車步行15分 Ⓟ無

↑起源於最澄上人在創建比叡山延曆寺時搭建的草庵

## 擺滿當季美味食材
## 大原早市

每週週日6:00~9:00會在里の駅 大原舉辦「大原早市」。可以看到許多罕見品種的蔬菜,直接向生產者詢問如何烹調是早市特有的樂趣。
LINK➡P.165

點綴實光院庭園的四季花草

**聚碧園**
●しゅうへきえん
江戶時代的茶人所修築的庭園,因其看到與聲明完美結合的自然景緻而深受感動。

## 從京都站出發的交通方式
京都巴士17、18系統→大原巴士站(1小時10分,560円)

### BEST行程

所需時間:約4小時 距離:3.5km

**Start** 大原巴士站
↓ 步行 15 分
**1** 三千院
↓ 步行 3 分
**2** 實光院
↓ 步行即到
**3** 寶泉院
↓ 步行 30 分
**4** 寂光院
↓ 步行 15 分
**Goal** 大原巴士站

### 大原是這樣的地方

◆有三千院等諸多名剎。也有很多能一邊眺望布滿青苔的庭園,一邊悠閒享用抹茶的寺院。

◆恬靜的田園風景讓人心靈祥和。使用當地食材供應料理的餐廳,以及販售漬物、果醬等特產的店家也很豐富。

←綠意盎然、生活步調悠閒的鄉里

→加了紫蘇的柴漬資源,自於大原。在早市就能看到時期到紅紫蘇的蹤影。每逢採收期就採收

祇園・河原町 69
清水寺周邊 93
嵐山周邊 107
伏見稻荷・京都站周邊 121
銀閣寺周邊 133
二條城・京都御所周邊 143
金閣寺周邊 151

稍微走遠一點

## 品嘗鄉里的美味
# 美食&伴手禮

帶有香橙香氣的桔醋醬油適合當伴手禮

### 味工房志野
●あじこうぼうしの

↪桔醋醬油 1512円

位於大原的桔醋醬油和調味醬汁的專賣店。桔醋醬油、使用大原名產紅紫蘇做成的醬汁等都很有人氣。

**MAP** 附錄④ P.29 B-3

☎075-744-2141 ⏰9:00～17:30 休無休 所京都市左京区大原勝林院町109 京都巴士大原下車步行5分 P無

販售在地生產的蔬菜和漬物

### 里の駅大原
●さとのえきおおはら

販售在當地氣候下栽培而成的新鮮蔬菜及手作加工品。每週週日還會舉辦「大原早市」。

**MAP** 附錄④ P.29 A-4

☎075-744-4321 ⏰9:00～16:00，週日的早市為6:00～9:00 休週一（逢假日則翌週二休） 所京都市左京区大原野村町1012 京都巴士野村別れ下車步行5分 P有

品嘗古早味手工味噌

### 京都大原の味噌屋さん 味噌庵
●きょうとおおはらのみそやさんみそあん

風味濃郁、經過一年熟成的味噌400公克為650円。白味噌冰淇淋、白味噌生牛奶糖等品項也很推薦。

**MAP** 附錄④ P.29 A-3

☎075-744-2240 ⏰9:00～17:00 休週二（繁忙期為無休） 所京都市左京区大原草生町41 京都巴士大原下車步行12分 P有

↪本堂於2000年遭祝融焚毀，5年後重建完成

**地別忘了！**
北庭園
●きたていえん
位於本堂的東側，擁有林泉、木立清淨之池的四方正面池。後方還有座三層的小瀑布。

---

契心園
●けいしんえん
從客殿能眺望以心字池為中心的庭園，不妨喝杯抹茶慢慢欣賞。

## ③ 邊眺望庭園邊享用抹茶的奢侈時光
# 寶泉院
＊ほうせんいん
需時 30分

**MAP** 附錄④ P.29 B-3

(原) 本是平安時代末期建造的僧房。境內的額緣庭園以及透過格窗觀賞的鶴龜庭園，都是廣為人知的名庭。

☎075-744-2409 ⏰9:00～17:00（受理為～16:30） ¥800円，附抹茶、茶點 休無休（1月3日需洽詢） 所京都市左京区大原勝林院町187 京都巴士大原下車步行15分 P無

燈↪秋天如夢似幻的夜間點燈（舉辦日期需確認）

看五點↪除了庭園之外，還有五葉松、血天井等諸多看點

---

## ② 療癒身心的聲明音色
# 實光院
＊じっこういん
需時 30分

**MAP** 附錄④ P.29 B-3

(傳) 承天台聲明（佛教歌謠）並展示聲明相關樂器。不斷櫻會在春秋兩季盛開。

☎075-744-2537 ⏰9:00～16:00（11月為～16:30） ¥500円，附茶點800円 休無休 所京都市左京区大原勝林院町187 京都巴士大原下車步行18分 P無

↪曾是學習聲明的僧侶所居住的寺院

**地別忘了！**
額緣庭園
●がくぶちていえん
可以從客殿欣賞有流連忘返之意的「盤桓園」美景。

---

## ④ 秋天的遍地黃葉也很漂亮
# 寂光院
＊じゃっこういん
需時 30分

**MAP** 附錄④ P.29 A-3

(平) 清盛之女建禮門院削髮為尼、度過餘生的寺院。境內還有後白河法皇曾經歌詠的「汀之櫻」。

☎075-744-3341 ⏰9:00～17:00（12～2月為～16:30，1月1～3日為10:00～16:00） ¥600円 休無休 所京都市左京区大原草生町676 京都巴士大原下車步行15分 P無

↪山門的景色也很漂亮

波斯菊
到了秋天還能欣賞到如此美景

彼岸花
有各式各樣的繽紛花卉，盡情地深呼吸，好好享受大自然吧

從大原巴士站到寂光院的沿路上隨處可見自然風光

## 高雄 たかお

將山谷染成通紅一片的秋天景色

### 體驗看看吧！「投擲陶盤」

據說將素燒陶盤丟進山谷就能去除厄運，感覺也很爽快。3個200円。

## 1 與弘法大師有淵源的紅葉名勝

### 神護寺 ＊じんごじ
MAP 附錄④ P.29 A-2 需時60分

坐落於高雄山的山腰，是高雄、槇尾、栂尾這三尾中最古老的名剎。是空海以真言宗立宗為基礎所建的歷史悠久寺院，寺內有國寶藥師如來立像以及多到數不清的寺寶。

075-861-1769 ■9:00～16:00，寶物晾曬活動5月1～5日9:00～16:00（神護寺書院），多寶塔特別參觀「五大虛空藏菩薩像」2023年5月13～15日、10月7～9日，大師堂特別參觀「板雕弘法大師像」11月1～7日9:00～16:00 ¥600円（寶物晾曬活動期間為800円，大師堂特別參觀費用另計500円）休無休 所京都市右京区梅ケ畑高雄町5 JR巴士山城高雄下車步行15分 P無

#### 也別忘了！ 五大堂和毘沙門堂
●ごだいどう・びしゃもんどう
從金堂前俯瞰五大堂和毘沙門堂飄落的紅葉景緻十分迷人。

#### 也別忘了！ 鐘樓
●しょうろう
紅黃錯落的楓葉漸層以及滿地的紅葉美不勝收。

### 在這裡 小歇片刻

#### 高雄 錦水亭 たかおきんすいてい

除了季節便當4960円之外，夏天還能享用川床料理、冬天則有以當地獵捕的山豬肉做成的牡丹鍋。
MAP 附錄④ P.29 A-1
075-861-0216
■11:30～15:00（LO14:00）、17:00～19:30（需預約）休每週1次不定休 所京都市右京区梅ケ畑殿畑町40 JR巴士槇ノ尾下車即到 P有

## 2 駐足觀賞艷紅楓葉之美

### 西明寺 ＊さいみょうじ
MAP 附錄④ P.29 A-2 需時30分

建於清瀧川旁的寺院。正尊釋迦如來像為鎌倉時代的作品，呈現釋迦生前的樣貌，名列重要文化財。

075-861-1770 ■9:00～17:00 ¥500円 休無休 所京都市右京区梅ケ畑槇尾町1 JR巴士槇ノ尾下車步行5分 P無

### 從京都站出發的交通方式

JR巴士往周山／高雄・栂ノ尾→山城高雄巴士站（50分，530円）

### BEST行程

所需時間：約3.5小時 距離：約3.5km
Start 山城高雄巴士站
↓ 步行15分
1 神護寺
↓ 步行20分
2 西明寺
↓ 步行15分
3 高山寺
↓ 步行3分
Goal 栂ノ尾巴士站

### 高雄是這樣的地方

栂尾山、槇尾山、高雄山合稱為「三尾」。山上的寺院分別為高山寺、西明寺、神護寺。

是京都數一數二的紅葉名勝，一到秋天整座山就會染上繽紛的色彩。神護寺周邊的景色尤其美麗。

◎秋天還能嘗到現炸的紅葉天婦羅

## 3 《鳥獸人物戲畫》相當出名

### 高山寺 ＊こうさんじ
MAP 附錄④ P.29 A-1 需時60分

建於奈良時代的古剎，名列世界遺產。擁有眾多寺寶，國寶石水院中有展示以擬人化方式描繪動物的《鳥獸人物戲畫》複製品。

075-861-4204 ■8:30～17:00 ¥石水院800円（紅葉季節為入山費用另計500円）休無休 所京都市右京区梅ケ畑栂尾町8 JR巴士栂ノ尾下車步行3分 P有（11月要收費）
◎一片寂靜的氛圍感覺很舒服

#### 也別忘了！ 石水院
●せきすいいん
可以坐在緣廊悠哉欣賞庭園美景的空間，會讓人忘卻時間的流逝。

祇園·河原町 69
清水寺周邊 93
嵐山周邊 107
京都站周邊 121
伏見稻荷
銀閣寺周邊 133
京都御所·二條城周邊 143
金閣寺周邊 151

稍微走遠一點

# 比叡山（ひえいざん）

## 從雲海之上眺望京都市區

---

### ① 被尊為日本佛教母山的寺院

## 延曆寺
*えんりゃくじ

**需時 120分**

MAP 附錄④ P.2 D-2

**法華總持院東塔**
●ほっけそうじいんとうとう
於阿彌陀堂旁重建的建築。供奉以正尊大日如來為首的五智如來，塔的上層安置了佛舍利和法華經。

傳教大師最澄為開山祖師的天台宗總本山，由東塔、西塔、橫川的三塔十六谷所構成。比叡山中有數百座堂宇和伽藍散布其中，連空氣也顯得格外澄淨。

☎077-578-0001 ⏰8:30～16:30（12月9:00～），西塔、橫川9:00～16:00（12月9:30～15:30） ¥三塔巡拜通用券1000円，國寶殿500円，比叡山內接駁巴士1日券（3月20日～12月5日）1000円 🈺無休 📍滋賀縣大津市坂本本町4220 🚌京都巴士／京阪巴士延曆寺巴士中心下車即到 🅿有

### 諸堂宇的巡覽方式
●西塔到橫川長達4km，請利用山內接駁巴士
●羅特爾德比叡酒店～比叡山頂～三塔間請利用無限搭乘1日券1000円（3月中旬～11月底左右行駛）
●國寶根本中堂自2016年起展開長達10年的大整修，但仍可以參觀堂內（學習舞台）

**根本中堂**
●こんぽんちゅうどう
國寶根本中堂自2016年以來投入了為期10年的整修工程。不僅可以照常參拜，還開放了能參觀整修工程的「學習舞台」。

**西塔（釋迦堂）**
●さいとう（しゃかどう）
也稱為轉法輪堂，西塔區域的主要建築物。

---

### ② 能同時賞畫又賞花

## 比叡花園美術館
*ガーデンミュージアムひえい

**需時 60分**

MAP 附錄④ P.4 F-1

陶板重現莫內、梵谷等法國印象派的繪畫，並與花卉一同展出的戶外美術館。

☎075-707-7733 ⏰10:00～17:30（入園為～17:00，視季節而異）¥1200円（11月24日～冬季歇業為止600円）🈺12月上旬～4月中旬 📍京都市左京区修学院尺羅ケ谷四明ケ嶽4 🚌京都巴士／京阪巴士比叡山頂下車即到 🅿有

⬆️栽種了波斯菊、玫瑰等四季花卉和香草植物

➡️從館內的咖啡廳就能眺望京都市區和琵琶湖的美景

**自駕也很愜意！**
## 比叡山、奧比叡兜風道路

能一面眺望京都街景和琵琶湖，一面享受開車兜風的樂趣，也推薦以這種方式遊覽比叡山。

### 在這裡 小歇片刻

# Cafe de Paris
カフェドパリ

設有開放式露天座位區，提供原創香草茶500円、蛋糕套餐等品項。

MAP 附錄④ P.4 F-1

☎075-707-7733（比叡花園美術館）⏰10:30～16:00（LO15:00）🈺12月上旬～4月中旬 所京都市左京区修学院尺羅ケ谷四明ケ嶽4 🚌京都巴士／京阪巴士比叡山頂下車即到 🅿有

---

每逢秋天就會染上鮮艷顏色的紅葉隧道

② 比叡花園美術館
Cafe de Paris
延曆寺巴士中心
西塔區域
① 延曆寺
東塔區域
釋迦堂卍
西教寺卍
日吉大社卍
延曆寺會館
GOAL
比叡山頂
比叡
根本中堂
START
八瀬比叡山口
山頂停車場附近的視野也很棒
這一帶從車窗就能眺覽總美景緻，司機請留意別分心駕駛！
ロテルド比叡
曼殊院
山中集落
穴太
唐崎
滋賀里
南滋賀
近江神宮

0　約1.5km
周邊圖 附錄④ P.2

---

## 從京都站出發的交通方式

●京都巴士51系統／京阪巴士57系統→延曆寺巴士中心（1小時，790円・冬季停駛）

●市巴士17系統→出町柳站→叡山電鐵本線→八瀬比叡山口站／纜車八瀬站→叡山纜車→纜車比叡站／空中纜車比叡站→叡山空中纜車→比叡山頂站（1小時30分，1400円）

●JR湖西線→比叡山坂本站→江若交通巴士→纜車坂本站→比叡山鐵道坂本纜車→纜車延曆寺站（1小時15分，1430円）

## BEST行程

所需時間：4小時　距離：約15km

**Start** 延曆寺バスセンター巴士站
↓ 步行即到
**1** 延曆寺
↓ 搭巴士5分
**2** 比叡花園美術館
↓ 步行2分
**Goal** 比叡山頂巴士站

## 比叡山是這樣的地方

◆聳立於雲海之間的延曆寺分成東塔、西塔、橫川這3個區域，連夏天也很涼爽。

◆搭巴士也能抵達，不過搭乘纜車和空中纜車會比較有趣。從山頂可以俯瞰琵琶湖的風光。

# 伏見 ふしみ

## 坂本龍馬最愛的名酒之街

### 從京都站出發的交通方式

近鐵京都線→桃山御陵前站
（15分，260円）

### BEST行程

所需時間：約1.5小時　距離：約2.5km

Start 桃山御陵前站
↓ 步行5分
1 御香宮神社
↓ 步行20分
2 寺田屋
↓ 步行10分
（月桂冠大倉紀念館和十石舟的乘船處都在這一帶）
Goal 中書島站

### 伏見是這樣的地方

- 幕末坂本龍馬活躍的歷史舞台。龍馬經常投宿的寺田屋至今尚存，不僅開放參觀也提供住宿服務。
- 擁有豐沛的地下水資源，是酒廠林立的酒鄉。體驗十石舟遊船之旅，或到日本酒餐廳品酒也很有樂趣。

↑優美的拜殿是紀州德川家初代德川賴宣所捐贈

## 1 美味的名水很吸引人

## 御香宮神社 需時15分

＊ごこうのみやじんじゃ　MAP 附錄④P.28 C-1

主祭神為順產之神神功皇后，可以實現順產的祈願。境內的湧水帶有芳香，因而得名。與小堀遠州有淵源的石庭以及10月的伏見祭都很有名。

☎075-611-0559 ⏰境內不限，石庭9:00～16:00 ¥石庭200円 休石庭為不定休 所京都市伏見区御香宮門前町174 🚃近鐵桃山御陵前站步行5分 P有（限參拜者使用）

## 十石舟 じゅっこくぶね

搭乘遊船觀光！

搭乘沿著宇治川支流緩緩行駛的觀光船十石舟，可在約50分鐘的船旅中眺望沿岸林立的酒廠和綠意。據說坂本龍馬也曾經搭過順著淀川往返大阪與京都的船。

MAP 附錄④P.28 B-2

☎075-623-1030（十石舟碼頭）⏰10：00～16：20（上、下午皆每隔20分鐘發船）¥1200円（可能變更）休12月下旬～3月上旬 所京都市伏見区南浜町（月桂冠大倉紀念館後方乘船處）🚃京阪中書島站步行5分 P無 ※航行期間、班次可能變動，故需事先確認

## 2 前往坂本龍馬鍾愛的船宿

## 寺田屋 需時20分

＊てらだや　MAP 附錄④P.28 B-2

↑寺田屋的庭院內立著坂本龍馬像

因為攘夷派薩摩藩士與前來阻止的同藩藩士之間的衝突「寺田屋事件」而廣為人知。自古以來就是船宿，也是幕末風雲人物坂本龍馬經常留宿的地方。在龍馬的襲擊事件中，與後來成為妻子的阿龍之間的佳話也很有名。龍馬將阿龍託付給老闆娘登勢也是在這裡。如今仍吸引眾多龍馬粉絲前來造訪。

☎075-622-0243 ⏰10：00～15：40（住宿為IN18:00、OUT9:00）¥400円，純住宿6500円 休週一不定休 所京都市伏見区南浜町263 🚃京阪中書島站步行5分 P無

也別忘了！

### 龍馬通

●りょうまどおり

在寺田屋遭到襲擊的龍馬就是從這裡逃走脫身的。

## 認識伏見的酒

在知名酒廠齊聚的伏見享受品酒樂趣之餘，還能一窺美酒的歷史與文化。

### 伏水酒蔵小路

●ふしみさかぐらこうじ

#### 評比伏見的知名美酒

↑各店的料理會直接端送到酒廠的吧檯

↑能一次嘗到18間酒廠風味的品酒套餐2430円

在這間居酒屋能品嘗伏見當地18個酒廠的日本酒，以及8家專賣美食的店鋪好味道。宛如酒類主題樂園的店內設有23m長的吧檯，可以坐下來細細品味多款京都美酒。

MAP 附錄④P.28 B-2 ☎075-601-2430 ⏰11:30～23:00（視店鋪而異）休週二 所京都市伏見区納屋町115 🚃京阪伏見桃山站步行7分 P無

### 月桂冠大倉紀念館

●げっけいかんおおくらきねんかん

#### 了解製酒的過程

↑外觀雅緻的建築物
←廣大中庭陳列著昭和初期使用過的酒桶

能感受伏見名酒「月桂冠」品牌精神的空間。由建於明治時代的酒廠改造而成，介紹京都伏見的製酒發展及歷史。還能試喝不同季節釀造的各款美酒。

MAP 附錄④P.28 B-2 ☎075-623-2056 ⏰9：30～16:30（受理為～16:00）¥600円（附伴手禮）休無休 所京都市伏見区南浜町247 🚃京阪中書島站步行5分 P有

祇園・河原町 69
清水寺周邊 93
嵐山周邊 107
伏見稻荷・京都站周邊 121
銀閣寺周邊 133
京都二條城・御所周邊 143
金閣寺周邊 151
稍微走遠一點

療癒的山麓名剎

# 醍醐
●だいご

五重塔
●ごじゅうのとう
為了悼念醍醐天皇的菩提而建。該塔為京都現存最古老的木造建築，與櫻花相映的景色很美。

## ① 豐臣秀吉也很愛的賞花名勝

### 醍醐寺
*だいごじ
MAP 附錄④ P.27 B-4

需時 90分

**以** 整座醍醐山為寺域，金堂、五重塔等林立的世界遺產。由於豐臣秀吉舉辦「醍醐賞花」而成為眾所周知的賞櫻勝地。自古以來就有「花醍醐」之稱，亦深受天皇和貴族喜愛。每年4月的第2個週日會舉行「豐太閤賞花遊行」，場面相當熱鬧。

☎075-571-0002 ⏰9:00～17:00（12月第1週入的翌日～2月底為～16:30）※受理至閉門前30分為止 ¥三寶院庭園、伽藍1000円，靈寶館佛像棟為免費（春季期間三寶院庭園、伽藍、靈寶館庭園1500円），靈寶館春季、秋季特別展500円 休無休 所京都市伏見区醍醐東大路町22 🚇地鐵醍醐站步行10分 P有

## ③ 美麗的睡蓮妝點了水池

### 勸修寺
*かじゅうじ
MAP 附錄④ P.27 A-3

需時 40分

**平** 安時代醍醐天皇為了供奉生母藤原胤子而建的寺院。境內的池泉舟遊式庭園是以過去會憑冰塊厚度來占卜吉凶、占地廣大的冰室池為中心，從春天到夏天都會綻放美麗的花朵。

☎075-571-0048 ⏰9:00～16:00 ¥400円 休無休 所京都市山科区勸修寺仁王堂町27-6 🚇地鐵小野站步行6分 P有（免費）

這裡也值得一看
細石 ●さざれいし
日本國歌《君之代》中歌詠的岩石，由多顆小石頭積累而成。

冰室池
●ひむろいけ
每到5～6月，美麗動人的花菖蒲、睡蓮就會競相綻放。

## ② 在梅花林中懷念小野小町

### 隨心院
*ずいしんいん
MAP 附錄④ P.27 B-3

需時 40分

**創** 建於平安時代的門跡寺院，據說也是小野小町的宅邸故址。還留有小町文張地藏、化妝井等多處相關史跡。每當「唐棣梅」盛開時，還會舉行著名的「唐棣舞」表演。

☎075-571-0025 ⏰9:00～16:30（畫佛、抄經為～14:00），夜間特別參觀11月中旬～12月上旬18:00～20:30 ¥參觀500円，梅園500円 休寺內例行活動日 所京都市山科区小野御靈町35 🚇地鐵小野站步行5分 P有

本堂
●ほんどう
面對苔庭的本堂重建於1599年。隔扇畫也很值得一看。

這裡也值得一看
化妝井 ●けわいのいど
竹林中還留著小野小町化妝時曾使用的水井。

●5月下旬左右起，參道和粉紅庭園就會被杜鵑花染成一片和

## 在這裡 小歇片刻

### 秀吉珈琲（HIDEYOSHI STAND COFFEE KYOTO）
ひでよしこーひー（ヒデヨシスタンドコーヒーキョウト）

由醍醐寺三寶院所屬建築物翻修而成的獨特咖啡廳。印有豐臣秀吉插畫的馬克杯、拍照看板等設計巧思，光看就很有趣。炭燒咖啡和各式餐點也廣受好評。

MAP 附錄④ P.27 B-4
☎080-5336-3961 ⏰11:00～17:00（視季節而異）休不定休 所京都市伏見区大吾中山町19-1 🚇地鐵醍醐站步行10分 P無

●三明治864円、咖啡810円
●玻璃窗上的插畫也很可愛，可體驗與之合照的樂趣

## 從京都站出發的交通方式

JR琵琶湖線、湖西線→山科站→地鐵東西線→醍醐站（23分，450円）

## BEST行程

所需時間：約4小時 距離：約3.5km

**Start** 醍醐站
↓ 步行10分
**①** 醍醐寺
↓ 步行30分
**②** 隨心院
↓ 步行18分
**③** 勸修寺
**Goal** 小野站

## 醍醐是這樣的地方

◆ 可來趟花寺巡訪之旅，欣賞勸修寺的蓮花、隨心院的梅花以及醍醐寺的櫻花等。
◆ 醍醐寺又稱為國寶之寺，境內有建築、佛像、庭園等豐富看點。

歷史悠久的賞花名勝

# 長岡京
ながおかきょう

← 以菅原道真鍾愛的梅花著名的天滿宮

## 1 火紅的霧島杜鵑 彷彿籠罩整個池畔

### 長岡天滿宮
※ながおかてんまんぐう　**MAP** 附錄④ **P.3 B-5**

需時 60分

相 傳菅原道真曾經和在原業平在此吟詩作樂。八條池周邊的霧島杜鵑、為了觀賞紅葉而建造的錦景苑等，都是著名的美景勝地。

☎075-951-1025 ⏰參拜不限（社務所受理為9:00～17:00）¥免費 休無休 所長岡京市天神2-15-13 🚉阪急長岡天神站步行10分 P有

**別忘！** 霧島杜鵑
樹高約2.5m、樹齡近170年的霧島杜鵑，會在4月底左右迎來最佳觀賞期。

**別忘！** 紅葉名勝
從總門一路延伸的紅葉參道尤其有名，每年11月下旬是欣賞的最佳時機。

### 在這裡 小歇片刻

**錦水亭** きんすいてい

可以在宛如漂浮於八條池上、數寄屋造樣式的和室空間享用多種竹筍料理。
⬆竹御膳4235円（含稅及服務費）　**MAP** 附錄④ **P.3 B-5**

☎075-951-5151 ⏰11:30～21:00（19:00LO）
休週三（3月中旬～5月下旬、11月下旬～12月上旬為無休）所長岡京市天神2-15-15

← 賞繡球花的名勝，每年6月會舉辦繡球花週

花裝飾御朱印上也有押花

← 可以從過去作為瞰名庭的上書院俯瞰貴賓室的上書院「淨土苑」

## 2 石板道被楓葉染紅 名聞遐邇的紅葉參道

### 光明寺
※こうみょうじ　**MAP** 附錄④ **P.3 A-5**

需時 60分

西 山淨土宗的總本山，創立者為也曾出現在平家物語的熊谷次郎直實，法然上人在這裡舉辦過日本最初的念佛儀式。境內有數百棵楓樹，是知名的紅葉名勝。

☎075-955-0002 ⏰9:00～16:00 ¥免費（紅葉期間要收費）休無休 所長岡京市粟生西条ノ内26-1 🚉阪急巴士旭が丘ホーム前下車步行2分 P無

→ 新的顏色尚綠的楓葉另有一種清新的美感

## 3 四季有不同花卉點綴 發明花手水的寺院

### 柳谷觀音楊谷寺
※やなぎだにかんのんようこくじ　**MAP** 附錄④ **P.3 A-5**

需時 60分

從 平安時代就以祈求治療眼疾而廣受民眾信仰。也是發明了將花朵放入手水舍或手水鉢的「花手水」一詞的寺院。

☎075-956-0017 ⏰9:00～16:00 ¥500円（新綠、繡球花、紅葉週舉辦期間為700円）休無休 所長岡京市淨土谷堂ノ谷2 🚉JR長岡京站、阪急長岡天神站搭計程車15分（每月17日有接駁巴士）P有
※詳細資訊可至楊谷寺社群網站查詢 **LINK** →P.7

# 美食&伴手禮

能吃到作為米果原料的嚴選好米

### 小倉山莊ファーム ダイニングカフェ
●おぐらさんそうファームダイニングカフェ

1 375 円 小倉山莊拼盤

米果老店小倉山莊經營的餐廳，提供以京都產自家白米與當令食材做成的季節點心。
**MAP** 附錄④ **P.3 A-5**

☎075-874-1681 ⏰10:00～17:00
休無休 所長岡京市今里蓮ケ糸45 🚉阪急長岡天神站搭計程車10分 P有

品嘗從世界各地購得的優質咖啡豆

### Unir 本店
●ウニールほんてん

能享用嚴選咖啡、甜點及午餐

有日本咖啡師大賽冠軍得主加持的咖啡廳。也兼營咖啡烘焙工場，可以買到高品質咖啡豆作為伴手禮。
**MAP** 附錄④ **P.3 B-5**

☎075-956-0117 ⏰10:00～17:00（商品販售～18:00）休週三、第3週二 所長岡京市今里4-11-1 🚉阪急巴士今里巴士站下車即到 P有

### 從京都站出發的交通方式
JR京都站→JR長岡京站（15分，220円）

### BEST行程
所需時間：約4小時　距離：15km

**Start** JR長岡京站
↓搭車6分
**1** 長岡天滿宮
↓搭車10分
**2** 光明寺
↓搭車15分
**3** 柳谷觀音楊谷寺
↓搭車15分
**Goal** JR長岡京站

### 長岡京是這樣的地方

◆ 桓武天皇曾將首都設於此地，留下了古墳、城跡、寺社等眾多文化遺產。各大名勝及舊跡一年四季都有繁花盛開，因此又被稱為歷史與花之城。

◆ 也是竹筍的著名產地，能品嘗當地才有的新鮮美味。

## 車站附近的飯店

優越的地理位置有利於觀光旅遊。
以下嚴選了從車站徒步5分鐘以內的舒適飯店！

---

### 京阪三條站步行5分　享受「京都浪漫沿川散步」的樂趣

## OMO5京都三條
❖ おもふぁいぶきょうとさんじょう

↑設有飯店櫃檯和咖啡廳的公共空間

以京都文化為主題的精品飯店。設有提供各種觀光資訊的街區地圖OMO Base，以及從早到晚皆可享用美食的OMO咖啡廳。

**MAP** 附錄④P.16 A-1　P 🛜 🌙
📞 0570-073-022（星野集團預約中心）
IN/OUT 15:00 / 11:00
¥ 7000円～　所 京都市中京區河原町三条上る恵比須町434-1

---

### 地鐵四條站步行5分　交誼廳有提供免費服務

## 京都四條新町穎特飯店
❖ ホテルインターゲートきょうとしじょうしんまち

藉由能洗去疲憊的大浴場、講究的寢具、蔬菜滿滿的早餐，來迎接一天的開始。交誼廳提供免費零食，也會安排京都傳統文化體驗活動。

**MAP** 附錄④P.15 B-3　P 🛜 🌙
📞 075-255-2221
IN/OUT 15:00 / 11:00　¥ 高級雙床房每人9000円～　所 京都市中京區新町通錦小路上る百足屋町387

↑以席夢思寢具提供優質的睡眠

---

### 地鐵丸太町站步行2分　充滿和風氣息的當代設計

## RAKURO 京都 by THE SHARE HOTELS
❖ ラクロきょうとバイザシェアホテルズ

位於京都御所附近，因此可於清晨或傍晚前往御苑散步。有圖書館、廚房等公共區域，非常適合團體旅客使用。也有提供四人房。

**MAP** 附錄④P.13 B-1　P 🛜 🌙
📞 075-221-0960
IN/OUT 15:00 / 10:00
¥ 雙床房2人15000円～
所 京都市中京區常真橫町186

↑能在鋪有榻榻米的房間內放鬆休息（Superior with Japanese-style）

---

### 地鐵五條站步行3分　將京都風傳統元素以現代風格呈現

## sequence KYOTO GOJO
❖ シークエンスキョウトゴジョウ

備有蒸氣三溫暖、岩盤浴等設施的大浴場，會每天互換場地供旅客使用。早餐的供應時間到中午，讓旅客可以悠閒地度過美好時光。

**MAP** 附錄④P.13 B-4　P 🛜 🌙
📞 075-353-0031
IN/OUT 17:00 / 14:00
¥ 雙床房每間7880円～
所 京都市下京區五条烏丸町409

↑採用人臉辨識辦理入住手續及感應式門鎖

---

### 直通JR京都站　直通車站的便利性與洗鍊的設施

## 京都格蘭比亞大飯店
❖ ホテルグランヴィアきょうと

人氣很高的一流飯店，擁有與JR京都站相通的絕佳位置，以及完全想不到是在車站樓上的優質空間。

**MAP** 附錄④P.25 C-2　P 🛜
📞 075-344-8888
IN/OUT 15:00 / 12:00
¥ 雙床房每人20165円～
所 京都市下京區烏丸通塩小路下ル JR京都站中央口

↑車站大樓內也有百貨公司和商店街，適合作為觀光據點

---

### JR京都站步行2分　隨心所欲地在舒適空間好好放鬆

## THE THOUSAND KYOTO
❖ ザサウザンドキョウト

2019年1月開幕的飯店。以「Personal Comfort Hotel」為主題所設計的空間，能讓每位入住旅客都感到舒適放鬆。

**MAP** 附錄④P.25 C-2　P 🛜 🌙
📞 075-354-1000（代表）
IN/OUT 15:00 / 12:00
¥ 雙床房每間40000円～
所 京都市下京區東塩小路町570番

↑大廳的石造階梯意味著通往非日常的入口

---

### 近鐵東寺站步行2分　讓心靈稍作休息，來趟寺院巡禮

## OMO3京都東寺
❖ おもすりーきょうととうじ

以「心的時空旅行」為概念，可前往寺院療癒身心的都市觀光飯店。也有推出以世界遺產「東寺」為主的寺院巡禮活動。

**MAP** 附錄④P.25 B-3　P 🛜 🌙
📞 無（限網路預約）
IN/OUT 15:00 / 11:00
¥ 5000円～
所 京都市南區西九条蔵王町11-6

↑裝飾在入口處的2幅藝術品

---

### 京都全日空皇冠廣場酒店
エーエヌエークラウンプラザホテルきょうと　P 🌙
📞 075-231-1155
IN/OUT 15:00 / 11:00　¥ 雙床房每間20000円～　所 京都市中京區堀川通二条城前　※京都站八条口有接駁巴士　交 地鐵二条城前站即到

**MAP** 附錄④P.15 A-1

### EN HOTEL Kyoto
エンホテルキョウト　🛜 🌙
📞 075-361-0505
IN/OUT 15:00 / 10:00　¥ 雙床房每人9000円～　所 京都市下京區西洞院通四条南入ル妙伝寺町698　交 地鐵四条站／阪急烏丸站步行6分

**MAP** 附錄④P.15 A-4

### 京都塔飯店
きょうとタワーホテル　P 🛜
📞 075-361-7261
IN/OUT 15:00 / 11:00　¥ 雙床房每人8000円～　所 京都市下京區烏丸通七条下る東塩小路町721-1　交 JR京都站步行2分

**MAP** 附錄④P.25 C-2

### 京都新阪急飯店
きょうとしんはんきゅうホテル　P 🛜
📞 075-343-5300（代表）
IN/OUT 15:00 / 11:00　¥ 標準雙床房每人16335円～　所 京都市下京區 JR京都站烏丸中央口正面　交 JR京都站即到

**MAP** 附錄④P.25 C-2

### Hotel Station Kyoto MAIN
ホテルステーションきょうと　P 🛜 🌙
📞 075-365-9000
IN/OUT 15:00 / 10:00　¥ 每人4000円～　所 京都市下京區船屋町260　交 JR京都站步行4分

**MAP** 附錄④P.25 C-2

### Hotel Station Kyoto WEST
ホテルステーションきょうとにしかん　P 🛜 🌙
📞 075-343-5000
IN/OUT 15:00 / 10:00　¥ 每人4000円～　所 京都市下京區真苧屋町200　交 JR京都站步行3分

**MAP** 附錄④P.25 C-2

---

P 停車場　🛜 Wi-Fi　🌙 溫泉

※京都市內的住宿設施已導入住宿稅制度，敬請留意。每人每晚的住宿費用若未滿2萬円需另付200円；2萬～5萬円需付500円；5萬円以上需另付1000円。

## 🚃 電車　善加利用即可快速移動

| 搭乘這個 → | 就能前往這裡 |
|---|---|
| 地鐵 | 錦市場、京都御所、平安神宮、二條城、南禪寺、醍醐寺 |
| JR | 東福寺、伏見稻荷、宇治、京都鐵道博物館、嵐山、大山崎 |
| 近鐵 | 東寺、伏見 |
| 京阪 | 下鴨神社、三十三間堂、東福寺、伏見稻荷、伏見、宇治 |
| 叡電 | 一乘寺、修學院離宮、鞍馬、貴船、瑠璃光院 |
| 嵐電 | 嵐山、仁和寺、龍安寺、北野天滿宮 |
| 阪急 | 河原町、錦市場、王生寺、桂離宮、嵐山、大山崎 |

## 🚌 巴士　先確認6個方便好用的市巴士系統

| 搭乘這個 → | 就能前往這裡 |
|---|---|
| 100號 | 三十三間堂、清水寺、平安神宮、銀閣寺 |
| 101號 | 二條城、北野天滿宮、金閣寺、大德寺、錦市場 |
| 5系統 | 銀閣寺、哲學之道、南禪寺、平安神宮、四條河原町 |
| 205系統 | 金閣寺、大德寺、下鴨神社、四條河原町、西本願寺 |
| 206系統 | 八坂神社、清水寺、東本願寺、三十三間堂 |
| 208系統 | 東福寺、泉涌寺、三十三間堂、東寺 |

### 也參考看看主要觀光地的交通一覽表吧！→參見附錄①

### 巴士&電車　確認主要的轉運站

**Ⓒ 三條京阪前**（相連的鐵道：京阪三條京阪站、地鐵三條京阪站）

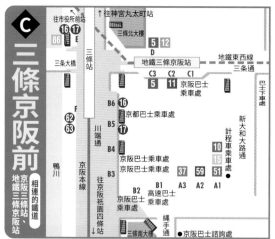

| | | |
|---|---|---|
| 往清水寺 | 五条坂 清水道 | 京阪巴士 (B4) |
| 往八坂神社 | 祇園 | 12 (D) |
| 往銀閣寺 | 銀閣寺道 銀閣寺前 | 5 (D) |
| 往金閣寺 | 金閣寺道 | 12 (D) 59 (A2) |
| 往嵐山 | 嵐山 嵐山天龍寺前 | 11 (C2) 62 63 |

**Ⓐ 京都站前**（相連的鐵道：地鐵京都站、近鐵京都站、JR京都站）

| | | |
|---|---|---|
| 往清水寺 | 五条坂 清水道 | 100 (D1) 206 (D2) |
| 往八坂神社 | 祇園 | 100 (D1) 206 (D2) |
| 往銀閣寺 | 銀閣寺道 銀閣寺前 | 5 (A1) 17 (A2) 100 (D1) |
| 往金閣寺 | 金閣寺道 | 101 (B2) 205 (B3) |
| 往嵐山 | 嵐山 嵐山天龍寺前 | 28 (C6) 72 73 76 |

**Ⓓ 四條烏丸**（相連的鐵道：地鐵四條站、阪急烏丸站）

| | | |
|---|---|---|
| 往清水寺 | 五条坂 清水道 | 207 (F) |
| 往八坂神社 | 祇園 | 46 201 203 207 (F) |
| 往銀閣寺 | 銀閣寺道 銀閣寺前 | 5 (C) 32 203 (F) |
| 往金閣寺 | 金閣寺道 | 12 101 (D) |
| 往嵐山 | 嵐山 嵐山天龍寺前 | 11 (E) 73 76 |

**Ⓑ 四條河原町**（相連的鐵道：阪急京都河原町站）

| | | |
|---|---|---|
| 往清水寺 | 五条坂 清水道 | 86 (A) 207 (E) |
| 往八坂神社 | 祇園 | 46 201 203 207 (F) |
| 往銀閣寺 | 銀閣寺道 銀閣寺前 | 5 32 (H) 17 (G) 203 (F) |
| 往金閣寺 | 金閣寺道 | 12 (D) 59 (A) 205 (F) |
| 往嵐山 | 嵐山 嵐山天龍寺前 | 11 (D) 62 63 66 |

想一邊欣賞街道風景一邊移動的人可以搭巴士，若想要盡快抵達目的地，則建議電車、巴士交替使用。優惠券要搭幾次才會回本也一次告訴大家！

# 聰明 行李打包術

旅行一身輕！

出外旅行的時候，行李比平常更容易增加，
掌握盡可能小型＆輕便的訣竅，
來打包行李吧！

## 訣竅 1 衣服的摺法

不易產生皺褶而且體積小！

體積大的衣服只要捲起來就不易產生皺褶，還能輕易地塞到行李的縫隙間。下身衣物也用一樣的方法來縮小體積吧！

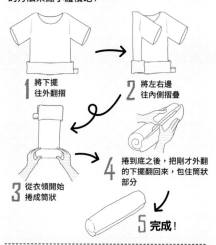

1 將下擺往外翻摺

2 將左右邊往內側摺疊

3 從衣領開始捲成筒狀

4 捲到底之後，把剛才外翻的下擺翻回來，包住筒狀部分

5 完成！

## 訣竅 2 背包的收納法

重物也感覺變輕了!?

適合在小旅行使用的背包，只要下點功夫收納就可以使重量感有所改變。打包的時候，記得把重心保持在較高的地方。

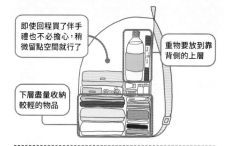

即使回程買了伴手禮也不必擔心，稍微留點空間就行了

重物要放到靠背側的上層

下層盡量收納較輕的物品

## 訣竅 3 分類、行李的收納法

這樣完美了！事先學起來

行李較多時會派上用場的硬殼行李箱與軟殼行李箱。重物要擺在下層是收納重點。

**硬殼行李箱**

打開的時候，如果箱蓋比較重會很難開，所以書本等重物收納在承重側底部為佳

**軟殼行李箱**

有時候不耐撞擊，所以衣物收納在外側，容易損壞的物品放在中間比較好

---

巴士＆電車 確認有哪些優惠票券

見たい！知りたい！行きたい！
観光マップ 地下鉄・バスなび

到京都旅遊時，常會煩惱到底該不該購買交通票券。若已經決定好目的地，不妨參考下表來判斷是否划算。

↑移動時方便好用的觀光地圖「地鐵、巴士導覽」

| 票券 | 地鐵巴士1日券 1100円 | 巴士1日券 700円 | 地鐵1日券 800円 |
|---|---|---|---|
| 適用的交通工具 | 京都市營地鐵、市營巴士、京都巴士（部分路線除外）、京阪巴士（部分路線除外）、JR巴士（部分路線除外） | 市巴士、京都巴士、西日本JR巴士均一區間內（大原、桂等地在範圍外） | 市營地鐵全線 |
| 適合哪些人 | 1天搭4次以上巴士或地鐵、前往大原 | 1天搭3次以上巴士 | 1天搭3次以上地鐵 |
| 販售地點 | 市巴士、地鐵諮詢處、地鐵各站窗口等 | | |
| 洽詢處 | 京都市交通局 NAVIDIAL ☎0570-666-846 | | |

| 票券 | 宇治伏見1日券 900円 | 嵐電嵯峨野自由乘車券 800円 | 京都地鐵嵐電1日券 1000円 |
|---|---|---|---|
| 適用的交通工具 | 京阪、石清水八幡宮站～伏見稻荷站、宇治地鐵（中書島站～宇治站）、石清水八幡宮參道纜車 | 嵐電全線、京都巴士 | 市營地鐵全線、嵐電全線（纜車、空中纜車除外） |
| 適合哪些人 | 以伏見稻荷、伏見、平等院、石清水八幡宮等南部景點為主 | 1天搭3次以上嵐電 | 1天搭5次以上地鐵或嵐電 |
| 販售地點 | 京阪電車各站（大津線各站、石清水八幡宮參道纜車除外） | 嵐電四條大宮站、嵐山站、帷子之辻站、北野白梅町站、京都巴士嵐山營業所、京都站前巴士票券中心 | 地鐵各站窗口、市巴士、地鐵諮詢處、定期券售票處、嵐電各站 |
| 洽詢處 | 京阪電車客服中心 ☎06-6945-4560 | 嵐電（京福電鐵） ☎075-801-2511 | 京都市交通局 NAVIDIAL ☎075-666-846 |

---

🚕 **計程車** 如果同行旅客較多，有時甚至比搭巴士＆電車還便宜

**從京都站到各主要觀光地的車資**

| 目的地 | 車資 | 大概所需時間 |
|---|---|---|
| 四條河原町、祇園、清水寺 | 1250円 | 10分 |
| 二條城 | 1980円 | 13分 |
| 銀閣寺 | 2780円 | 25分 |
| 金閣寺 | 3100円 | 26分 |
| 嵐山 | 4060円 | 31分 |

**幸運草計程車**

京都的八坂計程車是以三葉酢漿草為標誌，但在1300台中有4台為四葉幸運草。有幸搭到的話，可以拿到一張乘車紀念卡。

---

🚲 **租借自行車** 推薦給旅遊老手！以更貼近當地的方式觀光

京都市區的範圍剛好適合騎自行車四處移動，能夠隨心所欲地遊逛也是魅力所在。請遵守交通規則及禮節。

**推薦的騎乘區域**

風景漂亮、道路平坦、人流較少的景點，騎起來才會舒服。此外，在巴士或電車較難抵達的區域，自行車也是很方便的交通工具。

●鴨川沿岸（丸太町～出町柳～下鴨神社～上賀茂神社）
●京都御苑（腹地廣大，以自行車代步比較方便）
●嵯峨野（祇王寺、清涼寺、大覺寺）

**實用網站**

●京都自行車觀光NAVI
https://ja.kyoto.travel/bicycle/
範例行程、自行車停車場等資訊相當豐富。

### Kyoto Cycling Tour Project

有京都站、八條口、御所南、伏見、二條站、四條堀川、五條堀川、京都Emion酒店、堀川下長者町、烏丸五條共計10個站點。租一台只有這裡才有的特別車種，享受京都騎乘之旅吧。

MAP 附錄④ P.25 B-2
☎075-354-3636
無休 ⏰9:00～18:00

### KYOTO ECO TRIP

以京都站八條口的本店為中心，市內共有3家店鋪。備有清晨租借、夜間延長、運送至飯店等豐富選項。還能索取免費的獨家自行車地圖。

MAP 附錄④ P.25 C-3
☎075-691-0794
無休 ⏰9:00～18:00
（清晨租借為6:30開始受理，夜間租借還車至22:00為止）

# INDEX

景…景點　食…美食　買…購物
住…住宿　玩…玩樂/體驗　咖…咖啡廳

【 MM 哈日情報誌系列 40 】

# 京都

作者／MAPPLE昭文社編輯部
翻譯／甘為治、許懷文、蔣詩綺
編輯／林庭安、蔣詩綺
發行人／周元白
出版者／人人出版股份有限公司
地址／231028 新北市新店區寶橋路235巷6弄6號7樓
電話／（02）2918-3366（代表號）
傳真／（02）2914-0000
網址／www.jjp.com.tw
郵政劃撥帳號／16402311 人人出版股份有限公司
製版印刷／長城製版印刷股份有限公司
電話／（02）2918-3366（代表號）
經銷商／聯合發行股份有限公司
電話／（02）2917-8022
香港經銷商／一代匯集
電話／（852）2783-8102
第一版第一刷／2023年1月
定價／新台幣550元
　　　港幣184元

國家圖書館出版品預行編目（CIP）資料

京都 / MAPPLE昭文社編輯部作；
甘為治、許懷文、蔣詩綺翻譯. —
第一版.— 新北市：人人，2023.01
面；公分. —（哈日情報誌系列；40）
ISBN 978-986-461-318-2（平裝）

1.CST：旅遊 2.CST：日本京都市

731.75219　　　　　　　　　111018892